KNAUR

CONN IGGULDEN

ATTIKA

DIE VERTEIDIGER ATHENS

HISTORISCHER ROMAN

Aus dem Englischen
von Urban Hofstetter

KNAUR

Die Originalausgabe »Protector« erschien 2022 bei Penguin UK.

Besuchen Sie uns im Internet:
www.knaur.de

Deutsche Erstausgabe September 2023
Knaur Taschenbuch

Redaktion: Christoph Hardebusch
Covergestaltung: Nele Schütz Design, München
Coverabbildung: Collage von Nele Schütz Design, München unter Verwendung von Trevillion Images Motiven.
Satz: Adobe InDesign im Verlag
Druck und Bindung: CPI books GmbH, Leck
ISBN 978-3-426-52976-8

2 4 5 3

Für Sr. Andrea MacEachen und Sr. Mauraid Moran –
Führern in der Wildnis.

GLOSSAR

Die Unterstreichungen markieren die betonten Silben.

Militärbegriffe

Archon (ἄρχων) Herrscher, Anführer
Epistatai (ἐπιστάται) Zweite Reihe in der Phalanx, hinter den Protostatai
Epistates (ἐπιστάτης) Vorsitzender der athenischen Volksversammlung
Keleustes (κελευστής) Offizier auf einer Trireme
Lochagos (λοχαγός) Hauptmann
Phalanx (Φάλαγξ) Eine schwer bewaffnete Militäreinheit
Strategos (στρατηγός) General, Kommandeur
Trierarch (τριήραρχος) Kommandeur einer Trireme

Orte

Agora (Ἀγορά) Offener Platz, Markt
Areopagus (Ἄρειοςπάγος) Areshügel, Athener Gerichtsort
Platäa (Πλάταια) Griechische Stadt in Böotien
Pnyx (Πνύξ) »Gerammelt voll« – Hügel, auf dem die Athener Volksversammlung stattfindet
Salamis (Σαλαμίς) Insel vor Athen

Protagonisten

Agariste (Ἀγαρίστη) Ehefrau des Xanthippos
Ariphron (Ἀρίφρων) Ältester Sohn von Xanthippos und Agariste
Aristides (Ἀριστείδης) Strategos, Archon eponymos 489 v. Chr.
Eleni (Helen) (Ἑλένη) Tochter von Xanthippos und Agariste
Epikleos (Ἐπικλέος) Freund des Xanthippos
Kimon (Κίμων) Sohn des Miltiades
Kleisthenes (Κλεισθένης) Athener Abgeordneter
Leotychides (Λεωτυχιδης) Spartanischer König
Perikles (Περικλῆς) Sohn von Xanthippos und Agariste
Themistokles (Θεμιστοκλῆς) Archon eponymos 493 v. Chr.
Tisamenos (Τυςαμς) Wahrsager
Xanthippos (Ξάνθιππος) Strategos, Anführer
Xerxes (Ξέρξης) König von Persien

Die zehn attischen Stämme

Erektheis
Aegeis
Pandionis
Leontis
Akamantis
Oeneis
Kekropis
Hippothontis
Aeantis
Antiochis

TEIL 1

»Wie kein Bund die Löwen und Menschenkinder befreundet,
auch nicht Wölf' und Lämmer je in Eintracht sich gesellen.«

Homer, *Ilias*

KAPITEL 1

Der persische Großkönig ließ den Blick über das Herz Athens schweifen.

Die Sonne brannte ihm heiß auf den Nacken, doch vom Meer wehte ein sanfter Wind heran, der einen süßlichen Verwesungsgeruch mit sich trug. Xerxes schloss die Augen, atmete tief ein und genoss die Stille. Der große Markt, die Tempel, die Straßen mit den Wohnhäusern, Werkstätten und Tavernen waren menschenleer. In gewisser Weise war es ein sehr intimer Moment. Es war, als säße er am Schminktisch einer Frau und würde all seine kleinen Schubladen öffnen, um ihre Geheimnisse in Erfahrung zu bringen.

Die Soldaten in der Stadt waren ausnahmslos seine eigenen. Sie hatten Athen von einem Ende zum anderen durchkämmt und waren in jedes Lagerhaus, jedes Geschäft und jeden Haushalt eingedrungen. Die einzigen Griechen innerhalb der Stadtmauern waren ein halbes Dutzend zahnloser und blinder Alter gewesen, die von ihren Familien zurückgelassen worden waren. Als sie die unvertrauten Stimmen der persischen Soldaten hörten, hatten sie geistlos gelacht. Xerxes hatte keine Verwendung für sie gehabt und sie wie streunende Hunde töten lassen. Es war fast ein Gnadenakt gewesen.

General Mardonius, der drei Schritte hinter dem Großkönig ging, schien ebenfalls tief in Gedanken versunken. Nachdem sie Hunderte von alten Berichten über Athen gelesen hatten, kamen ihnen viele Orte in der Stadt eigenartig vertraut vor. Zum Beispiel die Akropolis, der steile Kalksteinfels, der zu ihrer Linken wie ein Wachturm über der Stadt aufragte. Oder der aus hellem Gestein bestehende Areopag, auf dem jahrhundertelang ein Rat aus athenischen Adligen getagt hatte.

Vor sich sah Xerxes den Pnyx, einen Hügel mit breiten Stufen an den Hängen und Bäumen, die wie Klingen aufragten. Normalerweise debattierte dort die berühmte Versammlung, deren Mitglieder weder Könige noch Tyrannen anerkannten. Er hätte sie gerne gesehen, diese Männer, die sich so intensiv mit ihren kleinen Gesetzen beschäftigten. Doch an diesem Tag war der Pnyx verlassen. Die Bewohner Athens waren zum Hafen hinuntergegangen und hatten sich von Schiffen über das tiefe Meer fahren lassen. Sie waren lieber vor ihm geflohen, als sich den Raubzügen seiner Armee aussetzen und die Konsequenzen ihrer Arroganz tragen zu müssen.

Xerxes ging durch hallende Straßen, in denen sämtliche Türen weit aufstanden. Abgesehen von ein paar Katzen, die sich auf den Dächern wärmten, waren seine Unsterblichen die einzigen Lebewesen weit und breit. Mit ihren langen, getäfelten Umhängen und den eingeölten Ringelbärten sahen sie wie Statuen aus. Der Großkönig schätzte sie genauso sehr, wie sein Vater es getan hatte, wie bevorzugte Kinder oder geliebte Jagdhunde. Sie waren zugleich der Schild und die größte Zierde seiner Herrschaft. Die Hälfte von ihnen war an den Thermopylen von den rot gewandeten Schlächtern aus Sparta niedergemetzelt worden. Von diesem Schlag hatten sie sich noch immer nicht erholt. Doch letzten Endes hatten seine Unsterblichen den Pass freigeräumt! Wegen dieses Sieges hatte Xerxes beschlossen, sie als seine Leibwache zu behalten und mit seinem Segen zu ehren. Die verbliebenen fünftausend waren Überlebende, geschunden und gezeichnet, aber auch stärker, weil sie die letzten Spartaner sterben sahen. Die Unsterblichen hatten in dem Pass zwar nicht aufgegeben, doch seither hielten sie sich nicht mehr für unschlagbar und weltweit einzigartig. Xerxes hatte ihr ungläubiges Entsetzen gesehen. Im Angesicht der Spartaner hatten sie sich hilflos gefühlt.

Er hatte überlegt, das Regiment ausruhen zu lassen und aus der Vorhut herauszunehmen. Ihr Kommandant, Hydarnes, war ein

Stier von einem Mann. Mit dem Gesicht im Staub hatte er eine Lanze für die Unsterblichen gebrochen und gesagt, dass sie sich unbedingt betätigen müssten, weil sie wie eine üble Wunde schwären würden, wenn sie zu viel Zeit zum Nachdenken hätten. Xerxes hatte ihm zugestimmt. Ehre konnte nicht gewährt, sie musste mit Aufopferungsbereitschaft und harter Arbeit verdient werden.

Am Ende einer Gasse, in der unbeaufsichtigte Töpferscheiben standen, war es heller und luftiger als in den umliegenden Straßen. Xerxes betrat die berühmte Agora. Auf diesem Marktplatz befanden sich die Statuen der zehn Stämme und die Steintafeln mit den öffentlichen Bekanntmachungen. Er sah sie sich nicht an, ging aber davon aus, dass ein paar von ihnen vor seiner bevorstehenden Ankunft warnten. Diese Vorstellung machte ihn stolz.

Xerxes blickte zu einem Falken auf, der über ihm kreischte. Sein Schrei war in der Stille klar und deutlich zu vernehmen. Xerxes sah, dass der Vogel weite Kreise über der Stadt zog und auf der Suche nach Beute den Kopf hin und her wendete. An jedem anderen Tag wäre dieses Geräusch im allgemeinen Lärm untergegangen. Doch im Moment war es, als befände er sich auf einem Berggipfel und um ihn herum wären sämtliche Arbeiten zum Stillstand gekommen. Das war eines der Wunder des Krieges, merkte er, etwas, das einfache Männer und Frauen niemals begreifen würden.

»Ich habe geschworen, dass ich hier stehen würde, Mardonius«, murmelte Xerxes. Sein General nickte. Er schien zu spüren, dass sein König keine Antwort erwartete. »Ich habe meinem Vater gesagt, dass ich sein Werk vollenden und die Armee an diesen Ort führen würde. Ich habe geschworen, sie für die Schmähung unserer Gesandten zu bestrafen, für ihre Weigerung, uns Erde und Wasser darzubringen. Mein Vater hat ihnen ein Dutzend Mal die Chance gegeben, das Knie vor ihm zu beugen, doch sie haben ihn immer wieder zurückgewiesen. Sie haben sich gegen uns und für das hier entschieden. Wie dem auch sei. Heute hier zu sein …« Er schüttelte vergnügt den Kopf. Mardonius lächelte. An Tagen wie diesen schien wahrhaft alles möglich.

Vor ihnen ragte sichtfüllend die Akropolis auf. Xerxes machte auf dem hohen Felsen Tempel aus. Ein paar von ihnen mit Holzgerüsten an den Außenmauern und unvollendeten Säulen. Seine Spione hatten ihm beschrieben, wie es dort oben aussah, unter anderem die Monumente, die an die Schlacht von Marathon vor zehn Jahren erinnerten. Xerxes wusste, dass dieser Sieg der Griechen über die Perser seinem Vater wehgetan und vielleicht sogar zu der Krankheit geführt hatte, der er schließlich ausgemergelt und kraftlos erlegen war. Xerxes wurde wütend, als er daran dachte. Er würde diese Bauten niederreißen!

Er bemerkte auf dem Felsen eine Bewegung und verharrte. »Sind da oben … noch immer Leute, General?«

Mardonius beschattete mit einer Hand die Augen und sah ebenfalls nach oben. »Ein paar Dutzend, Majestät. Ausschließlich Priester, soweit ich es sagen kann. Wir werden sie aus ihren Löchern holen.«

Er sagte dem König nicht, dass die dürren Männer den Weg zur Spitze der Akropolis blockierten. Und dass sie uralte Waffen und Rüstungen trugen, die sie offenbar von den Tempelwänden genommen hatten. Sie stellten keine echte Bedrohung dar, aber es war ärgerlich, dass sie noch nicht vertrieben gewesen waren, als der junge König darauf bestanden hatte, die Stadt zu betreten. Mardonius beschloss, Xerxes' irritierten Blick in eine andere Richtung zu lenken.

Doch der sah ohnehin bereits zum Areopag, der sich keine hundert Schritt von ihnen entfernt erhob. Aus einer plötzlichen Laune heraus rannte Xerxes zu diesem Felsen und eilte voll jugendlichem Elan die Stufen hinauf. Oben auf dem großen flachen Plateau angekommen, atmete er noch immer ruhig und gleichmäßig.

An diesem Ort hatten jahrhundertelang Athener Adlige gestanden. Der König stellte einen Fuß auf den höchsten Punkt und blickte zur Akropolis. Im Vergleich zu ihr wirkte selbst der Areopag klein.

Mardonius war nach dem monatelangen Marsch in Hochform und atmete ebenfalls nicht schneller, als er sich zu Xerxes gesellte. Der nickte ihm gut gelaunt zu. Es machte ihm offenkundig Spaß, nach Belieben alle heiligen Stätten seiner Feinde besuchen zu können.

Mardonius spähte mit zusammengekniffenen Augen zur Akropolis, um die aktuelle Lage dort zu sondieren, und erkannte weiterhin keinen Grund zur Sorge.

»Ich habe ein ganzes Hazarabam angewiesen, an der Rückseite des großen Felsens hinaufzuklettern. Unten an der Treppe stehen Männer und lenken die Griechen mit Pfeilen ab. Seht ihr sie? Sobald die anderen oben sind, werden sie die Verteidiger überwältigen.«

»Und dann ein Exempel an ihnen statuieren«, sagte Xerxes. »Das gefällt mir, General. Kümmere dich darum. Und drapiert ihre Leichen so, dass ihre Götter sie sehen können.«

»Wie du wünschst, Majestät.«

Mardonius sah zu, wie der junge König sich langsam im Kreis drehte und den Ausblick genoss. Im Südwesten erstreckte sich das dunkle Meer.

Xerxes spähte mit der Akropolis im Rücken in die Ferne. »Ich werde nicht hier warten, Mardonius«, sagte er. »Ich will zum Meer und zusehen, wie meine Flotte die letzte Hoffnung der Griechen zunichtemacht. Lass uns die Stadt brandschatzen. Sie scheint sehr trocken zu sein. Ich gehe davon aus, dass Flammen hier schnell um sich greifen.« Er betrachtete die aus Stoff und Holz bestehenden Markisen auf dem nicht weit entfernten Marktplatz. Die Stadt war viel kleiner, als er erwartet hatte. Wegen der ungeheuerlichen Verbrechen ihrer Bewohner hatte sie in seiner Fantasie unverhältnismäßig viel Raum eingenommen.

Der Markt würde auf jeden Fall gut brennen, genau wie die Straßen und die mit Ziegeln und uraltem Holz gedeckten Dächer. Lächelnd malte Xerxes sich aus, wie Funken aufsteigen und sich ausbreiten würden. Er wollte, dass die Stadt von einer riesigen Feuersbrunst verschlungen wurde. Wenn die Griechen die Rauchwolken sahen, würden sie wissen, dass ihre kostbare Athena nicht mehr zu retten war. Dass er sie geplündert, überwältigt und geschändet hatte.

»Besorge mir eine Fackel, Mardonius«, sagte Xerxes.

Mit leuchtenden Augen wartete er ab, während der General nach ein paar Dienern pfiff, die sich nie weit von ihrem Meister entfernten, um umgehend jeden seiner Wünsche erfüllen zu können. Als sie begriffen, was von ihnen erwartet wurde, stieg einer von ihnen auf den Felsen und hantierte unterwegs nervös mit einem Feuerstein. Geschickt kratzte er mit einem Metallstück Funken auf ein trockenes Grasbüschel in seiner hohlen Hand und hielt die aufkeimende Flamme an einen Knüppel. Das mit Öl und zähem Teer getränkte Tuch, mit dem er umwickelt war, fing sofort Feuer. Oben angekommen, legte sich der Diener flach auf den Boden. An seiner Haut klebte Staub.

Mardonius folgte dem König nach unten. Es sah aus, als würde Xerxes eine Prozession anführen. Von der stetig wachsenden Flamme stieg rußiger Rauch auf, während der junge Mann die Treppe hinuntereilte. Auf der Straße blieb er stehen.

Der Sommer war lang gewesen, und die Stadt war trocken. Xerxes hielt die Fackel an ein Dach. Die Flamme fraß sich in die Holzlatten unter den Ziegeln. Weiße Rauchfäden quollen hervor, während das Feuer sich rasch in der Konstruktion ausbreitete. Die Geräusche, mit denen die heißen Ziegel barsten, waren beinahe melodiös. Lachend ging Xerxes weiter und drückte die Fackel an jedes Haus, das er passierte. Als er das letzte erreicht hatte, begab er sich in die Mitte der Straße und stellte befriedigt fest, dass das Feuer bereits ein Eigenleben entwickelt hatte und nicht mehr zu löschen sein würde.

Mardonius war dem König gefolgt. Sein Lächeln und die Begeisterung über ihren Triumph waren ansteckend. Xerxes warf ihm die Fackel zu, und er fing sie auf.

»Bringe zu Ende, was ich begonnen habe, General«, sagte Xerxes. »Ich wünsche, dass von dieser Stadt nichts übrig bleibt. Das haben sie davon, dass sie sich meinem Vater widersetzt haben. Brenne alles nieder! Ich gehe derweil zu den Schiffen und schaue mir an, wie die Flotte Athens vernichtet wird. Sei dankbar für diesen Moment! Du wirst den heutigen Tag niemals vergessen.«

Mardonius neigte den Kopf und sah zu, wie der König in Richtung Küste aufbrach. Als ihm bewusst wurde, dass Xerxes nicht stehen bleiben würde, kniff er den Mund zu einem dünnen Strich zusammen und bedeutete rasch der königlichen Leibwache und sechzig Bogenschützen, ihm zu folgen. Als sie losrannten, pfiff er nach zusätzlicher Unterstützung und hörte, wie das Signal nach hinten zur Hauptstreitmacht weitergeleitet wurde. Seine Männer hatten die Stadt zwar für ungefährlich erklärt, aber er wusste nicht, was jenseits der Mauern los war. Die Straße zum Meer war möglicherweise noch nicht sicher. Vielleicht waren ein paar Fanatiker geblieben, um Perser in einen Hinterhalt zu locken und sie zu töten. Auf keinen Fall durfte Xerxes im Moment seines größten Triumphs von irgendeinem alten Mann erstochen werden.

Als die Fackel nach ihm zu züngeln begann, nahm er sie in die andere Hand. An diesem Tag bestand kein Zweifel, dass der große Gott Ahura Mazda die Königsfamilie gesegnet hatte. Xerxes und er waren monatelang marschiert und gesegelt und hatten ein Heer und eine Flotte zu diesem Ort geführt, die so groß waren, dass es nichts gab, was sie nicht schaffen konnten.

Stirnrunzelnd dachte er an den langen Marsch über die Brücke aus Schiffen und an der griechischen Küste. Er und seine Männer hatten viel auf sich genommen, um an diesem Tag in Athen stehen zu können. Viele würden nicht heimkehren. An den Thermopylen hatten sie es mit außergewöhnlich geschickten und tapferen

Gegnern zu tun bekommen. Doch selbst die Spartaner hatten ihrer Übermacht letzten Endes nicht standhalten können. Xerxes hatte befohlen, ihren König zu enthaupten, die Leiche in Stücke zu schneiden und ins Meer zu werfen – fast als hätte er befürchtet, dass dieser große Krieger andernfalls wiederauferstehen und zurückkehren würde. Mardonius lief ein Schauder über den Rücken. Mit Schwertern und Schilden hatten sie die Spartaner nicht bezwingen können. Am Ende hatte Xerxes seinen Männern befohlen, sich von den Spartanern abzurücken und so lange Speere auf sie zu schleudern, bis der Letzte von ihnen fiel.

Auf See hatten sie die Flotte der Athener unterdessen immer weiter zurückgedrängt, rief Mardonius sich ins Gedächtnis, um einen Anflug von abergläubischer Furcht zu vertreiben. Trotz all ihrer Geschicklichkeit und Tapferkeit hatten die Griechen Athen, das Zentrum und die Quelle ihrer Macht, nicht retten können. Gott war eindeutig mit den Persern, dachte Mardonius und schickte mit geneigtem Kopf ein stummes Gebet zu König Dareios, dem Vater vieler Nationen und Gefährten aus seiner Jugend, als die Welt noch süß und sauber gewesen war wie ein frischer Pfirsich. Sicher beobachtete der alte Mann sie und war zufrieden mit ihnen.

Wieder drehte der Wind. Die Flamme leckte erneut über Mardonius' Arm und riss ihn aus seinen Gedanken. Er musste sich auf seine bevorstehenden Aufgaben konzentrieren. Auch wenn er ausgelaugt war und eigentlich eine lange Ruhepause benötigte. Schließlich war er nicht mehr jung! Er seufzte. Sein Atem und seine schmerzenden Knie gehörten dem König. Xerxes sah keine Schwäche und gestattete auch keine. Mardonius würde durchhalten müssen.

Aus ein paar Türen spähten Katzen und strichen miauend um die Beine seiner Soldaten. Sie würden alle verbrennen. Vielleicht würden die Männer Fackeln an ihre Schwänze binden, sodass sie kreischend davonrannten und das Feuer noch weiter verbreiteten. In anderen Städten hatten sie es getan. Mardonius konnte dem nichts abgewinnen. Er bevorzugte schlichtere Methoden.

Er dachte an die Mauern, die Athen umgaben. Die großen Tore und hohen Türme, die nicht nur der Verteidigung, sondern auch als Symbole dienten. Doch was auch immer sie darstellen sollten, sie konnten mit Hämmern und Hakenstangen eingerissen werden. Er hatte eine Armee aus mehr als einer Viertelmillion kräftigen Männern. Sie würden diese Mauern brechen.

Auf der Akropolis ertönten dünne Schreie und Waffengeklirr, wegen der Rauchwolken konnte er jedoch nicht sehen, was dort oben geschah. Er biss sich auf die Lippe. Es war keine gute Idee, seine eigenen Männer in brennenden Straßen einzuschließen. Nein, er würde taktisch denken und die Aufgabe mit klarem Verstand angehen müssen. Sollte der König ruhig seinen Sieg genießen! Er hatte es sich verdient.

Ein weiteres tausendköpfiges Hazarabam tauchte aus dem immer dichter werdenden Nebel auf. Zwei von ihnen sandte Mardonius mit seinen Befehlen wieder zurück, den Rest schickte er hinter Xerxes her. Der König machte sich über seine Sicherheit keine Gedanken und vertraute blind darauf, dass sein General sich darum kümmern würde.

Er diente seinem König gut, dachte Mardonius. Sein Herz schien ebenso lichterloh zu brennen wie die Dächer um ihn herum.

KAPITEL 2

Gischt peitschte Themistokles ins Gesicht, als seine Galeere schneller wurde. In der Meerenge zwischen der Insel Salamis und Piräus, dem großen Hafen von Athen, war die See normalerweise ruhig. Doch ihr Rammsporn pflügte durch Wellen, die von Hunderten Schiffen und Tausenden Rudern aufgewühlt wurden.

Einen Moment lang war Themistokles verwirrt, was vermutlich an seiner bleiernen Erschöpfung lag. Er beschattete mit einer Hand die Augen und verließ sich darauf, dass er dank seines Gleichgewichtssinns und seiner kräftigen Beine den Halt auf Deck nicht verlieren würde. Anstelle des strukturierten Flottenverbandes sah er nur Chaos um sich herum. Er wusste, dass die Formationen in Wahrheit nach wie vor intakt waren, und hoffte, sie möglichst schnell wieder erfassen zu können. Mit der anderen Hand wischte er sich Salzwasser aus den Augen und spürte die steife Salzkruste auf seiner Haut. Er hatte keine Rüstung angelegt. Außer seinen Hopliten waren nur die Steuermänner gepanzert, da sie ein bevorzugtes Ziel der feindlichen Bogenschützen waren.

Themistokles packte einen Hoplon-Schild und beobachtete die gegnerischen Schiffe. Unter Deck sorgten auf beiden Seiten des Schiffs jeweils drei Reihen Ruderer für den Vortrieb, insgesamt hundertachtzig freie Männer aus Athen. Sie waren *alle* frei, dachte er. Soweit er wusste, war selbst den Haussklaven die Freiheit in Aussicht gestellt worden, sofern sie zu rudern bereit waren. Er schüttelte den Kopf. Wenn sie den Krieg überlebten, würde sich das sicher noch rächen.

Diese Ruderer gingen zu seinen Füßen mit fest geschlossenen Augen zu Werke. Jeder ihrer Atemzüge musste sich wie geschmolzenes Eisen anfühlen, doch sie hielten durch. Seitlich konnten sie durch Lücken im Leder und die Ruderdollen Schiffe passieren sehen, doch der Rammsporn und der Bug waren vor ihren Blicken verborgen, und sie mussten sich darauf verlassen, dass die Offiziere und die Steuermänner die richtigen Ziele anfuhren. Ihre Kraft und ihr Wille waren eine kostbare Ressource, die nicht verschwendet werden durfte.

Während der vergangenen Stunde war Themistokles gezwungen gewesen, zwei Männer, die vor Erschöpfung gestorben waren, durch Hopliten zu ersetzen. Die verbliebenen Ruderer hatten entsetzt zugesehen, wie ihre Leichen über Bord geworfen wurden. Doch sie waren allesamt noch jung, und jeder von ihnen war überzeugt, dass er auf keinen Fall der Nächste sein würde.

Themistokles hatte nur noch zwölf Hopliten bei sich an Deck, die bereit waren, auf ein gegnerisches Schiff zu springen, sobald der Befehl zum Entern erging. Diese jungen Männer, die aussahen, als wären sie seine in goldene Bronze gewandeten Kinder, warteten auf seine Kommandos. Er hob unter ihren Blicken den Kopf und bemühte sich um eine möglichst zuversichtliche Miene. Zwei von ihnen grinsten ihn an, bevor sie wieder aufs Meer hinausschauten. Themistokles der Unbesiegbare. Themistokles der Haudrauf, der Arrogante, der keine Angst kannte! Themistokles der Glückliche.

Ihm war es egal, wie sie ihn nannten. Es spielte keine Rolle, ob sie glaubten, er wäre von den Göttern gesegnet. Keiner seiner bisherigen Erfolge hatte irgendetwas mit Glück oder dem Schicksal zu tun gehabt. Erschrocken über diesen törichten Gedanken, berührte er rasch mit der Zungenspitze das Medaillon, das er in der Wange aufbewahrte. Seine Mutter hatte es ihm gegeben. Es zeigte die Eule der Athena. Obwohl das Halsband gerissen war, trug er es noch immer bei sich. Nein, während er in einer zerbrechlichen Hülle inmitten der gegnerischen Flotte auf den Wellen ritt, sollte er die Götter lieber nicht dazu anstacheln, ihn wegen seines Stolzes zu bestrafen.

Ein Dutzend Galeeren mit Xanthippos' Bannern an den Masten kreuzte ihren Kurs. Dank ihnen konnte Themistokles die Formation wieder erkennen. Er befahl seinen Ruderern halbe Geschwindigkeit, um dem angreifenden Verband nicht in die Quere zu kommen, auch wenn er sich ihm am liebsten angeschlossen hätte. Wer hatte Xanthippos aus dem Exil zurückgeholt, als Athen ihn brauchte? *Er.* Der edle Themistokles hatte seine eigenen Ambitionen und Bedenken hintangestellt, damit Athen nicht auf seine größten Talente verzichten musste! Es stimmte zwar, dass Xanthippos ein kaltherziger Mistkerl sein konnte, der andere von oben herab behandelte und sich wie ein strenger Spartaner gebärdete. Doch er hatte die Flotte wie ein Schwert auf dem Wetzstein geschärft, sodass in dieser brenzligen Lage nun dreihundert Schiffe mit fähigen Besatzungen zusammenarbeiteten. Themistokles fiel es nicht schwer, Xanthippos' herausragende Fähigkeiten anzuerkennen. Schließlich waren sie der Grund gewesen, warum er ihn hatte verbannen lassen. In Kriegszeiten waren Strategoi wie er jedoch unverzichtbar.

Themistokles ballte die Faust um den Lederriemen an der Innenseite seines Schildes, ein wilder Reflex, wie der Jubel über das erste Blut in einem Boxkampf. Xanthippos und sein Geschwader rasten auf die gegnerischen Schiffe zu. Kein persischer Kapitän konnte es gleichzeitig mit zwei oder drei aus unterschiedlichen Richtungen herannahenden Galeeren aufnehmen. Themistokles sah, dass sich ihnen ein Gegner mit Höchstgeschwindigkeit näherte. Von den Ruderblättern spritzte weiße Gischt auf. Sofort änderten drei Schiffe aus Xanthippos' Geschwader den Kurs, wie Wölfe, die sich aus ihrem Rudel lösten.

Der Perser erkannte seinen Irrtum und warf das Steuer herum, doch ohne einen entsprechend veränderten Ruderrhythmus ging die Wende zu langsam vonstatten. Und so bot er seine Flanke ungeschützt den Angreifern dar – ein Jäger, der zur Beute geworden war. Zwei griechische Kriegsschiffe rammten ihn mit einem ohrenbetäubenden Knall.

Während Themistokles vorüberfuhr, ruderten sie bereits wieder zurück und hielten nach neuen Zielen Ausschau. Das persische Schiff, durch dessen Leck kaltes Meerwasser hereinströmte, begann derweil zu kentern. Themistokles war nahe genug, um die Schreckensschreie der Ruderer im Rumpf zu hören. Im Gegensatz zu den griechischen Besatzungen waren ein paar von diesen armen Seelen an ihre Plätze gekettet. Das untergehende Schiff würde sie in die Tiefe reißen. Themistokles schauderte bei diesem Gedanken, doch er redete sich ein, dass es nur an der kalten Gischt läge, und bleckte die Zähne zu einem verwegenen Grinsen.

»Sollen wir sie entern, Kurios?«, ertönte hinter ihm die Stimme seines Kapitäns.

Themistokles drehte sich um und schüttelte den Kopf. Der Mann bemerkte es jedoch nicht, da er entsetzt beobachtete, wie die sinkende Galeere in diesem Moment umkippte. Anstelle des Geschreis drangen nur noch Luftblasen aus dem Rumpf.

»Dafür ist es ein bisschen zu spät«, sagte Themistokles.

Die Galeeren waren furchterregend, aber auch instabil. Da durch ihre niedrigen, offenen Seiten schnell Wasser einströmte, überlebten sie selten einen Aufprall.

Themistokles ließ seine Ruderer ausruhen und hielt nach Bedrohungen und Angriffsmöglichkeiten Ausschau. Soweit das Auge reichte, war die Meerenge mit Schiffen gefüllt. Dahinter lauerte nach wie vor der Großteil der persischen Flotte auf eine Lücke im Kampfgetümmel. Sie lagen am Eingang der schmalen Wasserstraße dicht gedrängt nebeneinander und sahen aus, als hingen sie in der Öffnung eines Trichters fest.

Themistokles wusste nicht, in wie viele Kämpfe er und seine Besatzung bereits verwickelt gewesen waren. Nur das mit Wasser verdünnte Blut, das über die Planken floss, gab einen Hinweis darauf, was sie durchgemacht hatten. In der Nähe eines der Steuermänner steckten mehrere abgebrochene Pfeile im Deck, und ein paar seiner Männer hatten Wunden erlitten, die sie unter den gegebenen Umständen nicht ordentlich versorgen konnten. Zumeist musste eine hastig verknotete Bandage genügen. Kurz bevor er Xanthippos gesichtet hatte, war ein weiterer seiner Männer gestorben, ein Hoplit aus seinem Heimat-Deme in Athen. Sein Lebenssaft war durch eine tiefe Schnittwunde aus ihm herausgeflossen, die keiner von ihnen bemerkt hatte. Ohne einen Mucks war er in das Kielwasser des Schiffes gefallen und vom Gewicht seiner Rüstung in die Tiefe gezogen worden.

Inzwischen waren sämtliche Besatzungsmitglieder kampferprobte Veteranen. Sie hatten Kopf und Kragen riskiert und würden es wieder tun. Themistokles merkte, dass er sich nach dem Festland zurücksehnte, wo die Toten nicht einfach verschwanden, als hätten sie nie existiert.

Er blickte zu dem merkwürdigen Publikum hinüber, das sich an der Küste von Salamis eingefunden hatte. Bei der Evakuierung Athens war die gesamte Bevölkerung über das Meer verfrachtet worden. Dazu waren Hunderte von Galeeren die ganze Nacht lang hin und her gefahren. Als im Morgengrauen die persische Flotte die Spitze der Küste umrundete, hatten die Männer schnarchend auf ihren Plätzen gekauert und nach dem Aufwachen mit Heißhunger den Eintopf aus ihren Schüsseln geleckt.

Die Frauen und Kinder aus mehr als zehntausend Haushalten waren nahe genug, dass Themistokles sie winken sehen konnte. Sie drängten sich wie Meeresvögel auf den Klippen und sahen zu, wie sich ihr Schicksal entschied. Themistokles beneidete sie nicht. Zwar blickte er jedes Mal dem Tod ins Auge, wenn ein Perser den Bogen spannte oder eine feindliche Galeere ihre Ruder zu zerschmettern versuchte, damit die zähnefletschenden, mit Schwertern und Schilden bewaffneten Krieger an Bord sie entern konnten. Doch wenigstens hatte er dieses Schicksal selbst gewählt und würde mit der Waffe in der Hand sterben. Für die Menschen auf der Insel gab es diesen Trost nicht. Die Perser waren mit achthundert Schiffen angerückt. Wenn sie triumphierten, würde es für die Frauen und Kinder von Athen keine weitere Zuflucht geben. Sie würden auf dieser Insel in der Falle sitzen und darauf warten müssen, dass die Perser sie einfingen und versklavten.

Themistokles drehte sich um und sah eine große Rauchwolke über der Stadt aufsteigen. In hilfloser Wut umklammerte er den Schildriemen so fest, dass seine Knöchel weiß hervortraten. Er sah die Akropolis und sandte ein gemurmeltes Gebet an Ares, den Gott des Krieges. Schuldbewusst schickte er gleich auch noch ein Gebet an Athena hinterher. Immerhin trug diese Göttin eine Rüstung. Die Athener waren ihr Volk. Solange sie auf ihn herablächelte, war nicht alles verloren.

Als er den Blick über die Stadt gleiten ließ, erspähte er am Hafen marschierende Soldaten. An ihren getäfelten Mänteln und den Umrissen ihrer Schilde erkannte er, dass es keine griechischen Hopliten waren … Er beschattete erneut die Augen, dankbar, dass er in die Ferne besser sah als in der Nähe.

Themistokles malte sich aus, wie persische Soldaten lachend durch Athen schlenderten und ungehindert heilige Tempel betraten, und biss sich auf die Lippe. Die Vorstellung widerte ihn an, doch wenn ein Mann seinen Besitz nicht schützen konnte, würde er ihm immer weggenommen werden. Die Götter verlangten Stärke. Wer sie nicht aufbrachte, den unterwarfen und versklavten sie. Das war die fundamentale Wahrheit, auf der all die Gärten und Gymnasien Athens fußten: Wehre dich, oder werde zu einem Sklaven.

»Dieses da!«, rief sein Kapitän. »Oder die beiden dort. Sie sehen beschädigt aus.«

Die Bemerkung war eindeutig als Frage gemeint. Themistokles konzentrierte sich wieder auf die Schiffe in der näheren Umgebung. Xanthippos hatte sie mittlerweile passiert. Kimons Geschwader war noch ein ganzes Stück entfernt. Themistokles betrachtete die möglichen Ziele und bemerkte die zerbrochenen Ruder und die leichte Schieflage der beiden nächstgelegenen persischen Schiffe. Irgendjemand hatte ihnen ganz schön zugesetzt. Er nickte.

»Wir rammen einen von den beiden. Auf dem da ist fast keiner an Deck. Das andere sieht aus, als könnte es nicht einmal ein schwimmendes Kind überholen. Das schnappen wir uns als Zweites. Und wenn Poseidon und Athena es gut mit uns meinen, holen wir uns zum Schluss auch noch das dritte.«

Der Trierarch klopfte ihm auf die Schulter. Er hörte, wie seine Befehle an den Keleustes weitergegeben wurden, von dem nur der Kopf unter Deck herausragte. Der duckte sich, als er alles gehört hatte, um die Ruderer ins Bild zu setzen und sie zu einer höheren Schlagzahl anzutreiben. Die Steuermänner packten die Ruder, und der Trierarch ging zum Bug und begann, sie mit Handzeichen zu lotsen. Die Minuten, in denen Themistokles halbes Tempo befohlen hatte, waren ein Segen gewesen, denn nun konnte sich ihre Galeere regelrecht auf ihren ersten Feind stürzen.

Die Hopliten an Deck bereiteten sich darauf vor, zu entern oder selbst geentert zu werden. Themistokles fasste sich an die Hüfte, um sicherzugehen, dass sein Kurzschwert noch immer in der Scheide steckte. Als er die Hand ausstreckte, reichte ihm jemand einen langen Dory-Speer. Er hatte ein gutes Gewicht. Athen stand in Flammen. Um sein Volk zu retten, hatte Themistokles den offiziellen Navarchen, den Spartaner Eurybiades abgesetzt, und sich selbst den Titel verliehen. Auch der hatte ein gutes Gewicht. Im Näherkommen brüllte er gemeinsam mit seinen Männern den Persern eine Herausforderung zu und beobachtete, wie sie panisch versuchten, ihrem Schicksal zu entgehen.

Kurz vor dem Zusammenprall blickte er noch einmal zu den feindlichen Truppen, die sich im Hafen versammelten. Am Strand wurde gerade ein riesiges Zelt errichtet. Ein paar Soldaten brachten eilends einen großen weißen Vogel daran an. Er schien zum Greifen nahe. Themistokles spürte, wie sich sein Magen zusammenzog. Es gab ganz sicher nur einen, für den mitten in einer Schlacht so ein Brimborium veranstaltet wurde.

Themistokles stockte der Atem. Die Welt schien mit den Bewegungen des Schiffes auf und ab zu wogen. Schließlich entdeckte er Xerxes am Strand, eine weit entfernte Gestalt, die nicht gemeinsam mit den anderen schuftete. Der König von Persien stand in seinem langen getäfelten Mantel da und beschattete mit einer Hand die Augen.

Von den Geschehnissen am Ufer abgelenkt, ging Themistokles beinahe über Bord, als der Zusammenstoß erfolgte und ein lautes Ächzen durch den gesamten Schiffskörper ging. Wegen dieser Wucht befestigten sie die bronzenen Schiffskiller an einem Balken, der den Kiel der gesamten Länge nach durchlief. Er war das einzige Bauteil einer Galeere, die einen derart wuchtigen Aufprall verkraftete.

Der persische Kapitän sprang herüber, gefolgt von einem halben Dutzend Männer. Themistokles sah seinen verzweifelten Blick, als die Hopliten ihn mit ihren Schilden aufhielten und mit den Schwertern durchbohrten. Die Klingen klirrten in seiner Brust gegeneinander. Anschließend wurden die Leichen ins Wasser getreten, und es blieb auch von ihnen nur eine weitere große dunkelrote Lache auf dem Holz zurück.

Der Befehl ertönte, rückwärts zu rudern und sich von dem havarierten gegnerischen Schiff zu entfernen. Hätten die Männer mehr Zeit gehabt, hätten sie es sicher liebend gern durchsucht. Die Perser schienen jede Menge Gold zu tragen, und Themistokles hatte beschlossen, die vielen Schmuckstücke zu ignorieren, die mittlerweile seine Hopliten zierten. Wenn es nach ihm ginge, dürften diese Männer die ganze Welt haben, wenn sie sie wollten.

Die zweite persische Besatzung versuchte, im Getümmel der Schiffe unterzutauchen. Sie hatten eine Wende geschafft – obwohl sie die Hälfte ihrer Ruder eingebüßt hatten, wie Themistokles nun sah. Das erklärte ihr geringes Tempo. Offensichtlich hatte ein griechischer Rammsporn ihre Backbordseite in einem flachen Winkel getroffen und vom Heck bis zum Bug aufgeschlitzt, wobei alle dort platzierten Ruderer ums Leben gekommen waren. Danach hatten sie die verbliebenen Ruderer und Riemen auf beide Seiten verteilen müssen. Sie waren zu langsam, um ihnen entkommen zu können. Themistokles merkte, dass er grinste, während der Trierarch wendete, um ihnen nachzusetzen. Normalerweise dauerte eine Verfolgungsjagd auf dem Meer ziemlich lange, nicht jedoch, wenn in einem Schiff jede Menge Leichen und zerbrochene Ruder herumlagen.

Er nutzte die Ruhepause, um das Schlachtfeld zu überblicken, wie er es auch an Land getan hätte. Als Strategos hatte er immer versucht, sich ein möglichst umfassendes Bild der Gesamtsituation zu verschaffen und im Kopf zu behalten. Manche Soldaten sahen in einer Schlachtreihe nur sich selbst, ihre unmittelbaren Nachbarn und die Gegner, denen sie gegenüberstanden. Ein Anführer musste den Blick jedoch weiten – und das galt auch auf hoher See.

Die Perser waren mit einer riesigen Flotte gekommen. Themistokles sah, dass Griechenland nur standhielt, weil die Gegner ihren Vorteil in der Meerenge bislang nicht ausspielen konnten. Die Evakuierung nach Salamis hatte den Athenern eine kurze Verschnaufpause verschafft, doch die Feinde waren noch immer zu zahlreich! Die Perser würden die Bündnisflotte Schiff für Schiff aufreiben. So viel zur Gesamtsituation.

Von den vierzig tapferen Besatzungen aus Korinth war nur noch die Hälfte übrig. Dutzende Athener Galeeren waren versenkt, geentert oder abgefackelt worden. Sie hatten schlimme Verluste erlitten und unter den Blicken ihrer Frauen und Kinder wie Wahnsinnige gekämpft. Er fragte sich, ob die Bewohner von Troja mit der gleichen Angst und Hilflosigkeit von den Stadtmauern herabgeblickt hatten. Die Verwüstungen, die sich vor Salamis abspielten, waren nicht weniger schrecklich als die von Homer geschilderten. An manchen Stellen war das Meer mit einem dichten Teppich aus Holzsplittern und Leichen bedeckt, den die Galeeren bei ihren Manövern durchpflügen mussten.

In einem Moment besonderer Klarheit wurde Themistokles bewusst, dass sie nicht gewinnen konnten, und geriet erneut kurz in Panik. Doch dann besann er sich auf seinen brillanten Verstand, der ihn zum wichtigsten Athener seiner goldenen Generation gemacht hatte. Beschwerten sich die Spartaner nicht ständig über die Verschlagenheit der Athener? Und war er nicht der größte aller Athener? Es musste doch irgendeine Möglichkeit geben, das Blatt zu wenden. Während sie sich dem glücklosen persischen Schiff näherten, sah Themistokles noch einmal zur Küste, wo Xerxes höchstpersönlich zusah, wie die beiden Flotten einander in Grund und Boden rammten. Die Hälfte der persischen Schiffe war noch gar nicht in die Kampfhandlungen verwickelt gewesen und lauerte wie Haie darauf, in die Meerenge zu gleiten und sich ebenfalls in die Schlacht zu stürzen. Unterdessen stieg von seiner geliebten Stadt Rauch auf. Themistokles sah das Ende seiner Welt wie einen Hammerschlag kommen, den er nicht mehr aufhalten konnte.

KAPITEL 3

»Stell dich nicht so nah an den Rand, Perikles!«, rief Agariste. »Was soll ich denn deinem Vater sagen, wenn du dich auf den Felsen zu Tode stürzt?«

Ihr jüngster Sohn sah sie unter seinem dichten schwarzen Haarschopf hervor an, den er am liebsten halb über den Augen trug. Sein Blick wirkte immer umschattet, seine Verdrossenheit war mit den Händen zu greifen. Agariste starrte zurück, bis er endlich die Achseln zuckte und einen halben Schritt zurücktrat. In Wahrheit machte sie sich keine großen Sorgen um Perikles und hatte ihn vor allem ermahnt, um ihrer Anspannung Luft zu machen. Mit seinen sechzehn Jahren war er kompakt und muskulös wie ein Aal. Sie wusste, dass er ein guter Schwimmer war, und hatte daher keine Angst, dass er ins tiefe Wasser fallen könnte. Doch die Felsen waren wie Messer. Normalerweise war Agariste nicht abergläubisch, doch in der Meerenge vor Salamis entschied sich gerade das Schicksal Athens. Während ihr Gemahl sein Leben gegen einen übermächtigen Feind riskierte, wollte sie auf keinen Fall Blut sehen müssen. Sie konnten nur hoffen, dass die Götter ihnen Kraft und den Sieg schenken würden. Was sie brauchten, war ein Sturm, der die persische Flotte in alle Winde verstreute.

Xanthippos war dort draußen und vielleicht bereits tot. Sie wusste es natürlich nicht, doch die Vorstellung nagte an ihr. Würde sie es mitbekommen, wenn er starb, es spüren, wenn er seinen letzten Atemzug machte oder in der lichtlosen Finsternis versank? Xanthippos war streng und stur, doch bei allen Göttern, er hatte sich tatsächlich zu dem Mann entwickelt, den sie einst in ihm gesehen hatte. Ihr Vater hatte geglaubt, er wäre einer Tochter aus der Familie Alkmaeonidae nicht würdig, doch Agariste hatte etwas in ihm gesehen – Disziplin, gepaart mit Ehrgeiz. Sie hatte sich einen Mann genommen, der ein bisschen zu nett gewesen war, und ihn langsam über den Kohlen ihrer Ehe gedreht, bis er härter geworden war. Mittlerweile war er zu dem Gemahl geworden, den sie brauchte. Er war ihre größte Errungenschaft.

Dann hatte Themistokles sich eingemischt und eine Abstimmung in der Versammlung erzwungen, an deren Ende Xanthippos seine Heimat und seine Familie verlassen musste. Sie presste die Lippen aufeinander, während sie daran zurückdachte. Diese Jahre konnte ihr niemand zurückgeben. Solange sie lebte, würde Themistokles in ihrem Haus nicht willkommen sein.

Perikles war erneut zur Kante vorgegangen und beobachtete mit einer Hand über den Augen die Schlacht. Sie verstand seine Unruhe, konnte aber nichts dagegen tun. Er wünschte sich gewiss, er könnte bei der Flotte sein. Er hatte versucht, an Bord zu bleiben, als Xanthippos sie am Landesteg abgesetzt hatte. Sein Vater hatte sich mit ihm und seinem Bruder Ariphron hingekniet und ihnen aufgetragen, Agariste und ihre Schwester Eleni zu beschützen. Agariste hatte auch die Messer gesehen, die er den beiden gegeben hatte. Hatten sie sich gefragt, ob sie wirklich in der Lage wären, damit ihre Mutter und ihre Schwester zu töten, um ihnen die Sklaverei zu ersparen? Agariste biss die Zähne zusammen. Sie sah durchaus die Risiken für sich und Eleni. Dennoch würde sie ihnen im Ernstfall die Messer abnehmen. Frauen überlebten. Es gab immer einen Ausweg. Immer. Sie sah, wie Perikles halb ausrutschte, und hob rasch die Hand. Doch es gelang ihm gerade noch rechtzeitig, mit ausgebreiteten Armen und leicht über den Abgrund gebeugt das Gleichgewicht wiederzufinden.

»Komm sofort *hierher,* Peri!«, fuhr sie ihn wütend an.

Sie sah, dass er selbst erschrocken war. Er trat mit rotem Kopf ein paar Schritte zurück und ließ sich auf den Sand plumpsen. Sein Bruder Ariphron sah genervt zur Seite. Er hatte keine Zeit für den

Unfug, den sein kleiner Bruder und seine Schwester veranstalteten. Die Verantwortung für die beiden lastete schwer auf ihm. Agariste sah, wie bedrückt er war. Er hatte seinen Vater ebenfalls begleiten wollen. Mit siebzehn war Ariphron beinahe erwachsen und würde bald in der Versammlung abstimmen dürfen. Doch Xanthippos hatte ihm befohlen zu bleiben. Auch ein paar andere Gleichaltrige waren zurückgelassen worden und standen nun mürrisch zwischen den Tausenden anderen herum. Alle Hausgardisten und männlichen Sklaven waren zur Flotte geschickt worden. Agariste hatte gehört, wie Xanthippos jedem die Freiheit versprach, der bereit war zu rudern oder gegen die Invasoren zu kämpfen. Als sie und die Kinder vom Schiff ins flache Wasser hinuntergeklettert waren, hatte sie den sehnsüchtigen Blick des alten Manias bemerkt, ihres obersten Haussklaven. Sie zweifelte nicht daran, dass er sie, die Frau, die er als Kind auf den Knien geschaukelt hatte, liebte. Agariste wusste, dass er, ohne zu murren, geblieben wäre, doch in all dem Durcheinander hatte sie ihn zurückschauen sehen.

Ihr Gemahl war zu diesem Zeitpunkt vollauf mit dem Schiff beschäftigt gewesen. Ehe Agariste es sich anders überlegen konnte, hatte sie die Hand ausgestreckt und auf die braune vernarbte Faust des Sklaven gelegt. Als sie noch mit bloßen Knien herumgelaufen war, hatte Manias sie auf den Schultern getragen und wie ein Minotaur geschnaubt. Er hatte ihr Geschichten von Homer erzählt und beigebracht, wie man Knoten bindet. Er hatte ihr von ihrer Geburt an gehört.

»Geh«, hatte sie gesagt. »Schnell. Verdiene dir deine Freiheit.«

Als er sich wortlos verbeugt und ihre Hand geküsst hatte, war ihr klar gewesen, dass sie die richtige Entscheidung getroffen hatte. Der alte Mann hatte sich Tränen aus den Augen gewischt und war unter Deck gegangen, um sich an ein Ruder zu setzen.

Ihr wurde klar, dass ihre zurückgelassenen Söhne ebenso sehnsüchtig dreinblickten. Es war eine Zumutung für Ariphron und Perikles, doch Xanthippos hatte sich nichts dabei gedacht, ihren

Gehorsam einzufordern. Schließlich waren sie seine Jungs! Daher hatte er überdurchschnittlich hohe Erwartungen an sie. Erst mit achtzehn würden sie der Volksversammlung angehören und konnten vorher auch nicht in der Armee kämpfen, höchstens einen alten Krieger begleiten und seinen Schild tragen.

Agariste streckte den Arm aus. Ihr Ältester saß, die Hände vor den Knien verschränkt, auf dem Boden. An seinen nackten Beinen klebten Sandkrusten. Als sie ihm eine Locke aus den Augen strich, erschrak er. Perikles, dieser kleine Rührmichnichtan, wäre sofort vor ihr zurückgewichen. Ariphron dagegen verstand die Geste, wie er es immer tat.

»Dein Vater wollte, dass ich in Sicherheit …«

»Ich weiß«, schnitt er ihr frustriert das Wort ab. »Er ließ mich schwören, einen richtigen Eid ablegen, dass ich diesen Ort bis zu seiner Rückkehr nicht verlassen werde. Oder bis ich weiß, dass er nicht zurückkehren wird. Als ob ich das ohne Schiff oder wenigstens ein Boot überhaupt könnte.«

»Er vertraut dir«, sagte sie und hielt seinen Blick fest.

Ariphron nickte. Sie sah, wie gekränkt er war.

Agariste merkte, dass Perikles sie beobachtete und wieder zur Felskante ging, als er sie für hinreichend abgelenkt hielt. Als ob ihr das nicht auffiele! Dieser Junge hatte nie gelernt, wie man mit Eltern umging. Zumindest *noch* nicht. Er war immer nur entweder störrisch und schlecht gelaunt oder zuckersüß. Selbst wenn er erkannte, was das Richtige wäre, machte er stets zielsicher das Falsche.

Ihre Tochter Eleni trat Perikles in den Hintern, sodass er fluchend herumfuhr.

»Setz dich hin, Perikles«, wiederholte Agariste. »Muss ich mir, während dein Vater dort draußen ist, nicht schon genug Sorgen machen? Wieso bist du nur so schwierig?« Er begann zu protestieren. »Setz dich hin, habe ich gesagt!« Seine Schwester verfolgte ihren Wortwechsel mit unschuldigem Lächeln.

Leichen wurden an die Küste gespült. Sie spürte, dass Perikles hinunterklettern und sie inspizieren wollte. Es drohte also ein weiterer Konflikt, auf den sie gerne verzichtet hätte. Die Angst hatte sie ausgelaugt. Ihre Angst um Xanthippos, um die Kinder, um sich selbst und um die Heimat ihrer Familie. Athen war ihr Zuhause. Sie konnte sich nicht vorstellen, woanders noch mal ganz von vorne anzufangen.

»Es wird lange dauern, bis wir etwas erfahren«, sagte sie und blickte zum Großteil der persischen Flotte, der noch nicht an den Kämpfen teilnahm. Aus Platzmangel verharrten sie ausgeruht und angriffslustig in Lauerstellung, während die Griechen immer erschöpfter wurden und aus unzähligen Wunden bluteten. Natürlich hatte sie Angst, gestand Agariste sich ein. Ein Sieg der Griechen war undenkbar. Leise betete sie zu Athena um Unterstützung. Ihre eigene Stadt stand in Flammen! Es war obszön.

»Ariphron kann hier Wache halten«, sagte Perikles. »Ich werde zum Strand runtergehen. Ich sehe da unten schon ein paar Jungs. Mal sehen, was die wissen.« Er stand auf und beschattete die Augen. Seine Mutter atmete tief durch und versuchte, nicht die Beherrschung zu verlieren. Es war nicht sein Fehler, sagte sie sich. Er war nicht dazu geschaffen, still zu sitzen.

»Nein. Bleib bei mir und deiner Schwester.«

Natürlich begann er zu widersprechen. Er hörte einfach nicht! Ariphron konnte auswendig tausend Verse von Homer aufschreiben, doch Perikles nahm sich nicht mal die Zeit, einen einzigen zu lernen. Obwohl er so gut sprechen konnte, hasste er es zu schreiben. Hinter seinen dunklen Augen verbarg sich unverkennbar ein wacher Verstand, doch er war wie ein Wildpferd, das sich ständig aufbäumte und um sich trat.

»Setz dich hin!«, sagte sie und sah ihm erneut in die Augen. Wie satt sie seine Sturheit doch hatte. »Glaubst du etwa, es wäre das erste Mal, dass unsere Familie in Gefahr ist? Wir haben

Schlimmeres als das hier überlebt, Perikles. Weil wir wissen, wann wir Befehle befolgen müssen.«

Die Wut, die er verströmte, war heiß wie die Mittagshitze. Noch war er es gewohnt, sich ihrer Autorität zu fügen, doch sie fragte sich, wie lange es noch so weitergehen würde. Mit ihren fünfunddreißig Jahren war sie zwar noch nicht alt, doch er war bereits stärker als sie. Sie deutete auf den Küstenstreifen und all die Bewohner von Athen, die aufs Meer hinausstarrten und ihr weiteres Schicksal zu erkennen versuchten. »Ist euch schon aufgefallen, dass wir allein hier sitzen? Glaubt ihr, die anderen halten nur aus Respekt zu uns Abstand?«

Eleni und die beiden Jungs zuckten die Achseln und sahen sich verwirrt um.

Agariste schüttelte vehement den Kopf.

»Wir sind Alkmaeonidae – ein altes Geschlecht.« Sie senkte den Kopf ein wenig und winkte ihre Kinder näher. »Euer Vater hat auf dem Fenchelfeld gekämpft, in Marathon – zusammen mit Themistokles, Aristides und Miltiades, Kimons Vater. Mein Onkel hat die Hälfte der Athener Gesetze überarbeitet. Er hat die Versammlung vergrößert, die zehn Stämme eingeteilt und hundert andere wichtige Dinge geleistet. Sie wissen, dass sie ihm – und damit uns – ihr Stimmrecht zu verdanken haben. Euer Blut ist ein goldener Faden, Kinder. Es gibt vielleicht noch ein, zwei andere Familien, die ähnlich hochgestellt sind wie wir. Mehr aber nicht. Und keine, die über uns stehen.«

Perikles sah die Menschentrauben um sie herum stirnrunzelnd an. Soweit er es beurteilen konnte, wirkten sie nicht sonderlich respektvoll. Doch sie waren tatsächlich von Agariste und ihren Kindern abgerückt. Manchmal glaubte er, dass seine Mutter zu sehr auf den Einfluss ihrer Familie und den Schutz, der damit einherging, vertraute. Sie kannte nicht die dunklen Gassen abseits der belebten Plätze, die Perikles allein erkundete. Manchmal lagen darin Leichen und brieten in der Sonne oder wurden von

Hunden angeknabbert. Tief in seinem Herzen wusste er, dass der Tod jederzeit jeden ereilen konnte, egal wie bequem man sein Haupt bettete. In diesem Moment beobachtete er sie von den Schiffen aus. Doch das sagte er nicht. Er wollte seine Mutter nicht verletzen.

Agariste setzte sich aufrechter hin und betrachtete die ertrunkenen Männer in der schaumigen Brandung. Ein paar von ihnen wurden von den Wellen herumgewälzt. Es sah aus, als wäre das Meer mit einer Haut aus Splittern, zerbrochenen Rudern und Toten überzogen. Sie sah, wie zwei weitere Schiffe zusammenstießen. Eines der beiden wurde vom gegnerischen Rammsporn seitlich aufgeschlitzt, der zweifellos die Ruderer im Inneren zerquetschte und zermalmte. Agariste schluckte.

»Schaut mal!«, sagte Perikles und deutete nach unten. »Schaut mal da!«

Er hatte die Toten auch angestarrt, natürlich fasziniert. Agariste wusste, dass er keine Menschen in ihnen sah. Jungs mussten erst lernen, Mitgefühl zu empfinden, dachte sie. Männer waren langfristige Entwicklungsprojekte, wie die Türme in den Stadtmauern. Sie liebte ihn deswegen nicht weniger, sondern eher umso mehr, weil er sie so sehr brauchte. Plötzlich fiel ihr wieder ein, wie Perikles eine tote Krähe gefunden und sie auf dem Küchentisch seziert hatte. Agariste war hinzugekommen, als er gerade ehrfürchtig die Knochen eines Flügels auseinandergespreizt hatte.

Sie schüttelte die Erinnerung ab und folgte mit dem Blick seinem ausgestreckten Finger zu einer Stelle, wo zwischen allem anderen ein dunkler Fleck in der Brandung schaukelte.

»Ich glaube, das ist Konis!«, sagte er. »Nein, ich bin mir sicher, dass er es ist.«

Der Hund ihres Gemahls. Agariste war nicht sicher, was sie bei seinem Anblick empfand. Während seines Exils in Korinth hatte Xanthippos sich mit einer Einheimischen eingelassen. Sein Hund, der mit ihm zurückgekehrt war, hatte Agariste immer an diese Phase seines Lebens erinnert. Als er ins Meer gesprungen war, um hinter seinem Herrchen herzuschwimmen, war Agariste nicht allzu traurig gewesen. Ihr Mann hatte ausgesehen, als wäre er den Tränen nahe, doch er hatte angesichts der Perser, die um die Landspitze herumkamen, mit seinem Schiff voller Frauen und Kinder nicht anhalten und wenden können. Agariste war davon ausgegangen, dass der Mastiff an diesem Tag ertrunken war.

Perikles nutzte die kurze Unachtsamkeit seiner Mutter dazu, an Felsen hinunterzuklettern. Als er weg war, drehte sie sich zu Eleni und Ariphron um, die sie mit großen Augen flehend ansahen.

»Von mir aus«, sagte sie und wedelte die beiden weg. »Geht nachsehen. Kommt aber gleich wieder zurück!«

Während all ihre Kinder davoneilten, stand Agariste auf und strich sich den Sand von der Kleidung. Sie fühlte zahlreiche mehr oder weniger verhohlene Blicke auf sich ruhen. Agariste gehörte zur Familie Alkmaeonidae. Ohne die Insignien ihres Reichtums und ihrer Macht – ohne Gardisten, Sklaven oder hohe Mauern – fühlte sie sich vor den Leuten fast nackt. Als das Geflüster losging, biss sie die Zähne zusammen. Ihre Kinder rannten unten über den Strand zu einem braunen Fleck zwischen lauter toten Männern. Sie nickte und ging zu einem Pfad, der sie ebenfalls nach unten führen würde. Vielleicht lebte der Hund ja noch. Die Kinder brauchten etwas, worüber sie sich freuen konnten. Sie alle brauchten so etwas.

Themistokles ließ ihn nicht aus den Augen. Er hatte sein Leben und das seiner gesamten Besatzung riskiert, um einen einzigen Jungen an Land zu bringen, den Lehrling des Zimmermanns, der voller Tatendrang und sehr stolz auf seine Aufgabe war. Da sie kein kleines Boot besaßen, hatten sie erwogen, die Galeere auf den Strand zu rudern. Mittlerweile umschwirrten die persischen

Soldaten ihren König jedoch wie Hornissen – und wie diese würden sie jeden angreifen, den sie als Bedrohung betrachteten. Eine Weile hatte es geschienen, als gäbe es für dieses simple Problem keine Lösung, doch dann hatte der Zimmermann Themistokles eine schmale Kiste aus Zedernholz gebracht und sie mit heißem Wachs versiegelt. Der Junge konnte schwimmen, und bei Poseidon, sie alle kannten diese Küste und die besten Stellen, um an Land zu gehen. Themistokles hatte den Jungen ins Wasser hinabgelassen. Die Kiste war an seinem Arm festgebunden gewesen und hatte hinter ihm auf den Wellen getanzt.

Sie waren in die Meerenge zurückgekehrt. Seine Ruderer hatten nach all den Strapazen noch immer schwer geatmet. Themistokles ließ den Trierarchen nach Bedrohungen Ausschau halten. Er selbst konzentrierte sich derweil voll und ganz auf die kleine Gestalt, die zu Xerxes unterwegs war, dem mächtigsten Mann der Welt, der in seinem Pavillon saß, während Athen hinter ihm brannte.

KAPITEL 4

Xerxes blickte auf das schmuddelige Kind hinunter. Seine Wachen hatten den Jungen bei der Suche nach Waffen grausam verprügelt. Eingedenk der Schlacht, die sich vor ihren Augen abspielte, hatten sie befürchtet, dass irgendein Grieche dem Jungen Gift oder eine versteckte Klinge mitgegeben haben könnte. Die Wachsschicht um die Kiste hatten sie entfernt, die Kiste selbst geöffnet und entsorgt. Selbst das mehrlagige, nach Art der Ägypter aus getrockneten Binsen gefertigte Papier würde niemals mit der Hand des Königs in Kontakt kommen.

Der Junge lag mit einem Fuß auf dem Rücken und dem Gesicht nach unten zitternd auf dem Sand. Der Herold des Königs stand auf der Seite und wartete darauf, dass Xerxes ihm zunickte. Er war wegen seiner Fremdsprachenkenntnisse herbeizitiert worden und hielt sich mit neugierig funkelnden Augen bereit, die Worte eines Atheners zu übersetzen.

Xerxes nahm auf einem Thron aus Holz und Stoff Platz. Sein Pavillon flatterte über ihm. Die Vorderseite war komplett offen, damit er die vorbeifahrenden Triremen im Auge behalten konnte. Mardonius hatte ihm versichert, dass sie in seiner Gegenwart besser kämpfen würden. Angeblich spürten sie seinen Blick auf sich.

»Lies es mir vor«, sagte Xerxes.

Der Herold nahm sich einen Moment Zeit, um sich bäuchlings neben den Jungen zu legen, der ihn verwirrt ansah. Als der Mann sich erhob, machte der Bengel ebenfalls Anstalten aufzustehen. Der Soldat musste mehr Gewicht auf den Fuß verlagern, mit dem er ihn festhielt, um ihn auf dem Boden zu fixieren.

»Großkönig von Persien, Majestät …«, begann der Herold. Er sprach langsam, um die am besten geeigneten Worte zu wählen.

Xerxes blickte interessiert auf. »*Ich, Themistokles, schreibe als Freund …* nein, *Verbündeter* muss es heißen. *Es ist mir … eine Ehre, die Flotte für Athen und Griechenland zu befehligen. Ich will nicht, dass mein Volk vernichtet wird … nicht, wenn ich es verhindern kann.*«

Xerxes beugte sich einen Moment lang vor. Dann erhob er sich von seinem Platz und ging beim Zuhören auf und ab. Der Junge wand sich. Er wusste nicht, was die in gehobenem Persisch vorgelesenen Worte bedeuteten.

»*Mein Einfluss ist beschränkt, hochverehrte Majestät. Würde ich unsere Kapitulation erklären, würde man mich einfach austauschen, und die Schlacht ginge weiter. Dann würden zusammen mit meinem Volk auch viele zusätzliche Perser sterben. Stattdessen … flehe ich dich an. Ich ersuche dich als … Bittsteller. Deine Familie hat immer mit all jenen Nachsicht gezeigt, die um Gnade baten. Jetzt wäre dafür ein guter Zeitpunkt. Ich sehe Rauch von der Stadt aufsteigen, und ich weine.*«

Xerxes unterbrach den Herold mit erhobener Hand und blickte auf die Meerenge. Er fragte sich, ob Themistokles ihn in diesem Moment von einem der Schiffe aus beobachtete, die wie Stechmücken auf dem Wasser hin und her flitzten. Er sah auch die Rümpfe und Ruder, die im tieferen Gewässer dahinter auf den Wellen schaukelten und wie frische Reservetruppen auf ihren Einsatz warteten. Xerxes verstand, wieso ein Grieche bei ihrem Anblick nervös werden könnte. Bisher war nur knapp ein Drittel seiner Kriegsschiffe in den Sund eingefahren. Noch mal doppelt so viele hielten davor die Stellung. Unversehrt, ausgeruht, vor Schwertern starrend. Ihre Kapitäne würden keine Gefahr für Leib und Leben scheuen, weil sie wussten, dass er von seinem Zelt am Strand aus zusah, wie sie für ihn kämpften. Und dass ihre Karrieren und das Schicksal ihrer Familien von dem Eindruck abhingen, den sie auf den König machten. Noch während er darüber nachdachte, sah er, wie die Ruderer auf zwei seiner Schiffe hektisch die Schlagzahl erhöhten, um im allerletzten Moment eine Kollision zu vermeiden.

Xerxes gab seinem Herold einen Wink. »Steht da noch mehr? Lies weiter.«

»Es sind noch ein paar Sätze, Majestät … *Das Land dir gegenüber, das die Meerenge begrenzt, ist eine kleine Insel namens Salamis. Wenn du deine halbe Flotte außenrum schickst, kann sie auf der anderen Seite in die Meerenge einfahren. Sobald wir von deinen Schiffen eingekesselt sind, ist es mir möglich, in Würde zu kapitulieren. Ich bitte dich um Gnade. Und ich bete darum, dass wir beide uns in Ehren wiederbegegnen werden.* Die Unterschrift lautet *Themistokles*, Majestät.« Der Herold drehte den Papyrus um und suchte nach weiteren Worten oder geheimen Symbolen, doch die Rückseite war leer.

»Holt General Mardonius. Und auch ein paar meiner griechischen Verbündeten. Sie sollen mir sagen, ob Salamis wirklich eine Insel ist. Irgendjemand muss es wissen.«

Einer seiner Wächter rannte los, um den Willen des Königs zu erfüllen. Der Herold wartete mit geneigtem Kopf auf neue Befehle. Der Schiffsjunge hatte seinen Widerstand inzwischen aufgegeben und zeichnete mit den Fingern Muster in den Sand.

Xerxes lächelte bei diesem Anblick. Er war auch einmal so jung gewesen. Natürlich hätte sein Vater ihn für so eine Unaufmerksamkeit verprügelt. Doch Xerxes sagte dem Wächter, dass er den Jungen zur nächstgelegenen Lagerküche bringen und ihm etwas zu essen geben solle. Der Brief hatte ihn mit Wohlwollen erfüllt. Sein Vater hatte die Griechen also doch durchschaut! Es war tatsächlich möglich, ihre Anführer zu brechen. Gold und die Aussicht auf Gnade waren genauso viel wert wie eine ganze Armee.

Mardonius erschien erst am Nachmittag. Seinem geröteten Gesicht nach zu urteilen, war er gerannt. Xerxes fiel auf, dass die Thebaner, die ihn begleiteten, entwaffnet worden waren. Seine

Wächter waren klug genug, um nicht einmal seine vertrauenswürdigsten Verbündeten mit Schwertern und Speeren zu ihm vorzulassen.

Den Herold hatte er nicht wegtreten lassen. Er stand noch immer an derselben Stelle. Seine Beine zitterten vor Erschöpfung. Xerxes ließ ihn den Brief mit krächzender Stimme auf Griechisch vorlesen, da er die Reaktion der Thebaner darauf sehen wollte. Als der Herold fertig war, bat einer von ihnen, selbst einen Blick darauf werfen zu dürfen. Xerxes hob die Brauen. Männer, die lesen konnten, hatten Seltenheitswert. Er gestattete es und sah zu, wie der Thebaner die Worte eines nach dem anderen leise vor sich hin murmelte, als wollte er ihren Geschmack prüfen.

Schließlich zuckte der Mann die Achseln und gab dem Herold den Papyrus zurück. »Ich habe von Themistokles gehört, kenne ihn aber nicht persönlich, Majestät.« Der Thebaner wartete ab, während der Herold für den König übersetzte. »Es stimmt, dass Salamis eine Insel ist. So viel kann ich bestätigen, da ich in meiner Jugend mal diesen Hafen besucht habe.«

»Und hältst du sein Kapitulationsangebot für vertrauenswürdig?«

Während Xerxes' Frage auf Griechisch wiederholt wurde, hatte er erneut Gelegenheit, die Reaktionen der Thebaner zu beobachten. Sie sahen einander fragend an. Sie waren Griechen, die beschlossen hatten, lieber persisches Gold anzunehmen, als die Speere gegen seine Armee zu erheben, und somit in seinen Augen keine vollwertigen Menschen. Er fragte sich, ob derartige Kreaturen wirklich die Beweggründe von stolzen Männern beurteilen konnten, die zur See fuhren und über Land marschierten, um einem Feind entgegenzutreten, den sie unmöglich besiegen konnten.

»Ich kann es nicht mit Sicherheit sagen, Majestät, aber ich glaube schon. Der Plan, den er vorschlägt, würde die Schlacht sicher beenden. Keine Armee kann an zwei Fronten kämpfen.«

Xerxes nickte langsam, während der Herold alles wiederholte, was der Thebaner gehört hatte. Anschließend gestattete der junge König seinen Verbündeten mit einem Wink, ihm zu huldigen, und wartete geduldig ab, während sie sich flach auf den Boden legten und um ein langes Leben für ihn beteten. Er fragte sich, ob ihnen klar war, dass er ihnen damit eine Ehre erwies und sie für ihre Dienste belohnte. Mit derartigen Feinheiten schienen die Hellenen nichts anfangen zu können. Zumindest nicht diejenigen, die er befehligte. Nachdem seine Wachen sie hinausgeführt hatten, wandte er sich zu Mardonius um. »Er verspricht sehr wenig, dieser Themistokles. Er führt den Befehl, behauptet jedoch, dass er sich nicht ergeben kann. Andererseits schlägt er mir eine Möglichkeit vor, diese Schlacht vorzeitig zu beenden. Was rätst du mir?«

»Wir sind stark genug, um es zu versuchen«, erwiderte Mardonius. »Im Erfolgsfall würden wir damit sicher Tausenden das Leben retten. Vielleicht ist es das wert. Ich weiß es nicht. Wir müssten uns überlegen, wie wir mit den griechischen Gefangenen umgehen. Würdest du ihnen erlauben, in ihre Stadt zurückzukehren? Meine Männer reißen gerade ihre Mauern ein.«

»Und sie werden als Symbol für ihre Kapitulation eingerissen bleiben«, sagte Xerxes. »Ich muss das Meer nicht unbedingt rot färben, Mardonius. Ja, ich bin gekommen, um Vergeltung zu üben, aber was will ich am Ende dieses Feldzugs hinterlassen? Nur Asche und Knochen? Was würde mein Vater dazu sagen?«

Mardonius dachte einen Moment lang nach. Ihm war bewusst, dass von seinen nächsten Worten möglicherweise das Überleben ganzer Völker abhing. »Ich glaube … Seine Majestät König Dareios hätte ein eindrucksvolles Exempel an ihnen statuieren wollen, um nie wieder in den Westen zurückkehren zu müssen. Danach hätte er sich wahrscheinlich nicht mehr viele Gedanken über sie gemacht. Ich nehme an, Seine Majestät hätte sich mit persischen Gouverneuren und Garnisonen und Steuern für die königliche Schatzkammer zufriedengegeben. Dein Vater hat viele Nationen erobert. Mit der Zeit wurden sie zu den loyalsten Provinzen des Großreichs. Sie entsenden Soldaten, die in deiner Armee kämpfen, und hissen die Farben und Symbole deines Hauses stolz über ihren eigenen Bannern. Doch die Entscheidung liegt bei dir, Majestät. Sein Urteilsvermögen lebt in dir fort. Ich weiß, dass du ihn mit jedem Atemzug ehrst.«

Xerxes lächelte und fasste seinen General an der Schulter. »Also gut. Signalisiere meinem Flaggschiff, dass sie ein Boot zu Wasser lassen sollen, um die neuen Befehle abzuholen. Kapitän Isvant soll … dreihundert Kriegsschiffe um die Insel Salamis herumführen. Nach einem ganzen Vormittag voller Müßiggang wird ihnen ein bisschen rudern guttun! Sie sollen vom westlichen Ende aus in die Meerenge einfahren, den Feind aber nicht angreifen. Wir warten ab, ob dieser Themistokles Wort hält und tatsächlich kapituliert. Vielleicht werde ich ihn sogar treffen.«

Mardonius ließ sich auf den Sandboden fallen. »Und was ist mit den Frauen und Kindern auf der Insel? Wirst du sie gnädig behandeln?«

Xerxes zuckte die Achseln. Er brauchte keine Gefangenen, und seine Lust auf Leibsklaven hatte im Laufe der Jahre erheblich nachgelassen. Doch er wusste, dass sie in vielen seiner jungen Offiziere noch brannte. »Lass … zehn Prozent von ihnen hinrichten, aber ohne langes Leiden.« Er lächelte und wedelte mit dem Zeigefinger. »Und von mir aus kannst du ein paar von ihren schönsten Frauen und Kindern verschonen, Mardonius – als Belohnung für alle, die mir besonders tapfer gedient haben. Die Restlichen werden mit ihren Ehemännern und Eltern wiedervereint, damit sie meinen Namen laut preisen. Aber es wird in Athen keine Mauern mehr geben. Nie wieder. Das soll das Symbol meines Sieges sein.«

Ergriffen warf sich Mardonius noch einmal nieder. Tränen perlten von seinen Wimpern, sein Gesicht glühte vor Entschlossenheit. Der Sohn war die Wiedergeburt seines Vaters. Im Moment des Triumphs hatte Xerxes die Barmherzigkeit seiner Familie wiederentdeckt. »Dank dir ist dies ein goldener Tag, Majestät! Die Schreiber werden ihn in allen Einzelheiten festhalten.«

Perikles schleifte mühsam den riesigen Hund aus der Brandung. Ein Stück von ihm entfernt hob Agariste die Hand, um ihn davon abzuhalten, ließ sie aber wieder sinken. Er hätte vermutlich ohnehin nicht auf sie gehört. Der Mastiff ihres Gemahls war eindeutig tot. Sein gesamter Kopf war unter Wasser gewesen. Trotzdem zerrte Perikles ihn verzweifelt an seinen schlaffen Beinen aus dem Wasser und hievte ihn mithilfe seiner Geschwister auf den trockenen Sand. Eleni streichelte weinend die Flanke des Tiers.

Agariste sah zum Meer, wo Schiffe fuhren und miteinander kämpften. Ein paar von ihnen fuhren so dicht am Ufer vorbei, dass sie die Gesichtsausdrücke der Männer an den Rudern und an Deck ausmachen konnte. Sie entdeckte Schützen unter ihnen und fragte sich, ob sie grausam genug waren, um aus reinem Spaß ihre Bogen zu spannen. Diese Vorstellung erfüllte sie mit Angst um ihre ungeschützten Kinder. An diesem Ort gab es bereits zu viele Tote. Agariste versuchte, nicht die Leichen anzusehen, die ihr wie eine schreckliche Parodie auf alles Lebendige vorkamen. Aus ihren offenen Mündern floss Meerwasser. Einige von ihnen trugen griechische Tuniken, andere die typischen persischen Bärte. Nicht einmal das Salzwasser hatte das Öl aus den schwarzen Locken spülen können.

»Wir sollten nicht hierbleiben«, sagte Agariste. »Die Perser haben Bogenschützen auf ihren Schiffen. Ich will nicht, dass sie euch hier unten sehen und anvisieren … oder schnell zum Ufer rudern.«

Dieser nachgeschobene Gedanke machte ihr erneut Angst. Xanthippos hatte einen kleinen Trupp Hopliten auf Salamis zurückgelassen, Männer, die ihm nun sicher schmerzlich fehlten. Sie wusste nicht, ob sie reichen würden, falls eine der persischen Besatzungen an Land kam.

Perikles ignorierte die Sorgen seiner Mutter und spähte in die Augen des Hundes.

»Komm weg, Perikles. *Jetzt!*«

Die erste Aufforderung ignorierte er immer. Als würden sich seine Ohren erst nach ein paar Wiederholungen öffnen. Dieser Junge trieb sie wirklich in den Wahnsinn.

»Komm jetzt, Peri«, sagte Ariphron.

Perikles murmelte irgendetwas, das Ariphron erröten ließ. Niemand konnte ihn so leicht in Rage versetzen wie ihr Jüngster. Ariphron empörte sich über Perikles' mangelnde Höflichkeit ihrer Mutter gegenüber, wie es normalerweise nur ein Vater tat.

Agariste beschloss, dazwischenzugehen, ehe sie zu streiten oder, schlimmer noch, miteinander zu kämpfen begannen, während die Frauen von Athen von den Dünen und Klippen aus zusahen. »Konis ist tot, Perikles. Es tut mir leid. Komm jetzt weg von hier, bevor du noch ein feindliches Schiff anlockst.«

Ihr Sohn blickte böse auf und bleckte fast wie ein wildes Tier die Zähne. »Ich wollte anhalten. Ich habe dir *gesagt,* dass er ertrinken würde. Ich habe es Vater gesagt! Konis hat nicht aufgegeben, und jetzt …«

Zu ihrer Überraschung brach ihr Sohn plötzlich in Tränen aus und vergrub das Gesicht im nassen Fell des Hundes. Agariste war gar nicht klar gewesen, wie sehr er dieses Tier geliebt hatte.

»Es tut mir leid«, wiederholte sie noch einmal sanfter. »Aber wir können nichts mehr für ihn tun. All die Leichen hier machen mich nervös, Perikles. Komm jetzt mit.«

Er stand auf und blickte auf den zusammengesunkenen Hund hinab. Agariste stellte sich vor, wie sie ihrem Gemahl erzählen würde, dass er ertrunken war, und wurde mit einem Mal traurig. Inmitten der vielen Gefallenen und Verheerungen um sie herum und in Anbetracht all dessen, was auf dem Spiel stand, erschien es ihr zwar trivial, doch sie spürte, wie ihr Tränen in die Augen stiegen.

Merkwürdigerweise schien Perikles sich zu beruhigen, als er sie weinen sah. Er nahm sie an der Hand, und die ganze Familie ging zu ihrem Platz in den Dünen zurück. Agariste bemerkte, dass in der Zwischenzeit niemand die Stelle in Anspruch genommen hatte. Obwohl ihr Kleid sandig war und ihr Magen leer, hatte sie offensichtlich noch immer einen gewissen Status.

Perikles stellte sich erneut an die Felskante, doch diesmal ließ sie ihn gewähren. Die Luft war sauber und schmeckte nach Salz. Sie konnten alle den braunen Hund sehen, den sie von den restlichen Toten weggeschleift hatten. Von hier oben sah er wie Treibholz aus.

Agaristes Blick ging zu der Rauchsäule über Athen. Die Stadt brannte noch immer. »Vielleicht endet alles hier«, flüsterte sie. Sie hatte nicht gewollt, dass eines ihrer Kinder die Worte hörte, doch Perikles wandte sich zu ihr um und schüttelte den Kopf.

»Nein. Unsere Besatzungen und Hopliten werden die Perser besiegen. Sie werden nicht scheitern. Sie sind Athener.« Er sah sie herausfordernd an, als würde er Widerspruch erwarten, doch Agariste nickte nur knapp.

Die Formation der am weitesten entfernten persischen Schiffe begann sich zu verändern. Die Bewegungen hatten nichts mit der Schlacht zu tun und waren zunächst schwer zu deuten. Galeeren, die lange Zeit auf ihren Kampfeinsatz gewartet hatten, ruderten plötzlich davon. Aus dieser Entfernung sahen sie wie eine Sandverwehung aus, die das Meer wegspülte, oder wie ein Teil eines Bienenschwarms, der sich vom Rest trennte.

Agariste fragte sich, was das zu bedeuten hatte. Sie erhob sich und sah zusammen mit den Frauen und Kindern von Athen zu, wie die Schiffe, weiße Schaumstreifen hinter sich herziehend, aus der Meerenge hinausruderten. Eleni und Perikles schauten sie unsicher an, doch sie schüttelte den Kopf und biss sich auf die Lippe. Agariste konnte ihnen nicht erklären, weshalb die persische Flotte sich teilte und eine Hälfte um Salamis herumfuhr.

KAPITEL 5

Ohne Xanthippos' innovative Taktiken wäre es unmöglich gewesen, mitten in der Seeschlacht Befehle weiterzugeben. Nach seiner Rückkehr aus dem Exil hatte er erkannt, dass die Bündnisflotte zu groß und zu schwerfällig war, um sie von einem einzigen Schiff aus zu befehligen. Der spartanische Kommandeur, Eurybiades, hatte sich zwar als den Navarchen, den Oberbefehlshaber der Flotte, bezeichnet, doch in Wahrheit waren seine Kommandos nur von den spartanischen Galeeren befolgt worden und bei der Weitergabe von einem Kapitän zum nächsten verloren gegangen. Xanthippos war derjenige gewesen, der die Flaggensignale und Geschwaderkommandeure eingeführt hatte. Doch auch danach hatten alle noch so getan, als trüge der Spartaner die Gesamtverantwortung, zumindest bis Eurybiades der Flotte befohlen hatte, Athen aufzugeben und sich zum Peleponnes zurückzuziehen.

Genau eine Woche zuvor hatte Themistokles den versammelten Kapitänen widerstrebend mitgeteilt, dass er diesem Befehl nicht gehorchen würde. Athen würde evakuiert und die Meerenge verteidigt werden. Dem sichtlich zornigen Eurybiades hatte er es freigestellt, die spartanischen Schiffe abzuziehen, gleichzeitig aber zu bedenken gegeben, dass die Perser einen freien Seeweg zur peloponnesischen Halbinsel – der Heimat der Spartaner und Korinther – haben würden, falls es nicht gelänge, sie vor Salamis aufzuhalten. Ein Dutzend spartanische Schiffe würde nichts gegen achthundert persische ausrichten können – außer sie kämpften als Teil des Flottenverbands.

Themistokles hatte seinen Ungehorsam so freundlich wie möglich verpackt, doch seine Botschaft war klar gewesen: Mit zweihundert Triremen und den dazugehörigen Besatzungen stellte Athen weit mehr Schiffe als Sparta und auch mehr als Korinth, das vierzig Galeeren beigesteuert hatte.

Themistokles sah zu, wie über dem Deck eine schwarze Flagge gehisst wurde, ein langer, zwischen zwei Dory-Speeren gespannter Stoffstreifen. Sobald die Besatzungen anderer Schiffe sie sichteten, würde sich die Information rasch verbreiten. Er und Xanthippos hatten sich auf das Signal geeinigt, allerdings nur für den Fall, dass es keine andere Option gab. Während sie warteten, versuchten die Offiziere seiner Galeere vorübergehend, alle Kämpfe zu vermeiden. Was angesichts der vielen persischen Schiffe, die sie zerstören wollten, gar nicht einfach war. Bevor er die Flagge aufziehen ließ, zitierte er sechs Athener Schiffe zu sich und fügte sie zu einem von Xanthippos' kleinen Geschwadern zusammen. Wann immer ihnen ein Feind zu nahe kam, griffen sie ihn im Verbund an. Es war eine sehr effektive Taktik. Während Themistokles auf eine Antwort wartete, rammten sie zwei Schiffe. Wenn persische Galeeren kenterten und ihre Kiele himmelwärts zeigten, tauchten ihre Besatzungen nie wieder auf. Die Ruderer waren an ihren Plätzen festgekettet, und die Soldaten trugen zu schwere Rüstungen, um sich über Wasser zu halten.

Während Themistokles wartete, wurde er immer nervöser. Ein Krieg auf See verlief viel langsamer als an Land. Unter Deck lehnten sich die Ruderer zurück und schliefen oder schlürften Bohneneintopf aus ihren Schüsseln und tranken stark verdünnten Wein, aus einem Schlauch, der zwischen den Bänken herumgereicht wurde.

Als er die Spannung kaum noch ertrug, sah er, wie um sein Schiff herum andere Flaggen aufgezogen wurden. Seit Xanthippos' Exil waren sie beide keine Freunde, doch sie vertrauten einander, zumindest, wenn es gegen die Perser ging. Während Athen brannte, schafften sie es, ihre persönlichen Differenzen beiseitezuschieben. Allerdings war Xanthippos nicht der erste Kommandeur, der auf sein Signal reagierte.

Themistokles sah eine Gruppe Schiffe näher kommen. Die dicht gedrängte Formation pflügte wie ein Hai durch den Trümmerteppich und die Leichen auf der Wasseroberfläche. Er erkannte den jungen Mann auf dem Deck des vordersten Schiffes. Kimon stand, die Füße ein wenig auseinandergestellt, die Hände locker hinter dem Rücken verschränkt, im hohen Bug und glich gekonnt die Bewegungen der Wellen aus. Der Strategos hatte das Führungstalent seines Vaters geerbt – oder vielleicht auch nur das Vermögen und den Namen seiner Familie. Nein, das war nicht gerecht, dachte Themistokles. Kimon bewegte sich gut, stand gut und wägte seine Worte ab, bevor er sprach. Es war egal, wie er zu seiner Autorität kam, wichtig war nur, dass die Männer ihm gehorchten.

In Wahrheit spielte es überhaupt keine Rolle, was Themistokles von irgendeinem seiner Mitstreiter hielt, während sie vor den Augen ihres Volkes ums Überleben kämpften. Themistokles biss sich auf die Lippe. Gab es überhaupt Wasser auf Salamis? Etwas zu essen? Er konnte sich nicht erinnern, je einen Fuß auf diese karge Insel gesetzt zu haben, obwohl er an die hundert Mal in ihrem Küstengewässer Tintenfische gefangen hatte. Dieses Eiland gegenüber von Athen war die einzig mögliche Zuflucht für ihr Volk gewesen, als die persische Flotte ihnen mit rasender Geschwindigkeit die Küste hinab gefolgt war. Er und die übrigen Kapitäne hatten ihre Liebsten gerettet, allerdings vielleicht nur für einen Tag. Themistokles wünschte sich, es hätte eine echte Fluchtmöglichkeit für sie gegeben und nicht nur eine Insel, die ebenso gut ein Gefängnis hätte sein können.

Als Kimons Schiff längsseits ging, kam auch Xanthippos herbei. Die drei Athener Kommandeure fügten ihre Galeeren in der Mitte der Meerenge zu einer Art Floß zusammen, mit Schiffen auf allen Seiten, die feindliche Angriffe abwehrten. Um sie herum ging die Schlacht indessen unvermindert weiter – und die Galeerenbesatzungen der Bündnisflotte litten darunter, dass drei ihrer Befehlshaber nicht an den Kämpfen teilnahmen.

Angespannt beobachtete Themistokles, wie Xanthippos' Schiff sich seinem näherte. Seile wurden zwischen den Decks hin und her geworfen, und die Ruderer zogen ihre Riemen ein, damit die Galeeren möglichst fugenlos miteinander vertäut werden konnten.

Themistokles fragte sich, ob die berühmte Brücke aus Schiffen, die Xerxes für seine Armee über den Hellespont gespannt hatte, auf die gleiche Weise konstruiert worden war. Er stellte sich eine Schlange aus Hunderten Galeeren vor, deren Decks komplett mit Planken bedeckt waren. Auf diesem breiten Damm war die persische Armee westwärts marschiert.

Kimons Steuermänner fuhren derweil auf die gegenüberliegende Seite, sodass Themistokles' Schiff zwischen zwei anderen eingeklemmt war. Ohne Vorwarnung sprang Kimon zu Themistokles herüber und landete direkt neben ihm. Bei ihm sah dieses halsbrecherische Manöver ganz einfach aus.

Xanthippos machte es ihm nicht nach. Mit seinen grauen Schläfen und seinem durch bittere Erfahrungen gefestigten Charakter würde er keine unnötigen Risiken eingehen, nur um sich einen Moment lang wieder jung zu fühlen. Themistokles bemerkte, dass einer seiner Arme bandagiert war. Noch schlimmer sah jedoch die Beule an seiner Stirn aus, wo ihn offensichtlich irgendetwas getroffen hatte. Auch aus Xanthippos' Deck ragten abgebrochene Pfeilschäfte, wie die Stängel irgendeines merkwürdigen Krauts. Sie alle hatten an diesem Tag gekämpft und Perser abgeschlachtet, die das Gleiche mit ihnen hatten tun wollen.

Xanthippos hob fragend die Augenbrauen. Er wollte eindeutig schnellstmöglich wieder in die Schlacht zurück.

»Also, Väterchen, hier bin ich«, sagte Kimon.

Themistokles sah den jungen Mann irritiert an. Er hatte zwar mit Kimons Vater gekämpft, aber so alt war er nun auch wieder nicht! Anstatt ihn einer Antwort zu würdigen, holte er tief Luft, damit auch Xanthippos ihn verstehen konnte, dessen Schiff ein wenig zeitversetzt zu seinem eigenen von den Wellen angehoben und wieder abgesenkt wurde.

»Ich habe Xerxes eine Botschaft geschickt«, rief er nach kurzem Zögern. Die Worte kamen ihm schwerer über die Lippen, als er geglaubt hatte.

Xanthippos' strenge Miene verfinsterte sich noch mehr. »Du hast *was* getan? Ohne mich vorher zu fragen?«

»Was war das für eine Botschaft, alter Mann?«, fragte Kimon.

Themistokles sah, dass Kimon nach dem Schwert an seiner Hüfte griff, und stellte sich ein wenig breitbeiniger hin. Er boxte und rang seit seiner frühesten Jugend. Egal wie jung Kimon war oder wie wertvoll als Kommandeur, falls er dieses Schwert zog, würde Themistokles ihn ins Meer werfen.

Weitere Seile klatschten auf das Deck, und Themistokles' Hopliten zogen die beiden Galeeren noch enger zusammen, bis Xanthippos den Spalt mit einem einzigen langen Schritt überwinden konnte. Themistokles gefiel es gar nicht, auf seinem eigenen Schiff von den beiden bedrängt zu werden.

»Also, Themistokles«, sagte Xanthippos, »was hast du getan?«

Er und Kimon standen links und rechts von Themistokles, als würden sie einen Feind in die Zange nehmen. Themistokles fragte sich, ob seine Besatzung ihm zu Hilfe kommen würde, falls sie ihn angriffen.

»Ich habe einen Jungen zu ihm geschickt ... an den Strand, von wo er uns beim Kämpfen zusieht, als wären wir Athleten bei den Olympischen Spielen. Ich habe ihm gesagt, dass wir kapitulieren werden ...«

Er brach ab, als Kimon einen wütenden Schrei ausstieß und ihn mit einer Hand packte, während er mit der anderen nun tatsächlich sein Schwert aus der Scheide zog. Im Vertrauen auf Xanthippos' Selbstbeherrschung wandte Themistokles diesem den Rücken zu und packte Kimons Handgelenk. Ihn an den Beinen anzuheben und ins Meer zu werfen, war nicht mehr möglich, da Xanthippos' Schiff mittlerweile so nahe heran war, dass es sich knarzend an seinem rieb. Zu seinem Entsetzen merkte er, dass der junge Mann stärker war als er selbst. Er würde ihn nicht mehr lange festhalten können. »Ich habe Xerxes gesagt, dass er die eine Hälfte seiner Flotte um Salamis herumschicken solle«, fuhr er rasch fort. »Und dass wir uns zur Kapitulation gezwungen sehen werden, wenn er das tut.«

»Du hast uns verraten«, spie Kimon aus. »Unter den Augen unseres Volkes. Ich werde deinen Kopf auf meinem Bugspriet aufspießen.«

»Halt die Klappe, Bürschchen!«, blaffte Themistokles zurück. »Wenn Xerxes tut, was ich ihm gesagt habe, wird er die Flotte aufteilen. Begreifst du das nicht? Gebrauche den Verstand, den du von deinem echten Väterchen geerbt hast. Unter den gegebenen Umständen können wir gegen so viele Gegner nicht gewinnen. Sie reiben uns auf, bis nichts mehr von uns übrig ist! Sag du es ihm, Xanthippos, bevor dieser Junge mich in seiner Tobsucht noch umbringt.«

Themistokles sah sich gezwungen, Kimon loszulassen. Der zog daraufhin das Schwert zwar vollständig aus der Scheide, blickte aber fragend Xanthippos an.

Themistokles trat einen Schritt zurück und rieb sich verstohlen die Finger, die Kimon ihm gequetscht hatte.

»Themistokles hat viele Fehler, Kimon«, sagte Xanthippos. »Ich glaube aber nicht, dass er ein Verräter ist.« Er sah zum Ende der Meerenge, wo noch immer ein Großteil der persischen Flotte auf seinen Einsatz wartete. Dann wandte er sich wieder zu Themistokles um. »Allerdings frage ich mich, ob er ein Mann ist, der mitten im Krieg für die Zukunft vorsorgen will. Wenn Xerxes deinem Vorschlag folgt und gewinnt, wird er dir sicher wohlgesonnen sein, nicht wahr, Themistokles?«

»Wenn er meinen Vorschlag annimmt, wird er die Flotte aufteilen«, brauste Themistokles auf. »Nur darum geht es. Du und ich, wir haben in den Gewässern rund um Salamis neue Schiffe ausprobiert, Xan. Wenn ich mich richtig erinnere, haben wir mit gehissten Segeln und Rudern einen kompletten Tag gebraucht, um die Insel zu umrunden. Acht oder zehn Stunden. Diese Zeit könnten wir zu unserem Vorteil nutzen … und dann wärest *du* mir etwas schuldig, Xanthippos.«

»*Ich* wäre dir etwas schuldig?«, erwiderte Xanthippos leise. »Dem Mann, der mich aus Athen verbannt hat?«

»Dem Mann, der dich zurückgebracht hat, obwohl ich damit fast die Versammlung gespalten hätte«, stieß Themistokles hervor.

Während die beiden sich stritten, versteifte Kimon sich plötzlich und drehte Themistokles zu dessen Verblüffung an der Schulter herum. »Sieh nur!«, sagte er und deutete mit dem Finger. »Sie haben deinen Köder geschluckt, Themistokles.« Seine Stimme klang ehrfürchtig.

Hinter dem Schlachtengetümmel lösten sich Hunderte von Schiffen vom Hauptverband und ruderten gen Süden. Themistokles beobachtete sie wie in einem Fiebertraum und fürchtete, dass sie vielleicht doch wieder wenden und all seine Hoffnungen zunichtemachen würden. Zu dritt warteten sie reglos ab, bis zweifelsfrei feststand, dass die Perser sich tatsächlich auf den Weg um Salamis machten.

»Gegen sie alle hatten wir keine Chance, Xan!«, sagte Themistokles. »Aber jetzt sieht die Sache ganz anders aus. Wir haben acht, mit etwas Glück zehn Stunden bis zum Morgengrauen. Wenn wir in dieser Zeit alles geben, können wir mit Athenas und Poseidons Hilfe die Phalanx der verbliebenen Schiffe vielleicht durchbrechen.«

»Das hoffe ich«, sagte Xanthippos. »Also gut.«

Er ergriff kurz die Hände der beiden anderen Männer. Keiner von ihnen benötigte eine Ansprache oder musste daran erinnert werden, was auf dem Spiel stand.

Dann drehte er sich um und kehrte mit einem langen Schritt in die wartenden Arme seiner Hopliten zurück. Der Keleustes seiner Galeere hatte jedes Wort mitbekommen und befahl den Ruderern sogleich, sich bereit zu machen. Unter Deck ertönte daraufhin lautes Geklapper.

»Löst die Leinen!«, brüllte Themistokles. »Der Befehl lautet Angriff! Gebt allen Bescheid. Jedem Geschwader, allen Schiffen. Niemand ruht sich aus, bis alles vorbei ist! Achtet auf weitere Kommandos! Wir geben kein Pardon und hören erst auf, wenn der Sieg unser ist.«

Kimon sprang auf seine eigenen Galeere zurück. Die Schiffe wurden mit Speeren auseinandergeschoben und die Taue wieder zu großen Schlaufen zusammengelegt. Zwischen den drei Rümpfen kam dunkles Wasser zum Vorschein, die Riemen wurden wie Stacheln ausgefahren, und die Mannschaften beäugten einander in grimmiger Konzentration. An der Einmündung der Meerenge drängten sich noch immer zahlreiche feindliche Schiffe. Auf eine Reihe von Befehlen hin formierte sich die Bündnisflotte zu drei Geschwadern und nahm Kurs auf sie. Themistokles und die sechzig spartanischen Flotten bildeten den rechten Flügel, Xanthippos mit mindestens ebenso vielen Galeeren den mittleren. Kimon rief derweil die angeschlagenen Korinther zu sich und verschmolz sie mit seinem zwanzig Galeeren zur linken Flanke.

Unterwegs klaubten sie alle versprengten Schiffe aus ihren dreißig kleinen Staaten auf, die noch immer mehr oder weniger seetauglich waren. Die Besatzungen riefen einander die Befehle zu, doch im Grunde wussten alle, was zu tun war: Sie würden die verbliebenen persischen Schiffe in Formation angreifen, ehe die restlichen Feinde Salamis umrunden konnten. Es war ein Wettlauf gegen die Zeit, und Griechen murmelten Gebete, während sie gegen den Wind ruderten.

Am Ufer verfolgte Xerxes zunehmend alarmiert die Manöver der griechischen Flotte. Er stand auf und sah zu, wie die feindlichen Schiffe sich zu einer deutlich erkennbaren Formation zusammenschlossen. Sie schossen in weißen Gischtwolken über das Meer und zerschmetterten alles, was ihnen in den Weg kam. Er sah, dass einige seiner Kapitäne hastig wendeten, um ihnen zu entkommen, andere versuchten vergeblich, die dichten gegnerischen Reihen zu durchbrechen. Und so fuhren die persischen Schiffe wild durcheinander und waren nicht in der Lage, auf die gegnerische Formation zu reagieren. Niemand sagte ihnen, was sie tun sollten.

Entsetzt sah der König zu, wie seine Flotte von der Gegenseite auseinandergerissen wurde, die ihr im Grunde nicht überlegen war, aber aus irgendeinem Grund zu außergewöhnlichen Heldentaten angespornt wurde. Warum nur? Wegen irgendeiner Verrücktheit ihrer Götter? Oder lag es am Rauch, der die Luft über Athen verpestete? Vielleicht war es der Anblick ihres Volkes, das auf der Insel jenseits der Meerenge wartete. Er wusste es nicht. Bis vor einer Stunde hatten die Griechen in hoffnungsloser Verzweiflung gekämpft. Seither hatte sich irgendetwas geändert.

Xerxes blickte sehnsüchtig gen Westen, als könnte er dort mit reiner Willenskraft weit vor der Zeit seine restlichen dreihundert Kriegsschiffe erscheinen lassen. Die Sonne stand so niedrig, dass er die Augen gegen den gleißenden rotgoldenen Horizont abschirmen musste. Abgesehen von den Toten und den Wrackteilen war das Wasser in dieser Richtung vollkommen leer. Xerxes' Beine gaben unter ihm nach, und er sackte auf seinem Sitz zusammen.

Themistokles jubelte entzückt über die Splitter, die um ihn herum durch die Luft flogen. Der Lärm war ohrenbetäubend, und er sah die Perser in ihrer Panik kreuz und quer über das Deck laufen.

Ein paar von ihnen versuchten, auf sein Schiff zu springen, während sie aneinander vorbeischabten. Sie wurden von kampfgestählten Hopliten getötet oder von Schilden zu ihren zerbrochenen Riemen zurückgeschleudert. Zerberstende Riemen und Balken zermalmten die persischen Ruderer wie Zähne aus der Hölle.

Themistokles schlug einen Holzsplitter zur Seite, der wie ein Spatz auf ihn zuschoss. Während sie an dem persischen Schiff entlangschrammten, zerschmetterte der bronzene Rammsporn am Kiel seiner Galeeren allen Gegnern unter Deck die Knochen und ließ sie hilflos zurück. Themistokles hörte durch das Krachen des splitternden Holzes und das Tosen der Wellen ihre Schreie und erfreute sich an ihnen. Die Dreifachformation hatte schreckliche Verwüstungen angerichtet und Dutzende Schiffe auf den Meeresboden geschickt. Er hatte gesehen, wie ein persisches Schiff kenterte und kieloben im Wasser endete, weil sein Kapitän auf der Flucht vor ihnen zu scharf gewendet hatte. Es war ohne jede Feindberührung untergegangen. Doch es spielte keine Rolle, wie es passiert war. Wichtig war nur, dass die Männer darin ertranken.

Die Schlacht hatte sich gedreht und tat es noch immer. Themistokles konnte kaum glauben, welches Chaos sie in den persischen Gefechtslinien schufen und wie gut Kimon, Xanthippos und er mit einem einfachen Befehl und einer klaren Strategie zusammenwirkten. Themistokles empfand wilde Freude, als sie die Ruder eines weiteren persischen Schiffes abrasierten und es hinter sich zurückließen, damit eine der nachfolgenden Besatzungen es versenkte. Acht spartanische Schiffe hatten sich an seines gehängt, und er hoffte, dass auf einem von ihnen Eurybiades persönlich unter den roten Segeln stand und sah, was Athener Führung, athenisches Silber und athenische Gerissenheit bewirken konnten.

Themistokles blickte zum Ufer und erkannte, dass der junge König von seinem Platz aufgestanden und aus dem Zelt herausgekommen war. Bei Ares, dachte Themistokles, war es vielleicht möglich, ein Schiff mit einem treffsicheren Bogenschützen dicht genug an die Küste heranzubringen? Xerxes würde sich bestimmt sofort zurückziehen, wenn seine Leute die Gefahr witterten, aber vielleicht würde dieser Schütze davor ja zumindest einen Schuss abfeuern können … Die Vorstellung war verlockend, doch Themistokles schüttelte den Kopf über seine eigene Verrücktheit, die gewiss seiner Erschöpfung geschuldet war. In seiner Kehle entstand ein Laut, den er nicht recht zu deuten vermochte, da ihm gleichzeitig nach Schreien, Lachen und Weinen zumute war.

Doch er kam ihm nicht über die Lippen, da sich in seinem Kopf ein neuer Plan zu formen begann. Er und seine Flotte brachen dem Feind seit Stunden das Rückgrat. Die Sonne war nur noch ein goldener Schimmer am westlichen Horizont, der lange Schatten warf und alles violett und grau einzufärben begann. Doch es waren noch immer hundert persische Kriegsschiffe übrig – und allmählich geriet ihr Vorstoß ins Stocken.

An seinen Rudern saßen ganz gewöhnliche Menschen. Egal wie wichtig ihre Aufgabe war und wie oft ihre Offiziere ihnen zuriefen, dass sie alles geben sollten, früher oder später mussten sie sich ausruhen, oder sie würden sterben. Ein paar von ihnen waren bereits jetzt nur noch Schatten ihrer selbst und ruderten lustlos und mit leerem Blick. Nein, Themistokles würde sich etwas einfallen lassen müssen, um ihnen eine Verschnaufpause zu verschaffen, ehe die andere Hälfte der großköniglichen Flotte durch die Meerenge heranrasen würde, um sich blutig für den Streich zu rächen, den er ihnen gespielt hatte.

Er rieb sich das Kinn und spürte die Bartstoppeln, die darauf gewachsen waren. Wann hatte er eigentlich das letzte Mal gegessen? Vor Sonnenaufgang, glaubte er sich zu erinnern, zusammen mit den Ruderern. Er musste eine weitere Pause anordnen und Essschalen verteilen lassen … Auf einmal hatte er eine Idee, was er tun würde, und musste über seine eigene Kühnheit lächeln.

Themistokles blickte zum Heck, wo die zusammengerollten Signalflaggen auf ihren Einsatz warteten. Nein, er hatte keine Zeit für eine Unterredung mit Xanthippos und Kimon, falls sie zu so einem entscheidenden Zeitpunkt überhaupt zu ihm kommen würden. Nachdem die Schlacht schon so lange dauerte, waren die Griechen endlich zahlenmäßig überlegen. Es fiel ihnen immer leichter, die Perser von zwei Seiten in die Zange zu nehmen und zu versenken. Doch sie waren langsamer geworden. Als er sich mit wachem Blick umsah, erkannte er, dass die griechischen Ruderer sich gegenseitig ins Gehege kamen und die Blätter ihrer Riemen immer kraftloser eintauchten. Ihm war, als stünde er erneut in Marathon und würde erleben, wie die feindliche Gefechtslinie ins Wanken geriet und der Ausgang der Schlacht in der Schwebe hing.

Themistokles biss die Zähne zusammen. Dies war etwas, das er allein tun musste, um sie zu retten, ob es ihnen gefiel oder nicht. Er hielt nach dem Jungen Ausschau, den er beim letzten Mal losgeschickt hatte, und verzog das Gesicht, als ihm klar wurde, dass die Perser ihn nicht zurückgeschickt hatten. Themistokles betete kurz um ihn und hoffte, dass sie ihn wenigstens freigelassen hatten.

»Holt mir einen der Ruderer, jemand, der schwimmen kann. Und zündet die Feuerschale noch mal an. Außerdem brauche ich Wachs und Papyrus. Ich muss noch eine Botschaft schicken.«

Ein paar Mitglieder seiner Besatzung hatten jedes Wort seiner Unterhaltung mit Xanthippos und Kimon gehört. Sie wussten genau, was er getan hatte und welche Risiken er eingegangen war, um ihnen die Chance auf einen Sieg zu verschaffen. Zu seiner Überraschung hörte Themistokles sie kichern und einander zuflüstern, dass er wohl wieder einen seiner Pläne geschmiedet habe. Wie Kinder an einem Festtag klopften sie sich gegenseitig auf den Rücken und riefen nach einem Ruderer. Themistokles atmete tief durch, um zur Ruhe zu kommen. Mit seinem ersten Brief waren sie die halbe Flotte losgeworden. Sein zweiter würde nur funktionieren, wenn ihm ein wahres Meisterstück der Überredungskunst gelang.

KAPITEL 6

Mit der Dunkelheit kam die Angst, als wäre er wieder ein Kind. Xerxes ging unruhig vor seinem Pavillon auf und ab. Unter seinen Füßen knirschte der Sand. Hinter ihm leuchteten die noch immer brennenden Viertel Athens und erhellten zusammen mit dem Mond die Meerenge. Nervös verdrehte er eine Falte seines Umhangs.

Von den Schiffen, die er um Salamis herumgeschickt hatte, war noch immer nichts zu sehen. Im letzten Licht des Tages hatte er Männer an der Küste entlangrennen und nach ihnen Ausschau halten lassen, doch sie hatten weder Segel noch Ruder gesichtet. Xerxes pries Themistokles' Namen, weil er versucht hatte, die Schlacht vorzeitig zu beenden, doch der Preis war zu hoch.

Auf dem Wasser war die rasende Schlacht beinahe komplett zum Stillstand gekommen. Trotz des Mondscheins war es den Besatzungen unmöglich, mit Höchstgeschwindigkeit ein anderes Schiff zu rammen, zumindest, solange nicht feststand, dass es sich wirklich um ein gegnerisches handelte. Ausruhen konnten sie sich auch nicht, aus Angst, Feinde könnten auf ihre unbewachten Decks springen und sie im Schlaf ermorden. Und so herrschte während der Nacht keine Waffenruhe. Immer wieder ertönten in der Ferne wütende griechische oder persische Rufe und Waffengeklirr. Auf dem Meer herrschte Angst. Immer wieder entzogen sich Besatzungen der Schlacht, indem sie rückwärts in die Dunkelheit ruderten.

Viele Schiffe hatten dicht vor Salamis Anker geworfen, um mit der dunklen Landschaft zu verschmelzen. Auf ihnen hielten nur wenige Männer Wache, während die restlichen schnarchten. Die Athener drängten sich nach wie vor wie Möwen auf den Dünen. Einige von ihnen schliefen, erschöpft von ihrer Wachsamkeit.

An seinem Aussichtspunkt neben dem Hafen von Piräus, mit der schwach glimmenden Stadt im Rücken, gelang es Xerxes derweil nicht, sich auszuruhen. Seine Unsterblichen standen auf den Kais und dem abschüssigen Sandstrand und sahen auf die Meerenge hinaus. Seine restlichen Streitkräfte schliefen friedlich, nachdem sie tagelang stramm marschiert waren und anschließend Mauern eingerissen hatten.

Xerxes verschränkte die Hände hinter dem Rücken und wippte auf den Fußballen, ohne zu merken, wie sehr er damit seinem Vater ähnelte. Er hatte zu viele seiner Galeeren untergehen sehen, um zufrieden sein zu können. Vor Salamis lagen nicht einmal mehr hundert Stück. Die Griechen hatten sich auf dem Meer als schreckliche Widersacher erwiesen. Es war, als flösse Salzwasser in ihren Adern. Xerxes schüttelte den Kopf. Er konnte die vielen Tausend Männer, die in seinem Namen zu den Waffen gegriffen hatten und an diesem Tag ertrunken oder im Kampf gefallen waren, nicht genau beziffern. Ihre Loyalität erfüllte ihn mit Stolz. Er wünschte sich nur, sein Vater würde noch unter ihnen weilen und hätte ihr Opfer miterlebt. Xerxes hatte vieles dazugelernt: Eine Flotte war mehr als nur ein Transportmittel für Menschen und Pferde. Sie konnte wie ein Fischschwarm kämpfen, der blitzartig vorstieß und sich ebenso rasch wieder zurückzog.

Die Griechen wendeten Taktiken und Strategien an, die er noch nie gesehen hatte. Auch seine Kapitäne kannten sie nicht. Merkwürdige Flaggensignale, die es fast wie bei einer Schlacht an Land ermöglichten, Schiffe herbeizurufen und aus der Ferne zu dirigieren.

Xerxes fragte sich stöhnend, welche Demütigungen ihm noch bevorstehen mochten. Er war nicht sein Vater! In dieser Nacht würde es keinen Schlaf für ihn geben. Er würde keinen Frieden finden.

Die Griechen hatten gewiss bis zur völligen Erschöpfung gerudert und gekämpft. Nachdem sie eine Formation gebildet hatten, die an den Dreizack eines Fischers erinnerte, war die Schlacht erst so richtig hässlich geworden. Vor seinen Augen hatten sie seine Schiffe immer geschickter aufgespießt, geschuppt und ausgeweidet.

Noch war es nicht vorbei, versuchte er, sich trotz seiner wachsenden Verzweiflung zu beruhigen. Wenn im Morgengrauen die zweite Hälfte seiner Flotte durch die Meerenge herankam, würden die Griechen vielleicht aufgeben. Zu Mardonius hatte er gesagt, dass er ihnen vielleicht Gnade erweisen würde. Doch dafür hatten sie sich zu sehr gegen ihn gewehrt. Wenn ein Hund, den man am Nacken packt, beißt, ist es schwer, seinen Widerstand nicht mit so viel Kraft und Wut zu brechen, dass das Tier entweder stirbt oder sich unterwirft. Dieses Bedürfnis hatte Xerxes nun, und er begann, sich auszumalen, wie er die Griechen bestrafen würde. Ganz sicher würde er ihre Schiffe mitsamt den Besatzungen verbrennen, sobald sie sich ergaben. Damit würde er allen eine Lektion erteilen, die von den Hügeln und Sandbänken von Salamis aus zusahen. Der König hatte die Stadtbewohner den ganzen Tag auf der anderen Seite des Sunds ihren Männern zuwinken und sie anfeuern sehen. Ihr Verhalten war unverzeihlich und würdelos gewesen. Er erwog, ein Exempel an ihren Frauen zu statuieren, und merkte zu seiner Überraschung, dass die Vorstellung ihn erregte. Doch diese Empfindung verschwand genauso schnell, wie sie aufgekommen war, und ließ ihn mit einem Gefühl innerer Kälte und Betäubung zurück.

Wie ein Kind, das zu viel Honig genascht hatte, vertrug er nichts Süßes mehr. Nur die Aussicht, seine Feinde zu zerschmettern, konnte ihn noch berauschen. Seine diesbezüglichen Fantasien waren so lebhaft, dass sie nur schwer in die Tat umzusetzen sein würden.

Er versuchte, seine rasenden Gedanken zu zügeln, was ungefähr so schwer war, wie ein durchgehendes Pferd zum Stillstand zu bringen. Er runzelte die Stirn, als er Mardonius im Mondschein über den Sand heranstapfen sah. Er wurde von zwei königlichen Wachen und dem zierlichen Herold begleitet. Sie warfen sich vor Xerxes nieder, als wären sie alle gleichzeitig niedergestreckt worden. Er wartete einen kurzen Moment, ehe er sie aufforderte, sich wieder zu erheben.

»Unser Verbündeter in der griechischen Flotte hat einen weiteren Brief geschickt, Majestät«, sagte Mardonius. »Ich fürchte, deine Wachen haben den Boten getötet, weil sie ihn für einen Spion oder Attentäter hielten. Sie haben mir aber das Bündel gebracht, das er dabeihatte. Es tut mir leid, Hoheit. Ich habe die verantwortlichen Männer auspeitschen lassen.«

Xerxes' Ärger verflog augenblicklich.

»Sei nicht zu streng mit ihnen«, sagte er. »Meine Sicherheit ist ihre oberste Pflicht. Mir ist es lieber, sie legen zu viel Eifer an den Tag als zu wenig.«

»Deine Gnade kennt keine Grenzen, Majestät. Ich danke dir.«

»Und das Bündel stammt von Themistokles?«, fragte Xerxes. Der König konnte seine Hoffnung kaum im Zaum halten, egal wie unlogisch sie ihm erschien. Sein Kopf fühlte sich noch immer an, als würde er zwischen zwei Mühlsteinen zerquetscht. Er sehnte sich danach, von diesem schrecklichen Druck befreit zu werden.

»Ja, es ist von ihm«, erwiderte Mardonius. Der General überreichte dem Herold des Königs einen Papyrus. Einer der Wächter nahm eine Fackel und beleuchtete ihn aus sicherer Distanz.

Die Finger des Übersetzers zitterten, als er zu lesen begann. *»An Seine Majestät, den Großkönig von Persien und Herrscher über alle Völker des Ostens… ich muss dir mitteilen, dass den Kapitänen meiner Flotte der heutige Erfolg zu Kopf gestiegen ist. Ich hatte gehofft, deine Schiffe würden die Meerenge noch vor Einbruch der Dunkelheit blockieren, damit ich die Kapitulation vorschlagen und für meine Dienste geehrt werden kann. Stattdessen sprechen meine Mitstreiter nun davon, dir den Rückzug abzuschneiden und dich* *hier festzuhalten. Sie haben mir von einer großen Brücke aus Schiffen erzählt und gesagt, wie einfach es wäre«* – der Herold wischte sich Schweiß von der Stirn –, *»sie zu zerstören und deine Armee ohne Nachschub in Griechenland stranden zu lassen. Ungefähr hundert Kapitäne wollen zu diesem Zweck noch heute Nacht nach Osten aufbrechen. Ich wende mich als dein treuester Diener an dich, Majestät. Wenn sie erfahren, dass ich dich gewarnt habe, ist mein Leben verwirkt. Ich hoffe, dass du mit diesen Informationen den Krieg beenden und Frieden bringen wirst. Und ich hoffe, dass du diesen Freund deines edlen Geschlechts und des Reichs nicht vergessen wirst. Themistokles.«*

Während der Übersetzer vorlas, wurde Xerxes flau im Magen. Danach herrschte einen Moment lang drückende Stille.

»Können sie das tun?«, verlangte Xerxes schließlich zu wissen. »Können sie meine Brücke aus Schiffen durchbrechen?«

Mardonius dachte nach. Es wäre ein kühner Schritt – als würde man hinter einem gewalttätigen Mann die Tür zuschließen und sich zusammen mit ihm im Raum einsperren. Anscheinend waren die Griechen selbstbewusster, als er gedacht hatte. Mardonius schloss kurz die Augen und merkte, dass ihm übel war. »Es wäre möglich, Majestät. Wir haben zum Schutz der Brücke ein Baivarabam von zehntausend Mann zurückgelassen – aber ja, wenn die Griechen mit hundert Galeeren anrücken, können sie sie durchbrechen. Wir haben einmal erlebt, was passiert, wenn ein Sturm die zusammengebundenen Schiffe erfasst. Wenn nur eine einzige Verbindung reißt, geht eine Art Peitschenschlag durch die gesamte Brücke. Es wäre nicht viel nötig, um sie zu zerschmettern.«

Obwohl Xerxes ein Schweißtropfen über die Wange rann, wurde ihm kalt. Er hatte eine Armee und eine Flotte zu diesem Ort geführt, die größer waren alles, was die Welt je gesehen hatte, doch die Griechen hatten nicht aufgegeben. Sie hatten im Pass an den Thermopylen gestanden, wo die See an das Ufer brandete – und sie hatten sich geweigert, vor ihm zu kapitulieren. Auf dem

Meer waren sie mit jedem Schiff, das sie versenkten, immer stärker geworden. Sie hatten kooperiert und ihre Galeeren zu Speeren geformt, mit denen sie seine Männer ertränkten … Zum ersten Mal überhaupt zog er in Erwägung, dass er sie vielleicht *nicht* besiegen würde. Diese schreckliche Vorstellung tat sich wie ein Abgrund vor ihm auf, in den er zitternd starrte. Beschämt wandte er sich ab, sodass sein Gesicht in Dunkelheit lag.

Mardonius schwieg. Sie warteten alle auf einen Befehl ihres Königs und würden tun, was immer Xerxes von ihnen verlangte. Wenn er Mardonius dazu aufforderte, sich selbst das Leben zu nehmen, würde der General eine Klinge zücken und, ohne zu murren, gehorchen. Xerxes entschied über ihr Schicksal, doch er hatte nicht geglaubt, dass sein eigenes bedroht sein könnte. Die Vorstellung, die Griechen könnten sich dazu verschworen haben, ihn *nicht gehen zu lassen,* war verstörend und beängstigend – sie rüttelte an den Grundfesten seiner Existenz. Er war nur dankbar, dass Themistokles ihn vorgewarnt hatte – dass ihm Xerxes' Wohlergehen offenbar noch mehr am Herzen lag als das seines eigenen Volkes. Er traf eine Entscheidung.

»Du führst eine Armee mit Soldaten aus vierzig Nationen, General Mardonius: meine Unsterblichen, Regimenter aus Lydiern, Medern, Ägyptern, Assyrern, reinblütigen Persern … Alle Völker des Reichs sind darin vertreten. Meine Elite. Deine eigenen Söhne kämpfen in dieser Armee. Du und sie … ihr habt euch mein volles Vertrauen verdient.«

Mardonius beschloss, sich erneut zu verneigen und so das Unbehagen zu verbergen, das ihm der seltsame Tonfall des jungen Königs bereitete. Er wusste nicht, worauf Xerxes hinauswollte, hatte aber einen schlimmen Verdacht. Xerxes sprach fast wie im Traum. Die Griechen hatten sein Selbstvertrauen untergraben, und obwohl der General es verstand, brach es ihm das Herz. Mardonius hatte das letzte Gefecht der Spartaner an den Thermopylen ebenfalls beobachtet. Bisher hatten sie geglaubt, die persischen Krieger wären allen potenziellen Gegnern überlegen. Was Xerxes und er während der vergangenen Tage beobachtet hatten, war für sie beide gleichermaßen erschütternd gewesen.

»Erhebe dich, Mardonius«, befahl Xerxes. Er klang wieder selbstsicherer. »Ich kann nicht zulassen, dass sie diese Brücke zerstören. Höre also meinen Befehl. Du übernimmst das Kommando – über das gesamte Heer und die Flotte. In nur einem Moment werden wir wegen der Winterstürme nicht mehr heimkehren können. Besser, ich gehe jetzt, um nicht … hier in der Falle zu sitzen. Ja, das ist mein Beschluss: Ich werde nach Hause zurückkehren, um die Brücke und unsere Völker dort zu beschützen. Ich werde der königliche Schild sein. Und wenn alles vorbei ist, werde ich dich und deine Söhne vor allen anderen ehren. Sprich mit meiner Stimme, bring mir den Sieg – und ich werde dir eine eigene Stadt geben, Mardonius. Das schwöre ich dir, vor diesen Zeugen.«

Mardonius war sprachlos. Er wusste, dass es keinen Sinn hatte, mit Gottes liebstem Vertreter auf Erden zu diskutieren. Xerxes stank nach Angst. Im Mondschein sah er ihn zittern, wie ein junges Mädchen vor der Hochzeitsnacht. Sein Vater Dareios wäre nie vor einer Bedrohung davongerannt! Es schien, als hätten die Rückschläge dieses Feldzuges eine große Schwäche ans Licht gebracht.

Mardonius wusste, dass die Söhne starker Männer manchmal hohle Geschöpfe waren. Mindestens einer seiner eigenen Jungs war auch nicht so, wie er ihn sich gewünscht hätte. Er verließ sich viel mehr auf die Autorität seines Vaters als auf seine eigene. Xerxes hätte er jedoch mehr zugetraut. Mardonius fragte sich, ob er sich von seiner selbstbewussten Art zu Hause in Persien hatte blenden lassen. Vielleicht war Xerxes schon immer schwach gewesen.

Das Schweigen schien sich eine Ewigkeit hinzuziehen. Der junge König runzelte die Stirn und sah seinen General beinahe herausfordernd an. Mardonius hätte gerne etwas gesagt und bewegte auch die Lippen, brachte aber nichts heraus. »Zu Befehl, Majestät«, sagte er schließlich. Letzten Endes war das alles, was von ihm erwartet wurde. Doch er konnte nicht an sich halten und fügte rasch hinzu: »Andererseits haben wir Athen gebrandschatzt, Majestät. Das ist ein gewaltiger Triumph! Unsere Armee ist nicht besiegt worden. Wir haben an diesem Pass nicht mehr als zwanzigtausend Mann verloren. Bitte lass mich Artabazus, meinen Stellvertreter, zurückschicken! Er wird die Brücke bewachen. Bitte nimm uns nicht dein Licht, Majestät. Wenn du bleibst, werde ich den Sieg für dich holen. Darauf hast du meinen Eid.«

Der König antwortete nicht. Mardonius überlief ein Schauder. Er war zu weit gegangen. Trotz seiner offenkundigen Schwäche war Xerxes noch immer der Großkönig, Herrscher über vierzig Nationen, die bis zu den äußersten Rändern der Welt reichten. Man konnte ihm nichts abschlagen, und Mardonius wusste, dass sein Leben in der Schwebe hing. Er warf sich wieder flach auf den Boden und atmete in den Sand. Nach einer Pause, die lange genug war, um ihn spüren zu lassen, wie sehr er den jungen Potentaten verärgert hatte, ließ Xerxes ihn wieder aufstehen.

»Hast du sonst noch etwas zu sagen, General?«, fragte er.

Mardonius schüttelte den Kopf.

»Nein, Majestät. Ich gehorche. Ich tue alles, was du sagst. Ich werde nicht ruhen, bis die Griechen kapitulieren.«

»Was für ein Glück für mich, dass du mir dienst!«, sagte Xerxes trügerisch sanft. »Meine Entscheidung steht fest. Ein König … gebietet, wie er es für richtig hält. Ich muss nicht zusehen, wie du meine Befehle ausführst. Ich habe dich hergebracht. Nun vollende meine Mission! Zwinge sie in den Staub, Mardonius! Ich will, dass sie sich an mich erinnern.«

Damit wandte der König sich um und ging zur noch immer brennenden Stadt hinauf. Seine Unsterblichen schlossen sich ihm an, eine Kolonne von Männern in weißen Rüstungen, deren Gleichschritt in diesem offenen Gelände kein Echo erzeugte. Für Mardonius, der ihnen nachsah, brach eine Welt zusammen.

Der Morgen graute später als im Sommer, doch der Himmel war wolkenlos, und es wehte ein warmer Wind. Draußen auf der Meerenge schaukelten sanft die vor Anker liegenden Schiffe. Im ersten Morgengrauen gähnten die Männer und pinkelten zu Dutzenden mittschiffs ins Meer. Den Darm entleerten sie mit schläfrigem Ekel am Heck. Zur gleichen Zeit wickelten der Zimmermann und sein Bursche einen hellbraunen, mit Bohnen gefüllten Klumpen aus, der eher einem Stein als etwas Essbarem glich. Mit frischem Wasser und Salz rührten sie ihn über einem kleinen Kohlenbecken zu einer Art Eintopf an. Es gab niemals genug. Die Ruderer schlangen ihre Mahlzeiten so hastig herunter, dass manche von ihnen husteten und rot anliefen. Sie waren dennoch dünner, als sie vor der Schlacht gewesen waren. Ihre Muskeln zeichneten sich unter ihrer schlaffen Haut wie Taue ab.

Die letzten Wasserfässer wurden an Deck gebracht, ihr kostbarer Inhalt wurde verkostet. Eines war schlecht geworden und voller fadenförmiger Würmer. Obwohl die Männer sich bei seinem Anblick die Lippen leckten, wurde es ins Meer gekippt. Der Rest wurde mit Wein vermischt und verteilt. Jeder Mann durfte zwei Schöpflöffel voll trinken, ehe es zu heiß wurde. Als alle ihre Ration erhalten hatten, waren die Fässer fast leer. Niemand hatte damit gerechnet, dass sie so lange auf See bleiben würden. Normalerweise hätten sie an der Küste nach Quellen gesucht, die sich unsichtbar unter der Oberfläche ins Meer ergossen und aus denen man mit Eimern und Seilen durch die Salzlake frisches Wasser heraufholen konnte. Die Männer ächzten, als sie mit steifen und schmerzenden Gliedern auf den Ruderbänken Platz nahmen, auf denen es ebenso eng zuging wie bei einer Volksversammlung. Während sie die schweren Ruder in die Dollen wuchteten, platzten ihre Blasen vom Vortag auf und machten ihnen die Hände glitschig. Die offenen Stellen rieben sie sich mit frischem Öl ein, das jedoch kaum Linderung brachte. Ihre Gelenke protestierten, als sie sich mit umschatteten Augen in Position setzten und sich fragten, wie sie den bevorstehenden Tag überleben sollten.

Themistokles stand an Deck und blickte ungläubig in Richtung Sonnenaufgang. Er hatte unruhig geschlafen. Der Anblick, der sich ihm nun bot, wirkte wie ein Echo seiner Träume.

Seine Flotte und ihre Trierarchen hatten tags zuvor Wunder gewirkt. Sie hatten für ihn – und ihre Liebsten, die ihnen zusahen – wie Löwen gekämpft. Sie hatten alles gegeben und so die Hoffnungen der Perser zunichtegemacht. In seiner Brust breitete sich Wärme aus, während ihn gleichzeitig seine volle Blase daran erinnerte, dass er sie noch nicht geleert hatte. Dafür war er zu sehr mit der bangen Frage beschäftigt gewesen, was das Morgengrauen enthüllen würde. Wider besseres Wissen hatte er gehofft, dass sein Brief an den König irgendeinen Effekt haben würde.

Sein Traum war bescheiden gewesen. Er hatte sich vorgestellt, dass der persische König vielleicht ein oder zwei Dutzend Schiffe abziehen würde, die andernfalls griechische Galeeren versenkt hätten. Doch stattdessen war das Meer wie leer gefegt. Während Themistokles sich verwundert umsah, kamen seine Offiziere an Deck. Unter Deck brach Jubel aus und verbreitete sich rasch von Schiff zu Schiff, als immer mehr Besatzungen begriffen, was geschehen war.

Der königliche Pavillon war abgebaut worden. Xerxes und seine Wachen waren verschwunden. Mitten in der Nacht waren seine hundert Schiffe davongerudert. Themistokles reckte wie ein siegreicher Boxer die Arme in die Höhe. *Er* hatte das getan! Er hatte seinen Gegner perfekt manipuliert.

Ein weiterer Ruf wurde laut und übertönte den ersten, ein großes Geheul, das sich deutlich vom begeisterten Johlen der Seemänner unterschied. Der Jubel brach ab, als wäre er mit einem Kissen erstickt worden. Auf einem Dutzend Schiffen zeigten Männer nach Westen, weg von der aufsteigenden Sonne, in die Richtung, in die sein eigener Schatten fiel. In den Dünen von Salamis stieß sein Volk laute Warnungen aus. Sie riefen und pfiffen, um ihre Ehemänner, Brüder und Söhne auf die herannahende Gefahr aufmerksam zu machen.

Die zweite Hälfte der persischen Flotte befand sich in der Meerenge. Themistokles bleckte die Zähne und knurrte sie an. Dreihundert Schiffe – mehr als sechzigtausend Mann – ruderten herbei, um sie zu attackieren. Doch sie waren noch völlig unerfahren.

Er verzog das Gesicht zu einem wilden Grinsen voll ungezügeltem Selbstvertrauen. Diese Schiffe hatten einen bedrängte und halb besiegte Flotte zurückgelassen und kehrten nun zu einer zurück, die zwar geschunden und erschöpft, dafür aber extrem kampferprobt war.

»Hisst das Signal, dass meine Gruppe sich formieren soll. Alle Schiffe gehen auf Angriffskurs. Sie sollen Xanthippos, Kimon, Eurybiades und mir folgen. Die Perser wollen Krieg. Diesen Wunsch werden wir ihnen erfüllen.«

Sein Befehl wurde johlend wiederholt. Männer grinsten, als sie ihn verstanden, und betrachteten ihn mit einer gewissen Ehrfurcht. Bislang wusste nur seine Besatzung, was er vollbracht hatte. Themistokles fühlte sich unbeschwert, als er den Speer und den Schild nahm. Nach den Mühen des Vortags fühlte er sich um zwanzig Jahre gealtert. Doch er hatte seinen Mitbürgern die Chance verschafft, die sie brauchten. Die Spartaner würden über die Athener Verschlagenheit die Nase rümpfen, wenn sie von seinen beiden Briefen erfuhren, doch auch sie würden diese Gelegenheit nicht ungenutzt verstreichen lassen.

Aus einem plötzlichen Impuls heraus kniete Themistokles sich aufs Deck und neigte den Kopf. Er hörte, wie ein Dutzend Männer ihre Vorbereitungen unterbrachen und sich ebenfalls auf ein Knie sinken ließen.

»Du hast uns beschützt, Athena. Gewähre uns nun die Rache, die uns zusteht. Gib uns die Kraft, die wir brauchen, um unser Werk zu vollenden und unsere Frauen und Kinder zu retten. Außerdem bitte ich um Ares' und Poseidons Segen. Lasst uns euer Schwert und euer Speer sein. Lasst uns eure *Antwort* sein.«

Themistokles schlug die Augen wieder auf. Als er sich erhob, wurde er sich der Soldaten und Ruderer unter Deck bewusst, die ihre eigenen Gebete sprachen oder seine Worte wiederholten. Er sah ihre Entschlossenheit. Sie waren angeschlagen und ausgelaugt, doch sie würden nicht versagen. Nicht an diesem Tag.

KAPITEL 7

Aristides verbarg seinen Ärger, während er der Hauptstraße von Eleusis folgte. Der spartanische Regent ging an seiner Seite. Sein roter Umhang flatterte im Wind, die Hände hatte er hinter dem Rücken verschränkt. Pausanias stand in der Blüte seiner Jugend und wirkte sehr gesund. Er schien ständig höhnisch eine Augenbraue hochzuziehen. Es war, als fände er, egal wohin er blickte, etwas, das ihm missfiel.

Auf Aristides' anderer Seite ging Pausanias' Wahrsager. Er trug eine gegürtete Robe und Sandalen. Seine Arme waren nackt und braun gebrannt. Die beiden bewegten sich wie junge Löwen, dachte Aristides, unverletzt und unbesiegt und sehr sicher, was ihren Wert und ihre Stellung in der Welt anbetraf. Aristides gab nicht zu erkennen, wie sehr ihn ihr geringes Alter bestürzte. Ein Mann unter dreißig wäre in Athen niemals zum Regenten ernannt worden.

»Ich muss zugeben, ich bin enttäuscht, dass ich nicht die Mysterien gesehen habe«, sagte Pausanias. »Mein Onkel und mein Vater haben mir viel Gutes über die Messen hier berichtet. Doch ich bin nie in das Allerheiligste eingeladen worden.«

Für Aristides klang die Stimme des Regenten scharf, beinahe anklagend. Er hätte Pausanias gerne gefragt, ob er der Ansicht sei, dass ein religiöses Fest zu seiner Unterhaltung noch mal begangen werden solle. Die Göttinnen hätten sich von dieser Frage gewiss nicht verspottet gefühlt. Doch er verkniff es sich. Aristides hatte den Grund, weshalb sie sich alle in Eleusis befanden, bereits zur Sprache gebracht – und war abgeblitzt, als hätte er damit irgendwie gegen die guten Sitten verstoßen. Er brauchte die Unterstützung dieses Mannes. Es spielte also keine Rolle, dass Pausanias barsch oder ignorant zu sein schien. Aristides würde dem Spartaner schmeicheln und so viele Komplimente machen, wie nötig waren, um sein Wohlwollen zu gewinnen. Sein Wahrsager machte dagegen einen sehr scharfsinnigen Eindruck. Aus seinen verschatteten und von einem schiefen Lächeln begleiteten Blicken sprach Intelligenz.

Die Kunde von König Leonidas' Tod verbreitete sich noch immer in den Städten und Dörfern der Hellenen. Den Athenern erschienen die Ereignisse an den Thermopylen jedoch relativ unbedeutend. Aristides war klar, dass die Spartaner ihren Kriegskönig verloren hatten. Und Pausanias seinen Onkel. Natürlich gehörte es sich, seine Trauer zu respektieren. Doch was zählte dieser Verlust schon im Vergleich zu dem Entsetzen, das die Athener empfanden, während die persische Armee durch ihre heiligsten Stätten trampelte, Mauern einriss und Gräber entweihte? Aristides spürte ihre Anwesenheit in seiner Stadt wie ein erdrückendes Gewicht auf seinen Schultern, das er nicht abschütteln konnte. Er rief sich ins Gedächtnis, dass das *Volk* gerettet und nach Salamis gebracht worden war. Er konnte die Insel auf der anderen Seite der Bucht von Eleusis sehen. In diesem Moment ruderten und kämpften die Mitglieder der Versammlung auf dem glitzernden Meer, darunter Xanthippos, Themistokles und Kimon. Ihre Ehefrauen, Mütter und Schwestern sahen ihnen dabei zu und beteten. Aristides biss die Zähne zusammen. Während sich das Schicksal seiner Stadt entschied, musste er politische Spielchen mit Spartanern erdulden.

Ihm war bewusst, dass eine Stadt nicht nur aus Straßen und einem Markt bestand. Athen existierte in den Erinnerungen jener, die dort gelebt hatten, weiter. Mauern und sogar Tempel konnten neu errichtet werden. Dennoch fühlte Aristides sich so zornig und hilflos wie ein Ehemann, dessen Gemahlin geschändet worden war. Während persische Soldaten in den Staub seiner Stadt urinierten, hatte er auf neutralem Grund darauf warten müssen, dass Pausanias einem Treffen mit ihm zustimmte.

Aristides fühlte sich, als schlösse sich eine Hand immer fester um seinen Hals. Er hatte damit gerechnet, mit Leonidas zu sprechen, einem sehr erfahrenen Mann, der für seine Weisheit bekannt gewesen war. Genau wie sein Bruder, Kleombrotos. Letzterer schien jedoch zu alt oder vielleicht auch zu krank für den Posten des Regenten zu sein. Aristides wusste es nicht. Pausanias hatte es ihm nicht sagen wollen und seine Frage als Unverschämtheit abgetan.

Während sie den Hügel hinunterstiegen, blickte der junge Regent mit gerunzelter Stirn auf das Meer hinaus und beschattete die Augen, um einen Blick auf die Flotten zu erhaschen. Salamis war nur als verschwommene Hügelkette am Horizont zu erkennen, doch die Trümmer der Schlacht wurden bereits am Ufer angespült. Ein ununterbrochener Saum aus toten Männern und zerbrochenen Balken – wie der immer dicker werdende Lidstrich einer Frau. Dieser Anblick schrie nach einer angemessenen Reaktion. Aristides hätte den Spartaner gern aus seiner Selbstgefälligkeit gerissen, ihn an der Schulter gepackt und gezwungen, richtig hinzusehen, damit er begriff, was sich vor seinen Augen abspielte! Doch das durfte er nicht. Erneut spürte er den Seitenblick des Wahrsagers Tisamenos auf sich. Dieser Mann trug keine Waffen. Das musste er aber vielleicht auch nicht, da ihnen ein halbes Dutzend spartanischer Gardisten folgte und Pausanias bis an die Zähne bewaffnet war.

Ein weiterer Tag war verloren. Aristides unterdrückte die Verzweiflung, die sich in ihm breitmachte. Eines stand fest: Er konnte den Spartaner nicht um Hilfe bitten. Das hatte er vom ersten Moment an gespürt. Pausanias war ein Mann, dem es größtes Vergnügen bereiten würde, die Nöte Athens zu ignorieren. Nein, er musste überredet und *angeleitet* werden. Aristides atmete tief durch. So schwer es ihm auch fiel, für sein Volk würde er die dafür nötige Geduld aufbringen.

Das Fest der Göttinnen hatte erst tags zuvor geendet, nach einem Monat voller Messen und Opfergaben für Demeter und ihre Tochter Persephone. Während Aristides auf die Delegation aus Sparta wartete, hatte er an ein paar der Prozessionen teilgenommen. Eleusis war ihm in den letzten Wochen wieder sehr vertraut geworden. Die achttausend Hopliten, mit denen er aus Athen aufgebrochen war, hatten die Bevölkerungszahl der Stadt über Nacht verdoppelt, zumindest bis zum Beginn des Herbstfestes. Die eleusinischen Mysterien hatten sich nicht verändert, seit er vor Jahren zum letzten Mal in diesen Straßen und schlichten Tempeln gewesen war. Aristides hatte die heiligen Worte geflüstert, die nur kannte, wer Zugang zum Allerheiligsten des Tempels hatte. Andere Gläubige hatten neidisch beobachtet, wie die Priesterinnen ihn einließen.

Die kleine Stadt roch noch immer nach Narzissen und Granatäpfeln. Die Blütenblätter, die von der Meeresbrise zu Haufen zusammengeweht wurden, welkten und wurden braun. Die zahlreichen Männer und Frauen, die sich nach dem Fest eilig auf den Heimweg machten, warfen den Spartanern, die durch ihre Straßen marschierten, besorgte Blicke zu. Gerüchte über den Krieg und Angst lagen in der Luft. An den Straßenecken standen ausgemergelte, ungewaschene Bettelmönche, die mit geschlossenen Augen und ausgebreiteten Armen die Götter anriefen und vor dem Weltuntergang warnten.

Aristides spürte das Missfallen der beiden Spartaner an seiner Seite. Nein, korrigierte er sich, nur Pausanias war ein gebürtiger Spartaner. Tisamenos war etwas Eigenartigeres. Die Fähigkeit, die Zukunft zu sehen, verlieh ihm unbestreitbar Macht. Die Götter gewährten sie nur wenigen Männern und Frauen jeder Generation. Die Prophezeiungen von Delphi waren eng mit Aristides' Leben und dem seines Volkes verknüpft. Denn was konnte die Flotte anderes sein als die »hölzernen Mauern«, die laut dem Orakel seine Stadt retten würden? Dieser Tisamenos schien jedoch klarsichtig und in exzellenter körperlicher Verfassung zu sein. Er wirkte eher wie ein Krieger als ein heiliger Mann oder wilder Höhlenbewohner. Er schien über Humor und eine schnelle Auffassungsgabe zu verfügen, die Aristides mit leichtem Unbehagen erfüllte. Mit seinen funkelnden Augen und den leicht hochgezogenen Mundwinkeln vermittelte er den Eindruck, jede List durchschauen zu können. Außerdem war er so wortkarg wie ein Eremit und schien damit zufrieden zu sein, Pausanias für sie beide sprechen zu lassen. Aristides wusste, dass der jüngere Mann ihn taxierte, konnte aber nichts dagegen unternehmen.

Am Fuß des Hügels erreichten sie den großen Tempel der Demeter. Die hoch aufragenden cremefarbenen Steinsäulen waren so breit wie Lastkarren. Im Inneren des Gebäudes sangen die Priesterinnen noch immer. Die großen Türen waren geschlossen.

Pausanias streckte die Hand aus und berührte das Holz. Er wusste sehr gut, dass Aristides auf seine Antwort wartete. Aristides fürchtete, dass Pausanias ihn früher oder später betteln lassen und ihm trotzdem die Unterstützung verweigern würde. Er betete darum, dass er sich irrte. Athen brauchte die spartanische Armee.

»Ich habe gehört, dass diejenigen, die ins Allerheiligste vorgelassen werden, einen Trunk erhalten, der berauschender wirkt als Wein«, sagte Pausanias.

Seine Worte klangen beiläufig, doch es war klar, worauf er hinauswollte. Aristides' Mut sank noch weiter. Es gab Dinge, die er nicht beschaffen konnte, nicht einmal für einen spartanischen Regenten.

»Um eintreten zu *dürfen,* muss ein Gläubiger einen ganzen Winter lang jeden Tag vor Morgengrauen erscheinen und zur Göttin beten«, erwiderte Aristides. »Er oder sie muss die Gesänge der Kleinen Mysterien auswendig lernen und sie jeden Morgen bei Sonnenaufgang wiederholen. Wenn man sich dabei ein einziges Mal verhaspelt oder fehlt, darf man nicht weitermachen.«

»Bist du hineingegangen?«, fragte Pausanias. Er sah Aristides kurz an und wusste offenkundig ganz genau, dass der Athener seinerseits noch immer auf eine Antwort wartete. Ja, dachte Aristides, dieser junge Mann hatte einen Hang zur Grausamkeit. Es war eine merkwürdige Laune der Götter, dass ausgerechnet Pausanias der Spartaner war, den er nun um Hilfe bitten musste.

»Ja«, sagte Aristides, »in meiner Jugend. Und seither noch ein paarmal. Diesen Trank gibt es tatsächlich, doch ein paar lehnen ihn ab. Meine Erinnerungen an seine Wirkung sind verschwommen, aber ziemlich … lebhaft. Regent Pausanias, ich würde jetzt gern …«

»Und sie bringen einem einen Satz bei, stimmt's? Ich habe gesehen, wie die Besucher ihn den Priesterinnen ins Ohr flüstern, ehe sie in den Tempel eingelassen werden.«

»Das ist … wahr«, sagte Aristides und begann zu befürchten, dass der Regent die geheimen Worte als Gegenleistung für seine Unterstützung verlangen könnte. Trieb er etwa ein Spielchen mit ihm, während draußen auf dem Meer Männer kämpften und starben und Athenas Statuen mit Hämmern zerschlagen wurden?

Pausanias bemerkte seinen angespannten Gesichtsausdruck und winkte lachend ab. »Oh, keine Sorge, Aristides. Wenn ich den Tempel wirklich betreten will, werde ich mir die Worte selbst verdienen. Ich würde dich keinesfalls dazu bringen wollen, dass du sie mir verrätst. Welchen Wert hätten sie dann noch für mich?«

Er strich mit der Hand über die Holztür, die doppelt so hoch war wie er selbst. Die Unterstellung, man könnte ihn dazu verleiten, Demeters Geheimnisse preiszugeben, ließ Aristides erröten. Er war nicht sicher, ob er sich unter den gegebenen Umständen geweigert hätte.

»Ich habe genug von diesem Ort gesehen«, sagte Pausanias. »Oder willst du, dass ich die Priesterinnen aufwecke, Tisamenos? Wenn du Fragen an sie hast, beantworten sie sie bestimmt gerne.«

»Ich bin schon mal hier gewesen«, erwiderte Tisamenos. Aristides sah, dass er sich nicht vor Pausanias verneigte, sondern wie ein Gleichgestellter mit ihm sprach. »Ich habe die Gesänge im Morgengrauen absolviert und Zugang zu den Großen Mysterien erhalten. Ich darf nicht über sie sprechen. Damit würde ich meine unsterbliche Seele gefährden. Sie waren … wunderbar.«

Pausanias, dem es offenkundig missfiel, dass sein Wahrsager den Tempel ebenfalls betreten hatte. schlug vorwurfsvoll mit dem Handballen gegen die Holztür, ehe er sich von ihr abwandte.

Pausanias' Gardisten traten zur Seite, als er mit dem Meer zur Linken die Hauptstraße entlangging. Aristides hielt sich für einen geduldigen Mann, doch er hatte eine halbe Ewigkeit auf Pausanias' Ankunft gewartet, und nun schien dem Regenten der Grund für ihre Zusammenkunft herzlich egal zu sein.

»Können wir mit eurer Unterstützung rechnen, Regent?«, fragte er.

Anstatt zu antworten, wiegte Pausanias nur nachdenklich den Kopf. Wieso mussten manche Männer bloß aus allem ein Kräftemessen machen? Aristides hasste es, sich wie ein Bettler zu fühlen. Der Spartaner genoss es offenkundig, die Zügel in der Hand zu halten.

»Du musst verstehen, Aristides«, sagte Pausanias schließlich, »dass die Perser für die Menschen auf dem Peloponnes keine Gefahr darstellen. Wir haben den Isthmus komplett mit einer Mauer überspannt. Man kann eine Stunde lang von einem Ende zum anderen gehen, ohne eine Lücke in dieser steinernen Befestigungsanlage zu finden, die so hoch ist wie drei Männer. Der einzige Durchgang, ein eisernes Tor, und die gesamte Mauer wird von spartanischen Soldaten bewacht. Mein eigener Vater, Kleombrotos, hat die Bauarbeiten beaufsichtigt und die Garnison dort stationiert.«

»Kleombrotos war es auch, der die Unterstützung Spartas im Kampf gegen das persische Invasionsheer zugesagt hat«, fügte Aristides rasch hinzu. »Dein Vater ist ein Ehrenmann.«

Pausanias bliebt abrupt stehen. Sein Blick wurde hart, und es schien, als würde er sich zum ersten Mal nicht verstellen. Aristides sah ihm in die Augen und wartete ab.

»Er leistete diesen Eid … vor dem Tod meines Onkels und seiner Leibwache an den Thermopylen.«

Aristides kannte die Spartaner gut genug, um nichts darauf zu erwidern.

Als sich das Schweigen in die Länge zu ziehen begann, errötete Pausanias. »Ja, Athener«, sagte er und neigte in gespielter Demut den Kopf. »Ein Eid ist ein Eid. Wir sind ein frommes Volk.«

»Das ist mir bekannt. Dann werdet ihr also hinter eurer Mauer hervorkommen? Bis zum Winter ist es nicht mehr lange, Pausanias. Eine so große Armee wie die persische muss Proviant beschaffen. In nicht allzu ferner Zukunft wird ihnen das Essen ausgehen. Wenn du zum Eid deines Vaters stehst, können wir zu diesem Zeitpunkt die Schlacht gegen sie beginnen. Wirst du vor dem Winter wie versprochen unser Heer verstärken?«

»Wir haben die Mauer nicht errichtet, um uns dahinter zu verstecken, Archon Aristides«, erwiderte Pausanias scharf. Aristides setzte zu einer Erwiderung an, doch der Spartaner ließ ihn nicht zu Wort kommen: »Wir werden kommen. Aber nicht, wenn es Athen gefällt, sondern wenn wir dazu bereit sind.«

Mit viel Mühe gelang es Aristides, seine eigene Wut zu unterdrücken und den Kopf zu verneigen. »Ich bete darum, dass dieser Moment bald kommt. Nicht nur für uns Athener, obwohl unsere Not immens ist, sondern für ganz Griechenland.«

Pausanias wedelte ungeduldig mit einer Hand, als wollte er eine Fliege verscheuchen. »Es gibt kein Griechenland. Nur Städte wie Sparta – und natürlich Athen, obwohl davon nicht mehr viel übrig zu sein scheint.«

»Wir haben auch einen Eid abgelegt, Pausanias«, erwiderte Aristides, ohne auf Pausanias' schadenfrohe Bemerkung einzugehen. »Wir haben geschworen, das Land gegen einen fremden König zu verteidigen. Wir haben eine Flotte entsandt – und ich habe achttausend Mann hierhergeführt, im Wissen, dass Sparta eisern zu seinem Wort steht.« Aristides musste seine Furcht nicht in Worte fassen. Die Anführer von Sparta waren bekanntermaßen sehr wortkarg, was die inneren Angelegenheiten und Zwistigkeiten ihres Königreichs anbelangte. Wenn die Ephoren von Sparta gerade einen Bürgerkrieg ausfochten, würde Pausanias es ihm nicht sagen – und ob die Armee sich auf den Weg machte oder nicht, würde er erst erfahren, wenn sie es tat. Oder wenn die persischen Streitkräfte das letzte Mitglied der Versammlung abschlachteten und alles verloren war.

»Ich habe dich gehört, Aristides«, sagte Pausanias. »Und meine Antwort bleibt dieselbe: Wenn die Zeit reif ist, werden wir kommen. Nicht früher.«

Damit ging er mit seinen Leibgardisten davon und ließ Aristides stehen.

Sie waren nur zu siebt, doch niemand konnte sie aufhalten. Und Aristides konnte sie auch nicht zwingen, ihm zuzuhören oder seinen Standpunkt zu verstehen. Er merkte, dass er vor Frustration zitterte.

»Er ist ein guter Mann«, sagte Tisamenos, der bei ihm zurückgeblieben war. Die Worte klangen so liebevoll, dass Aristides sich fragte, ob die beiden ein Paar waren.

»Wird er seine Soldaten in die Schlacht führen? Das ist das Einzige, was zählt.«

»Zu Hause gibt es … Schwierigkeiten. Ich fürchte, es wäre ein Vertrauensbruch, wenn ich dir davon erzählen würde. Ich bin sicher, dass Pausanias sie überwinden wird. Du kannst dir sicher sein, dass er das Wort seines Vaters ehren will.«

Aristides drehte sich ungeduldig zu dem jungen Mann um. »*Wer* bist du? Tisamenos ist kein spartanischer Name.«

»Nein, das stimmt. Aber ich bin Grieche. Und nur das ist wichtig.«

Aristides lachte leise. »Dann stimmst du also nicht mit Pausanias überein, oder? Er sieht nur Sparta. Alle anderen sind Sklaven oder Feinde. In Athen sehen wir die Griechen – Menschen, die den gleichen Göttern huldigen und die gleiche Sprache sprechen wie wir! Ich habe mit einem Spartaner mehr gemein als der persische König.«

Tisamenos nickte. »Ich teile diesen Traum.«

»Und, kannst du wirklich die Zukunft voraussagen?«, fragte Aristides. »Siehst du, ob wir siegen oder untergehen werden?«

»Ich bin kein Orakel …«, erwiderte Tisamenos seufzend. »Obwohl …« Er schwieg einen Moment und schien zu überlegen, ob er fortfahren sollte oder nicht. Schließlich nickte er. »Als Junge bin ich nach Delphi gegangen, um die Pythia zu fragen, was mein Leben für mich bereithalten würde. Sie sagte zu mir, dass ich fünf Wettkämpfe gewinnen würde. In meiner jugendlichen Einfalt dachte ich, sie spräche vom Fünfkampf bei den Olympischen Spielen. Also begann ich zu lernen, wie man rennt, springt und ringt und wie man einen Schild und einen Speer wirft.«

»Ich … erinnere mich an dich!«, erwiderte Aristides erstaunt. »Ich war damals dabei. Bei Athena, du warst … du bist ein hervorragender Athlet. Aber wenn ich mich nicht täusche, hast du nicht gewonnen, oder?«

»Nein, ich wurde nur Zweiter, nach einem Spartaner. Mein ganzes Leben hatte ich diesem einen Moment gewidmet, und als es so weit war, habe ich … verloren. Er bemerkte meine Bestürzung, und da er ein guter Mann war, hat er sich mit mir betrunken. Ich habe ihm von dem Orakel erzählt …« Tisamenos wandte sich ab und sah aus, als würde er sich in seinen Erinnerungen verlieren.

Aristides spürte, dass der Wind auffrischte. In Eleusis hielt der Winter Einzug.

»In Sparta bezeichnen sie ihre Schlachten als ›Wettkämpfe‹. Wusstest du das? Mein neuer Freund wurde sehr aufgeregt, als er von meiner Prophezeiung erfuhr. Er glaubte – und glaubt noch immer –, dass es mir in meinem Leben bestimmt ist, fünf große Schlachten zu gewinnen.«

»Der siegreiche Spartaner war Pausanias, oder?«, fragte Aristides.

Tisamenos nickte.

»Ja. Der Neffe des spartanischen Kriegskönigs. Er hält mich für eine Art Talisman und glaubt, dass ich ihm fünfmal den Sieg bringen werde. Ich habe die Ephoren in Sparta besucht, und die haben es bestätigt. Er hat meinem Leben wieder einen Sinn gegeben.«

Der junge Wahrsager streckte die Hand aus, fasste Aristides am Arm und beugte sich zu ihm vor. »Beurteile ihn nicht zu streng, Kurios. Der Tod seines Onkels hat sein Leben verändert, so, wie der Tag bei den Olympischen Spielen meines verändert hat. Er wird noch eine Weile brauchen, um sich an die neuen Gegebenheiten anzupassen.«

»Glaubst du, dass er den Eid seines Vaters erfüllen wird?«

»Bis sein Vetter alt genug ist, um der Kriegskönig von Sparta zu werden, erfüllt er diese Aufgabe. Und Pausanias will mit mir an seiner Seite eine Schlacht gewinnen. Darauf kannst du dich verlassen. Er will siegen.«

»Und diese ›Schwierigkeiten‹ in Sparta?«, versuchte Aristides, mehr aus dem jungen Mann herauszubekommen. »Wird ihn das nicht daran hindern?«

»Pausanias ist ein Ehrenmann, Aristides. Die Heloten sind …« Tisamenos blieb stehen und grinste. »Ich glaube, es wäre Pausanias gar nicht recht, wenn ich diese Dinge mit einem Athener besprechen würde.«

»Mein Sohn, dieser Athener wird als Strategos auf dem Feld stehen, wenn die Perser aufmarschieren. Ich habe sie gesehen. Wenn es so weit ist, werden sie keinen Unterschied zwischen uns machen. Wenn wir uns als Spartaner, Platäer, Athener und Korinther verstehen … werden sie uns vernichten. Nur wenn wir an diesem Tag als Griechen auftreten, mit einer Kultur und einer Sprache, haben wir eine Chance auf den Sieg. Wenn es etwas gibt, das Sparta hinter seiner Mauer verharren lassen könnte, solltest du es einem Mann anvertrauen, der bereits alles verloren hat. Meine Stadt *brennt* heute Abend, Tisamenos. Ich habe mich dieser Sache voll und ganz verschrieben. Wenn du einen Rat brauchst, dann frag mich. Wir stehen auf derselben Seite.«

Aristides wartete mit unbewegter Miene auf eine Reaktion. Er spürte, dass der junge Mann sprechen wollte, und hatte sein Bestes getan, um ihm den Weg dafür zu ebnen.

»Also gut«, erwiderte Tisamenos und blickte über die Schulter in die Richtung, in der die Spartaner verschwunden waren. »In Sparta gibt es viele Heloten. Dieses Wort bedeutet ›Gefangene‹, aber es sind Sklaven. Männer wie Pausanias verschwenden selten einen Gedanken an sie. Für ihn sind sie wie Ziegen oder Ochsen nur dazu da, Wasser zu holen und die Felder zu pflügen.«

»Ich weiß, was Sklaven sind«, erwiderte Aristides ungeduldig. Er hatte Sorge, dass Pausanias bereits jemanden geschickt hatte, um den Wahrsager zu holen – wenn nach allem, was er gerade gehört hatte, »Wahrsager« überhaupt die richtige Bezeichnung für Tisamenos war.

Tisamenos schüttelte den Kopf. »Die Heloten sind keine Sklaven, wie es sie überall gibt, Männer und Frauen, die gekauft und verkauft werden, um Schulden zu begleichen, um Arbeiten zu erledigen – und manchmal auch zum Vergnügen. Sie werden in ihre Unfreiheit hineingeboren. Und viele von ihnen verbittern deswegen. Sie sehen ihren Töchtern und Söhnen beim Aufwachsen zu und wissen, dass sie niemals frei sein werden … Sie sind sehr wütend. Ich habe es erlebt.«

»Ich verstehe nicht …«, sagte Aristides. In der Ferne stach ihm etwas Rotes ins Auge. Pausanias fragte sich bestimmt, wo sein menschlicher Glücksbringer blieb.

»Die spartanischen Soldaten entfernen sich nur sehr ungern weit von ihrer Heimat. Sie wissen, dass die Heloten in der Zwischenzeit rebellieren und ihre Frauen und Kinder abschlachten könnten. Es ist, als würde in Sparta jeder mit einem Messer an der Kehle leben.«

Wenn Tisamenos nicht über die Schulter blickte, würde er den einzelnen spartanischen Soldaten, der auf der Straße zu ihnen herabkam, nicht bemerken. Aristides hatte sein ganzes Leben lang noch nie so viel über die spartanische Politik erfahren. Angestrengt dachte er darüber nach, was er als Nächstes fragen sollte. »Sie haben Sparta aber bereits verlassen! Leonidas und auch die zweitausend Mann, die Athen vor einiger Zeit von einem Tyrannen befreit haben. Wie passt das mit dem zusammen, was du beschreibst?«

»Sie lassen immer genügend Soldaten zurück, um die Heloten zu kontrollieren«, sagte Tisamenos. »Doch diesmal … Gegen die persische Armee müssten sie jeden Spartiaten und alle Perioken entsenden … Aber wer wird dann ihre Familien beschützen, sobald die Heloten merken, dass all ihre Herren abgezogen sind? Bei ihrer Rückkehr würden sie nur noch Asche und Gebeine vorfinden.«

Der Spartaner, der von hinten an Tisamenos herantrat, runzelte die Stirn, als er ihr intensives Gespräch bemerkte. Tisamenos begriff indes sofort, was die Schritte und Aristides' Gesichtsausdruck zu bedeuten hatten, und verstummte.

»Die Lösung liegt auf der Hand«, sagte Aristides leise.

Tisamenos, der sich gerade umdrehte, hielt in der Bewegung inne. »Was meinst du?«

»Nehmt die Heloten mit. Sie alle.«

Tisamenos öffnete den Mund und schloss ihn wieder, wie ein nach Luft schnappender Fisch. »Aber …«

Aristides zuckte die Achseln. »Du bist der Wahrsager. Überrede Pausanias.«

Der Soldat blieb stehen und sah Tisamenos misstrauisch an. »Regent Pausanias hat mich geschickt, um sicherzustellen, dass ihr euch nicht verplaudert«, sagte er.

Aristides verbarg seine Frustration hinter einem Lächeln. »Ich entschuldige mich. Ich habe ihn aufgehalten. Das ist eine typische Unart meines Volkes.«

Der spartanische Gardist nickte sarkastisch und machte kehrt. Tisamenos folgte ihm, ohne Aristides eines weiteren Blickes zu würdigen.

KAPITEL 8

Themistokles sehnte sich nach einer Rast. Am liebsten hätte er sich auf das Deck gelegt und wäre mit den Sternen über sich eingeschlafen. Er hörte Jubel über die Meerenge schallen und schloss kurz die Augen, öffnete sie jedoch sofort wieder, als ein heftiger Ruck durch die Galeere ging. Offenbar war sie gegen ein großes Stück Treibgut gestoßen. Es wäre gar nicht gut, wenn er im triumphalsten Moment seines Lebens über Bord ginge.

Xanthippos, Kimon und er hatten vom Sonnenaufgang bis zum flammend roten Sonnenuntergang wie Esel beziehungsweise wie Ruderer geschuftet. Ihre Geschwaderformationen und Taktiken hatten sich erneut bewährt. Mindestens ein Drittel der persischen Schiffe, die Salamis umrundet hatten, würden für immer in dieser Meerenge bleiben. Mehrere brannten rußig schwarz wie Scheiterhaufen und zischten, als das kalte Meerwasser in sie einströmte. Andere schwebten so knapp unter der Oberfläche, dass die Toten, die aus ihnen heraufstarrten, im Kielwasser der über sie hinwegfahrenden Schiffe schwankten.

Themistokles schauderte. Jemand kam und umarmte ihn, ein anderer klopfte ihm auf den stark geprellten Rücken. Über alle Maßen erschöpft, ließ er sich keuchend auf ein Knie sinken. Er musste tief durchatmen und seine Lunge mit frischer Luft füllen, um die schwindelerregende Leere zu vertreiben.

Themistokles hatte eigentlich geglaubt, sich im Laufe der Jahre an den Anblick von Leichen gewöhnt zu haben. Er hatte auch früher schon mit Schwertern und Speeren getötet. Keiner seiner gefallenen Feinde hatte ihm auch nur das Geringste bedeutet, da sie gekommen waren, um alles zu zerstören, was er besaß und was ihn ausmachte. Es gab keinen einfacheren und gerechteren Grund, jemanden zu töten, als die Abwehr einer Invasion, während seine Frau und seine Kinder auf Salamis festsaßen und beteten! Noch während er darüber nachdachte, sah er einen weiteren Schwarm Toter unter dem Kiel vorbeiziehen. Bei ihrem Anblick stieg ihm die Galle hoch. Die Gesichter dieser Wasserleichen waren weiß, ihre Haare sahen wie Seegras aus. Viele weitere schlugen schreiend an der Oberfläche wild um sich, doch auch sie wurden von ihren Rüstungen in die Tiefe gezogen und stießen silberne Luftblasen aus.

Erneut lief ihm ein Schauder über den Rücken. Er fürchtete sich davor, so zu sterben. Tiefer und tiefer zu sinken und spurlos zu verschwinden, ohne Grab, ohne Licht, ohne Gebete und ohne Münze für den Fährmann. Mit dieser Vorstellung hatte er sich während all der Tage auf See herumgeplagt. Er wusste nicht mehr, wie viele es gewesen waren! Die Knie taten ihm weh, in seinen Gelenken schien Sand zu knirschen, und seine Arme waren so schwer, dass er sie nicht mehr anheben konnte. Ganz langsam sackte sein großer Kopf auf die Brust. Er schloss erneut die Augen und blendete die Geräusche auf dem Schiff und von der restlichen Flotte aus. Er brauchte nur eine kurze Verschnaufpause, bevor er sich wieder zu den anderen gesellen würde, um mit ihnen zu lachen, ihnen zu gratulieren und sie daran zu erinnern, wie Athener Helden aussahen.

Mit geschlossenen Augen und kraftlos baumelndem Kopf begann er zu lächeln. Er hatte Xanthippos und Aristides zurückgeholt. Er hatte Kimon die Kniffe der Politik und Selbstbeherrschung beigebracht und so aus dem weinerlichen Trunkenbold den Mann gemacht, der er sein sollte. Doch vor allem hatte er ihre Feinde an der Nase herumgeführt. Seinetwegen hatte Xerxes die große Flotte in zwei Hälften aufgeteilt, die sie nacheinander hatten besiegen können. Auf das Wort eines Atheners hin hatte Xerxes seinen erdrückenden Vorteil aus der Hand gegeben! Themistokles begann zu kichern. Das war es, was er im chaotischen Durcheinander in der Meerenge erkannt hatte: Ein König mit griechischen Alliierten musste glauben, dass *jeder* Grieche sich ihm anschließen könnte. Die größte Stärke der Perser bestand darin, dass kein Mann, der gegen sie kämpfte, seinen Brüdern je komplett vertrauen konnte. Doch diese Stärke war auch eine Schwäche, denn sie hatte dazu geführt, dass Xerxes ihm mitten in der Schlacht Gehör geschenkt und geglaubt hatte. Themistokles schlug die Augen auf, die vor Salz brannten, und blickte stolz aufs Meer hinaus.

Seine Besatzung hatte an Deck Aufstellung genommen. Ihre Schritte waren die Geräusche gewesen, die er vorhin gehört hatte. Trotz ihrer Wunden und der ramponierten Ausrüstung standen sie mehr oder weniger stramm. Themistokles räusperte sich, was wie ein Knurren klang, und stand langsam auf. Er kam sich wie ein alter Löwe vor. Seine blonden Haare waren ein wildes, mit getrocknetem Salz, Schweiß und Blut verklebtes Durcheinander. Er versuchte, sie mit den Fingern zu kämmen, doch es war aussichtslos. Aus alter Gewohnheit klopfte er jedem Mann aufs Handgelenk und hielt nach einem Faden oder losen Lederband Ausschau, das er festbinden konnte.

Von seinen Hopliten waren nur noch acht übrig. Einen der Steuermänner hatte ein Pfeil ins Auge getroffen. Der andere stand in der Mitte des Hecks und bediente beide Steuerruder. Die Ruderer unter ihren Füßen waren still. Es würde eine ganze Weile dauern, bis sie wieder etwas anderes tun konnten, als keuchen und vor sich hin starren. Tagelang hatten sie gerudert, sich ausgeruht und wieder gerudert. Sie hatten zahllose rasante Wenden und Attacken durchgeführt. Und das alles mit zu wenig Essen, unter Deck gefangen und von Krämpfen geschüttelt, während permanent der Tod über ihnen gehangen hatte. Ihre Welt war zu dem Ruderschaft in ihren Händen, den Trommelschlägen und den Rufen des Keleustes zusammengeschrumpft.

Themistokles sah, dass der Keleustes ebenfalls überlebt hatte. Er hatte seinen üblichen Ort in dem breiten offenen Graben in der Mitte des Schiffes verlassen, um sich an Deck zu stellen. Tränen rannen ihm über das Gesicht. Themistokles wusste nicht, was er zu ihm sagen sollte. Also nickte er nur und drückte ihm sanft den Nacken, wie ein liebender Vater es tun würde. Auf dieses schlichte Zeichen des Dankes und der Anerkennung hin knautschte sich das Gesicht des Mannes vor Rührung so fest zusammen, dass seine Augen in den Hautfalten verschwanden.

Themistokles begann, seine Männer zu inspizieren. Er trat dichter an sie heran und wischte Öl- oder Blutflecken von ihren Wangen oder klopfte ihnen auf den Bauch und die Schultern, um ihre Haltung zu korrigieren. Damit brachte er die Hopliten trotz ihrer Schmerzen und ihrer Erschöpfung zum Lächeln. Themistokles begann als Erster zu lachen, und gleich darauf stimmten die anderen mit ein. Keiner von ihnen hätte sagen können, worüber genau sie sich amüsierten, doch es fühlte sich richtig an.

Als Themistokles am Ende der Reihe angelangte, verstummten alle wieder. Er drehte sich zu ihnen um. »Männer, es war mir eine Ehre, mit euch zu dienen. Wir haben alle Kameraden verloren, die fest an unserer Seite standen. Sie wussten, dass wir nicht aufgeben würden. Wir haben weitergekämpft – und wir haben gewonnen. Ihr Opfer war nicht vergebens. Sagt das den Frauen und Kindern auf Salamis! Wenn sie fragen, wie ihre Väter, Brüder und Söhne gestorben sind, erzählt ihnen, dass sie ehrenvoll aus dieser Welt geschieden sind, um uns alle zu retten. Und dass sie es wieder tun würden, wenn sie die Chance dazu bekämen. Sagt ihnen, dass es noch nie zuvor einen so gerechten und edlen Kampf wie diesen gegeben hat. Wir haben alles gegeben, was wir hatten – und wir sind noch immer hier. Bedankt euch dafür bei Poseidon, der uns beschützt hat, bei Ares, der unsere Hand geführt hat, bei Athena, die uns den nötigen Durchhaltewillen gegeben hat. In ihrem Namen, im Namen aller

Götter … im Namen all derer, die nicht mehr unter uns weilen, danke ich euch.«

Er sah sie an und merkte, dass ihm die Tränen kamen. Für einen Athener war es keine Schande zu weinen. Nicht an diesem Tag.

»Ich war in Marathon, Jungs. Ich hatte geglaubt, so etwas nicht noch einmal zu erleben und nie wieder so tapferen Männern zu begegnen wie damals. Seit ich euch kenne, weiß ich es besser. Ich bin stolz auf euch alle.«

Ein paar persische Kapitäne waren dem Netz aus Galeeren entwischt, das sie über der Meerenge ausgeworfen hatten. Xanthippos hatte sie lieber durchbrechen lassen, als bis zum letzten Schiff und zum letzten Mann zu kämpfen. Themistokles hatte beobachtet, wie mehr als hundert persische Schiffe sich aus der Schlacht zurückzogen und so schnell wie möglich zum offenen Meer ruderten, um ihren Peinigern zu entfliehen. Auf ein oder zwei von ihnen hatte er protestierende Offiziere über Bord gehen sehen.

Themistokles hätte sie liebend gern bestraft und ihnen mit seinen Galeeren den Weg abgeschnitten, sich aber zurückgehalten. In jedem Konflikt kommt der Moment, wenn beide Seiten kurz vor dem Scheitern stehen. Erschöpfung kann eine Armee vernichten, egal wie gut ausgebildet und wie diszipliniert sie ist. Themistokles hatte rechtzeitig erkannt, dass seine Soldaten unterlegen waren. Er fragte sich, ob die Entscheidung, die fliehenden Schiffe nicht zu verfolgen, ein weiterer Geniestreich von ihm war. Verglichen mit allem anderen, wahrscheinlich nicht.

»Jetzt macht euch frisch«, befahl er. »Wir fahren nach Salamis und sammeln unser Volk auf. Wir sollten also nicht aussehen, als hätten wir verloren! Holt einen Eimer und schrubbt das Deck sauber. Fahrt euch mit den Händen durch die Haare. Vor Einbruch der Dunkelheit werden wir Passagiere an Bord nehmen.«

Als die Männer seine Worte hörten, besannen sie sich wieder auf ihr Leben vor der permanenten Gefahr. Es war, als würden sie in freudigem Unglauben aus einem Traum erwachen. Themistokles schnaubte. In Zeiten wie diesen war es das Beste, seinen Männern etwas zu tun zu geben. Er sah, dass bereits Schiffe nach Salamis unterwegs waren. Jubel brandete über die von Feinden befreite Meerenge. Erschöpft schüttelte er den Kopf. Seine Augenlider fühlten sich an, als wären Gewichte an ihnen befestigt. Athena allein wusste, wohin sie die Frauen und die Kinder bringen sollten. Irgendwo in der Stadt, über der weiterhin Rauch aufstieg, befand sich noch immer die ungeschlagene persische Armee.

Einer seiner Männer kam mit einem Eimer voll Salzwasser angelaufen. Themistokles tauchte beide Hände hinein, fuhr sich mit ihnen durch die Mähne und schlug sich anschließend auf die Wangen. Die Kälte half ein bisschen. Das Schiff schaukelte in der Dünung … Er blinzelte. Die Ruderer! Steifbeinig stieg Themistokles in den Graben hinunter und steckte den Kopf in die Dunkelheit unter Deck.

Diese Männer stanken nach Schweiß, Urin und von schlechter Ernährung und permanenter Überanstrengung verursachtem Durchfall. Die Ruderer hatten alarmierend viel Gewicht verloren. Wohin auch immer er blickte, sah er Augen, die für die dazugehörigen Köpfe zu groß zu sein schienen. Er konnte von jedem die Rippen sehen, aber auch ihren Stolz. Was er von ihnen verlangt hatte, war brutal gewesen, aber sie waren noch immer da. Die Ruderer sahen ihn fest an. Ihre Blicke zeugten bereits wieder von Humor. Themistokles reagierte mit einem Grinsen.

»Männer«, begann er erneut, »es war mir eine Ehre, mit euch zu dienen …«

Mardonius zog an den Zügeln und stieg ab. Er war vom Ende der Marschkolonne bis zu diesem ersten Haltepunkt galoppiert, wo ein Strom das Land querte, der viel mickriger war als die Fließgewässer ihrer Heimat. An den Ufern waren ganze Regimenter damit beschäftigt, ihre Schläuche und Fässer aufzufüllen und ihren Durst zu stillen, bis sie tropfnass waren und lachten. Er wusste, dass seine Männer gern sauber waren. Er beneidete sie um ihre Sorglosigkeit, während er zusah, wie sie Wasser spuckten und ihre offenen Haare ausschüttelten. Seit sich die Kunde von der Abreise des Königs verbreitet hatte, herrschte allenthalben ein Gefühl von Narrenfreiheit. Ein paar der Männer benahmen sich wie Kinder, deren Lehrer sich verspätet hatte oder krank geworden war. Welche Schrecken auch immer die Zukunft für sie bereithielt, im Moment waren sie froh. Mardonius runzelte nachdenklich die Stirn. Am schnellsten könnte er die Disziplin wiederherstellen, wenn er ein paar von ihnen auspeitschen ließe. Doch vielleicht ärgerte er sich auch nur, weil er sich genau wie sie allein gelassen fühlte, worüber er sich im Gegensatz zu ihnen jedoch nicht freute. Die Gedanken, die er sich insgeheim machte, grenzten an Verrat.

Alles und nichts hatte sich verändert. Mardonius sagte sich, dass er noch immer eine Armee hatte. Xerxes hatte ein paar Regimenter auf dem Landweg nach Hause geschickt und weitere an Bord seiner Schiffe genommen, insgesamt vierzigtausend Mann. Wenigstens hatte er die erheblich dezimierten Unsterblichen zurückgelassen. Falls Mardonius ohne Sieg nach Hause zurückkehrte, würde der junge König keine Ausreden gelten lassen. Er musste die Griechen zu Vasallen machen, oder sein Leben – und das Leben seiner Söhne, Töchter und Ehefrauen – würde verwirkt sein. Im Grunde hielt der König die Familien all seiner Männer als Geiseln, dachte Mardonius. Natürlich waren sie ihm auch so treu ergeben! Doch es war immerhin bedenkenswert.

Er reichte die Zügel einem seiner Diener. In Xerxes' Abwesenheit hatten sie und ein paar Marketender den großen Pavillon erneut errichtet, damit der General sich darin mit seinen Untergebenen besprechen konnte. In goldenen Feuerschalen brannte Rauchwerk und erfüllte die Luft mit seinem süßen Duft. Auf einer winzigen Flamme zog ein Pfefferminztee. Mardonius grüßte Artabazus und küsste ihn mit steifer Höflichkeit auf beide Wangen.

»Sei willkommen, mein Bruder«, sagte er. »Möchtest du etwas essen? Ich habe herausgefunden, dass mich ein kleiner Pfefferminztee und süßer Kuchen um diese Tageszeit wieder zu Kräften bringen.«

Die Sonne ging unter, und Mardonius wusste, dass die Hälfte seiner Männer noch nicht mit der Zubereitung einer Mahlzeit begonnen, geschweige denn die Schlafdecken ausgebreitet hatte. Der Boden in dieser Gegend war steinig und die Nächte überraschend kalt. Doch zumindest war es trocken.

»Du bist zu großzügig, General. Leider muss ich ablehnen. Mir sitzen Hydarnes und Masistius im Nacken. Die beiden drehen Däumchen und erwarten, dass ich ihnen sage, wo sie die Regimenter, die Wagen und die Tiere unterbringen sollen! Manchmal glaube ich, dass sie Kinder und du und ich ihre Väter sind.«

Mardonius erwiderte nichts, spürte aber, wie sich beinahe unwillkürlich seine Augenbrauen hoben. Artabazus war ein fetter Mann und einen Kopf kleiner als der General der Unsterblichen und der Kommandeur der Reiterei. Mardonius glaubte nicht, dass er genauso genervt über Hydarnes und Masistius gesprochen hätte, wenn einer von beiden in Hörweite gewesen wäre.

»Es würde mir gefallen, wenn du mein bescheidenes Mahl mit mir teilen würdest. Ich schätze deine Meinung.«

Das war alles natürlich nur ein Ritual, das von ihren guten Manieren zeugte. Das erste Angebot wurde stets abgelehnt, das zweite akzeptiert. Mardonius hatte gleich gesehen, wie sehnsüchtig Artabazus die goldene Platte mit den Honigkuchen beäugte. Er hatte eine Schwäche für süße Sachen, was genau der Grund war, weshalb Mardonius sie hatte bringen lassen.

»Wenn du es wünschst, werde ich ein kleines Stück kosten«, sagte Artabazus. »Du erweist mir eine große Ehre, General. Mir geht es nur darum, ein guter Diener zu sein.«

Einen Moment später saßen die beiden mit untergeschlagenen Beinen auf einem Seidenteppich, genossen die saftigen Kuchen und ließen sich Wein einschenken. Keiner der beiden Männer sagte etwas, außer um das Essen zu loben, bis nichts mehr davon übrig war. Artabazus aß erstaunlich viele Küchlein, und seufzte reumütig, sobald er den letzten Krümel verdrückt hatte.

»Ich war mal ein schlanker Jüngling«, sagte er und pulte sich mit einer Elfenbeinnadel zwischen den Zähnen. »Kannst du dir das vorstellen?«

Mardonius freute sich, ihn so entspannt zu sehen, auch wenn er sich fragte, ob es nur ein Schauspiel war, das Artabazus für ihn aufführte. Sein Stellvertreter war sicher neugierig, was er ihm mitzuteilen hatte.

»Ich weiß, dass ich dir vertrauen kann, Artabazus«, sagte Mardonius schließlich.

»Das steht völlig außer Frage«, erwiderte Artabazus und verneigte den Kopf.

»Ich werde mit Hydarnes und Masistius sprechen. Ihr drei seid zusammen mit meinen Söhnen meine verlässlichsten Offiziere. Ich muss darauf zählen können, dass ihr Verantwortung übernehmt, meine Befehle an jedes Regiment weitergebt und dafür sorgt, dass sie ausgeführt werden. Ich bin mit einer Aufgabe betraut worden, Artabazus, und muss sicher sein, dass du verstehst, wie wichtig sie ist. Es wird keinen Ungehorsam und keine weite Auslegung der Befehle geben. Haben wir uns verstanden?«

»Natürlich!«, erwiderte Artabazus und beugte sich so weit vor, dass sein ausladender Bauch die Hände verbarg, die er davor verschränkt hatte. »Ich bin hergekommen, um dem Königshaus von Persien zu dienen, General. Daran hat sich nichts geändert. Nur die allerschlimmsten Arbeiter benötigen Aufseher, die sie davon abhalten, den ganzen Tag zu faulenzen. Wir wissen, was wir zu tun haben.«

Mardonius nickte zufrieden. »Gut. Seine Majestät hat mir die Aufgabe übertragen, die Griechen zu unterwerfen, Artabazus. Er will, dass sie zu loyalen Vasallen des persischen Hofs werden.«

Mardonius beobachtete, wie sich eine kleine Sorgenfalte zwischen Artabazus' Augen bildete.

»Ich ... glaube, ich verstehe, General. Du hast die Macht zu zerstören und zu versklaven ... Ich werde natürlich tun, was immer du befiehlst.«

Mardonius sah einen Moment lang schweigend zur Seite, vor allem, um seine Gedanken zu ordnen, aber auch, um Artabazus daran zu erinnern, dass er ihm tatsächlich jeden Wunsch erfüllen musste. Mardonius hatte den ganzen Tag über zugesehen, wie die Griechen die persische Flotte aufrieben und von Stunde zu Stunde stärker und geschickter zu werden schienen. Er hatte sich in der zerstörten Stadt umgesehen, die nach wie vor in Schutt und Asche gelegt wurde, und in dieser bitteren Stunde eine Bestandsaufnahme ihrer Vorräte veranlasst.

Das Ergebnis hatte ihm nicht gefallen. Die persische Armee war monatelang marschiert, und jeder Soldat brauchte zwei bis drei Mahlzeiten pro Tag. Die dafür nötige Menge an Proviant war kaum vorstellbar. Trotz ihrer ausgefeilten Pläne und der geheimen Vorratslager, die sie entlang ihrer Route angelegt hatten, gingen ihre Lebensmittelbestände kurz vor den kalten Monaten gefährlich rasch zur Neige. Mardonius spürte die kaum verhohlene Sorge seines Stellvertreters. Und auch er selbst fühlte sich hilflos, seit Xerxes in Panik geraten war. Außerdem war er auf den König wütend, auch wenn er das niemals offen zugegeben hätte. Sie waren mit schwindenden Vorräten und zweihunderttausend hungrigen Männern, für deren Überleben er verantwortlich war, auf fremdem Gebiet im Stich gelassen worden. Eine Armee musste ihr Essen mitführen oder es sich aus dem Umland holen. Niemand kämpfte im Winter! Das war unmöglich. In dieser Jahreszeit kehrten Männer nach Hause zurück, hängten ihr Schwert über die Tür und aßen verschrumpelte Äpfel und das Getreide, das ihre Familien getrocknet und aufgehoben hatten. Und nun war er hier und hatte kaum noch genug, um die Männer einen weiteren Monat lang zu ernähren.

»Wir werden nach Norden gehen«, sagte Mardonius, »nach Thessalien. Es ist ein saftiges, flaches Land, voller Schafherden und goldener Weizenfelder. Soweit ich weiß, gilt diese Region als der Brotkorb der Hellenen.« Der General streckte die Hand aus und nahm etwas von dem Sand vor seinem Teppich. »Im Gegensatz zu dieser armseligen Gegend. Wenn wir in Attika bleiben, werden wir bis zum Frühling Hunger leiden.«

Artabazus dachte mit gesenktem Blick über Mardonius' Worte nach. Nach einer Weile nickte er. »Wie du wünschst, General. Ich gehorche. Seine Majestät hat dich mit diesem Feldzug beauftragt. Du hast die Verantwortung.«

Mardonius war nicht sicher, ob Artabazus seine Worte absichtlich so zweischneidig gewählt hatte. Ihm war durchaus zuzutrauen, dass er über seine eigene Zukunft, vielleicht sogar seine Beförderung nachdachte, für den Fall, dass Mardonius den Sieg nicht errang. Der General lächelte schmallippig und verneigte den Kopf. Die Verantwortung lag in der Tat bei ihm, und er hatte keine Angst davor, sie wahrzunehmen. Es war immer befriedigender, auf andere Druck auszuüben, als selbst unter Druck zu geraten. In diesem Geiste formulierte er seine Antwort.

»Ich weiß, dass du meine rechte Hand sein wirst, Artabazus, und dass du rasch und gewissenhaft alle Befehle ausführst, die ich dir erteile. Ich danke Gott und den Engeln, dass ich Männer wie dich, Hydarnes und Masistius habe. Gebt euer Bestes, und ich werde euch alle belohnen.«

Für jemanden, der Ohren hatte, um zu hören, war das keine besonders beruhigende Botschaft. Mardonius stellte klar, dass er die Verantwortung – oder die Schuld – auf seine Untergebenen abwälzen würde.

So war es immer, und Artabazus zeigte sich dementsprechend wenig überrascht. Seine Mundwinkel zuckten, während er sich mit den Händen auf dem Kopf flach auf den Boden legte. »Ich fühle mich sehr geehrt, General«, sagte er, als Mardonius ihn wieder aufstehen ließ. »Ich glaube, dass uns gar keine andere Wahl bleibt. In der Stadt, die wir verbrannt haben, gibt es nichts mehr zu holen. Wer immer hier lebt, wird diesen Winter garantiert hungern. Ich werde Masistius sagen, dass wir zu den Ebenen von Thessalien aufbrechen. Da unserem Pferdemeister seine Tiere mehr am Herzen liegen als seine Männer, wird er hocherfreut sein.« Einen Moment lang senkte er wieder den Blick und schien über die politischen Folgen ihres Unterfangens nachzudenken.

»General … unser Marsch nach Norden … wird uns doch nicht an den Spartanern vorbeiführen, oder?«, rückte Artabazus schließlich mit der Frage raus, die ihn offenbar am meisten beschäftigte. »Soweit ich mich an die Karten erinnere, liegt ihr Herrschaftsgebiet ein Stück westlich von dieser Route, aber nahe genug für einen Ausfall.«

Mardonius wusste, dass die Ereignisse an den Thermopylen nicht nur ihm, sondern der gesamten Armee noch immer in den Knochen steckten. Keiner seiner Soldaten hatte es je mit einer Streitkraft wie diesen rot gewandeten Wahnsinnigen zu tun gehabt. Es hatte entsetzlich viele Todesopfer gegeben. Die Vorstellung, Tausenden von ihnen gegenübertreten zu müssen, jagte selbst den Unerschrockensten gewaltige Angst ein.

»Laut unseren zahmen Griechen haben die Spartaner eine Mauer errichtet. Sie werden nicht dahinter hervorkommen – und wenn doch, werden wir sie überwältigen.« Mardonius machte eine ausladende Geste, um die Aufmerksamkeit seines Stellvertreters auf die Hügellandschaft um sie herum zu lenken, die, soweit das Auge reichte, mit Regimentern bedeckt war. »Es hat in der ganzen Welt noch nie ein Heer wie dieses gegeben, Artabazus.

Mit all diesen Soldaten in der Hinterhand habe ich keine Angst vor den paar Kämpfern, die Sparta aufbieten kann.«

Anstelle einer Antwort verneigte Artabazus ein weiteres Mal den Kopf und ging auf die Knie, um die Sandalen seines Generals zu küssen. Erst nachdem er gegangen war, begann Mardonius, sich zu fragen, ob er damit seine Zustimmung bekundet hatte oder nicht.

KAPITEL 9

Im Sund vor Salamis wehte ein Ostwind. Draußen auf dem Meer hoben die Galeerenbesatzungen die Masten aus dem Laderaum und setzten die Segel. Andere ruderten und fuhren mit so viel Schwung auf die Strände, dass ihre langen Kiele tiefe Furchen in den Sand frästen.

Die hungrige Menschenmenge auf Salamis war nicht in Siegerlaune. Über Athen war noch immer eine dünne Rauchwolke zu sehen, was für die meisten bedeutete, dass ihnen alles abhandengekommen war. Sie konnten nicht heimkehren, da sie kein Zuhause mehr besaßen, und damit auch nicht mehr das Leben, das sie vor der Invasion geführt hatten. Dennoch strömten sie an Bord, drängten sich auf den offenen Decks und warteten in trübseliger Stimmung darauf, von der Insel weggebracht zu werden.

Themistokles war auf dem Meer geblieben und hatte mit der schwarzen Flagge die anderen beiden athenischen Strategoi zu sich gerufen. Xanthippos und Kimon hatten sich wie erwartet als gute Führungsoffiziere erwiesen. Keiner von beiden war ihm in blindem Gehorsam gefolgt, dachte Themistokles stolz.

Als Xanthippos und Kimon ihre Galeeren längsseits an seiner festmachten und an Bord kamen, gratulierten sie ihm nicht. Stattdessen wirkten sie misstrauisch. Themistokles unterdrückte ein Gähnen und fühlte sein Kiefergelenk knacken. Es war noch so viel zu tun.

Eine weitere Galeere fuhr so nah heran, dass die Ruderer auf beiden Seiten die Riemen packen und einander dichtholen konnten. Themistokles war nicht überrascht, Eurybiades zu sehen. Er winkte den Spartaner herüber und sah zu, wie er Kimons Galeere als Brücke benutzte. Seine Bewegungen waren präzise, obwohl die Schiffe in der Dünung stiegen und fielen und sich aneinander rieben. So wie er selbst und die Spartaner, dachte Themistokles.

Als Kimon und Xanthippos den spartanischen Navarchen begrüßten, sah Themistokles noch andere herbeikommen. Die Anführer der Korinther, der Megaraner, der Ägineten und noch ein halbes Dutzend weitere näherten sich ihrer kleinen Flottille. Ein paar Schiffe kamen nur mühsam voran und mussten leer geschöpft werden. Themistokles hatte nicht mit einer Versammlung sämtlicher Verbündeter gerechnet. Eigentlich hatte er nur die Anführer Athens einberufen, aber das war anscheinend ein Fehler gewesen. All diese Männer hatten gekämpft. Sie hatten Athener Frauen und Kinder transportiert und unter Schmerzen und zutiefst erschöpft tagelang ihr Leben riskiert. Themistokles nickte Xanthippos und Kimon, aber auch sich selbst zu.

Er fühlte sich vor allem mit dem Volk der Athener verbunden, doch die große Flotte hatte bewiesen, dass sie alle auch Griechen waren. Dennoch fühlte er sich im Moment zu erschöpft, um so viele willkommen zu heißen. Er leckte sich über die Lippen und schmeckte Salz … Themistokles glaubte, dass er nie wieder welches würde genießen können, so viel, wie er während der letzten Tage davon geschluckt hatte. Es überzog seine Haut genauso wie das Deck und die Ruder, auf denen es wie winterlicher Frost kristallisierte. Während die übrigen Männer an Bord kamen, packte er jeden Einzelnen von ihnen zum Gruß am Arm.

»Mein Dank gilt Athena und Poseidon – und euch allen«, sagte er. Immerhin waren sie zu seinem Schiff gekommen. Er war also der Gastgeber und würde als solcher eine Rede halten müssen. »Wir haben gut zusammen gekämpft – und wir werden uns immer alle daran erinnern, wie wir es gemacht haben. An die Formationen und die Speertaktik. Ich danke Xanthippos – den ich heimgeholt habe, weil mir sein Wert bewusst war.« Er ignorierte den ärgerlichen Ausdruck, der bei diesen Worten über Xanthippos' Gesicht huschte. »Ich würdige die Männer von Korinth, die wie Wölfe gekämpft und nicht aufgesteckt haben. Ich würdige die Trierarchen aus Sparta, die in den brutalen Gefechten ihre halbe Flotte verloren haben und trotzdem nicht zurückgewichen sind.«

Eurybiades verneigte den Kopf und bewegte die Lippen, vermutlich in einem stummen Gebet. Themistokles hielt inne. Als guter Anführer hätte er an dieser Stelle eigentlich jeden Mann und jedes Kontingent nennen müssen – all ihre Siege aufzählen und ihre besonderen Leistungen hervorheben. Doch dazu fühlte Themistokles sich in diesem Augenblick nicht in der Lage.

»Ich habe dem persischen König zwei Briefe geschickt«, sagte er stattdessen.

Eurybiades stutzte angesichts des unvermuteten Themenwechsels. Auch er war mit den üblichen Ritualen nach einer Schlacht vertraut.

Themistokles sah in die konsternierten Gesichter um sich herum. Sie waren alle so steif! »Den ersten habe ich dem Lehrling meines Zimmermanns mitgegeben. Darin habe ich Xerxes gebeten, seine halbe Flotte um Salamis herumzuschicken, und geschrieben, dass wir aufgeben würden, wenn er es täte, da wir nicht beide Enden der Meerenge verteidigen könnten. Und er hat es tatsächlich getan. Auf meine Anweisung hin hat er die Flotte in zwei Hälften aufgeteilt, die wir besiegen konnten, anstatt sie in der großen Formation zu belassen, gegen die wir hilflos gewesen wären. Diese Initiative hat uns alle gerettet, doch selbst danach hing die Zukunft von ganz Griechenland noch immer in der Schwebe. Also habe ich ihm letzte Nacht einen zweiten Brief geschickt und behauptet, dass meine kriegerischsten Kapitäne die Absicht hätten, zu seiner berühmten Schiffsbrücke zu segeln und sie zu zerstören. Um das zu verhindern, hat Xerxes sich noch in der Nacht davongemacht – und weitere hundert Schiffe mitgenommen! Wenn ihr auf unseren Sieg trinkt, erhebt also auch ein oder zwei Becher auf das Glück, das uns beschieden war – und auf die athenische Gerissenheit. Oder … ja, warum nicht? Auch auf Themistokles!« Er hob eine Hand, als tränke er auf sich selbst.

Der spartanische Anführer sah ihn nach wie vor verdattert an und griff den Trinkspruch nicht auf.

Kimon dagegen lachte und lehnte sich ein wenig nach hinten, als würde er vom Wind zurückgeweht. »Auf Themistokles!«, sagte er.

Themistokles neigte dankbar den Kopf.

Xanthippos sah sie beide finster an. »Meine Herren, ich bin nicht gekommen, um andere zu preisen oder selbst gepriesen zu werden. Vielleicht ist es eurer Aufmerksamkeit entgangen, doch die Leute, die auf Salamis ausgeharrt haben, gehen bereits an Bord unserer Schiffe. Wir müssen uns ein Ziel für sie überlegen! Meine Besatzungen haben kein Wasser mehr, und auch kein Essen. Es fehlt ihnen am Nötigsten. Ich bin hier, um zu erfahren, ob irgendwer Vorräte hat, die wir verteilen können, insbesondere Trinkwasser. Ich bin hier, um herauszufinden, ob irgendwer einen sicheren Ort weiß, an den wir unsere Frauen und Kinder bringen können, bevor die Ruderer zusammenbrechen. Selbst wenn Themistokles recht hat …« Er hielt inne und sah seinen Landsmann an, der seinen Blick mit erhobener Augenbraue erwiderte, als wäre er darüber erstaunt, unterbrochen worden zu sein. »Selbst wenn er recht hat, was den persischen König anbelangt, steht noch immer ein Heer in Attika. Ich nehme an, dass sie die von ihnen in Brand gesteckte Stadt verlassen haben, aber ist es sicher, in Piräus zu landen?«

Nach Xanthippos' wenigen wohlgesetzten Worten verwandelte sich die gerade eben noch ausgelassene Stimmung jäh in grimmige Entschlossenheit. Was er gesagt hatte, stimmte natürlich, doch

Themistokles hatte ihn noch nie weniger gemocht als in diesem Moment.

»Ich bin gekommen, um Lebewohl zu sagen«, meldete der Spartaner Eurybiades sich plötzlich zu Wort. »Wie du richtig angemerkt hast, ist die Hälfte meiner sechzehn Schiffe mitsamt ihren Besatzungen untergegangen. Es ist meine Pflicht, zum Peloponnes zurückzukehren und an unseren Küsten zu patrouillieren.«

»Und die spartanische Armee herbeizuholen!«, fügte Xanthippos hinzu.

Eurybiades schien Xanthippos' Worte als Kritik aufzufassen. Vielleicht waren sie auch tatsächlich so gemeint gewesen. »Diese Entscheidung liegt beim Regenten und den Ephoren. Sei auf der Hut, Athener. Mein Volk hat für diese Sache bereits König Leonidas und die halbe spartanische Flotte geopfert. Stelle also nicht unsere Eidestreue infrage.« Xanthippos stand mit dem Rücken zu Athen. Von der Stadt stieg noch immer Rauch auf. Zwar nur noch in hundert hellen Fäden und nicht mehr als dicke, mit Flammen durchwirkte Rußwolke wie in der vorherigen Nacht, doch Eurybiades schien zu begreifen, dass es keinen Sinn hatte, auf die Verluste und die Einsatzbereitschaft der Spartaner hinzuweisen. Also drehte er sich zu Themistokles um. »Ich habe gesagt, dass ich mit dir noch etwas zu klären habe, sobald alles erledigt ist.«

»Es ist zwar noch nicht erledigt«, sagte Themistokles achselzuckend. »Aber wenn du es wünschst, können wir uns gerne treffen. Ich schlage einen Boxkampf vor. In der Akademie am Ilissos, sofern von meinem Gymnasion dort mehr als nur Asche übrig ist. Nenn mir einfach einen Tag, und ich komme.«

Zur Überraschung der anderen Strategoi begann der Spartaner zu glucksen. »Ich wollte dich nur an unsere Verabredung erinnern. Die Zeit ist noch nicht reif. Ich ziehe allerdings den Kampf mit Schwert und Schild vor. Wenn dies hier vorbei ist, werde ich zu dir kommen.«

Themistokles wurde trotz seiner Erschöpfung wütend. »An deiner Stelle würde ich noch ein paar Freunde mitnehmen. Einer von deiner Sorte wird vermutlich nicht reichen.«

»Ich brauche keine Freunde …«

»Oh, hast du etwa keine?«

Der Spartaner wurde rot.

»Meine Herren«, sagte Xanthippos. »Darf ich euch daran erinnern, dass wir uns noch nicht mit den wirklich wichtigen Fragen befasst haben. Navarch Eurybiades? Würdest du uns deine Schiffe bitte noch einen Tag lang für den Transport der Frauen und Kinder zur Verfügung stellen?«

»Nein, Xanthippos«, erwiderte Eurybiades, der Themistokles noch immer böse anfunkelte. »Die Pflicht ruft mich nach Hause.« Er schien zu merken, dass seine Antwort zu barsch gewesen war, und wurde erneut rot. »Ich weiß, dass du ein ehrenwerter Mann bist, Xanthippos von Athen. Meine Kapitäne haben mir über deine Führung nur Gutes berichtet. Ich danke dir.« Die Worte »du« und »dir« betonte er besonders, offenkundig, um Themistokles explizit von diesem Lob auszunehmen.

»Ohne mich hättest du gar keine Kapitäne mehr«, sagte Themistokles. »Vielleicht solltest du das Knie beugen und Athena danken, Eurybiades.«

»Genug!«, blaffte Xanthippos, ehe Eurybiades etwas erwidern konnte. »Wenn du mit deinen Verbündeten nicht zivilisiert sprechen kannst, Themistokles, wieso hast du uns dann hergerufen? Navarch Eurybiades weiß, was auf dem Spiel steht. Die Spartaner werden kommen. Aristides wird unsere Hopliten mit ihrer Armee vereinen. Mit den Streitkräften all unserer Verbündeter! Wir kennen unseren Feind – und wir können sein Heer ebenso wenig allein besiegen wie ihre Flotte. Wir haben keine Zeit für kleinliche Rivalitäten.«

»Du hast natürlich recht, Xanthippos«, erwiderte Themistokles steif. »Also gut. Dann mach dich auf den Weg, Navarch Eurybiades. Vielen Dank.« Der Titel »Navarch« war eine subtile Beleidigung, nachdem Themistokles den Befehl des Mannes überstimmt und ihm damit die Autorität genommen hatte. Wieder errötete der Spartaner.

»Noch ein *einziges* Wort, Themistokles«, sagte Xanthippos, »und ich werde dich vor der Versammlung anklagen.«

Xanthippos spürte Kimons kalten Blick auf sich, doch es half nichts. Auf genau diese Weise hatte er Kimons Vater zu Fall gebracht. Es war also keine leere Drohung. Themistokles drehte sich schockiert zu ihm um. Aus irgendeinem Grund, vielleicht aus Erschöpfung oder aus Hunger, brachte er sie alle in Gefahr. Es war Zeit, dass sie getrennter Wege gingen, um sich auszuruhen, zu essen und zu trinken und sich erneut auszuruhen. Ob irgendwer von ihnen die Gelegenheit dazu bekommen würde, wusste Xanthippos allerdings nicht.

Als Themistokles tatsächlich schwieg, nickte der Spartaner Xanthippos zu. »Ich kann noch einen Tag lang warten, Xanthippos. Meine Schiffe werden bei dieser Arbeit helfen. Aber wo wollt ihr euer Volk an Land bringen?«

Xanthippos sah nach Salamis. Dahinter lag Eleusis, wo Aristides mit den Hopliten wartete. In Anbetracht der marodierenden persischen Armee war diese Küstenstadt jedoch genauso ungeschützt wie jeder andere Ort in Attika. Er merkte, dass er vor Müdigkeit kaum noch denken konnte.

Der korinthische Strategos räusperte sich. »Ich glaube … solange die persische Armee nicht abzieht, ist es vermutlich nirgends wirklich sicher. Sie könnte in jede Stadt einmarschieren und sie ebenso komplett zerstören wie Athen. Solange sie nicht vernichtet oder vertrieben ist, gibt es keine Zuflucht.«

Seine Beschreibung der Situation war korrekt, aber so düster, dass es ihnen allen einen Moment lang die Sprache verschlug.

Schließlich ergriff Eurybiades zögernd wieder das Wort. »Euer Volk könnte auf den Peloponnes kommen. Die Mauer auf dem

Isthmus schützt Korinth und Sparta. Sie können sich dort ausruhen und wieder zu Kräften kommen, als Flüchtlinge.«

Themistokles und Xanthippos verzogen die Gesichter. Die Vorstellung, sich hinter einer Mauer zu verstecken, war schon schlimm genug, noch schlimmer wäre es jedoch, bei Sparta in der Schuld zu stehen.

»Vielen Dank, Navarch«, erwiderte Xanthippos förmlich und ohne die beleidigende Betonung, mit der Themistokles den Titel ausgesprochen hatte. »Bevor wir diese Entscheidung treffen, werde ich jedoch Männer nach Athen schicken, um sicherzugehen, dass die Perser dort keine Soldaten zurückgelassen haben.«

»Sicher nicht«, murmelte Themistokles. »Außer die können Feuer atmen.« Sein Blick war wieder stumpf. Offenbar war er mittlerweile vollkommen am Ende seiner Kräfte. Dafür war Xanthippos dankbar. Der Spartaner war kurz davor gewesen, wegen seiner Provokationen das Schwert zu zücken. Hätte er Themistokles angegriffen, wäre die athenische Besatzung sicher nicht untätig geblieben und die Lage wäre schnell vollends eskaliert.

»Laut meinen Kundschaftern haben die Perser die Athener Stadtmauer eingerissen«, sagte Eurybiades.

Xanthippos lächelte bitter. »Sparta hat gar keine Mauer«, rief er Eurybiades in Erinnerung.

»Das stimmt«, erwiderte der. »*Wir* sind die Mauern …« Er verstummte und schien zu begreifen, worauf Xanthippos hinauswollte.

»Unsere Mauern sind die Schiffe«, sagte Themistokles. »Wenn die Perser unsere Stadt bedrohen, können wir ihnen auf unseren hölzernen Mauern sogar entkommen! Das ist uns schon einmal gelungen, und es ist ja nicht so, als verfügten sie selbst noch über eine nennenswerte Flotte, oder?«

Dieser Gedanke schien ihn zu beleben. Er erinnerte Xanthippos an einen flackernden Docht, der immer wieder aufflammte, während er seine letzten Tropfen Öl verbrannte.

Xanthippos nickte. Alle sahen ihn an und warteten auf seine Entscheidung – vielleicht weil Themistokles fast im Stehen schlief. Manchen Männern steckte Autorität im Blut, andere erbten sie mit ihrem Familiennamen. Wieder andere verdienten sie sich mit harter Arbeit, ihrem Alter und zunehmender Erfahrung, aber auch, indem sie ein paarmal öfter richtiglagen als falsch, wenn es darauf ankam. Wie auch immer er selbst an seine Autorität gekommen sein mochte, die anderen Strategoi waren darauf gespannt, was er zu sagen hatte.

»Wir werden unser Volk nach Hause führen«, erklärte er schließlich. »Wenn sich herausstellt, dass die Stadt sicher ist, werden die Schiffe alle nach Piräus zurückbringen. Athen besteht nicht aus Mauern, nicht einmal aus Tempeln, sondern aus den Leuten, die wir gerettet haben. Sie werden alles wiederaufbauen – und falls die Perser zurückkehren, können wir sie wieder mit den Schiffen in Sicherheit bringen. Ich werde nicht vergessen, was ihr geleistet habt. Ihr alle.«

Er ergriff nacheinander die Hände aller Anwesenden und zog anschließend Themistokles zwei Schritte weit am Arm, damit er und Eurybiades sich ebenfalls die Hände reichen konnten.

»Vergiss nicht unsere kleine Diskussion«, sagte Themistokles, während er die Finger des Spartaners umklammerte.

»Das werde ich nicht«, erwiderte Eurybiades und bleckte die Zähne. »Ich freu mich darauf, sie fortzusetzen.«

KAPITEL 10

Als Xerxes abzog, hatte Mardonius gewusst, dass der Feldzug für dieses Jahr vorbei war. Weder er noch der Großkönig hatten damit gerechnet, dass sie Griechenland im Handstreich einnehmen würden, rief er sich ins Gedächtnis, während er nach Norden ritt – in jene fruchtbare Region, in der es laut seinen griechischen Verbündeten von Weizenfeldern und Schafherden nur so wimmelte. Er hoffte, dass es stimmte. Seine Armee war mittlerweile auf halbe Ration gesetzt. Dementsprechend wurden die Mienen der Soldaten immer säuerlicher und ihr Magenknurren stetig lauter. Obwohl seine Männer unterwegs alles erlegten, was kreuchte und fleuchte, reichte ihre Ausbeute kaum für eine Mahlzeit pro Tag, von drei ganz zu schweigen.

Die persische Armee war wie ein Heuschreckenschwarm über Attika hergefallen und hatte alles an sich gebracht, was sich bewegte oder aus der Erde wuchs, bis nichts mehr übrig gewesen war. Mardonius hoffte auf die Ebenen von Thessalien, nicht zuletzt für die Tiere. Er beugte sich vor und tätschelte seinem Pferd den Hals. Es war ein schönes und robustes Reittier, doch es brauchte jeden Morgen süßes Gras oder besser noch Getreide zum Fressen, wenn Mardonius den ganzen Tag auf ihm reiten wollte.

Er hielt an und ließ die Regimenter an sich vorbeimarschieren. Sie bemühten sich, einen kampfbereiten Eindruck zu vermitteln, doch er sah, dass die Männer erschöpft waren und Angst hatten. Je mehr Tage ins Land zogen, desto bewusster wurde ihnen, dass der König kein Auge mehr auf sie hatte. Sie fragten sich, was Xerxes' Heimkehr für sie bedeutete. Dennoch lächelte Mardonius wie ein stolzer Vater und nickte seinen Generälen zu, die sich im Vorüberreiten in ihren Sätteln vor ihm verneigten. Seinen vier Söhnen zwinkerte er zu. Über die Männer, die Xerxes in diese staubigen Hügel geführt hatte, konnte er sich nicht beschweren. Der Großkönig hatte die Ausbildung und Zusammenstellung der Armee Mardonius und seinen Führungsoffizieren überlassen. Demzufolge waren die Soldaten abgehärtet und ausdauernd. Der König selbst hatte sich als die einzige Schwachstelle ihrer Streitmacht erwiesen.

Mardonius schreckte noch immer vor Gedanken wie diesem zurück, wie ein Pferd, das beim Anblick eines Schattens scheute. Aus alter Gewohnheit fiel es ihm schwer, an den Mitgliedern der Königsfamilie Kritik zu üben. Schließlich waren sie eher Engel als Menschen und damit über jeden Zweifel erhaben. Doch während die Armee sich von Athen entfernte und einen Hügel nach dem anderen überquerte, hatte er viel zum Nachdenken. Eine Streitmacht dieser Größe machte fast nichts schnell.

Insgeheim grübelte er immer wieder über das Versagen des jungen Mannes nach, den er bislang so verehrt hatte. Dieses Thema konnte er genauso wenig auf sich beruhen lassen wie den abgebrochenen Zahn, den er ständig unwillkürlich mit der Zunge betastete. Er wusste, dass er ihn früher oder später von einem der Schmiede würde ziehen lassen müssen. Starke Schmerzen degradierten jeden Mann zu einem Kind. Er hatte es schon oft gesehen. Je größer das Leid, desto überwältigender die Furcht – und irgendwann war auch der stärkste Wille gebrochen … Mardonius war wütend darüber, dass er im Stich gelassen worden war, doch das würde er niemals laut zugeben. Nicht aus Angst, dass seine Worte den Weg bis nach Hause finden könnten, sondern aus Treue – auch Xerxes, aber vor allem dessen verblichenen Vater gegenüber. Mardonius war ein loyaler Mann. Daran würde er sich festhalten, wenn ihm der Wein ausging und das letzte Brot mit pelzigem Schimmel überzogen war. Zumindest hoffte er das.

In der Ferne tauchten hinter einer Hügelkuppe zwei berittene Kundschafter auf. Soweit er es feststellen konnte, trugen sie weder Speere noch Schilde. Sie beobachteten den Vormarsch seines Heeres, zweifellos um den Herrschern von Athen, Sparta oder einem der anderen kleinen Staaten davon zu berichten. Mardonius ignorierte sie. Falls sie näher kamen, würde er sie vielleicht von ein paar Reitern vertreiben lassen. Er schüttelte den Kopf und konzentrierte sich erneut auf die Frage, was er tun musste, um endlich wieder nach Hause zu kommen. Mardonius schloss die Augen und sah seinen Garten und all die duftenden Blumen vor sich, die darin wuchsen. Persien im Frühling! Als er sie wieder aufmachte, fiel sein Blick nur auf Staub und Olivenbäume, die an verhutzelte alte Männer erinnerten.

Xerxes hatte ihn angewiesen, die Griechen zu bezwingen. Sie sollten vor dem Reich das Knie beugen. Mardonius dachte darüber nach, wie er diesen Auftrag erfüllen könnte, und stellte nach einer Weile fest, dass ihm die Planspiele Freude bereiteten. Nein, es war mehr als das. Er hatte so lange unter Xerxes' Beobachtung gestanden, dass ihm völlig entfallen war, wie befriedigend sich Macht anfühlte. Eine Brise strich ihm übers Gesicht, und er merkte, dass er von tiefem Frieden durchströmt wurde. Er hielt den Oberbefehl über alle persischen Streitkräfte in Griechenland. Er hatte sämtliche Freiheiten … Ja, es war möglich, dass er versagte und seine Leute verhungerten, aber ebenso gut könnte er auch den Sieg erringen und wissen, dass ganz allein er für diesen Triumph verantwortlich war. Mardonius befand sich auf einem Feldzug, zusammen mit seinen starken Söhnen und verlässlichen Männern! Für ein altes Schlachtross wie ihn war das keine schlimme Bürde.

Vor ihm stießen ein paar seiner Reiter ins Horn und brachten ihn damit wieder in die Gegenwart zurück. Mardonius kniff die Augen zusammen und sah im Westen dunkelblauen Dunst, aber auch eine graubraune Linie – die Mauer, die den berühmten Isthmus überspannte. Als ihm klar wurde, dass es sich bei den roten Punkten darauf um Spartaner handelte, die seine Leute beobachteten, stieg ihm ein bitterer Geschmack in den Mund, und er spuckte fluchend aus.

Ihm war nicht klar gewesen, dass die Regimenter so nah an der Engstelle vorbeiziehen würden, die den Peloponnes vom restlichen Griechenland trennte. Artabazus hatte ihn zwar darauf aufmerksam gemacht, dennoch überraschte es ihn. Alle persischen Offiziere hatte von der Mauer gehört, die die Spartaner errichtet hatten. Mit gefurchter Stirn dachte er daran zurück, wie er gelacht hatte, als er zum ersten Mal davon hörte. Diese Mauer hätte ihnen wenig gebracht, als die persische Flotte noch überall an ihrer Felsküste hätte landen können! Doch nun lag besagte Flotte natürlich auf dem Grund der Meerenge vor Salamis und wurde in Trümmern an den Stränden der Ägäis angeschwemmt. Die zunächst schlecht anmutende Entscheidung der Spartaner, diese Mauer zu bauen, hatte sich unverhofft als Geniestreich erwiesen. Es schien fast, als hätten ihre Götter dabei die Hand im Spiel gehabt …

Da die Feinde sie nun beobachteten, bedauerte Mardonius die Formation seines Heeres. Er ließ die Soldaten in über zweitausend Reihen von jeweils achtzig bis hundert Mann marschieren. Was insgesamt zwar eine lange Kolonne ergab, aber keinen so Furcht einflößenden Anblick bot, wie ihm lieb gewesen wäre. Dafür würde es Stunden dauern, bis sie alle die spartanische Verteidigungsanlage passiert hatten. Außerdem waren da noch die persischen Reiterregimenter, die an der Kolonne auf und ab ritten und dabei eine Staubwolke aufwirbelten, die sich erst nach einem halben Tag wieder legen würde.

Mardonius stellte fest, dass sich auf der Mauer niemand rührte. Nach allem, was er im Thermopylen-Pass aus nächster Nähe erlebt hatte, war er eigentlich davon ausgegangen, das Tor auffliegen und Spartaner herausstürmen zu sehen. Angewidert von seiner eigenen Erleichterung, dass dem nicht so war, spuckte er erneut aus. Verflucht sollten sie sein, für all den Schaden, den sie angerichtet hatten! Er fragte sich, ob er je wieder einen dieser rot gewandeten Krieger würde sehen können, ohne dass sich ihm der Magen hob.

Die Thebaner hatten geschworen, dass es in Sparta allerhöchstens zehntausend Soldaten gebe. Die könnte er, wie Xerxes es im Kampf gegen König Leonidas und dessen Gardisten befohlen hatte, einkesseln und von Speerwerfern, Bogenschützen und Steinschleuderern niedermachen lassen. Auch die Spartaner waren lediglich Männer aus Fleisch und Blut, und ihre Götter existierten nicht.

Doch egal, wie sehr er sich selbst gut zuredete, sein Magen wollte einfach nicht zur Ruhe kommen.

Agariste stand erneut im Hafen von Piräus. Theoretisch hatte sie gewusst, dass Athen bei ihrer Rückkehr nicht mehr dieselbe Stadt sein würde, doch die Realität war nur schwer zu begreifen. Am ganzen Ufer lagen geborstene Balken und Schiffsgerippe verstreut, die wie Walkadaver aussahen. Und es trieben noch immer überall Leichen im Wasser. Manche von ihnen zuckten, als wären sie lebendig. Doch Agariste wusste, dass die Bewegung von den Fischen stammte, die unter der Oberfläche an ihnen nagten. Einer der unglückseligen Toten war aus der Brandung gezogen worden, und Agariste hatte gesehen, dass große Teile seines bleichen Gesichts fehlten. Die Übrigen hatten sie vorläufig einfach liegen lassen. Das echte, das alltägliche Leben hatte noch nicht wieder begonnen.

Sie stand mit ihren drei Kindern auf einem steinernen Kai. Die Pferde, die sie aus dem Anwesen mitgebracht hatte, waren natürlich längst verschwunden, entweder gestohlen oder davongerannt. Agariste wurde klar, dass sie zu Fuß würden gehen müssen. Sie blickte sich um und sah eine weitere junge Frau aus ihrem Haushalt, die mit gesenktem Kopf und wirren Haaren angelaufen kam. Zwei andere hatten bereits den Weg zu ihrer Herrin gefunden und sich wortreich für ihre Abwesenheit entschuldigt. Agariste hatte sie während ihres kurzen Exils auf der Insel gesehen und war sicher, dass mindestens eine von ihnen sie ebenfalls erblickt hatte. Sie hatte nicht nach ihr gerufen, aus Angst, dass sie vielleicht nicht kommen würde. Doch mittlerweile schienen wieder die alten Gesetze und Gewissheiten zu gelten. Kein Wunder, schließlich hatten die Sklaven ihres Haushalts keinen anderen Ort, an den sie gehen konnten. Wenn sie deswegen verbitterten oder resignierten, zeigten sie es zumindest nicht.

Agaristes Herz machte einen Satz, als sie im Strom der Passanten ein weiteres vertrautes Gesicht erblickte. Die gesamte Stadtbevölkerung musste durch diesen Hafen, um nach Athen zu gelangen – was immer sie dort vorfinden würde. In der Ferne wurde die Akropolis sichtbar. Ohne den Rauchgeruch und den Gestank der in der Brandung schaukelnden Leichen hätte es fast ein ganz gewöhnlicher Tag sein können.

»Manias!«, rief sie.

Es schien, als wäre ihre Stimme ein Angelhaken, der einen einzelnen Fisch aus einem Schwarm zog. Erleichtert sah sie zu, wie Manias zu ihr kam. Sie bemerkte seinen eigenartig unbehaglichen Gesichtsausdruck, machte sich in ihrer Wiedersehensfreude darüber aber keine weiteren Gedanken.

»Ich bin so froh, dass du noch lebst!«, sagte sie.

Manias klopfte Perikles auf die Schulter. Er wirkte angespannt. »Wir haben … viele verloren«, sagte er und fügte, ein wenig blass um die Nase, den Titel hinzu, mit dem ein freier Bürger eine Höhergestellte ansprach: »… Kuria.«

Agariste schlug sich die Hand vor den Mund, um ihren Schock zu verbergen. »Oh! Du bist frei, Manias! Wie mein Gemahl es versprochen hat.«

»Wenn dieses Versprechen Bestand hat«, sagte er und sah an ihr vorbei zu den Menschenmassen, die noch immer von Bord der Galeeren strömten.

Es herrschte wenig Chaos, aber auch keine Feierlaune. Die Strategoi hatten verkündet, dass die Stadt sicher und frei von feindlichen Soldaten sei, zumindest an diesem Tag. Jede Familie, die von Salamis zurückkehrte, wollte so schnell wie möglich nach Athen hinein, um zu sehen, was gerettet werden konnte – idealerweise, bevor ihre Nachbarn Gelegenheit hatten, die Trümmer zu durchkämmen.

Manias war für Athen gerudert, aber auch für die Aussicht auf Freiheit. Agariste konnte in diesem Moment nicht mit Sicherheit sagen, ob der Einfluss ihres Gemahls reichte, um dieses Versprechen durchzusetzen. Die Versammlung würde darüber debattieren und einen offiziellen Beschluss fassen … Ihre Gedanken schweiften ab. Gab es überhaupt noch eine Athener Volksversammlung? Oder einen Rat? Ihr Onkel Kleisthenes hatte nicht mit einer fremden Armee gerechnet, die in die Stadt einfallen und sie brandschatzen würde. Doch Xanthippos hatte recht: Die Versammlung bestand aus den Menschen, die um sie herum den Hafen verließen und nach Hause zurückkehrten.

»Du weißt, dass du dich auf das Wort meines Gemahls verlassen kannst, Manias. Du bist frei. Aber ich würde mich sicherer fühlen, wenn du bei mir bleiben könntest, zumindest bis wir beim Anwesen oder dem Haus meines Gemahls sind …«

Plötzlich wurde ihr bewusst, dass von diesen Gebäuden vermutlich nur noch Asche und verkohlte Balken übrig waren. Sie blieb stehen und merkte, wie ihr die Tränen kamen.

Manias sah es, sagte jedoch nichts dazu. Nach einer Weile biss er sich auf die Lippe.

»Ein freier Mann arbeitet gegen Bezahlung, Kuria …«, sagte er und wurde rot.

Agariste nickte, holte einen Beutel hervor und kramte zwei Silbermünzen heraus. »Ein Tageslohn für einen freien Mann, Manias. Ist das genug?«

Er lachte leise, und seine Augen begannen zu leuchten. »Ja, Kuria. Vielen Dank.« Er nahm die Münzen beinahe ehrfürchtig entgegen – die allerersten, die er nach seinem gesellschaftlichen Aufstieg verdiente.

Einen Moment später hob er die Stimme, um ein paar weitere versprengte Dienerinnen herbeizurufen und der Gruppe den Weg zu weisen. Agariste sah zu ihren Kindern. Sie betrachteten das Ganze natürlich noch immer als großes Abenteuer. Seefahrten an Deck einer Galeere und eine Schlacht direkt vor ihren Augen. Agariste ließ sich vor ihnen nichts von ihrer Furcht anmerken. In Griechenland befand sich noch immer ein persisches Heer, das größer war als alles, was die Städte aufstellen konnten. Mit einem Anflug von Verzweiflung dachte sie über die zahlreichen Gefahren nach, die in einem Krieg gegen die Perser auf ihre Tochter und ihre Söhne lauern würden. Was für eine schreckliche Ironie des Schicksals es doch wäre, den unerwarteten Sieg vor Salamis zu erleben, nur um letzten Endes doch noch zu verlieren.

Die Hoffnung stirbt zuletzt, sagte sie sich. Immerhin hatten Xanthippos, Themistokles und Kimon über die riesige königliche Flotte triumphiert. Agariste summte ein altes Gebet an Athena, das Xanthippos ihr beigebracht hatte. Sie fand es tröstlich – vielleicht, weil es die Soldaten in der Schlacht von Marathon gesungen hatten. Sie hob den Kopf, als sie hörte, wie jemand aus der Menge das Lied aufgriff. Immer mehr Menschen um sie herum begannen mitzusingen. Sie kannten die Worte, weil sie Athener waren. Agariste ging das Herz auf, als auch Perikles, Eleni und Ariphron in den Gesang einstimmten.

Sie sangen noch immer, als sie Athen betraten, doch angesichts der verbrannten Straßen und Trümmerhaufen verstummte die

Hymne zu einem entsetzten Gemurmel. Als der Strom aus Männern, Frauen und Kindern die geborstenen Steine passierte, aus denen die Stadtmauer und das Tor bestanden hatten, brachen viele von ihnen in Tränen aus. Für die meisten von ihnen war die Situation bisher noch nicht real gewesen. Die Männer hatten in ihrer privaten Hölle eingepfercht gerudert oder an Deck gekämpft, wo ihre Welt lediglich aus ihrem jeweiligen feindlichen Gegenüber bestanden hatte. Ihre Familien hatten derweil am Sandstrand ausgeharrt.

Die Realität war für sie wie ein Schlag ins Gesicht. An jeder Ecke sahen sie weitere Verwüstungen. *Alles* war mit Asche überzogen und bald auch jeder, der etwas berührte oder in die Hand nahm. Agaristes Gruppe kam an Familien vorbei, die sich in den Ruinen ihrer alten Wohnhäuser zusammenkauerten. Den Müttern und Vätern rannen rußige Tränen über die Wangen, während sie im Schutt nach intakten Fliesen suchten. Zu Agaristes Überraschung sah sie auf dem Weg zum Stadthaus ihres Gemahls Kinder, die sich gegenseitig durch Lücken jagten und lachend auf verkohlten Holzbalken balancierten. Ihr Anblick brachte sie zum Lächeln.

Die Perser waren sehr gründlich zu Werke gegangen. Sie hatten alle Gebäude in Brand gesteckt oder mit Seilen und Haken eingerissen. Nur die Straßen selbst waren offen geblieben. Der Inhalt der Abwasserkanäle war von den tosenden Flammen gebacken worden, sodass der Gestank, der normalerweise in der Stadt herrschte, Kohlegeruch und dem pfeffrigen Aroma gewichen war, das im Feuer geplatzte Steine verströmten.

Als eine Gruppe schreiender und streitender junger Männer ihren Weg kreuzte, war Agariste froh, dass Manias bei ihnen war. Sie wusste, dass die Ordnung schon bald wiederhergestellt sein würde. Ihr Gemahl würde sie zusammenrufen und bis zur völligen Erschöpfung schuften lassen. Xanthippos wusste, wie man sich andere gefügig macht. Das war sein Talent und der

Grund, warum Themistokles ihn wieder nach Hause geholt hatte.

Das Stadthaus ihres Gemahls war tatsächlich ein Opfer der Flammen geworden. Bis zuletzt hatte Agariste gehofft, auf dem Grundstück mehr als nur ein paar verbrannte Balken und zerbrochene Säulen vorzufinden. Die Tür war noch immer zu erkennen, aber zu einer glänzenden schwarzen Platte verkohlt, die zerbrach, wenn man mit der Hand dagegen drückte.

»Wir werden neues Holz und Werkzeuge brauchen«, sagte sie. »Eiserne Gerätschaften müssten das Feuer eigentlich einigermaßen unbeschadet überstanden haben. Glaubst du, dass die Straßen sicher sind, Manias? Wir könnten auf dem Anwesen Bäume fällen, wenn es sie noch gibt. Es werden ja sicher nicht alle verbrannt sein. Wir brauchen so viele Arbeiter, wie du auftreiben kannst. Glaubst du, du kriegst das hin?«

»Ich glaube schon«, erwiderte Manias.

Er war mehr als dreißig Jahre lang Sklave in ihrem Haushalt gewesen und hatte vor ihr ihrem Vater und ihrem Onkel gedient. Die Haare auf seinen Unterarmen und der Brust waren zwar weiß, aber er war noch immer stark und schien erleichtert, etwas zu tun zu haben.

»Wir werden alles wiederaufbauen, Manias«, sagte Agariste. »Nimm Ariphron zum Anwesen mit. Perikles wird hierbleiben und bis zu deiner Rückkehr auf mich aufpassen. Eleni und ich werden hier aufräumen und alles zusammensuchen, was wir möglicherweise wiederverwenden können. Das könnte eine günstige Gelegenheit sein, die Grundstücke auf beiden Seiten zu unserem dazuzukaufen. Wir sollten den Eigentümern ein gutes Angebot machen.«

Manias sah sie verdutzt an. Sie sah sich genauso um wie alle anderen auch, erkannte in den Trümmern aus irgendeinem Grund jedoch eine mögliche Zukunft. Er nickte ihr zu. Kurz fragte er sich, wie sie das nötige Silber für die Arbeiter aufzubringen gedachte. Doch er wusste, dass sie es schaffen würde. Und wenn nicht sie, dann ihr Gemahl. Für einige Familien, die ihre ehemaligen Häuser besichtigten, würden die umgestürzten Wände und die verbrannten Straßen das Ende der Welt bedeuten. Doch sie waren Athener, und er sah Agariste an, was das bedeutete. Die Welt schuldete ihnen nichts, doch das spielte keine Rolle. Sie würden tatsächlich alles wiederaufbauen. Besser und prächtiger als zuvor.

TEIL 2

»Erduldenden Mut verlieh den Menschen das Schicksal.«

HOMER, *Ilias*

KAPITEL 11

Obwohl es Mittag war, stand die Sonne niedrig am Himmel. Überall in Athen wurde laut gehämmert und gesägt, die Sinfonie der Erneuerung und des in die Stadt zurückströmenden Lebens. Seit dem Abmarsch des letzten persischen Soldaten Richtung Norden waren zwar erst knapp drei Wochen vergangen, doch in der Stadt herrschte bereits so etwas wie Aufbruchsstimmung.

Vom Pnyx aus beobachtete Themistokles, wie komplette Straßenzüge neu gebaut wurden. Es war erstaunlich, was ein Volk, das sich einer gemeinschaftlichen Aufgabe verschrieben hatte, alles erreichen konnte. Die Brennöfen im Töpferviertel waren als Erstes repariert worden. Die Feinde hatten viele von ihnen intakt gelassen oder einfach nur zertreten. Die glasierten Ziegel waren wieder zusammengesetzt worden, und schon bald hatten die Öfen wieder gebrannt und wurden seither Tag und Nacht in Betrieb gehalten, um vor dem Winterregen möglichst viele neue Ziegel zu produzieren. Auf frisch geschnitzten Balken und Bohlen wurden Hunderte neuer Dächer errichtet. Alle Zimmerleute wussten, dass sich grünes Holz verziehen und verdrehen würde, doch mit diesem Problem würden sie sich später auseinandersetzen müssen. Nachdem sie ihre Axtköpfe und Sägen mit neuen Griffen versehen hatten, waren sie auf die Hügel gestiegen, um Tannen, Pappeln, Eichen und alle möglichen anderen Bäume zu fällen. Die in der Stadt lagernden Stämme verbreiteten einen Duft von Harz und Sägemehl, der sich mit dem noch immer in der Luft hängenden säuerlichen Kohlegestank vermischte. Es roch nach Betriebsamkeit – und Hoffnung.

Die Versammlung war auf dem Pnyx zusammengekommen, um die jüngsten Berichte zu hören – wie jeden Tag in dieser

Notsituation. Themistokles fand es eigenartig tröstlich, Mittag für Mittag den Hügel hinaufzusteigen und den Händlern aus dem Hafen oder den Minenaufsehern aus Laurium zu lauschen, die gekommen waren, um neue Arbeiter zu rekrutieren. Dieser letzte Punkt war vielleicht der wichtigste. Sie hatten zwar das ganze Volk von Athen und auch die nötigen Rohstoffe für den Wiederaufbau einer Stadt. Doch ihnen fehlte Silber, um sie zu bezahlen, und Essen, das sie sich davon kaufen konnten. Es war Themistokles nicht entgangen, dass Xanthippos Tausende Sklaven befreit hatte. Er wollte nicht hinterfragen, ob Xanthippos zu seinem Angebot überhaupt befugt gewesen war. Während der hektischen Evakuierung hatte Xanthippos die Versammlung verkörpert. Er war ein Tyrann gewesen, auch wenn er sich nicht als solchen bezeichnet hätte. Hätten sie es mit den Folgen einer Epidemie oder eines Sturms zu tun gehabt, hätte Themistokles vielleicht eine Notfallsitzung einberufen, um über die Entscheidung zu debattieren, doch nach Lage der Dinge befanden sie sich noch immer im Krieg – und er glaubte nicht, dass zehntausend Sklaven ohne einen Kampf, von dem keiner etwas hätte, zu ihren früheren Eigentümern zurückkehren würden. Themistokles kniff sich in den Nasenrücken. Er hatte Xanthippos zurückgeholt, weil der imstande war, unter Druck Entscheidungen zu treffen. Daran ließ sich jetzt nichts mehr ändern.

Während der vergangenen Woche waren bewaffnete Schiffsgeschwader mit dem Befehl aufgebrochen, Getreide oder irgendwelches essbares Getier heranzuschaffen. Die Perser hatten die Stadt geplündert, in ihrem Übereifer allerdings das eine oder andere Lager übersehen. Themistokles hatte Wachen vor einem mit Weizensäcken gefüllten Keller postiert. Der Weizen war dunkelbraun verbrannt, und das Mehl, das sich daraus herstellen ließ, schmeckte sehr bitter. Doch in ihrer Situation konnten sie es sich nicht leisten, wählerisch zu sein.

Bislang hatte kaum jemand von ihnen darüber nachgedacht, was für ein komplexes Gebilde so eine Stadt war. Athen war jahrhundertelang Straße um Straße gewachsen. Wenn in einem Viertel genug Leute Schuhe benötigten, hatte an dem entsprechenden Ort ein Schuster einen kleinen Laden eröffnet. Das alles erneut in Gang zu setzen, war schwer, als würde man versuchen, einen großen Stein einen Hang hinunterzurollen.

Themistokles sah zu Aristides hinüber, der darauf wartete, das Wort ergreifen zu können. Er hatte seine Hopliten zurückgebracht, um in Athen für Ordnung zu sorgen. Wahrscheinlich hatte er nach dem Verschwinden der Perser und so kurz vor dem Winter gar keine andere Wahl gehabt. Die Bewohner der Stadt waren in großer Not. Die Soldaten hatten sicher zu ihren Familien zurückkehren wollen, während Aristides sich wieder der Versammlung anschloss.

Themistokles zwang sich zu einem noch etwas breiteren Lächeln, während alle anderen verstummten. Aristides war noch nie sehr beliebt gewesen, aber er war nun mal eine Respektsperson. Es war schon beim ersten Mal nicht leicht gewesen, seine Verbannung zu erwirken. Ein weiteres Mal würde es sicher nicht funktionieren. Themistokles musste sich mit ihm arrangieren. Zumindest fürs Erste.

»Hier will jemand sprechen!«, rief irgendwer in Aristides' Nähe.

Der Epistates des Tages winkte ihn herauf und trat zurück. Die Ehrfurcht vor dem zurückgekehrten Exilanten war ihm deutlich anzumerken. Themistokles dagegen schoss durch den Kopf, dass Aristides zum Sieg vor Salamis keinen Beitrag geleistet hatte. Die Versammlung hatte keinen Grund, ihm so viel Wertschätzung entgegenzubringen.

»Danke«, sagte Aristides.

An diesem Ort hatte er keine Rüstung an, sondern sein übliches Gewand, einen zerschlissenen alten Chiton, der aussah, als wäre es derjenige, den er bereits vor seiner Verbannung immer getragen hatte. Themistokles hob den Blick zum Himmel, als Aristides zu sprechen begann.

»Ich kann nichts Neues über die Spartaner berichten«, sagte er. »Der Regent wusste über den Eid seines Vaters Bescheid. Er scheint sich … nicht zwingend daran gebunden zu fühlen. Die Männer aus Sparta und Korinth wiegen sich hinter ihrer befestigten Mauer in falscher Sicherheit, als ginge die persische Armee sie nichts an. Bisher habe ich sie von diesem Irrglauben noch nicht abbringen können.«

»Werden sie im Frühling in die Schlacht ziehen?«, rief jemand.

Aristides strich sich nachdenklich mit den Fingerkuppen über die Oberlippe. »Das weiß ich nicht«, erwiderte er schließlich und wartete ab, bis sich das zornige Gemurmel der vielen Tausend Anwesenden wieder legte. Die meisten von ihnen schwitzten und waren dreckig. Sie hatten den ganzen Vormittag geschuftet und noch nicht zu Mittag gegessen. Sie wollten unbedingt Neuigkeiten hören. Aristides betrachtete sein Volk, das sich hier eingefunden hatte. Er sah kurz Kimon an, der mit seinen Freunden, den jungen Wölfen, zusammenstand. Schließlich fiel sein Blick auf Themistokles, den er jetzt erst wahrnahm. »Sparta wird tun, was für Sparta das Beste ist«, fuhr er schließlich fort. »Wir müssen dafür sorgen, dass es das ist, was auch für uns das Beste ist. Wir brauchen sie. Das müsst ihr euch begreiflich machen. Ohne die zehntausend Spartaner können wir es nicht mit dem persischen Heer aufnehmen. Ich habe sie vorüberziehen sehen und kann sagen, dass es in der ganzen Welt keine zweite Armee wie diese gibt – und vermutlich auch noch nie gegeben hat. Es ist eine Streitmacht aus *vierzig* Nationen wie unserer und so groß, dass wir alles aufbieten müssen, was wir haben, um sie wieder nach Hause zu schicken. Versteht mich nicht falsch: Selbst wenn Sparta mit uns in die Schlacht zieht, kann niemand vorhersagen, wie viele von uns wieder heimkehren werden. Sie haben mit Speeren bewaffnete Reiter, extrem geschickte Bogenschützen und zahlreiche Infanterieregimenter. Ich war in Marathon! Ich habe gesehen, wie gut Athener Hopliten – mit einer disziplinierten Formation, Speerstößen und einem ordentlichen Schild – gegen zwei- oder dreimal so viele Feinde bestehen können. Doch dieses Heer ist vier- oder fünfmal so groß wie alle griechischen Soldaten zusammengenommen – vielleicht sogar noch größer. Ich behalte sie im Norden im Auge und habe auf den Hügeln dazwischen schnelle Reiterstaffeln stationiert. Wenn sie sich in Bewegung setzen, werde ich es erfahren. Da Athena mit uns ist, glaube ich, dass wir sie besiegen werden. Aber es wird schwer. Unter die Siegesfanfaren wird sich im Frühjahr auch Wehklagen mischen.«

Der Wind frischte auf und ließ die Gewänder der schweigenden Zuhörer flattern. Themistokles nahm eine Bewegung wahr und sah, wie die Menge sich teilte: Xanthippos kam die letzten Stufen herauf. Er lächelte, als ein paar der Männer, die er passierte, ihm auf den Rücken klopften. Themistokles fühlte eine Verbitterung, die ihm peinlich war. War die Welt wirklich so klein, dass er einem anderen Mann den Beifall der Menge missgönnen musste? Oder lag es daran, dass sie Xanthippos mehr zu feiern schienen als ihn, der sie in Wahrheit alle gerettet hatte?

»Hier ist ein Redner«, sagte Aristides und trat zurück.

Der Epistates winkte und verneigte den Kopf vor Xanthippos, während andere den Ruf aufgriffen. Der Strategos erklomm das Rednerpodest. Themistokles merkte, wie sich seine Miene verfinsterte, und bemühte sich um einen wohlwollenderen Ausdruck.

»Danke, dass ihr mich anhört, Mitglieder der Versammlung«, sagte Xanthippos und lächelte in die Runde. Themistokles sah, wie braun gebrannt und fit er aussah. Sein Anblick hätte kaum ärgerlicher sein können. »Ich kann vermelden, dass drei weitere Schiffe voll Getreide und Räucherschinken zurückgekehrt sind.

Die Fischereiflotte berichtet von großen Fischschwärmen, so viele, dass sie ihre Netze zu zerreißen drohen. Es ist nur ein Anfang, aber damit haben wir genügend Vorräte für eine weitere Woche. Wenn wir uns disziplinieren, wird es für alle genug zu essen geben. Niemand wird hungern müssen.«

Die Leute jubelten. Xanthippos hob einen Arm, um Aristides in den Beifall einzuschließen. »Wenn jemand Würdigung verdient, dann Aristides, der die Fischereiflotte organisiert und, was noch wichtiger ist, ihren Fang fair verteilt.«

Erneut brandete Jubel auf, der allerdings etwas gedämpfter ausfiel. Während der ersten Tage hatte es Unruhen gegeben, bei denen Fischereibesatzungen überwältigt und sechs Männer erstochen worden waren. Aristides hatte die Ordnung mit brutaler Effizienz wiederhergestellt und ließ nun den Transport und die Verteilung der Fische von seinen Hopliten überwachen.

»Was ist mit den Persern?«, rief eine Stimme mitten in der Menge.

Xanthippos hätte die Frage gerne ignoriert, doch während er zögerte, wurde sie von einem Dutzend anderer immer lauter wiederholt. Er mochte es nicht, von der Menge bedrängt zu werden. Im Gegensatz zu Themistokles war er nicht imstande, sein Publikum in gute Stimmung zu versetzen und zum Lachen zu bringen. Doch sie verstummten nicht. Er verstand natürlich, dass sie besorgt waren. Schließlich hatten sie schon einmal fliehen müssen. Die persische Armee befand sich noch immer in Griechenland und konnte jeden Moment über die Hügel heranmarschieren. Xanthippos hatte dieselben Fragen bereits von seinen Kindern, seiner Frau, seinem Freund Epikleos und Hunderten anderen gestellt bekommen. Die Unwissenheit belastete sie alle. Er fragte sich, welche zusätzlichen Informationen sie sich wohl von ihm erwarteten. Themistokles sagte oft, dass verängstigte Männer wie Kinder seien und dass es in Zeiten wie diesen nötig sei, ihnen Selbstvertrauen einzuflößen. Xanthippos stieß den Atem aus, ließ den Blick über die Köpfe der Menge schweifen und nickte. Sie hatten *tatsächlich* Angst. Alles andere wäre auch Wahnsinn gewesen.

»Die Perser haben in Thessalien Bäume gefällt und ein Lager errichtet«, sagte er schließlich. »Sie sichern es mit Patrouillen und einem Wall aus Erde und Steinen. Unsere Kundschafter sagen, es sehe … robust aus. Ich nehme an, dass sie sich dort für den Winter eingerichtet haben.« Jemand begann dazwischenzurufen. »*Sollten* sie vorher zurückkommen, mit Proviant aus den Obstgärten und Herden von Thessalien, werden wir ihnen entweder gemeinsam mit unseren Verbündeten auf dem Schlachtfeld entgegentreten oder – wenn Sparta sich noch immer weigert, uns zu unterstützen – Athen ein weiteres Mal verlassen.« Unter seinen Zuhörern erhob sich ein ängstliches und wütendes Gebrabbel. »*Zu diesem Zweck …!*«, fuhr er lauter fort. »Zu diesem Zweck habe ich auf Salamis Landeplätze eingerichtet, mit Wasser- und Lebensmittelvorräten. Das letzte Mal waren wir nicht vorgewarnt und haben in der Kürze der Zeit getan, was wir konnten. Wenn wir noch einmal aufbrechen müssen, werden wir es besser machen. Ich bete darum, dass es nicht dazu kommt, aber ihr würdet mich zu Recht als nachlässig bezeichnen, wenn ich nicht jede Möglichkeit in Erwägung zöge.« Er sah die Versammelten mit geschürzten Lippen an, als hätten sie ihn beleidigt.

Themistokles räusperte sich. Auf genau diesen Moment hatte er gewartet.

Xanthippos wirkte erleichtert, als er ihn aufstehen sah. »Hier ist ein Redner«, murmelte er.

Andere wiederholten den Satz, sodass Themistokles' Name wie ein Wind durch die Menge ging. Es klang nicht so begeistert, wie er sich erhofft hatte, aber es würde genügen müssen. Er stieg die Treppe hinauf und stellte sich neben Xanthippos und Aristides. Seine Stimmung stieg, und sein Puls beschleunigte sich, wie immer, wenn er zu einer Menge sprach. Und wie immer hatte er das Gefühl, seine Zuhörer zu lieben. »Ein Schritt nach dem anderen, meine Herren«, begann er. »Schritt für Schritt beschreiten wir den Weg, der vor uns liegt. Auf der Akropolis erheben sich wieder Tempel. Häuser schießen aus dem Boden! Kinder lachen und spielen in der Asche, schwarz wie Wölfe oder Äthiopier. Ich sehe den Geist Athenas in ihnen – und in uns, während wir heute hier zusammen sind. Was ist mit Essen? Es kommt und wird gerecht verteilt, sodass jeder etwas abbekommt. Und die Unterkünfte? Wir schlafen unter den Dächern unserer Nachbarn oder sie unter unserem. Wir sind Athener! Als ich dem Spartaner Eurybiades sagte, dass wir euch nicht aufgeben würden und dass es möglich sei, die Stadt mit der Flotte zu retten, war er so wütend, dass er mich zu einem Duell mit Schwert und Schild herausforderte! Wenn der Krieg vorbei ist, werde ich ihm auf dem Kampfplatz entgegentreten und zeigen müssen, was athenische Gerissenheit ist.« Er lachte leise. »Vielleicht sollte ich darum beten, dass er vorher stirbt. Spartaner sind Furcht einflößende Gegner.«

Ein Lachen ging durch die Menge, und seine Worte wurden wiederholt, damit alle sie hören konnten.

»Ihr habt gehört, was Aristides und Xanthippos über die persischen Streitkräfte gesagt haben. Ich glaube nicht, dass sie vor dem Frühling aufbrechen werden, doch wenn sie es tun, werden wir es mit ihnen aufnehmen.« Mit funkelnden Augen nahm er die nickenden Köpfe zur Kenntnis. Er würde nicht noch einmal eine mögliche Evakuierung erwähnen. Diese Vorstellung war zu schmerzhaft. »Die Schwachstelle in unserem Plan ist Sparta. Ich kann nicht behaupten, dass ich sie verstehe. Ja, sie haben ihre Mauer errichtet, doch hinter der verbergen sich nicht nur die spartanischen Krieger, sondern auch die Männer aus Korinth, ein Dutzend arkadischer Städte. Ich frage mich, ob die Spartaner sich dazu entscheiden würden, hinter ihr hervorzukommen, wenn sie die anderen an sich vorbeimarschieren sähen. Ich habe ihnen persönlich den Schwur abgenommen, meine Herren, dass sie an unserer Seite stehen, wenn die Perser kommen. Vielleicht ist es an der Zeit, unsere Verbündeten an diesen Eid zu erinnern.«

Die Menge knurrte zustimmend.

Themistokles nickte. »Wir sollten einen hochrangigen Mann schicken, jemand, den sie respektieren werden.« Er schüttelte den Kopf, als jemand seinen Namen rief. »Nein, nicht ich, nicht heute. Ich muss die Wiedereröffnung der Minen in Laurium beaufsichtigen, damit endlich wieder genügend Silber in die Stadt fließt. Nein, ich schlage Xanthippos für diese Aufgabe vor. Er verfügt über ein sehr gutes Urteilsvermögen, und er hat eine Weile in Korinth gelebt. Dort kennt man seinen Namen.« Während ein Murmeln durch die Menge ging, fügte er flüsternd hinzu: »Und manche sagen, dass er ohnehin eher ein Spartaner als ein Athener sei.«

Er sah, dass Xanthippos sich versteifte. Offenbar hatte er ihn gehört. Themistokles hatte diesen Plan nicht mit ihm abgesprochen, doch manchen Männern musste man nun mal einen Schubs geben.

»Wenn die Versammlung es erlaubt, würde ich ihn gern begleiten«, sagte jemand zu seiner Linken.

Themistokles wandte den Kopf und sah Kimon mit erhobener Hand neben ihm stehen. Er zuckte die Achseln und drehte sich mit fragendem Blick zu Xanthippos um. Der wirkte zögerlich, was durchaus verständlich war, da Kimon ihm noch immer die Schuld am Tod seines Vaters gab.

»Er ist ein prächtiger junger Mann«, murmelte Aristides.

Xanthippos nickte. »Es wäre mir eine Ehre, Kimon«, sagte er und wandte sich zu Themistokles um. »Wieso hast du mich nicht vorher gefragt?«, raunte er ihm zu. »Warum musst du uns immer wieder wie Tonsoldaten bei einem Kinderspiel hin und her schieben?«

»Dich *fragen?*«, entgegnete Themistokles. »Und mir damit den Spaß verderben?« Er nickte dem Epistates zu. »Junger Mann? Veranlasse eine Abstimmung. Obwohl ich mir kaum vorstellen kann, dass es Gegenstimmen geben wird. Meine Freunde begeben sich nach Sparta.«

Das Wetter hatte umgeschlagen. Jeden Tag war der Himmel bedeckt, und starke Regenfälle tränkten die Erde. Es war eine düstere Zeit, das exakte Gegenteil des warmen Klimas, das Mardonius aus seiner persischen Heimat kannte. Er merkte, dass er zitterte, und wärmte die Hände an einer Feuerschale aus Gusseisen. Wenigstens gab brennendes Olivenholz viel Hitze ab.

Er hatte das Lager unter anderem errichten lassen, um die Männer vor den beißenden Winden zu schützen, die über die Ebenen Thessaliens fegten. Niemand kämpfte im Winter. Nicht nur wegen der schwierigen Versorgungslage, sondern auch, weil es die Jahreszeit war, in der die Männer heimkehrten, mit ihren Frauen Kinder zeugten, viel schliefen und sich auskurierten. In den kalten Monaten wurden sie träge, wie Bären oder Haselmäuse. Im Sommer und im Herbst arbeiteten sie und bestellten ihre Felder. Im Frühjahr, wenn die Säfte stiegen, zogen sie in den Krieg. Mardonius gähnte und bewegte seine steifen Gelenke. Der Frühling schien noch sehr weit entfernt zu sein.

Hufgeklapper und klirrendes Eisen rissen ihn aus seinen Grübeleien. Reiter näherten sich. Im Lager herrschte wie immer viel Betrieb. Es war eine regelrechte aus Erde und Holz errichtete Stadt in der Wildnis. Dennoch hörte er sie kommen und hielt erwartungsvoll nach ihnen Ausschau. Mardonius hoffte, dass sich der Mann unter ihnen befand, den er im Namen des Königs herbestellt hatte. Er hatte schon vor Wochen mit seiner Ankunft gerechnet.

Die Reiter mussten die Köpfe einziehen, als sie das Lagertor durchquerten. Es waren drei Männer in Pelzen und Umhängen.

Einer von ihnen war eindeutig der Anführer. Mardonius nickte zufrieden. Sie waren keine Perser. Trotz der Kälte waren ihre Beine dem griechischen Brauch entsprechend nackt. Ihre Pferde, die sie mit den Fersen und Zügeln lenkten, stammten jedoch aus einer persischen Zucht, wunderschöne Tiere, die sowohl stärker als auch größer waren als die thessalischen Gäule. Die Griechen schienen nicht zu wissen, wie schlagkräftig eine Reiterei war. Wegen einer unglücklichen Fügung des Schicksals hatten die persischen Berittenen nicht an der Schlacht von Marathon teilnehmen können. Andernfalls hätten ihre Gegner es schnell herausgefunden. Mardonius hoffte, ihnen diese Lektion vor seiner Rückkehr noch erteilen zu können. Mardonius konnte beinahe spüren, wie seine Unsterblichen in Wallung gerieten, während die Männer sich näherten. Sofort eilten hundert von ihnen herbei, angeführt von einem rotgesichtigen Offizier, der sich der Blicke seines Generals nur allzu bewusst war. Mardonius unterdrückte einen Seufzer. Jüngste Söhne gaben sich immer zu viel Mühe. Es lag in ihrer Natur. Aus diesem Grund lobte er den Burschen so selten und zurückhaltend wie möglich.

Als die Mazedonier von ihren Pferden stiegen, sahen sie sich einem zweireihigen Halbkreis aus weiß gewandeten Kriegern gegenüber. Mardonius, der in ihrer Mitte stand, traf eine rasche Entscheidung. Er kannte diese Männer zwar nicht, aber sie hatten sich als Freunde erwiesen, indem sie die persische Armee durch ihr Land hatten marschieren lassen und auf seinen Ruf hin gekommen waren. Mardonius hätte darauf bestehen können, dass sie sich vor ihm mit dem Gesicht in den Matsch legten. Schließlich war er der Repräsentant des persischen Reichs. Doch seinen griechischen Verbündeten schienen diese Demutsbekundungen immer zu widerstreben, und er war auf ihre Kooperationsbereitschaft oder zumindest die ihres Anführers angewiesen.

Aus einem spontanen Impuls heraus reichte er ihm die Hand, als wäre er ein Gleichgestellter. Der Griff des jüngeren Mannes war sehr fest, wie Kiefer, die sich um seine Finger schlossen. Der mazedonische König war groß und hatte dunkle Augen. Sein federnder Gang wirkte bedrohlich. Obwohl er drei Tage lang von seiner Hauptstadt ins südlich gelegene Thessalien geritten war, schien er vor Kraft und Gesundheit nur so zu strotzen. Seine blonden, sehr dichten Haare erinnerten Mardonius an eine Löwenmähne.

»Willkommen in meinem Lager«, sagte Mardonius. »Ich lasse etwas zu essen kommen – und ihr erhaltet Unterkünfte, in denen ihr euch ausruhen und baden könnt. Ich bin dankbar, dass du meinem Ruf gefolgt bist, Majestät.«

»Ich habe mein Wort gegeben«, erwiderte der Mann. »Und ich bin ein Freund Persiens.« Er lächelte. »Es freut mich, dich endlich kennenzulernen, Mardonius. Du warst mit deinen Männern unterwegs, als ich mit deinem König sprach und mein Land für eure Armee geöffnet habe.«

Mardonius bemerkte die große Klammer, die den Umhang des Königs zusammenhielt. Dieses Schmuckstück, das aus Gold und wie ein Löwenkopf geformt war, zeugte von Reichtum und Macht. Er lächelte. Am persischen Hof hätte es vielleicht die Schulter eines Dieners oder Lehrers geziert. Hier wies es Alexander von Mazedonien als König aus.

»Es ist mir eine Ehre«, sagte Mardonius. »Bitte folgt mir, ich zeige euch, wo ihr heute Nacht schlafen werdet. Dort warten Sklaven und frische Kleidung auf euch. Was immer ihr benötigt. Ich hoffe, dass du und deine Begleiter das Brot mit mir brechen werdet.«

Normalerweise hätte Mardonius das Gespräch erst am Abend fortgesetzt, sobald die Begrüßungszeremonie abgeschlossen war. Doch er sah, dass die drei Männer einander stirnrunzelnd ansahen und immer misstrauischer wurden. Anhand der vielen lang gestreckten Zeltreihen im Lager konnten sie die Größe der persischen Armee ermessen, waren aber natürlich nicht mit der persischen Gastfreundschaft vertraut. Schließlich war der große Mazedonier nicht viel mehr als ein Hirte mit einem Palast.

»Majestät, ich habe dich hergebeten … weil ich hoffe, dass du mir einen Gefallen erweisen wirst – und damit auch Xerxes, dem König aller Könige. Die Athener betrachten meine griechischen Verbündeten als Verräter, die es unbedingt zu töten gilt. Doch du bist kein Grieche, sondern ein Mazedonier. Ich glaube, sie werden dir zuhören – und es gibt Dinge, die ich ihnen mitteilen möchte.«

KAPITEL 12

Obwohl Xanthippos sich von Themistokles überrumpelt fühlte, konnte er gegen diese Aufgabe nichts einwenden. Vielleicht hätte noch Aristides an seiner Stelle nach Sparta gehen können, doch jemand anders fiel ihm nicht ein. Ganz sicher nicht Themistokles selbst, nach dessen Auseinandersetzung mit dem spartanischen Navarchen.

Bei Verhandlungen mit Spartanern musste jedes Detail genauestens abgewogen werden. Sie interessierten sich nicht für Geld oder Machtinsignien. Sie verachteten derartige Zurschaustellungen sogar und betrachteten sie als verweichlicht. Sie ritten lediglich zu viert, vorneweg Xanthippos mit Kimon und dahinter ihre Diener, Relas und Onesimos, beide Anfang dreißig und Veteranen der Schlacht von Salamis. Alle vier trugen Schwerter und Relas zusätzlich ein hartschaliges, abgegriffen aussehendes Gehäuse, das Bogen und Pfeile enthielt. Xanthippos hoffte, dass sie gemeinsam furchterregend genug wirkten, um Diebe und Wegelagerer abzuschrecken. Den Gerüchten zufolge ging es in diesem Jahr auf den Straßen ruhig zu. Die meisten Verbrecher, die davon lebten, Reisende auszurauben und zu ermorden, hielten sich wegen der vielen Truppenbewegungen von den Straßen fern. Xanthippos nahm jedoch an, dass sie schnell wieder zurückkehren würden, sobald ihr Hunger größer wurde als ihre Angst.

Seit ihrem Aufbruch aus Athen hatte Xanthippos kein Anzeichen dafür bemerkt, dass irgendwer sie beobachtete. Das Umland wirkte verlassen. Immer wieder durchquerten sie Siedlungen mit einem Dutzend oder mehr Häusern, die allesamt leer standen. Einige Bewohner waren vermutlich im Meer ertrunken, andere der persischen Vorhut zum Opfer gefallen. Es war eine bittere Vorstellung.

Xanthippos hatte kurz bei seinem eigenen Anwesen angehalten. Wer immer es geplündert und in Brand gesteckt hatte, war dabei sehr gründlich zu Werke gegangen. Selbst seine Pferde hatten sie geschlachtet und verspeist. Xanthippos hatte die Köpfe und Hufe, aus denen weiße Sehnen ragten, in einem Haufen im Garten gefunden. Die Pferde, die sie nach Sparta trugen, waren im Vergleich zu seinen früheren Rössern sehr unruhige Geschöpfe. Wahrscheinlich hatten sie die Invasion überlebt, weil sie beim ersten Anzeichen von Gefahr gescheut und sich aus dem Staub gemacht hatten. Kimon fluchte über sein Pferd und hielt die Zügel so straff, dass das Tier in seiner Not ständig nickte und im Kreis tänzelte. Der junge Mann mochte Athens Zukunft sein, dachte Xanthippos, aber ein guter Reiter war er nicht.

»Lass das Gebiss ein bisschen lockerer«, rief Xanthippos. »Er wehrt sich gegen dich, weil es ihm in die Zunge zwickt.«

Kimon bedachte ihn mit einem finsteren Blick, doch ein wenig später beruhigte sich das Pferd. Xanthippos konnte nicht gerade behaupten, dass er die Gesellschaft des jüngeren Mannes genoss. Die Vorstellung, mehrere Tage mit Kimon verbringen zu müssen, nagte an ihm. Doch Kimons Vater, Miltiades, hatte zehn Jahre zuvor in der Schlacht von Marathon als Oberbefehlshaber einen entscheidenden Sieg gegen die Perser errungen. Daher würde Kimons Anwesenheit die Spartaner an die Kampfkraft der Athener erinnern. Zumindest hatte Themistokles es vermutlich so geplant. Er schien weiterhin fest entschlossen, sie alle nach seiner Pfeife tanzen zu lassen. Xanthippos schüttelte den Kopf. Es wurde spät, und er wusste, dass er nach einem Platz Ausschau halten sollte, wo sie ihre Pferde festbinden, essen und schlafen konnten. Auf dieser Straße sollten sie besser nicht unvorsichtig sein.

»Willst du heute Nacht die erste Wache übernehmen?«, fragte er Kimon.

Der junge Mann dachte nach. »Ohne ein Dach über dem Kopf schlafe ich nicht gut. Hier draußen werde ich wahrscheinlich ohnehin kein Auge zumachen. Ich kann also gern aufbleiben.«

Xanthippos verbarg seine Verärgerung. »Dann machst du den Anfang. Ich kann überall schlafen. Wir werden ein Lager aufschlagen, aber ohne Feuer. Ich habe in meiner Tasche ein bisschen Fleisch und Brot, genug, um uns über die Runden zu bringen. Die Mauer werden wir wahrscheinlich gegen morgen Mittag erreichen. Danach werden uns die Spartaner versorgen.«

Die Aussicht erfreute keinen von ihnen. Xanthippos sah, wie der junge Mann sich die Lippen leckte, als wären sie rissig. Angeblich trank Kimon Unmengen von Wein, ohne dass man ihm etwas davon anmerkte. Xanthippos schüttelte den Kopf. Es ging ihn zwar nichts an, aber er fragte sich, wie gut er sich im Griff hatte.

Als sie eine Hügelkuppe erreichten, machten sie zu ihrer Freude in dem flachen Tal darunter einen Bach aus. Außerdem entdeckten sie ein paar Felder und ein winziges Haus. Die Zäune um das Anwesen waren jedoch zum Teil umgekippt und eindeutig zerbrochen. Was kein gutes Zeichen war. Xanthippos verzog das Gesicht, während sie die Pferde hinunterführten. Persische Kundschafter waren hier durchgekommen und hatten sich alles, was ihnen wertvoll erschien, unter den Nagel gerissen. In Zeiten wie diesen galten keine Gesetze. Manche Männer bewiesen ihre noble Gesinnung, andere waren wenig besser als Wölfe.

Xanthippos wies Relas und Onesimos an, nach Anzeichen für einen Hinterhalt Ausschau zu halten, und stieg mit Kimon ab. Er zog das Schwert und bedeutete dem jüngeren Mann, es ihm gleichzutun. Zu seinem Verdruss reagierte Kimon jedoch nur mit einem Achselzucken und begann, sich umzusehen.

Sie standen im Garten eines kleinen Bauernhofs. Hier hatte eine Familie dem trockenen Boden mühsam ihren Lebensunterhalt abgetrotzt. Xanthippos sah, dass die Tür nur noch an einem Lederscharnier hing. Als sie sich unter der Tür durchduckten, stieg ihm ein unverkennbarer Geruch in die Nase. In der Nähe des Eingangs lagen drei übel zugerichtete Leichen. Es gab weder ein zweites Stockwerk noch einen zusätzlichen Raum, nur eine schlichte Feuerstelle und einen Vorhang, hinter dem der Vater und die Mutter in glücklicheren Zeiten geschlafen haben mussten. Überall krabbelten Fliegen herum, und der Geruch war so intensiv, dass er an der Haut zu kleben schien. Er erinnerte ihn an jedes Schlachtfeld, auf dem er je gewesen war, und an einen Moment in seiner Kindheit, als er unter einer Scheune einen verwesenden Dachs gefunden hatte. Seither verband er diesen Gestank mit dem Tod.

»Hier drinnen lebt niemand mehr«, rief Xanthippos den anderen zu.

Er fragte sich, ob er sie beerdigen sollte. Sobald ihm dieser Gedanke durch den Kopf gegangen war, bereute er ihn auch schon. Doch sie gehörten zu seinem Volk. Xanthippos fluchte leise. Als er sich umdrehte, sah er Kimon ein einsames Huhn anstarren, das im Garten scharrte. Das Schicksal der jungen Familie hatte ihn nicht interessiert, doch dieses Geschöpf hatte seine volle Aufmerksamkeit. Wer immer die Mörder dieser Leute gewesen waren, sie hatten dieses braune Federvieh übersehen.

Xanthippos rührte sich nicht, während Kimon langsam die Hand ausstreckte. Einen der beiden Hopliten hatte er ausgewählt, einen stämmigen Mann, den er als Relas von Hippothontis vorgestellt hatte. Er trug einen dichten Bart und roch nach Olivenöl und saurem Wein. Behutsam zog er einen Bogen aus dem Behältnis auf dem Rücken und reichte ihn Kimon. Xanthippos wartete ab. Die Sonne stand tief am Horizont. Es wurde bereits kühler. Ein Grab auszuheben, selbst ein flaches, würde eine Weile dauern. Wenn sie die Leichen beisetzten, wäre die Luft vielleicht wieder atembar, und sie könnten im Haus schlafen. Andernfalls würde er sich unter den Sternen in eine Decke einwickeln. Wenigstens sah es nicht nach Regen aus.

Mit präzisen Bewegungen spannte Kimon den Bogen, nockte einen Pfeil ein und zog, ohne zu zittern, die Sehne aus. Xanthippos bemerkte die Kraft in seinen Armen. Er war der Sohn seines Vaters. In der Stille scharrte das Huhn erneut, gackerte leise und pickte nach etwas. Plötzlich erstarrte es und drehte den Kopf hin und her. Offensichtlich spürte es die Gefahr.

Der Pfeil durchbohrte geradewegs seine Brust.

Xanthippos schwieg, während Kimon jubelnd zu dem erlegten Tier lief und es seinem Gefährten zuwarf, damit der es rupfte und ausweidete. Trotz seiner Niedergeschlagenheit zwang Xanthippos sich zu einem Lächeln. Die Welt lag in Scherben, seine Häuser waren zu Asche verbrannt, und er machte Spielchen und Politik. »Ich habe wie gesagt ein bisschen Fleisch und Brot in meiner Tasche, Kimon. Ich werde die Familie hier begraben.«

Er drehte sich zu Relas um, der bereits eifrig dabei war, dem Huhn die Federn auszurupfen. »Du«, sagte er zu ihm. »Und du, Onesimos. Ihr beide helft mir, das Grab auszuheben.«

Irritiert beobachtete er, wie Relas sich mit fragendem Blick zu Kimon umwandte. Als der ihm zunickte, legte er den halb gerupften Vogel auf seinen Beutel. Onesimos, der Xanthippos' Missfallen spürte, suchte unterdessen mit gesenktem Kopf nach den Werkzeugen des Bauern. Kimon blickte stirnrunzelnd ins Haus und ließ sich mit grimmiger Entschlossenheit von Onesimos eine Schaufel reichen.

Sie legten sich ins Zeug und hoben bis zum Sonnenuntergang drei flache Gräber im Garten aus. Bevor sie die Gesichter des Bauern, seiner Frau und ihrer jungen Tochter mit Erde bedeckten, legte Xanthippos ihnen Münzen in den Mund. Anschließend betete er für sie und sagte ihnen, wie leid es ihm tue, dass ihm ihr grausames Schicksal leidtue. Mehr konnte er nicht für sie tun. Als der Mond aufging, merkte er, dass er nicht im Gebäude schlafen wollte. Er legte sich hin und sah eine Zeit lang zu den Sternen hinauf. Kimon übernahm die erste Wache. Sein Atem roch nach Wein, in seinen Augen stand blankes Entsetzen.

Vor der Ankunft der Perser hätten mazedonische Gesandte vor einem der großen Tore angehalten und darauf gewartet, in die Stadt eingelassen zu werden. In diesem Jahr waren jedoch sämtliche Bollwerke Athens zerstört. Die Perser hatten sie zertrümmert. Für die Bewohner war es, als stünden sie ohne Umhang, Schild oder Speer vollkommen nackt in einer Schlacht.

Der König von Mazedonien und seine Begleiter warteten an der ehemaligen Umfriedung der großen Stadt. Alexander betrachtete die geborstenen Steine, die sich zu beiden Seiten bis in die Ferne erstreckten. Neben einem umgestürzten Turm lagen die verkohlten Überreste eines Tores. Dahinter standen noch immer Häuser, lehmfarbene Überlebende des großen Brandes, ein paar von ihnen mit neuen Dächern. Im Hintergrund ragten die göttlichen Felsen über der Stadt auf – die Akropolis, der Areopag, der Pnyx und die übrigen Hügel, die Athens Stadtbild prägten. Nachdem der steinerne Vorhang fehlte, waren sie nun permanent sichtbar.

Anstelle der Mauer stand eine Reihe von Hopliten in Bronzerüstungen quer über die ehemalige Hauptstraße in Richtung Nordwesten, bereit, jeden Eindringling mit ihren Speeren zurückzuschlagen. Es hieß, die Spartaner bräuchten keine Stadtmauer, die Bewohner Athens litten jedoch offenkundig schmerzlich unter ihrem Verlust.

Ein Mann trat den Reitern entgegen. Er hatte eine schlichte Robe und Sandalen an. Eine seiner Schultern war unbedeckt. Er trug zwei Schriftrollen, eine unter dem Arm, die andere in der Hand. Die Mazedonier stiegen ab, während er sich näherte. Obwohl er unbewaffnet war, ließen ihm die Hopliten den Vortritt. Die Reiter wechselten argwöhnische Blicke. Die Gepflogenheiten der Athener waren gemeinhin als eigenartig bekannt.

»Wie ihr seht, befinden wir uns in einer desolaten Lage, meine Herren«, sagte der Mann. »Sucht ihr nach Arbeit? Wir brauchen Maurer und Zimmermänner …« Er warf einen Blick auf die Schriftrolle in seiner Hand. »Ach ja … und Töpfer. Wenn ihr einen dieser Berufe beherrscht, kann ich euch unterbringen. Abgesehen davon können wir mindestens bis zum Frühling keine zusätzlichen Menschen versorgen. Es tut mir leid.«

Er sah einen Moment lang Alexander an und ließ den Blick über seine eingeölten Bartlocken und die schimmernden Goldringe an seinen Fingern gleiten. Als er mit seiner Musterung fertig war, hob er die Augenbrauen und schickte sich an, zurückzukehren.

Alexander verlor die Geduld und tippte mit zwei Fingern auf den massiven Löwenkopf, der seinen Umhang zusammenhielt. »Ich bin König Alexander von Mazedonien, Verbündeter des Großkönigs von Persien und persönlicher Abgesandter von General Mardonius, der sämtliche persischen Streitkräfte zu Wasser und zu Lande befehligt. Ich bin gekommen, um mit eurer Versammlung zu sprechen.«

»Ich heiße Aristides«, erwiderte der Athener. »Kannst du auch Töpfe machen? Ich kann dir gar nicht sagen, wie dringend wir neue brauchen. Sie wurden alle zerstört. Wir benötigen Tausende, um Öl, Getreide und Weizen zu lagern.«

Alexander von Mazedonien sah ihn verdutzt an. »*Verspottest* du mich etwa, Athener?«, fragte er und griff nach seinem Schwert.

Aristides hob lächelnd einen Arm. Hinter ihm schlugen vierzig Hopliten ihre Speere und Schilde aneinander und machten sich bereit, sich auf die Neuankömmlinge zu stürzen.

Alexander ließ die Hand wieder sinken und sah ihn abwartend an.

»Einen Mann, der als Sklave der Perser spricht, muss ich nicht extra verspotten«, erwiderte Aristides schließlich. »Komm, ich werde euch zur Versammlung bringen. Es ist fast Mittag. Eure

Pferde müssen aber hierbleiben. Sie werden uns helfen, Schutt und Balken wegzuräumen.«

»Unsere Pferde sind Schlachtrösser, nicht irgendwelche Lasttiere!«, entgegnete Alexander schockiert.

Aristides zuckte die Achseln. »Trotzdem brauchen wir sie. Deine persischen Freunde haben alle Maultiere und Esel getötet. Sie haben sie gegessen. Wir werden euren Pferden Zuggeschirre anlegen, sie ansonsten aber nicht misshandeln. Wenn du dich um ihr Wohlergehen sorgst, musst du einfach schneller vor der Versammlung sprechen!«

Ohne auf ihre Einwilligung zu warten, hob Aristides erneut eine Hand. Sechs seiner Hopliten traten vor und sahen die Fremden finster an. Die Mazedonier ballten die Fäuste, konnten aber nicht verhindern, dass ihre Rösser weggeführt wurden.

»Wie heißt du, Majestät?«, fragte Aristides, während er sie durch die zerstörte Mauer zur Straße dahinter führte.

»Wie ich dir bereits gesagt habe: Alexander, König von Mazedonien.«

»Freund der Perser«, fügte Aristides hinzu.

»*Verbündeter* des Großkönigs«, korrigierte Alexander ihn und reckte das Kinn vor. Er sah seine beiden Begleiter an, wohl wissend, dass einer von ihnen Mardonius über alles, was er sagte, informieren würde.

Aristides hielt sie mit erhobener Hand jäh an. Vor ihnen rumpelte eine Wagenkolonne vorbei. Auf den Ladeflächen lagen Leichen. Sie waren in Tücher eingeschlagen und wie Holzstämme aufeinandergeschichtet. Aristides senkte den Kopf und sprach ein stummes Gebet. Es dauerte eine Ewigkeit, bis das letzte der klapprigen Gefährte knarrend an ihnen vorübergezogen war.

Aristides schüttelte den Kopf. »Es werden noch immer jeden Tag neue angespült. Wir müssen unsere Leute einsammeln und unter die Erde bringen, damit sich keine Seuchen ausbreiten. Auf die meisten von ihnen erhebt niemand Anspruch. Sie bleiben namenlos, und nur die Götter wissen, wer sie sind. Bevor ihr wieder aufbrecht, solltet ihr zu den Docks hinuntergehen und beobachten, wie die Witwen und ihre Kinder die Gesichter aller betrachten, die dort ausgelegt sind. Ihr werdet nie in eurem Leben etwas Mitleiderregenderes sehen. Obwohl ihre Ehemänner und Väter tot sind, sehnen sie sich nach ihrem Anblick. Ist das nicht eigenartig? So aufgebläht und malträtiert, wie die Körper sind, kann ich mir allerdings nicht einmal vorstellen, dass ihre eigenen Mütter sie erkennen würden.«

Mit finsterem Blick ging Alexander von Mazedonien hinter Aristides her. Überall sah er Zerstörungen, die entweder vom Feuer oder mit roher Gewalt angerichtet worden waren. Er verstand die Bitterkeit des Mannes, der ihn zum Pnyx führte. Während er die Ruinen dieser einst so prächtigen Stadt durchwanderte, war er nicht mehr ganz so stolz darauf, ein Verbündeter des persischen Königs zu sein.

Er sah zum Hügel hinauf, auf dem die Versammlung stattfand. Ein paar Nachzügler gingen an ihnen vorbei und schienen neugierig, welche Fremden Aristides begleiteten. Alexander biss die Zähne zusammen und bedeutete Aristides, vorauszugehen. Auch wenn er den Schmerz und die Wut der Athener spüren konnte, würde er den Auftrag erfüllen, den Mardonius ihm erteilt hatte. Schließlich hatten *sie* sich dazu entschieden, es mit den persischen Streitkräften aufzunehmen, nicht er! Das hatten sie nun davon. Und Alexander hatte den Beweis, wie klug es von ihm gewesen war, das Bündnis mit Persien einzugehen. Er hatte Gold angenommen und einem fremden König Erde und Wasser dargeboten. Wie weise das gewesen war, sah er nun überall um sich herum. Dennoch beschlich ihn ein mulmiges Gefühl, als er sich umwandte und den Blick über die verbrannte Stadt wandern ließ.

»Weshalb seufzt du, Mazedonier?«, fragte Aristides.

»Eine tote Stadt ist ein trauriger Anblick«, erwiderte Alexander.

»Eine *tote …?*«, wiederholte Aristides erstaunt. »*Wir* sind die Stadt, nicht das Holz und die Steine. Wir werden sie wiederaufbauen. Und wenn sie erneut fällt, werden wir sie von Neuem aufbauen! Tausendmal, wenn nötig. Das hier ist heiliger Boden, Mazedonier. Da du nur deine Hügel und Wälder im Norden kennst, begreifst du es vielleicht nicht, aber das hier ist das Auge und das Zentrum der Welt. Komm in ein oder zwei Jahren wieder. Dann wirst du es sehen. Wir errichten auf der Akropolis einen neuen Tempel für Athena, gegen den der alte wie ein Stall aussehen wird. *Eine tote Stadt!*« Er schüttelte den Kopf und lachte.

Alexander lächelte angestrengt, erwiderte aber nichts. Er hatte noch immer den Leichentransport vor Augen, und die jammernden Kinder in den Armen ihrer Mütter, die kein Mann mehr beschützte. Und vor allem hatte er die persische Armee gesehen, die Athen zum Einsturz gebracht hatte. Diese Leute wussten es vielleicht noch nicht, aber für sie bestand nicht die geringste Hoffnung.

KAPITEL 13

Xanthippos sah zu Kimon, der neben ihm ritt, und fragte sich, ob es vielleicht doch ein Fehler gewesen war, ihn mitzunehmen. Die Augen des jungen Mannes waren rot und glasig. Er war eindeutig betrunken. Und das nicht zum ersten Mal. Xanthippos vermutete, dass der Mann namens Relas Weinschläuche in seiner Tasche hatte. Er sah sie oft grinsend miteinander murmeln und schwanken, wenn sie vom Pferd stiegen, um die Blase oder den Darm zu leeren. Xanthippos kannte diese schuldbewusste Überheblichkeit von seinen Söhnen, wenn sie getrunken hatten und nicht wollten, dass er es merkte. Womöglich hatte er den falschen Mann mitgenommen, um die enthaltsam lebenden Spartaner zu beeindrucken. »Nick nicht immer nur, wenn ich mit dir rede, Kimon!«, versuchte er es noch einmal mit erhobener Stimme. »Ich muss sicher sein können, dass du mich verstehst.« Als Kimon seinen Blick erwiderte, fuhr er sanfter fort: »Während meiner Zeit in Korinth hatte ich mit Spartanern zu tun. Ich kenne sie besser als die meisten. Ich werde also die Führung übernehmen. Überlass das Reden mir. Hast du mich verstanden?«

»Natürlich habe ich verstanden«, schnauzte Kimon zurück.

Hätten sie sich nicht in Sichtweite einer spartanischen Festung befunden, hätte Xanthippos angehalten und Kimon wegen dieser zornigen Reaktion zur Rechenschaft gezogen. Wut zu zeigen, war an diesem Ort genauso gefährlich, wie ein Schwert zu ziehen.

Wegen der Spartaner, die sie beobachteten, blieb Xanthippos jedoch nichts anderes übrig, als diese Respektlosigkeit mit zusammengekniffenen Lippen zu erdulden. Seine Worte waren auch für die Ohren der anderen beiden, Relas und Onesimos, bestimmt gewesen. Er räusperte sich, damit sie aufhörten, wie Bauern auf der Agora zu gaffen. Bislang hatte keiner von ihnen die fertiggestellte spartanische Mauer über die Landenge zu Gesicht bekommen. Sie reichte von einer Küste bis zur anderen, was in etwa einem einstündigen Fußmarsch entsprach. Sie war dreimal mannshoch und augenscheinlich sehr massiv. Mit Ausnahme der fernen Berge verdeckte sie die gesamte peloponnesische Halbinsel – neben den Städten Sparta, Korinth und Argos auch Arkadien, die uralte Heimat des Gottes Pan, und Elis, wo Zeus zu Ehren die Olympischen Spiele abgehalten wurden. All das war in diesem Jahr vom griechischen Kernland abgeschnitten. Es wirkte wie bittere Ironie, dass sie aus einer Stadt ohne Mauer, deren Bewohner eine haben wollten, zu einer Mauer gelangt waren, deren Erbauer jede Form von Schutzwällen verachteten.

Auf der Krone der Mauer standen spartanische Gardisten. Sie trugen weder Helme noch Schilde oder Speere, nur ihre berühmten roten Umhänge, in die sie sich einwickelten, wenn es nachts kalt wurde. Ein paar waren darunter nackt oder trugen nur Röcke und Sandalen. Xanthippos ließ ihre unverschämten Blicke über sich ergehen und stieg rund dreißig Schritt von ihnen entfernt vom Pferd.

Die Straße, auf der sie sich befanden, sah aus, als wäre sie in regem Gebrauch, doch im Moment schienen sie weit und breit die einzigen Reisenden zu sein, die Einlass begehrten. Das nächste Tor war eindeutig verriegelt und wirkte sehr solide. Während Xanthippos sich noch fragte, was er als Nächstes tun sollte, wurde ein Mann an einem Seil heruntergelassen. Xanthippos drehte sich zu seinen Begleitern um. »Keiner von euch sagt ein Wort«, murmelte er noch einmal. »Wegen der Perser werden sie sicher misstrauisch sein. Wir müssen unbedingt auf die andere Seite gelangen.«

Der Spartaner, der sich ihnen näherte, war für einen Kampf gerüstet. Er trug wie seine Kameraden zwar keinen Helm, aber dafür einen Gürtel, an dem ein Schwert hing. Hinter seinem Rücken lugte ein weiterer Griff hervor. Er gehörte zu einem Kopis, einer in Sparta sehr beliebten Klinge, die vor allem als Werkzeug verwendet wurde. Xanthippos hatte einmal einen Spartaner eine junge Pinie damit fällen sehen. Es war eine viel furchterregendere Waffe als ein herkömmliches Schwert.

Xanthippos spürte, wie sich ihm die Nackenhaare sträubten, als der Mann knapp vor ihm stehen blieb. Die Spartaner wussten sehr gut, in welchem Ruf sie standen. Ein paar von ihnen hielten den Respekt, den andere ihnen entgegenbrachten, für selbstverständlich. Andere ergötzten sich daran. Dieser Offizier schien zu zweiterer Kategorie zu gehören. Er stand mit hinter dem Rücken verschränkten Händen vor ihnen und wiegte die Hüften vor und zurück. Das Lächeln, das er dabei im Gesicht trug, war nicht freundlich. Er wirkte wie ein Lehrer, der sich vor ein paar ungezogenen Schülern aufgebaut hatte und sich darauf freute, sie zu bestrafen. Xanthippos bemerkte, dass sein Blick auf Relas' stämmiger Gestalt verharrte. Was immer er in dem Hopliten sah, ließ ihn noch breiter lächeln. Xanthippos wäre gerne seinem Blick gefolgt, riss sich aber zusammen.

»Na, wen haben wir denn hier?«, fragte der Mann. Sein abgehackter spartanischer Akzent passte zu seiner barschen Art. »Was für kleine Fische sind mir da bloß ins Netz gegangen und werden mich gleich freundlich bitten, durchgelassen zu werden?«

Er schien sich an Relas oder Onesimos zu wenden, die hinten standen, doch Xanthippos antwortete: »Ich bin Xanthippos aus dem Cholargos-Deme, Angehöriger des Akamantis-Stamms, Archon von Athen, Strategos in den Schlachten von Marathon und Salamis. Navarch Eurybiades wird für mich bürgen. Und auch Kleombrotos. Auf Geheiß der Athener Volksversammlung bringe ich Nachrichten für die Ephoren und Könige von Sparta.«

Der Spartaner sah ihn an, offensichtlich verärgert, weil er Relas aus den Augen lassen musste.

Xanthippos riskierte nun seinerseits einen Blick über die Schulter und sah, dass Relas den Mann finster anstarrte und wie ein Stier schnaubte. Xanthippos sprach schnell weiter, bevor dieser Narr sie alle das Leben kostete: »Mein Begleiter hier ist Kimon, der Sohn von Miltiades, der in Marathon den Oberbefehl hatte. Außerdem ist er der Enkel des gleichnamigen dreifachen Olympiasiegers im Wagenrennen und war ein Strategos in der Schlacht von Salamis.«

Damit hatte er das Interesse des Spartaners geweckt. Der Mann musterte Kimon von Kopf bis Fuß und biss sich auf die Unterlippe. Der junge Strategos erwiderte den Blick mit seinen rot geränderten Augen. Doch immerhin sah er tatsächlich wie der Nachfahre eines Olympioniken aus, dachte Xanthippos. Während der Olympischen Spiele, die jeden vierten Sommer auf dem Peloponnes abgehalten wurden, herrschte zwischen allen verfeindeten Städten und Staaten Griechenlands Waffenruhe. Sparta schickte jedes Mal eine Mannschaft und war bisher bei den Wettbewerben immer sehr erfolgreich gewesen.

»Kimon … der Wagenlenker? Der als Kimon Koalemos, also der Narr bekannt war?«, fragte er. Trotz des despektierlichen Beinamens klang er nicht mehr sarkastisch.

»Er war kein Narr«, sagte Kimon und sah Xanthippos an. Er war etwas gefragt worden und wollte offenbar darauf antworten. »Mein Vater sagte, er sei so genannt worden, weil er niemals Angst hatte, selbst wenn sie … angebracht gewesen wäre.«

»Das habe ich auch gehört«, erwiderte der Spartaner. »Es ist mir eine Ehre, seinen Enkel kennenzulernen.«

Zu Xanthippos' Überraschung streckte er seine vernarbte Hand aus, und Kimon ergriff sie. Einen Moment lang versuchten sie in atemlosem Schweigen, die Knochen des jeweils anderen zu zerquetschen, dann ließen sie sich los. Xanthippos sah, dass beide Hände weiß waren.

»Und diese beiden?«, fragte der Spartaner und ließ durch nichts erkennen, dass er gerade seine Kräfte mit Kimons gemessen hatte und dass es nicht übermäßig gut für ihn gelaufen war. »Ich brauche die Namen von euch allen.«

»Diese Männer hier sind als unsere Waffenbrüder und Diener mitgekommen«, erwiderte Xanthippos, ohne zu Relas oder Onesimos zu blicken.

»Sind sie stumm?«, fragte der Spartaner und trat mit gebleckten Zähnen so nahe an sie heran, dass Xanthippos den Schweiß- und Ölgeruch wahrnehmen konnte, der wie Hitze von seiner Haut aufstieg.

Relas schüttelte den Kopf. »Ich bin Relas aus dem Hippothontis-Stamm. Ich war Keleustes in der Schlacht von Salamis. Warst du auch dort?«

Der Spartaner schlug Relas ansatzlos mit dem Handrücken ins Gesicht, so fest, dass sein Kopf ruckartig herumgerissen wurde. Relas taumelte mit blutiger Lippe einen Schritt nach hinten und sah den Mann verdattert an.

»Wir sind Verbündete«, ging Xanthippos mit knurrender Stimme rasch dazwischen. »Geschützt durch die Tradition und den Eid deines Königs …«

Die Arroganz des Spartaners war kaum zu fassen. Er wippte auf den Fußballen und hob die Hände, offenbar bereit, es mit allen vier Männern gleichzeitig aufzunehmen.

»Kurios?«, sagte Relas zu Xanthippos. »Ich würde gern reagieren, wenn du es erlaubst.«

Während der stämmige Mann sprach, ließ er die Schultern kreisen und die Halswirbel knacken. Zu Xanthippos' Überraschung nickte Kimon knapp. Seine Erlaubnis hatte er also. Xanthippos betrachtete Relas' kräftige Statur und seine Hände, mit denen er offenkundig schon häufiger zugeschlagen hatte. Dennoch fragte er sich, ob dem Athener klar war, welches Risiko er einging.

»Nein, ich würde lieber das Tor durchqueren, und den Auftrag erfüllen, den die Versammlung mir erteilt hat«, erwiderte er langsam.

Als Relas antwortete, grollte seine Stimme wie ferner Donner: »Ich schulde ihm eine Erwiderung, Kurios.«

»Ich bin immer hier, mein Sohn«, sagte der Spartaner, ohne Relas aus den Augen zu lassen. »Wenn du willst, warte ich sehr gern auf deine Rückkehr.« Er lächelte Xanthippos zu. »Ihr könnt passieren, wann immer es euch beliebt. Wir haben Anweisung, euch durchzulassen. Da wussten wir natürlich noch nichts von der Respektlosigkeit eures Sklaven.«

»Ich bin ein freier Mann«, sagte Relas. »Aber was sind schon Worte. Komm nur her. Ich möchte lieber Taten sprechen lassen.«

»Das reicht, ich habe es verboten«, mischte Xanthippos sich ein.

Relas stand reglos wie eine Statue und machte lange, regelmäßige Atemzüge.

»Mach das Tor auf, Spartaner«, sagte Xanthippos. »Wir sind in dringlicher Angelegenheit unterwegs.«

Der Mann sah ihn mit zusammengekniffenen Augen an und schüttelte den Kopf, als wäre er beleidigt worden. »Es stimmt also, was ich gehört habe«, erwiderte er. »*Athener.*« Das Wort klang wie ein Fluch.

Xanthippos merkte, wie seine Wut nachließ. Es war offensichtlich, worauf der Mann aus war. Es ihm nicht zu geben, war ein Sieg. Relas schien das auch zu begreifen.

»Du bewegst dich gut für einen Sklaven«, sagte der Spartaner.

Relas nickte ihm zu.

Xanthippos deutete auf das Tor, und der Gardist gab endlich mit einem Achselzucken nach. Als sie vor der Mauer standen, hörte Xanthippos, wie Riegel oder Ketten entfernt wurden. Er sah über sich zwei Männer, die Stangen anhoben. Schließlich schwang das Tor auf, und sie gingen gebückt hinein. Der kurze und kühle Torweg war so niedrig, dass sie die Pferde mit gesenkten Köpfen hindurchführen mussten. Das zweite Tor öffnete sich und ließ Licht herein. Auf der anderen Seite drehten sie sich alle um und schauten zurück. Die Spartaner standen so nahe, dass es kein Problem für sie gewesen wäre, sich auf sie zu stürzen. Sie sahen die Athener auf ihrem Land düster an.

Der Zorn des spartanischen Gardisten schien indessen verraucht zu sein. Nachdem ihm der gewünschte Kampf verwehrt worden war, deutete er nun mit eisiger Abscheu die Straße entlang.

»Sparta liegt drei Tage südlich von hier. Zwei, wenn ihr euch beeilt. Die Ephoren findet ihr auf der Akropolis. Behandelt sie mit Respekt, meine Herren. Nicht alle, denen ihr in Sparta begegnen werdet, sind so geduldig und gastfreundlich wie ich.«

Xanthippos dankte ihm, doch der Mann hatte bereits das Interesse an ihnen verloren. Er vergewisserte sich mit einem Rütteln, dass das Tor ordentlich verriegelt war, und erklomm die Treppe zur Mauerkrone, wo er von zwei anderen in Empfang genommen wurde. Einer stieß ihm in die Rippen und murmelte irgendetwas Unverständliches, worauf der Mann lächelte und den Kopf schüttelte. Die restlichen Gardisten drehten sich um und hielten erneut nach Bedrohungen Ausschau.

Xanthippos sah Kimon und dann Relas an, in dem es zu brodeln schien. Sie alle versuchten, die Blicke der rot gewandeten Männer in dem Lager vor ihnen zu ignorieren. Zwei- oder dreihundert Spartaner waren hier stationiert, um gegebenenfalls die Mauer zu verteidigen. Diese Männer waren neugierig genug auf sie, um ihre Arbeiten und Übungen zu unterbrechen und sich stattdessen dicht an den Straßenrand zu stellen. In der Ferne stieg hinter einem Läufer eine Staubwolke auf, der sich bis auf ein Paar Sandalen nackt auf den Weg gemacht hatte, um Sparta von ihrer Ankunft zu unterrichten. Bei seinem Anblick dachte Xanthippos an den armen Pheidippides, der von Athen nach Sparta und wieder zurück gerannt war, um die Kunde von einer früheren Invasion zu überbringen. Vier Tage war er mit nur wenigen Stunden Schlaf unterwegs gewesen. Sicher hatte ihn letztlich eher diese Strecke als der Lauf von Marathon nach Athen das Leben gekostet.

»Du hast große Selbstbeherrschung bewiesen, Relas«, sagte Xanthippos plötzlich. Da er zwei Söhne großgezogen hatte, wusste er, wie wichtig manchmal ein paar lobende Worte waren. Nach kurzem Nachdenken fügte er hinzu: »Deine Disziplin war sehr beeindruckend. Ich werde es nicht vergessen.«

Relas nickte, ohne etwas zu erwidern, und wurde ein wenig rot.

Sie stiegen auf und begannen mit der untergehenden Sonne zu ihrer Rechten zu traben. Xanthippos sagte nichts, als Kimon einen Weinschlauch herausholte und herumgehen ließ. Er selbst lehnte jedoch ab. Manchmal verstand er junge Männer genauso wenig wie die Spartaner oder die Perser. Sie kamen ihm alle seltsam vor.

Alexander von Mazedonien gab vor der Athener Volksversammlung eine imposante Erscheinung ab. Sein Umhang und die gepanzerte Tunika konnten weder seine breiten Schultern noch seine Größe verbergen. Seine blonden Haare waren noch heller als die von Themistokles und sahen im Sonnenlicht wie polierte Bronze oder Gold aus.

Mehr als zwanzigtausend waren an diesem Tag zum Pnyx gekommen, der damit seinem Namen, der so viel wie »gerammelt voll« bedeutete, mehr als gerecht wurde. Doch auch die anderen Bewohner der Stadt wussten über die Ankunft der Mazedonier Bescheid und wollten alle hören, was sie zu bedeuten hatte. Selbst die Bauarbeiten waren eingestellt worden, sodass auf dem Hügel absolute Stille herrschte.

»Also gut, sprich zu uns, Alexander, König von Mazedonien«, sagte Themistokles. Er saß neben Aristides, ein Bein auf den Sitz gestellt, die Hände lässig vor dem Schienbein verschränkt.

Alexander sah einen Moment lang zum Himmel hinauf, ehe er das Wort ergriff. »Ihr wisst mittlerweile, dass ich als Gesandter und in Frieden komme. Athen und Mazedonien befinden sich nicht miteinander im Krieg.«

Themistokles setzte zu einer Antwort an, doch Aristides streckte die Hand aus und klopfte ihm auf den Fuß, worauf Themistokles den Mund widerwillig wieder schloss.

Der Mazedonier, der die beiden beobachtet hatte, neigte dankbar den Kopf. »Ich bin befugt, mit der Stimme eines anderen zu sprechen – als Freund. Man vertraut mir im Lager von General Mardonius aus Persien. Darüber hinaus bin ich am Hofe von Xerxes, dem Großkönig und heiligen Herrscher des persischen Reichs, als Ehrenmann bekannt.«

Ein Murren erhob sich, und die Männer in Themistokles' Umgebung rutschten unbehaglich auf ihren Plätzen herum. Zu viele von ihnen hatten vor Salamis Freunde verloren, um geduldig mit anzuhören, wie ein Verbündeter ihrer Feinde mitten in Athen Xerxes' Namen pries. Themistokles sah Aristides von der Seite an und verdrehte die Augen.

Der König von Mazedonien wartete ab, bis das Geflüster wieder verstummte. Dann nahm er einen Papyrus und entrollte ihn. Themistokles bemerkte, dass seine Hände nicht zitterten.

»Ich soll euch das Folgende mitteilen: ›Männer von Athen, ihr wisst, dass Xerxes, der König aller Könige, immer sein Wort hält. Wenn er einen Eid gibt, ist er in Stein gemeißelt. Das sage ich euch, General Mardonius, sein treuester Offizier und Freund. Ich spreche hier für ihn, wie Seine Majestät, König Alexander, für mich spricht. Ihr Hellenen seid nach Ionien gekommen und habt Städte geplündert. Ihr habt Sardis gebrandschatzt. Und ihr wisst sehr gut, wie wir darauf geantwortet haben …‹«

Der mazedonische König musste sich unterbrechen, weil die Zwischenrufe zu laut wurden. Er verzog das Gesicht und wartete ab, doch die Menge verstummte erst, als Aristides aufstand und sich streng in dem Rund umsah. »Hört ihm zu!«, befahl er.

Endlich wurde es wieder leiser. Themistokles hatte sich nicht gerührt und wie ein Falke jede Geste, jeden Gesichtsausdruck und jedes Zögern des fremden Königs beobachtet, um so viel wie möglich über ihn herauszufinden.

Alexander nickte Aristides zu, sein Gesicht und sein Hals waren gerötet. Er begann erneut zu lesen: »›König Xerxes wird sich an jede Vereinbarung halten, die ich in seinem Namen schließe. Lauscht also meinem Angebot, als würde er höchstpersönlich zu euch sprechen.‹«

Jemand machte eine rüde Bemerkung darüber, was sie mit ihm täten, wenn er tatsächlich da wäre. Ein Lachen ging durch die Menge. Der Perser, der neben Alexander stand, runzelte wegen dieser Respektlosigkeit die Stirn und zog ein finsteres Gesicht. Themistokles ignorierte ihn. Sie waren Athener, keine Statuen! Gegen ihren Humor konnte und wollte er nichts machen.

»›Mit der mir übertragenen Verantwortung sage ich dies‹«, fuhr Alexander grimmig fort. »›Es wird keine Verhandlungen geben, nur dieses eine Angebot. Wenn ihr es ablehnt, werde ich einen Krieg beginnen, der in der Zerstörung sämtlicher mit Athen und Sparta verbündeten Städte resultiert. Ich werde Griechenland komplett schleifen. Hört also gut zu und denkt an eure Kinder. Ihr werdet keine zweite Chance erhalten.‹«

Der König von Mazedonien machte erneut eine Pause, als wäre er ein Schauspieler in einem Theaterstück, obwohl ihm in diesem Moment niemand hineinredete, wie Themistokles genervt feststellte. Alexander genoss seinen Auftritt ein bisschen zu sehr. Mazedonien war ein armes Land im Norden, ein neidischer Nachbar. Vielleicht war das der Grund. Selbst niedergebrannt war Athen noch immer größer und prächtiger als alle mazedonischen Städte, sofern man sie überhaupt als Städte bezeichnen konnte.

»›Wenn ihr euch als Vasallen anbietet, wenn ihr uns Erde und Wasser darreicht, wie es unsere Tradition verlangt, wenn ihr Xerxes als den Herrscher und Herrn über Griechenland akzeptiert, erspare ich euch den kommenden Krieg. Ihr werdet Steuern an Persien entrichten. Ihr werdet Hopliten für die persische Armee abstellen. Ihr werdet eure Städte von persischen Verwaltern regieren lassen. Und im Gegenzug werden wir eure Frauen und Kinder sowie die Tempel eurer Götter verschonen. Euer Leben wird weitergehen wie bisher. Was spielt es schon für eine Rolle, wessen

Gesicht auf eure Münzen geprägt ist? Wen kümmert es, wer über euch herrscht? Dies ist mein Angebot – eines, das ich nicht machen muss. Ich kommandiere das größte Heer aller Zeiten, eine ungeschlagene Armee. Dennoch würde ich euch die gleiche Gnade erweisen, die bereits anderen loyalen hellenischen Städten zuteilgeworden ist. Das ist der Beweis für unseren guten Willen. Im Namen meines Königs verlange ich nur Gehorsam. Andernfalls bekommt ihr Krieg. Meine Antwort hängt von eurer ab.‹« Alexander seufzte tief und rollte den Papyrus wieder zusammen. »Ich werde euch diese Schriftrolle überreichen, damit ihr sie noch einmal lesen könnt. Ich habe den Auftrag, eure Antwort abzuwarten.«

»Und das wirst du auch tun, weil du ein Vasall Persiens bist«, sagte Themistokles.

Der mazedonische König bedachte ihn mit einem frostigen Blick, den Themistokles höhnisch erwiderte.

Alexanders persischer Begleiter raunte ihm etwas zu, worauf er nickte.

»Ja, du solltest deinem Freund zuhören«, sagte Themistokles. Aristides tippte ihm ein weiteres Mal auf den Fuß, doch er ignorierte ihn. »Lass deine Schriftrolle hier. Wir werden darüber diskutieren, wenn du weg bist. Na los, husch, husch, Mazedonier. Auf diesem Fels sind nur freie Männer zugelassen. Du bist keiner von uns.«

Der mazedonische König warf Themistokles die Schriftrolle vor die Füße, machte auf dem Absatz kehrt und stieg den Hügel hinab.

Aristides hob sie auf und sah Themistokles verärgert an. »Was hat dir das gebracht?«

Themistokles wirkte überrascht. »Befriedigung. Ich kann es nicht ertragen, die gleiche Luft wie dieser Mann zu atmen. Mazedonien hätte an unserer Seite stehen und nicht die Sandalen eines fremden Königs küssen sollen.«

»Hast du vergessen, was sie mit Athen gemacht haben?«, fragte Aristides. »Vielleicht wollte er seinem Volk so ein Schicksal ersparen. Vielleicht hat Alexander keine Schiffe, mit denen er es in Sicherheit bringen könnte.«

Aristides fühlte sich zwischen Baum und Borke gefangen. Er hatte das Gefühl, der mazedonischen Gesandtschaft hinterhergehen zu müssen, doch viele sahen ihn an und hofften auf seine Führung.

»Er ist ein Sklave«, sagte Themistokles und starrte dem König von Mazedonien hinterher. »Er geht wie ein freier Mann, aber das ändert nichts daran, was er in Wahrheit ist.«

Aristides schwieg. Ihm wurde bewusst, dass er Themistokles in der gleich folgenden Debatte widersprechen würde, wie er es schon oft getan hatte. Die Sache war nicht so einfach, wie Themistokles zu glauben schien. Die Wahrheit würde sich nur herauskristallisieren, wenn sie alle Argumente sorgfältig gegeneinander abwägten. Aristides konnte nur hoffen, dass dafür noch genug Zeit bleiben würde, bevor Themistokles alle Anwesenden so weit hatte, dass sie nach persischem Blut schrien! Mit einem genervten Schnauben drückte er Themistokles die Schriftrolle in die Hand und folgte dem mazedonischen König. Während er sich entfernte, hörte er Themistokles das Wort ergreifen.

»Natürlich werde ich es noch einmal lesen! Hört gut zu, meine Freunde. Ich sage euch, was euer Feind will.«

KAPITEL 14

Xanthippos erwachte im Dunkeln und streckte die Hand nach dem Schwert aus, das an einem Haken neben seinem Bett hing. Er unterdrückte ein Stöhnen. Wenn man es überhaupt ein Bett nennen konnte. Er hatte geglaubt, die Spartaner aus seiner Zeit in Korinth zu kennen. Dort hatte er viele von ihnen getroffen. Er hatte sie nie Geschäfte treiben oder über Gesetze und Philosophie, ja, nicht einmal über militärische Taktiken diskutieren hören. Sie hatten sich benommen, als würden sie einer anderen Art angehören, und waren häufig im schnellen Lauftempo eingetroffen und wieder verschwunden, die roten Umhänge zusammengerollt und an den Schultern festgebunden. Es hatte ihnen in Korinth offensichtlich nicht gefallen, auch wenn ein paar von ihnen die dortigen Gymnasien besucht hatten.

Sparta selbst kannte Xanthippos nicht sehr gut. Er hatte die Stadt einmal in seiner Jugend besucht. Am meisten überraschte ihn, wie wenig sie sich in der Zwischenzeit verändert hatte. Athen war seit seiner Geburt mehr als einmal neu aufgebaut worden, auch schon vor der Ankunft der Perser. Sparta dagegen schien in Bernstein eingegossen worden zu sein, seit er mit achtzehn zusammen mit seinem Vater und seinem Bruder dort gewesen war.

Xanthippos setzte sich leise fluchend auf. Mit achtzehn hätte er noch auf einem Baum schlafen und nur mit einem steifen Schwanz aufwachen können. Mit knapp fünfzig brauchte er mehr als einen Holzblock, in den eine Kuhle für seinen Kopf gekerbt war. Wenn er sich nicht täuschte, hatte er die ganze Nacht wach gelegen und mit verschränkten Armen die Decke angestarrt. Dabei hatte er vermutlich ausgesehen, als wäre er im Schlaf gestorben.

Er hörte Kimon, der noch nicht ganz wach war, etwas Unverständliches nuscheln. Das Schnarchen des jungen Mannes war bei seinen Bemühungen, zur Ruhe zu kommen, auch nicht gerade hilfreich gewesen. Ein oder zwei Mal war Xanthippos deswegen von seinem Holzblock hochgeschreckt. Ah, dann hatte er also doch geschlafen! Er setzte sich auf und öffnete die mit seidenglattem Lack bestrichenen hölzernen Fensterläden. Obwohl am Himmel noch immer Sterne leuchteten, waren bereits Leute unterwegs. Er spürte, wie er rot wurde und sein Herz schneller schlug. Nein, er würde sich nicht von Spartanern beschämen lassen. Manchmal fühlte es sich an, als wollten sie sich unbedingt vor anderen mit ihren Tugenden hervortun. Aber vielleicht täuschte er sich auch, und sie standen einfach nur gern früh auf, aßen und tranken wenig und arbeiteten hart an sich, damit ihnen im Krieg niemand etwas vormachen konnte. Möglicherweise gab es in ihren Herzen ganz einfach keinen Platz für zivilisierte Debatten, Politik und Kunst.

In der Finsternis vor dem Morgengrauen ertastete Xanthippos einen großen Topf in einem Regal und urinierte erleichtert hinein. Vom Geräusch alarmiert, begann Kimon, sich zu regen. Xanthippos war nur froh, dass Themistokles ihn nicht begleitete. Aristides hätte sich vermutlich gut mit ihren spartanischen Gastgebern arrangiert, doch Themistokles hätte sie im Nullkommanichts dazu gebracht, nach ihren Waffen zu greifen. Xanthippos kam seufzend zum Ende. Die Götter liebten Themistokles, aber er schien zu glauben, er hätte die Schlacht von Salamis im Alleingang gewonnen. Wenn er noch einmal vor der Versammlung davon anfing, würden die Delegierten vermutlich anfangen, Töpfe zu zerbrechen, und seine Verbannung beschließen. Das wäre mal eine schöne Ironie des Schicksals!

»Xanthippos?«, fragte Kimon.

Seine Matratze war fast so dick wie eine Sommerdecke und juckte ein bisschen weniger als Stroh. Xanthippos leerte den Topf aus dem Fenster. Xanthippos wusste, dass dort ein Rinnstein war. Er hatte ihn im Licht der einsamen Laterne gesehen, die am Vorabend vor der Herberge gebrannt hatte.

»Ich bin wach«, erwiderte er. »Steh auch auf, bevor die Spartaner uns fragen, warum wir den halben Tag verschlafen haben.«

Er hörte Kimon gähnen und tat es ihm gleich. Dann zog er sich rasch an und trat in den Korridor hinaus, wo er an die Nachbartür klopfte. Sie war nicht verriegelt. Er streckte den Kopf in das Zimmer und sah Onesimos und Relas auf dem Boden liegen. Da sie noch immer schnarchten, stampfte er mit dem Fuß auf, um sie aufzuwecken.

»Auf, auf, ihr beiden. Seid auf der Hut.«

Anschließend stieg er die knarrende Treppe ins Erdgeschoss hinunter. Er sah, dass das Feuer bereits brannte und Wasser darüber erhitzt wurde. Ein Helot ölte gerade die Haut eines Gasts ein und rasierte ihn mit einem Geschick, das von langer Übung zeugte. Xanthippos dachte darüber nach, eine Schüssel mit heißem Wasser zu füllen und in sein Zimmer hinaufzutragen, doch er ließ sich lieber rasieren, und der Helot war mit dem anderen Gast bereits fast fertig. Draußen war es noch immer dunkel. Er hörte Schritte und entfernte Stimmen, die ihm verrieten, dass die Stadt allmählich erwachte. Lieferungen wurden getätigt, Essen gekocht, Geschäfte eröffnet. Sparta war kleiner als Athen, beherbergte innerhalb seiner Grenzen aber mehr als hunderttausend Seelen. Die Stadt war von Bergen umgeben und wurde an einer Seite vom Fluss Eurotas durchströmt. Xanthippos fragte sich, wie viele Heloten in Sparta lebten – und wie viele von ihnen die spartanischen Soldaten begleiten würden, falls sie je in die Schlacht zogen. Aristides hatte von seinen Gesprächen mit Pausanias, dem spartanischen Regenten, berichtet. Sie hatten nicht sehr vielversprechend geklungen. Xanthippos hoffte dennoch, ihn überzeugen zu können, dass Sparta nur überleben würde, wenn er zum Eid seines Vaters stand.

Er nahm Platz und furchte die Stirn, während der Helot mit starken Fingern Öl auf seinem Kinn und den Wangen verteilte. So oder so waren sie auf die spartanische Armee angewiesen. Ohne sie würden sie gegen Persien nicht bestehen können. Er musste den Spartanern nur klarmachen, dass es in ihrem ureigenen Interesse war, sich der größten Armee aller Zeiten entgegenzustellen.

Der Barbier war ein kleiner Mann mit starken Unterarmen und einer angenehm ruhigen Hand. Als er fertig war, warf Xanthippos ihm eine Silbermünze zu. Der Mann sah ihn verdutzt an und reichte sie ihm umgehend mit gesenktem Blick wieder zurück. Xanthippos wurde rot. Abgelenkt, wie er war, hatte er vergessen, dass Heloten nichts Eigenes besitzen durften. Er kam sich wie ein Idiot vor. In Athen hätte er einen Sklaven für eine Rasur bezahlt, doch in Sparta durfte kein Helot davon träumen, sich je von seinem Ersparten die Freiheit zu erkaufen. Sie blieben bis an ihr Lebensende Gefangene.

Kimon polterte die Treppen herunter. Seine Augen leuchteten, als er den Barbier erblickte. Relas und Onesimos folgten ihm dichtauf und schauten sich interessiert um. Als Kimon Platz nahm und der Helot ihn mit Öl einrieb, erklangen vor der Herberge laute Stimmen. Xanthippos ging zur Tür und sah hinaus.

Die Akropolis von Sparta befand sich nicht im Zentrum wie in Athen, sondern neben der Stadt. Ein Strom von Leuten schien dorthin unterwegs zu sein. Ein Dutzend Reiter galoppierte mit wehenden roten Umhängen vorbei. Die Heloten mussten ihnen ausweichen, wenn sie nicht niedergetrampelt werden wollten. Den meisten gelang es, doch eine alte Frau wurde von einem der Pferde gerammt und gegen eine Wand geschleudert. Sie hob nicht die Faust und rief ihnen Verwünschungen hinterher, wie sie es in Athen vielleicht getan hätte, sondern stand bloß eingeschüchtert da und keuchte vor Schmerzen.

Kimon erschien neben Xanthippos und sah mit seinem ölig glänzenden Gesicht den Reitern hinterher. »Was ist da los?«, fragte er.

Xanthippos schüttelte den Kopf und ging die Straße entlang. »Komm mit.«

»Wird an diesem Ort denn nie gegessen?«, fragte Kimon hinter ihm. »Ich hatte gestern abends nichts und habe geglaubt, es gäbe heute Morgen etwas.«

»Erst wenn die erste Arbeitsperiode endet. Also am späten Vormittag.« Er grinste über Kimons bestürzten Blick. Relas und Onesimos kamen nun ebenfalls heraus und schlossen sich zusammen mit Kimon und ihm der Prozession zur Akropolis an.

Die vier Athener blieben dicht zusammen, während sie den Hügel hinaufstiegen und an Hunderten schweigenden Männern und fast ebenso vielen Frauen vorübergingen. Xanthippos achtete darauf, niemanden allzu lange anzusehen. Onesimos dagegen machte große Augen und stieß Relas an. Auch in den Straßen von Athen konnte man freie Frauen sehen, allerdings weniger und normalerweise nur in der Begleitung von Leibwächtern. Viele der ernst dreinblickenden spartanischen Frauen trugen außerdem kaum mehr als einen einzelnen, an der Schulter zusammengehaltenen weißen Stoffstreifen, der weder die Umrisse ihrer Körper verbarg noch, wie gesund sie aussahen. Außerdem glänzten ihre Haare wie Otterpelze … Relas lächelte eine Frau an. Er bemerkte nur ihre Schönheit, aber nicht ihren wachsenden Unmut.

»Wenn sie die Haare kurz tragen, sind sie verheiratet, Relas«, raunte Xanthippos ihm zu. »Wenn du eine von ihnen auch nur ansprichst, wirst du alles verderben, was ich hier zu tun versuche. Verstehst du das? Antworte, wenn sie dich etwas fragen, aber ich will uns nicht dem Vorwurf aussetzen, wir wären hier, um ihre Frauen zu verderben.«

»Dann sind die Langhaarigen also noch ledig?«, erwiderte Relas.

Xanthippos sah ihn eingehender an. Die Sonne war noch nicht über dem Berg Parnon aufgestiegen, doch es herrschte bereits ein sanftes graues Licht. Relas grinste schüchtern eine junge Spartanerin an, die neben ihm herlief. Xanthippos bemerkte, dass ihr seine Aufmerksamkeit nicht viel auszumachen schien.

»Ja, ledige Töchter von spartanischen Kriegern«, rief Xanthippos ihm ins Gedächtnis. »Ich möchte auch nicht ihren Vätern erklären müssen, wieso sich einer meiner Männer in den falschen Garten verirrt hat!«

Relas neigte verlegen den Kopf und errötete. Die restliche Strecke bis zum Gipfel der Akropolis blickte er strikt geradeaus.

Um sie herum ragten hohe Berge auf, sodass es aussah, als stünden sie in der Mitte einer riesigen Schüssel. Soldaten in roten Umhängen bewachten diesen Ort. Die Türen der Tempel standen offen. Im Inneren brannten Lampen. Ihr goldenes Licht fiel auf die Reiter, die Xanthippos zuvor gesehen hatte. Sie waren inzwischen abgestiegen und standen miteinander auf dem höchsten Punkt, einem flachen, von zahllosen Füßen ausgetretenen Stein. Die Pferde waren weggeführt worden.

Xanthippos blieb stehen, seine Begleiter versammelten sich um ihn. Um sie herum nahm das Gedränge stetig zu, und schon bald fanden sie sich in einem Meer aus Köpfen wieder. Dank Aristides' Schilderungen glaubte er, zwei der Männer auf dem Stein zu erkennen. Der in der Mitte musste Regent Pausanias sein. Wann immer er etwas murmelte, hörten ihm alle zu. Er hatte eindeutig das Sagen. Der Mann neben ihm hatte eine schlichte Robe an, und trug die Haare offen. Seine Schultern waren genauso breit wie die des Regenten. Als sie zusammen lachten, nickte Xanthippos. Das war der Wahrsager, Tisamenos. Xanthippos erinnerte sich an den Fünfkampf bei den Olympischen Spielen. Damals war er unter den Zuschauern gewesen. Er schüttelte den Kopf. Diese jungen Spartaner würden sicher ihren Weg machen. Sie gaben ihm das Gefühl, alt zu sein, doch er hatte seine Schlachten gewonnen! Er hatte in Marathon an Land und vor Salamis auf dem Meer gekämpft. Kein Mann kann für immer jung bleiben. Er sah Kimon an und seufzte. Dennoch schmerzte es ihn, morgens mit quietschenden Gelenken aufzuwachen. Die Jugend war das größte Glück aller Männer. Er hatte seine nicht verschwendet, aber es tat ihm dennoch weh, dass sie vorbei war.

Als die Akropolis so voll wie der Pnyx war, hob Pausanias die Hände. Xanthippos rechnete halb damit, dass er wie der Epistates der Volksversammlung mögliche Redner aufrufen würde. Er hatte vergessen, dass Pausanias der Regent für den Sohn von Leonidas war. Derzeit fungierte er als der Kriegskönig von Sparta, mit der Macht, seine Untertanen in den Krieg zu schicken, oder sie davon fernzuhalten. In Friedenszeiten regierten die Ephoren, doch solange die persische Armee im Land war, kannte Pausanias' Macht keine Grenzen. Dadurch war er sehr gefährlich. Xanthippos reckte den Hals, um jedes seiner Worte zu verstehen.

»… einer unserer Zuhörer ist gestern Nacht aus Athen zu mir gekommen. Die Kunde, die er bringt, ist … verstörend.«

Xanthippos wechselte einen kurzen Blick mit Kimon. Es wurde immer heller. Die Vorstellung, auf der spartanischen Akropolis zu stehen, während sie über die jüngsten Neuigkeiten aus Athen diskutierten – und dabei erkannt zu werden –, war äußerst unerfreulich. Xanthippos fragte sich, ob er auf sich aufmerksam machen sollte, bevor jemand glaubte, einen Spion oder Verräter ausfindig gemacht zu haben. Er fühlte, wie Schweiß oder vielleicht auch ein Tropfen des Rasieröls an seinem Hals herabrann, während Pausanias fortfuhr.

»Die Perser haben sich die Unterstützung eines kleinen Königs aus dem Norden gesichert. Alexander von Mazedonien ist nach Athen gegangen, um mit den Dirnen ihrer Versammlung einen Frieden auszuhandeln. Er wird …«

Xanthippos konnte nicht einfach nur dabeistehen und zuhören, wie Athen diffamiert wurde. »Regent Pausanias!«, rief er trotz seines rasenden Herzens über den Versammlungsplatz. »Ich bin als Gesandter aus Athen gekommen, um auf deine Sorgen einzugehen. Wirst du uns das auch als üble Absicht auslegen?«

»Tritt vor, Athener«, gebot Pausanias nach einer atemlosen Pause.

Xanthippos spürte Druck von hinten und erkannte, dass ihm gar nichts anderes übrig bleiben würde, als die Anordnung des Regenten zu befolgen. Kimon knurrte irgendetwas Unverständliches, doch auch er konnte nicht verhindern, dass die kleine Gruppe von Athenern durch die Menge bis zum Fuß des Rednerpodests geschoben wurde, wo sie zu Pausanias aufblicken mussten.

»Wir sind eigentlich für die Mittagszeit verabredet«, hörte Xanthippos sich sagen, »aber ich habe die Massen hierherströmen sehen …«

Pausanias winkte ab. »Das spielt jetzt keine Rolle.« Er betrachtete Xanthippos mit hochgezogener Augenbraue. Aristides hatte diesen Gesichtsausdruck sehr trefflich beschrieben. »Anscheinend muss ich noch heute nach Athen reisen und sehen, welcher Schaden angerichtet wurde. Wer hätte gedacht, dass die Perser so raffiniert sind, Athen gegen uns aufzubringen? Ich hatte erwartet, dass sie mit ihrer riesigen Armee einfach nur überwintern und im Frühjahr angreifen würden. Doch stattdessen nutzen sie die kalten Monate dazu, Ränke zu schmieden und die Münder ihrer Verbündeten mit Gold zu stopfen.«

»Ich …« Xanthippos blinzelte. »Du reist nach Athen?«

Im ersten Moment glaubte er, Pausanias würde ihm nicht antworten. Sein Gesicht sah aus, als wäre es aus Feuerstein gemeißelt. »Ich habe dein Volk ehrenvoll behandelt, Athener«, sagte er schließlich. »Ich habe euren Mann, diesen Aristides, in Eleusis getroffen. Er flehte mich an, unsere Eide nicht zu vergessen. Bist du nicht auch deswegen hier? Vielleicht ist es an der Zeit, dass Sparta die Athener dazu ermahnt, auch ihre Eide nicht zu vergessen! Es wird keinen Friedensvertrag zwischen Persien und Athen geben!«

Während Xanthippos sich noch bemühte, diese neue Information zu verarbeiten, erhob Pausanias die Stimme und wandte sich neuerlich an die versammelte Menge: »Ich werde mit ihnen sprechen. Während ich fort bin, kommandiert mein Vater Kleombrotos alle spartanischen Streitkräfte, Spartiaten, Perioken und Heloten. Er fungiert als Regent für Pleistarchos, den Sohn von Leonidas. Hört auf König Leotychidas, die Ephoren und die Götter. Seid auf der Hut. Seid gehorsam.«

Die Männer und Frauen auf der Akropolis sanken mit geneigten Köpfen auf die Knie und gaben den Blick auf die vier Athener frei, die unbeholfen zwischen ihnen standen. Xanthippos sah Kimon an, der seinen Blick stur erwiderte. Gemeinsam mit Relas und Onesimos ertrugen sie in aufrechter Haltung die stumme Feindseligkeit der Spartaner. Pausanias war nicht ihr König.

»Wenn du heute aufbrichst, Majestät«, sagte Xanthippos, »werde ich dich begleiten. Ich will nur erreichen, dass du verstehst, weshalb wir Athener der Ansicht sind, dass wir alle kämpfen müssen. Der Anblick meiner Stadt wird es dir besser verdeutlichen, als ich es je könnte.«

Pausanias drehte sich zu ihm um, die Augenbraue noch immer hochgezogen, als wäre sein Gesicht auf einer Seite erstarrt. Nach einer Pause, die lange genug dauerte, um alle Anwesenden merken zu lassen, dass er nicht zu seiner Entscheidung gezwungen worden war, nickte er. »Also gut. Holt eure Pferde und versucht mitzuhalten. Wir werden nicht auf Schwächlinge warten.«

Xanthippos stellte bald fest, dass Pausanias nicht übertrieben hatte. Er ritt, als ginge es um sein Leben, und antwortete kaum, wenn Xanthippos ein Gespräch mit ihm zu beginnen versuchte. Pausanias, der offenkundig keinen Wert auf Zeremonien legte, war kurz nach Sonnenaufgang aufgebrochen und mit einem Dutzend

Leibwächter auf der Landenge nordwärts geritten. Gegen Mittag hatten sie in der kleinen Stadt Argos haltmachen und die Pferde wechseln dürfen. Tisamenos hatte an alle getrocknete Fleischstreifen ausgegeben, die er unter dem Sattel aufbewahrte, wo sie von seinem Pferd aufgewärmt wurden. Die vier Athener hatten ihre gierig verschlungen. In ihrem ausgehungerten Zustand hatte ihnen das uralte Fleisch wie eine Delikatesse geschmeckt.

Zurück auf der Straße nach Norden, hatte Xanthippos sich ein Stück in die Wange gesteckt, um länger etwas davon zu haben. Er merkte, dass Pausanias das Gleiche tat. Der spartanische Regent beobachtete mit kühlem Blick, wie Kimon einen Weinschlauch hervorholte und sich über den Mund hielt, um die letzten Tropfen herauszuschütteln. Xanthippos dagegen gönnte dem jungen Mann während ihres harten Ritts ausnahmsweise seinen Spaß.

Die Nacht verbrachten sie neben der Straße. Nachdem sie ihre Pferde festgebunden hatten, gab Tisamenos eine weitere Handvoll der braunen Fleischstreifen aus. Sie verließen sich darauf, dass die Tiere sie vor Wölfen oder Löwen warnen würden. Xanthippos fand die staubige Erde ein wenig bequemer als die jämmerlich dünne Matratze, auf der er nachts zuvor gelegen hatte. Er bemerkte, dass Pausanias und die Spartaner in ihre Umhänge gewickelt schliefen. Er wusste, dass sie in ihnen beigesetzt wurden, in schlichten Gräbern, auf denen lediglich ein Stein mit ihrem Namen stand. Den Heloten war nicht einmal das vergönnt. Kurz nach Sparta waren sie an mehreren solcher Grabreihen vorbeigekommen. Auf einem der Erdhügel hatte Xanthippos ein vom Wind getrocknetes Amaranth-Sträußchen gesehen.

Als die Sonne sich das nächste Mal am Horizont zeigte, erreichten sie die Mauer auf dem Isthmus. Die Athener waren da bereits steif und wirkten zerrupft. Die Spartaner dagegen sahen wie immer aus und schienen keinerlei Schmerzen zu haben, als sie von ihren Pferden stiegen, um sie überprüfen zu lassen.

Die Spartaner waren aus ihrem Lager ausgerückt. Offensichtlich hatten ihre Späher sie vor der herannahenden bewaffneten Gruppe gewarnt. Obwohl die Sonne gerade erst hinter ihnen aufging, wirkten sie weder müde noch verblüfft. Pausanias inspizierte die Männer und hielt auf das größte Zelt zu.

»Wohin geht er?«, fragte Xanthippos Tisamenos.

Der Wahrsager schien von allen Spartanern der Zugänglichste zu sein, vielleicht weil er zwar zu ihnen gehörte, aber nicht von ihrem Blut war. Er hatte nicht die drei Stufen der Agoge durchlaufen, jene brutale Ausbildung, die jeder spartanische Junge zwischen seinem siebten Geburtstag und dem Erreichen des Mannesalters mit neunundzwanzig über sich ergehen lassen musste. Tisamenos war stark und ausdauernd, aber er war nicht gezwungen gewesen, seinen Körper jeden Tag seines Lebens unter Qualen zu perfektionieren. Viele schafften es nicht, die in sie gesetzten Erwartungen zu erfüllen, und verließen Sparta. Den Besten unter ihnen wurde gestattet, sich eine Frau zu nehmen, Kinder zu zeugen und als Periöken im spartanischen Umland zu leben. Sie waren keine Spartiaten und würden niemals zur Elite gehören. Tisamenos besetzte eine einzigartige Position zwischen diesen beiden Gruppen. Die Spartaner, vor allem Pausanias, behandelten ihn mit Respekt. Doch er war keiner von ihnen und wusste im Gegensatz zu den anderen, wie man lächelte.

»Er besucht seinen Vater, Kleombrotos, den Bruder von Leonidas«, erwiderte er nach kurzem Zögern.

Einer der anderen Spartaner wandte sich um und sah ihn düster an, doch Tisamenos ignorierte ihn. Er war sich seiner Stellung bewusst.

»Derjenige, der die Spartaner regiert, während Pausanias bei uns ist«, sagte Xanthippos.

Tisamenos sah den vorwurfsvoll dreinblickenden Spartaner mit hochgezogenen Augenbrauen an, bis der sich abwandte.

»Vielleicht. Er ist sehr krank. Vielleicht wird Leonidas' Sohn bis zu unserer Rückkehr zum Kriegskönig ernannt. Obwohl er jung ist, würden das viele gutheißen.«

»Es geziemt sich nicht, mit Fremden über unsere Angelegenheiten zu sprechen«, zischte der Spartaner Tisamenos an.

Der Wahrsager seufzte und nickte. Er sagte nichts mehr, und Xanthippos stellte keine weiteren Fragen.

Pausanias kehrte zurück, und die kleine Gruppe durchquerte die Mauer. Auf der anderen Seite stiegen die Spartaner wieder auf, um weiterzureiten.

Xanthippos hörte hinter sich ein Räuspern und wandte sich um. »Ich bräuchte bitte noch einen Moment, Kurios«, sagte Relas.

»Wozu?«, fragte Xanthippos.

Ohne zu antworten, warf Relas Kimon seine Zügel zu und sah zur Mauer hinauf. Kurz darauf wurde der Mann, mit dem sie es auf dem Herweg zu tun bekommen hatten, erneut an einem Seil heruntergelassen.

»Worauf warten wir, Athener?«, rief Pausanias.

»Es geht um die Begleichung einer Schuld, glaube ich«, erwiderte Xanthippos, der die überhebliche Art des Regenten allmählich etwas leid war. Insgeheim sprach er ein stummes Stoßgebet, dass Relas wusste, was er tat.

Der spartanische Wachoffizier nahm seinen Umhang ab. Nachdem er ihn zusammengerollt auf den Boden gelegt hatte, stürzten sich die beiden aufeinander. Xanthippos und Kimon verzogen das Gesicht, als sie den heftigen Zusammenprall hörten. Relas gelang es, seinem Gegner die Stirn ins Gesicht zu rammen. Er selbst zog sich dabei zwar eine Platzwunde zu, doch der Treffer hatte genügt, um den Spartaner auf den Boden zu schicken.

Relas stand keuchend da. Die Konfrontation war sehr kurz gewesen, ein Gewaltausbruch, der so schnell endete, wie er begonnen hatte. Er hielt die Fäuste jedoch weiterhin erhoben, um gegen einen neuerlichen Angriff gewappnet zu sein.

Der Spartaner rappelte sich derweil auf und verharrte auf einem Knie. Sein kurzer Seitenblick zu Pausanias verriet, dass er sich seines Publikums wohl bewusst war. Während er verschnaufte, wischte er sich Blut von der Nase und den Lippen und sah es mit gerunzelter Stirn an. Seine Augen waren fast komplett zugeschwollen. Trotzdem war er noch immer wütend. Als er aufstand, wirkte er auf Xanthippos noch größer als zuvor.

Relas empfing ihn mit einer Fülle von Schlägen. Während er selbst sämtliche Hiebe seines Gegners mit den Armen blockierte und einem weiteren auswich, versetzte er ihm einem kurzen Haken ans Ohr. Dem Spartaner wurden die Knie weich, und er geriet ins Taumeln. Relas setzte nach und drosch ihm immer wieder die Fäuste an den Kopf, bis der Offizier schließlich auf den Rücken fiel und besinnungslos im Staub liegen blieb. Aus seinem offenen Mund sickerte Blut.

Relas wartete ab. Als er sicher war, dass der Mann nicht wieder aufstehen würde, drehte er sich um und stieg auf sein Pferd. Xanthippos sah, dass sein Gesicht und seine Hände blutig waren. Außerdem merkte er, wie schlecht es Kimon gelang, seine Begeisterung zu kaschieren.

Pausanias bohrte seinem Pferd angewidert die Fersen in die Flanken und trabte davon.

Xanthippos wandte sich zu seinen drei Gefährten um und sah, wie Kimon Relas auf die Schulter klopfte.

»Das war … wirklich gut, Relas«, murmelte Xanthippos. »Du hast mich überrascht.«

»Diesen arroganten Hurensohn offensichtlich auch«, fügte Kimon etwas zu laut hinzu.

Einer der Spartaner, der sich noch immer in Hörweite befand, drehte sich halb zu ihm um. Xanthippos zog eine Grimasse und fragte sich, ob Kimon schon wieder betrunken war. Mittlerweile musste er seinen Vorrat doch längst aufgebraucht haben.

»Wenn du während der letzten Jahre nicht im Exil gewesen wärst«, fuhr Kimon fort, »wüsstest du, dass Relas kein Unbekannter ist.«

»Ich habe viel verpasst«, gab Xanthippos zu und drehte sich zu Relas um, der seinen Blick verlegen erwiderte. »Sollte ich dich kennen?«

»Das würdest du, wenn du die Kämpfe verfolgen würdest«, antwortete Kimon an Relas' Stelle. »Er ist immerhin der beste Boxer in Athen. Ich hätte nicht gedacht, dass ich je sehen würde, wie er einen Spartaner niederstreckt! Wenn dieser verdammte Krieg vorbei ist, solltest du hierher zurückkommen und an den Olympischen Spielen teilnehmen. Nach heute sind die Wettquoten sicher nicht mehr so gut wie davor, aber ich könnte trotzdem noch ein Vermögen mit dir machen.«

Xanthippos schloss eine Weile die Augen, während er hinter Pausanias herritt. Er war müde, überanstrengt und hungrig. Obwohl der Regent seit ihrer ersten Begegnung wütend auf sie war, schien es Kimon egal zu sein, wie die Spartaner sich fühlten, wenn sie sahen, wie einer der Ihren von einem Athener niedergeschlagen wurde. Aber vielleicht hatte er ja recht! Angeblich schätzten die Spartaner Mut und Geschicklichkeit mehr als alles andere. Sie waren keine Töpfer, Schnitzer oder Steinmetze. All diese Dinge erledigten ihre Heloten für sie. Xanthippos öffnete die Augen und kniff sie wegen des inzwischen grellen Sonnenlichts sofort wieder zu. Relas und Onesimos flankierten ihn, Kimon ritt ein kleines Stück voraus. Sie wirkten nicht erschöpft und saßen in gerader Haltung auf ihren Pferden. Bislang waren sie von den Spartanern eingeschüchtert gewesen. Nun ritten sie als aufrechte Männer und Athener.

Spartaner kannten nur den Krieg. Im Vergleich zu normalen Männern waren sie wie tollwütige Hunde, wild und unerbittlich. Xanthippos merkte, dass auch er sich besser fühlte, seit ein Athener einen von ihnen auf die Bretter geschickt hatte.

KAPITEL 15

Für bewaffnete Reiter war es unmöglich, sich Athen unbemerkt zu nähern. Da die Stadt sich wegen der persischen Streitkräfte im Alarmzustand befand, wurde selbst die kleine Gruppe aus Sparta lückenlos überwacht, sobald sie die Landenge verließ. Vor ihnen rasten galoppierende Kundschafter über die Hügel, um die Stadt so früh wie möglich vorzuwarnen. Xanthippos war auf diese Reaktion stolz.

Der Pfad, auf dem Pausanias sie ostwärts führte, verlief an der eleusischen Küste entlang. Auf See patrouillierten unablässig Galeeren. Sie hielten nach Feinden Ausschau und beschützten die Versorgungsschiffe, die mit einem Mal so wichtig geworden waren. Es erfüllte Xanthippos mit Stolz, dass die Signale, die er ersonnen hatte, aus allen Richtungen Schiffe herbeiriefen. Zum einen, um eine mögliche Evakuierung vorzubereiten, aber auch, damit die Besatzungen an der Volksversammlung teilnehmen konnten. In Athen gab es keine Herrscher und Beherrschten, zumindest nicht mehr. Die Bevölkerung regierte sich selbst. Es stimmte zwar, dass Männer wie Themistokles und Aristides auf dem Pnyx großes Ansehen genossen, doch jedem begabten Redner stand es frei, in ihre Fußstapfen zu treten. Der Epistates füllte sein Amt nur von einem Sonnenuntergang zum nächsten aus und wurde jeden Tag neu per Losverfahren unter allen über Dreißigjährigen bestimmt, die sich zur Wahl stellten. Es hieß, jeder, der wolle, könne – zumindest einen Tag lang – Athen regieren.

Als sich die mit Staub und Schweiß bedeckten Reiter im Mondschein der Stelle näherten, an der zuvor das Thriasianische Tor gestanden hatte, kam ihnen Aristides persönlich entgegen. Hinter ihm verstellten ihnen einhundertzwanzig Hopliten den Weg.

Wenn den Spartanern auffiel, wie aberwitzig diese Blockade angesichts der zerstörten Stadtmauer war, behielten sie diese Beobachtung für sich.

Aristides wurde von Fackeln beleuchtet, die Stadt in seinem Rücken war mit Kochfeuern gesprenkelt. Ein Geruch von Fleisch und Minze lag in der Luft. Xanthippos fragte sich, ob er je wieder so hungrig sein würde. Kurz vor Athen hatten Kimon und er beschlossen, ein wenig zurückzufallen und den Spartanern den Vortritt zu lassen. Sie waren den ganzen Tag scharf geritten und beinahe genauso schnell vorangekommen wie die vor ihnen galoppierenden jungen Späher. Pausanias bekam von der Erschöpfung seiner Begleiter entweder nichts mit, oder ihr Elend amüsierte ihn. Im Laufe des Tages hatten die vier Athener erkannt, dass sie keine Rast einlegen würden, und in schweigendem Einvernehmen die Zähne zusammengebissen, um einander nicht in Verlegenheit zu bringen. Von Kimon, der aus allem einen Wettstreit machte, hatte Xanthippos nichts anderes erwartet. Relas und Onesimos hatten am meisten gelitten. Die beiden waren zwar an stundenlanges Rudern, aber nicht ans Reiten gewöhnt. Als Pausanias eine kurze Verschnaufpause gestattete, um die Blase zu leeren und Schläuche mit verdünntem Wein herumgehen zu lassen, waren Onesimos' Beine beim Absteigen so steif gewesen, dass er sofort hinfiel. Niemand hatte gelacht. Nachdem alle sich erleichtert hatten, war es Relas gewesen, der ihn wieder hochzog und auf sein Pferd half.

Wenn Aristides überrascht war, den Regenten von Sparta zu sehen, ließ er es sich nicht anmerken. Er machte Xanthippos und Kimon aus und begrüßte sie mit einem angedeuteten Nicken. »Ich bin froh und dankbar, dass du uns mit deiner Anwesenheit beehrst, Regent Pausanias«, sagte er.

Erstaunt beobachtete Xanthippos, wie Aristides, den er immer für durch und durch leidenschaftslos gehalten hatte, jeden aus ihrer Gruppe an sich zog. Pausanias küsste er auf die Wange, Tisamenos, den er ebenfalls namentlich ansprach, auf die Lippen. Als der Athener Staatsmann zu Xanthippos und Kimon kam, umfasste er sie am Nacken und drückte ihn einen Kuss seitlich an den Kopf. Xanthippos rechnete halb damit, eine geflüsterte Nachricht zu hören, doch es kam keine.

Eigenartigerweise nahm diese Begrüßung den Spartanern, die vor Athen auf Einlass warteten, etwas von ihrer Feindseligkeit. Ein paar von ihnen rutschten ungeduldig auf ihren Pferden herum. Einer, der bereits abgestiegen war, gähnte und lehnte sich mit dem Kopf an den Hals seines Reittiers. Auch sie waren scharf und weit geritten und bestanden nicht aus Stein.

»Ich freue mich auch, dich zu sehen, Archon Aristides«, erwiderte Pausanias steif und zog wie immer eine Augenbraue hoch. Seine förmliche Art färbte sofort auf die anderen Spartaner ab. Nur der Wahrsager Tisamenos sah sich mit einem dreisten Grinsen um.

»Ich habe nach euch Ausschau gehalten und die anderen gewarnt, niemals das spartanische Ehrgefühl zu unterschätzen.«

Xanthippos sah, wie Pausanias die Lippen zusammenkniff. Anscheinend glaubte Aristides, der Regent wäre gekommen, um über die Entsendung seiner Armee im Frühjahr zu sprechen. Aber vielleicht wollte er auch nur diesen Eindruck vermitteln. Xanthippos senkte den Kopf, um sein Lächeln zu verbergen.

»Kommt, ihr Herren, als unsere Ehrengäste«, rief Aristides ihnen zu.

Er bedeutete den Hopliten, eine Gasse zu bilden, doch Xanthippos war nicht der Einzige, dem auffiel, dass sie sich hinter ihnen wieder neu formierten. Anscheinend würden die lauten Schritte und das Geklirr ihrer Waffen den Besuchern bis ins Stadtzentrum folgen.

Aristides ging voran. Die Spartaner führten ihre Pferde hinter ihm durch die Ruinen der Stadtmauer und folgten ihm auf der Straße zur Agora. Aristides drehte sich halb um und sprach so laut über die Schulter, dass alle ihn hören konnten: »Der Rat von Athen weiß über eure Ankunft Bescheid. Ich habe Räumlichkeiten vorbereiten lassen, in denen ihr den Straßenstaub abwaschen könnt. Außerdem warten dort Sklaven, frische Früchte, Fisch und Wein auf euch. Reichen euch zwei Stunden, um euch frisch zu machen?«

»Was ist mit dem Mazedonier?«, fiel Pausanias ihm ins Wort.

Xanthippos sah Aristides verwirrt die Stirn runzeln und merkte, dass er den Auftritt des Archonten genoss.

»Meinst du König Alexander?« Aristides wartete ab, bis der spartanische Regent nickte. »Er ist noch immer hier. Er bleibt in der Stadt. Es überrascht mich, dass sich seine Anwesenheit hier bis Sparta herumgesprochen hat.«

»Ihr habt mit ihm kein Abkommen geschlossen?«, fragte Pausanias.

Aristides schüttelte den Kopf. »Nein, das haben wir nicht, Pausanias«, erwiderte er, nun nicht mehr im künstlichen Singsang eines Gastgebers. »Wir haben kein Abkommen mit dem Verbündeten jener Männer geschlossen, die Athen gebrandschatzt, unsere Tempel entweiht, unsere Mauern niedergerissen und unsere Landsleute ertränkt haben.«

Das Schweigen, das sich daraufhin auf sie alle herabsenkte, war noch finsterer und tiefer als die Nacht. Xanthippos sah, dass der spartanische Regent den Anstand besaß, verlegen dreinzublicken – allerdings auch erleichtert. Pausanias war gekommen, um ein Bündnis zu verhindern. Aristides' Wut war wie Balsam für seine Seele. Xanthippos fragte sich zwar, ob Aristides wegen seines verletzten Ehrgefühls voreilig einen Verhandlungsvorteil aus der Hand gegeben hatte, doch manche Dinge konnten nicht verheimlicht werden.

Der Mond stand bereits hoch am Himmel, als sie die menschenleere Agora überquerten. An ihrem Rand ragte das wiedererrichtete Ratsgebäude auf, in dem die zehn Stämme Athens zusammenkamen, um die Gesetze der Volksversammlung umzusetzen. Diener führten die Spartaner zu Baderäumen, in denen auch das Essen für sie angerichtet war.

Trotz der späten Stunde waren die Fensterläden des neuen Bouleuterions nicht geschlossen. In allen Räumen brannten Öllampen. Xanthippos glaubte, in der großen Ratskammer Gemurmel zu hören, und fragte sich, wie die Spartaner sich vor diesem Publikum machen würden.

Xanthippos war nicht überrascht, als sich Aristides bei ihm und Kimon unterhakte und sie ein Stück von Relas und Onesimos wegführte. »Wir haben ein wenig Zeit«, sagte er. »Die Perser haben uns Frieden angeboten.« Er quittierte Kimons angewidertes Schnauben mit einem Nicken.

»Besser gesagt, die Sklaverei«, sagte Xanthippos. »Sie wissen nichts von Frieden. Kam das Angebot von dem Mazedonier, um den es vorhin ging?«

»König Alexander von Mazedonien«, bestätigte Aristides. »Er wurde zu uns geschickt, weil wir ihn kennen. Ein Verräter, der den Boden küsst, auf dem Xerxes wandelt. Ihr werdet ihn in der Ratskammer sehen.«

Er blickte über die Schulter, doch von der spartanischen Gruppe war noch niemand zu sehen. Die Athener Hopliten blieben wachsam und hätten reagiert, wenn fremde Soldaten durch die Stadt geschlichen wären.

»Es kann keinen Frieden geben«, fuhr Aristides fort. »Nicht, solange die persische Armee uns bedroht. Ich werde die Standfestigkeit des Rats auf die Probe stellen, aber ich kann mir nicht vorstellen, dass sie sich auf das Angebot einlassen werden. Themistokles wird seine Reden über Krieg und Vergeltung zum Besten geben. Ich werde ihm vielleicht nicht widersprechen! Möglicherweise werden die Spartaner dann begreifen, dass es uns ernst ist. Wir müssen sie unbedingt dazu bringen, dass sie sich uns im Frühjahr anschließen.«

»Und wenn sie nicht kommen?«, fragte Xanthippos.

»Hast du gehört, dass sie sich dagegen entschieden haben?«, erwiderte Aristides sofort und sah ihm forschend in die Augen.

Xanthippos schüttelte den Kopf. »Wir waren gerade mal eine Nacht in Sparta, bevor wir uns wieder auf den Rückweg machen mussten. Dieser Pausanias behält seine Gedanken für sich … aber er bereitet mir Sorgen. Er weiß, was wir wollen, was sein eigener Vater, Kleombrotos, geschworen hat. Ich habe erfahren, dass Leonidas' Bruder sehr krank ist, zu geschwächt, um jemanden zu sehen, und vielleicht dem Tode nahe.«

»Ich verstehe«, murmelte Aristides. »Wenn er stirbt … wird das etwas an der Gültigkeit seines Eids ändern?« Sie hörten Geräusche aus dem Vorraum. Die Spartaner hatten es sich offensichtlich nicht in den Bädern bequem gemacht und sich auch nicht lange mit Essen aufgehalten. Sie zogen sich bereits wieder an.

Xanthippos dachte nach. Die Wahrheit war kompliziert. »Ich glaube, ja, wenn Pausanias es so will. Wenn er wirklich mit seiner Armee gegen die Perser kämpfen wollte, würde er sich darüber gar keine Gedanken machen. Er ist jedoch alles andere als kriegslüstern oder gibt es zumindest nicht zu erkennen.«

Aristides überraschte Xanthippos, der ihn schon fast sein ganzes Leben kannte und nie ein böses Wort von ihm gehört hatte, mit einem wütenden Kraftausdruck. Aristides war der Mann, der bei seinem Scherbengericht seinen eigenen Namen auf eine Tonscherbe gekratzt hatte. Er war für seine Ehre und Disziplin bekannt. Ihn fluchen zu hören, war eigenartig verstörend.

»Vielleicht kann Pausanias dazu gebracht werden, dass er seinen Eid im Rat erneuert«, sagte Aristides. »Dieser persische Gesandte, Alexander, wartet schon seit Tagen auf unsere Antwort. Würde es uns schaden, den Spartaner sein Angebot hören zu lassen?«

»Vielleicht«, erwiderte Xanthippos. »Es überrascht mich, dass ihr ihn nicht bereits ins persische Lager zurückgeschickt habt.«

Aristides winkte frustriert ab. »Wir waren kurz davor. Seine Anwesenheit ist jedoch unsere Chance, durch ihn zum Anführer der Perser zu sprechen und Einfluss auf die Worte zu nehmen, die er seinem Herrn einflüstern wird. Ich habe lange darüber nachgedacht, Xanthippos. Die Anwesenheit des spartanischen Regenten ist ebenfalls eine Chance … die wir nicht vergeuden dürfen. Sollen wir sie voneinander fernhalten oder einander sehen lassen? Zu spät, sie kommen.« Er atmete tief durch und straffte die Schultern. »Wir haben keine Zeit mehr, unseren nächsten Spielzug vorzubereiten.«

Am Ende des Korridors war Pausanias hinter einem Vorhang hervorgekommen und kam nun auf sie zu. Seine Robe und seine Sandalen waren sauber, seine Haare nass. Trotz der weißen Narben, die seine Arme übersäten, wirkte er kraftvoll und kerngesund. Es war schwer, nicht vor ihm zurückzuweichen, während er sich ihnen wie ein Löwe näherte.

Pausanias war der Neffe von Leonidas und der derzeitige Kriegskönig von Sparta. Im Gegensatz zu ihm war Xanthippos noch immer schmutzig von ihrer Reise und roch nach Schweiß und Pferden. Er und seine Gefährten hatten wegen ihres Gesprächs mit Aristides auf etwas zu essen und ein Bad verzichtet. Doch er bereute es nicht. Er sah, wie Kimon sich die aufgerissenen Lippen leckte, und schüttelte den Kopf, als der junge Mann ihm einen raschen Seitenblick zuwarf. Sie befanden sich im Krieg. Das war das Einzige, was zählte. Xanthippos würde tausend Tage voller Durst und Schmerzen ertragen, wenn es ihm damit gelänge, Sparta in die Schlacht zu locken.

»Verehrter Regent!«, rief Aristides im gleichen hocherfreuten Tonfall wie zuvor. Als er sah, wie sich die spartanischen Wachen um Pausanias scharten, runzelte er die Stirn. »Meine Herren, ihr seid Gäste, und als solche durch die Tradition und das Gesetz geschützt. Ich schwöre euch bei meiner Ehre – ihr seid in Sicherheit. An diesem Ort sind weder Wächter noch Schwerter nötig. Ihr befindet euch unter Freunden.«

Pausanias sah ihn einen Moment lang an und zuckte die Achseln. »Tisamenos wird mich begleiten«, sagte er zu seinen Männern. »Ihr bleibt hier und kommt, wenn ich nach euch rufe.«

Die Botschaft war eindeutig: Wenn er nach seinen spartanischen Kriegern brüllte, würden sie sofort zu ihm stürmen und jedem den Schädel spalten, der sich ihnen in den Weg stellte. Xanthippos fragte sich, ob Aristides genügend Hopliten vor Ort hatte, um sie notfalls daran zu hindern. Während sie zur Ratskammer gingen, versuchte er, sich mit den Fingerknöcheln die Müdigkeit aus den Augen zu reiben, und sah kurz grüne Blitze. Wenn es so weit käme, würde ohnehin alles verloren sein.

Xanthippos unterdrückte ein Gähnen, als sie den Saal betraten, und sah, dass sämtliche Plätze besetzt waren. Themistokles stand auf dem Podium und sprach, auf ein Rednerpult gestützt, zum Rat. Seine Stimme war bereits im Korridor zu hören gewesen.

»Ich heiße Pausanias, den Regenten von Sparta, willkommen«, sagte Themistokles und betrachtete ihren Ehrengast neugierig. »Den Sohn von Kleombrotos und Neffen von Leonidas. Komm, Majestät, sprich zu uns.«

Der Mann, der zu Themistokles' Rechter gesessen hatte, war beim Anblick der bewaffneten Neuankömmlinge bestürzt aufgesprungen und ließ sich nun schweigend wieder auf seinen Platz sinken. Sein Kehlkopf hüpfte.

Pausanias schien es nichts auszumachen, einen Raum voller Athener zu betreten. Sie waren in einem ansteigenden Halbkreis wie in einem Amphitheater vor ihm aufgereiht. Vom Zentrum des meisterlich konstruierten Saals aus würde seine Stimme bis in die letzten Reihen deutlich zu hören sein. Tisamenos, der neben ihm stand, ließ den Blick über die Gesichter aller Anwesenden gleiten und sah, wer Pausanias anstarrte und wer sich von ihm abwandte.

Der spartanische Regent dankte Themistokles mit einem Nicken und sah kurz den Mazedonier an. Sein Blick verharrte einen

Moment lang auf der Löwenbrosche an Alexanders Schulter, ehe er sich beinahe widerwillig zum Rat umwandte. Er legte die Hände auf das Rednerpult und machte ein paar langsame Atemzüge. In Sparta hatte er von den eigenartigen politischen Strukturen der Athener gehört. Die Volksversammlung war ihm chaotisch vorgekommen. Macht ohne einen einzelnen Herrscher, von der Bevölkerung selbst erlassene Gesetze, einfache Bürger, die über Adlige richteten? Das war eine Form von Irrsinn. Er hatte die verbrannte Stadt gesehen, aber auch die neuen Balken, die sich über seinen Kopf spannten. Es fiel ihm schwer, die Zerstörung der Stadt nicht als göttliche Strafe für ihre Überheblichkeit zu betrachten. Andererseits schafften sie es, trotz des Krieges und einer drohenden Hungersnot, die Ordnung aufrechtzuerhalten. Der Rat regierte die Stadt, und ein paar wenige Männer wie Themistokles hatten in ihm das Sagen, auch wenn sie nicht als König bezeichnet wurden.

Pausanias war davon überzeugt, dass die Menschen beherrscht werden wollten. Könige wurden geboren und dann mit einem Schmiedehammer von ihren Unvollkommenheiten befreit. Auf diese Weise wurde jede neue Generation noch stärker als die vorherige. Pausanias dachte an die fünf Ephoren seiner Heimat, Männer, die sich ganz und gar der Stabilität Spartas verschrieben hatten. Sie betrachteten sich als erfolgreich, wenn sich während ihrer Lebzeiten nicht das Geringste veränderte. Die nun vor ihm versammelten Leute litten im Vergleich zu den Spartanern sehr. Er bedachte sie mit einem wölfischen Grinsen.

»Ihr wisst, wer ich bin«, sagte Pausanias anstelle einer Vorstellung. »In Sparta habe ich von dieser … Diskussion erfahren. Ein Kundschafter hat mir erzählt, Persien biete unserem Verbündeten, Athen, Frieden an. Ich sagte, so etwas wäre unmöglich, doch jetzt erkenne ich, dass ich mich geirrt habe. Die Armee, die diese Stadt niedergebrannt hat, die unsere Schiffe versenkt und unser Volk ertränkt hat, streckt nun die Hand zur Freundschaft aus. Sie haben ihren Abgesandten zu euch geschickt, nicht zu mir. Dennoch stehe ich heute als Zeuge hier, als Spartas auf euch gerichtetes Auge. Ich beurteile und garantiere eure Ehre.« Er sah hin und her, um sicherzugehen, dass alle seinen Blick auf sich spürten, während sie auf ihren Plätzen herumrutschten und über seine Arroganz murrten. Themistokles trat vor, um zu antworten, doch Pausanias hob eine Hand. »Ich bin mir eurer Armut bewusst. Wenn sie den Ausschlag gibt, kann ich etwas dagegen tun. Sparta wird über den Winter für eure Frauen aufkommen. Ich schwöre, wenn ihr das Angebot der Verräter und Feinde zurückweist, werden wir euch nicht verhungern lassen.« Während seiner Ansprache war es in der Ratskammer immer lauter geworden. Einige riefen wütend dazwischen, während Hunderte andere mit ihren Freunden flüsterten. Ihr Gewisper drang wie das Lampenlicht aus dem Gebäude auf die Agora hinaus. Pausanias, der eine derart heftige Reaktion nicht gewohnt war, sah sich mit einem Stirnrunzeln unter den Anwesenden um. »Setz dich hin«, fuhr er einen Mann an, der aufgestanden war und den Zeigefinger in seine Richtung stieß. Als er aus dem Augenwinkel eine Bewegung bemerkte und sah, dass Themistokles mit den Fingern auf das Rednerpult klopfte, drehte er sich verwirrt zu ihm um.

»Regent Pausanias«, sagte Themistokles, »bei uns ist es üblich, über solche Dinge … zu diskutieren. Es gibt bei uns keine einzelne Stimme, die dir antworten könnte, nicht einmal meine. Wir werden besprechen, was du gesagt hast, und dann darüber abstimmen.« Er blickte kurz zum mazedonischen König hinüber und sah Schweiß auf dessen Stirn stehen. Der Mann sah aus, als würden ihm die Worte, die er gerade gehört hatte, Übelkeit bereiten. Vielleicht war ihm aber auch einfach nur klar geworden, wie wenig sein Leben trotz der Löwenbrosche an diesem Ort wert war.

»Sollen wir uns zurückziehen?«, fragte Tisamenos plötzlich. »Damit ihr darüber diskutieren könnt, was ihr tun werdet?«

Er schien der Einzige zu sein, dem die Situation Spaß machte. Aristides hatte diesen Mann treffend beschrieben. Themistokles ließ den Blick über die fünfhundert wutentbrannten Gesichter gleiten und schüttelte lachend den Kopf. »Ich glaube nicht, dass es diesmal nötig sein wird. Seid Ihr der Wahrsager, der nicht in die Zukunft blicken kann?«

Nun lachte auch Tisamenos. »Der bin ich wohl. Ich weiß, wer du bist, Kurios. In Sparta spricht man voller Respekt von dir.«

»Das habe ich auch nicht anders erwartet!«, erwiderte Themistokles. »Nachdem ich uns alle gerettet habe.«

Aristides trat auf das Podium und legte ebenfalls eine Hand auf das Rednerpult.

Themistokles ließ seine sinken und beugte sich zu ihm vor. »Willst du wirklich sprechen, Aristides?«, fragte er ihn über die immer lauter werdenden Rufe hinweg. »Welchen Schaden wirst du damit vor den Königen von Mazedonien und Sparta anrichten?«

Aristides seufzte. »Ich spreche für Athen, Themistokles, und nicht, um meinen eigenen Ruhm zu mehren.«

»Ich bin der Ansicht, dass Athens Ruhm und meiner ein und dasselbe sind«, erwiderte Themistokles rasch. Trotz seiner Irritation trat er zurück und bedeutete Pausanias, es ihm gleichzutun. Als die Menge Aristides allein am Rednerpult stehen sah, ebbte der Lärm langsam ab, bis schließlich vollkommene Stille herrschte.

KAPITEL 16

Aristides begann zu sprechen: »Wir haben das persische Angebot gehört. Lasst mich nun darauf antworten, meine Herren … Sind wir Kinder, die einfach dazwischenrufen? Hebt die Hand, wenn ihr etwas zur Diskussion beitragen wollt. Ich werde jeden unterstützen, der gehört werden will. Na also … Da die Weisheit Athens nicht vom Urteil eines einzelnen Mannes oder eines halben Dutzends Ephoren abhängt, werden wir abstimmen. Die fünfhundert hier Anwesenden, ihr repräsentiert die zehn Stämme Athens. Ich sehe Akamantis, Kekropis, Aegeis, Leontis, Oeneis, Antiochis, Aeantis, Erektheis, Pandionis und dort drüben Hippothontis. Seht euch an! Wir *repräsentieren* das Volk nicht, wir *sind* das Volk! Und ich werde euch das Folgende sagen: Ich hatte eigentlich vor, gegen Themistokles Stellung zu beziehen … und das nicht zum ersten Mal.« Er wartete ab, bis das allgemeine Gelächter wieder verstummte. »Ich habe gehofft, dass wir den Vorschlag in all seine Einzelheiten zerlegen und ihn einer genauen Überprüfung unterziehen. Denn das Überleben unserer Stadt hängt davon ab, dass wir hier und heute die richtige Entscheidung treffen. Wenn wir das Angebot ablehnen und diesen kleinen mazedonischen König mit unserer Weigerung zu seinen Herren zurückschicken, kann es gut sein, dass sie noch einmal gegen uns in die Schlacht ziehen. Wir haben alle gesehen, was passiert, wenn die Perser in Athen einmarschieren. Wir wissen besser als sonst irgendwer, was das bedeutet. Ich werde an dieser Stelle, angesichts all der zusätzlichen Zuhörer in diesem Raum, nicht darüber diskutieren, was wir vorhaben, falls sie nach Attika zurückkehren. Doch ihr müsst verstehen, dass uns die Vernichtung, die völlige *Auslöschung* droht. Unter diesen Umständen werde ich nicht euren Zorn schüren und den Persern zurufen, dass sie nur kommen sollen, wenn sie sich trauen.«

Trotz seiner Worte ging ein wütendes Raunen durch den Raum. Themistokles beobachtete Aristides fasziniert. Er kannte ihn nur als staubtrockenen Redner, doch in dieser Nacht bespielte er seine Zuhörer zum ersten Mal wie ein Instrument. Themistokles konnte jede einzelne Note im Raum widerhallen hören. Er sah, dass auch Xanthippos und Kimon erstaunt an Aristides' Lippen hingen.

»Wir haben die Perser angehört, und wir haben auch den Spartanern zugehört. Seid höflich, meine Herren! Zeigt Würde. Würde bekommt man nicht gewährt, man muss sie sich verdienen! Ich stehe an diesem Ort, der nicht mehr nach Asche, sondern nach frischem Holz riecht, und habe einen spartanischen König über meine Ehre dozieren hören!«

Themistokles klappte der Mund auf. Im Saal breitete sich absolute Stille aus. Selbst die leisen Geräusche verklangen, die Menschen machen, wenn sie zu lange auf einem Platz sitzen. Starr vor Staunen verfolgten alle, wie Aristides von seinem sonst üblichen Vortragsstil abwich.

»Ich kenne die Athener«, sagte Aristides leiser, aber auch schneidender. »So, wie ich alle Hellenen kenne. Ich weiß, dass wir unsere Brüder und Schwestern nicht verraten werden. Diese Vorstellung ist … obszön. Ich spreche heute Nacht nicht für alle hier Anwesenden. Ich spreche mit meiner eigenen Stimme, für mich allein, und werde dennoch gehört. Wie es unserer Art, unseren Gesetzen und unserer Tradition entspricht. Mit dieser einen Stimme sage ich dies: Ich vertraue auf Athen, auf unsere Genialität, auf unsere Schaffenskraft, auf unsere Schiffe und auf die Schöße unserer Frauen. Ich vertraue auf unsere Götter – auf Athena, Apoll, Ares und Poseidon. Ich habe nur eine einzelne Stimme, aber vielleicht spreche ich ja auch für andere, wenn ich den Mazedoniern antworte und zu ihnen sage: ›Was hat euch derart verkümmern lassen, dass ihr als Boten der Perser hier erscheint?‹

Meine Antwort lautet, dass wir uns euch entgegenstellen werden, bis zum letzten Mann, der letzten Frau und dem letzten Kind. Wir werden niemals eure Sklaven sein. Niemals. Sage das deinem Herrn, o König.«

Jubel brandete auf. »Und zu Sparta sage ich dies!«, übertönte Aristides ihn.

In all den Jahren hatte Themistokles ihn in einer politischen Versammlung nie die Stimme erheben hören, doch er erinnerte sich an seine dröhnende Stimme während der Schlacht von Marathon. Bei diesem Gedanken lief ihm ein kalter Schauder über den Rücken.

Die Zuschauer verstummten erneut und grinsten. Ihre Augen glänzten im goldenen Lampenschein.

»Zu Sparta sage ich dies …«, wiederholte Aristides und versuchte, seine eigene überschäumende Begeisterung in den Griff zu bekommen. Dies war es, was Themistokles liebte, wurde ihm klar. Er erzählte ihnen nur, was sie hören wollten, doch das Gefühl war … wunderbar. »Ich sage dies: Ihr seht unsere Reaktion. Ihr wisst, was wir den Persern antworten werden. Wir haben kein persisches Gold angenommen, und es fällt uns nicht schwer, auch eures abzulehnen. Hab keine Angst, Regent von Sparta. Obwohl wir mehr geopfert haben als sonst irgendwer, haben wir noch mehr zu geben. Wir werden standhalten. Die Frage ist nur, ob ihr an unserer Seite stehen oder euch hinter eurer Mauer verschanzen werdet.«

Während er sprach und die Menge hinter ihm johlte, drehte er sich zum Pausanias um. Der spartanische Regent trotzte zornig seinem Blick. Aristides deutete auf das Rednerpult, doch es war der König von Mazedonien, der nun vortrat und am Pult wartete, bis der athenische Rat erkannte, wer da zu ihm sprechen wollte, und der Lärm erneut abebbte.

»Ich komme aus einem Land hierher, in dem Frieden herrscht«, begann Alexander. »In dem die Geschäfte blühen und die Städte von Mauern umgeben sind. Ich komme als Verbündeter Persiens, als stolzer Mann, auch wenn ihr mich beleidigt! Um nach Athen hineinzugelangen, musste ich durch Schutt reiten. Ihr armen Narren, ihr habt keine Mauern! Wenn ihr die Hand wegschlagt, die euch entgegengestreckt wird, könnt ihr diese Stadt nicht verteidigen. Ich rate euch dringend, noch einmal gut über alles nachzudenken.« Als er die Schimpfworte hörte, mit denen die Ratsmitglieder ihn bedachten, wurden seine Finger, die das Pult umklammerten, weiß. Er trat vom Rednerpult zurück und sah Aristides angewidert an. »Macht doch, was ihr wollt.«

»Dass wir das tun können, dass wir selbst entscheiden können, das ist der Kern unserer Freiheit«, erwiderte Aristides.

»Ihr entscheidet euch für das Ende«, sagte der König von Mazedonien und schüttelte bedauernd den Kopf.

»Vielleicht«, entgegnete Aristides. »Aber diese Entscheidung liegt bei uns. Eines Tages wirst du es verstehen.« Er wandte sich an Pausanias und Tisamenos. Der Wahrsager erwiderte erstaunt seinen Blick.

»Wir werden die vorliegenden Angebote bis zum Sonnenaufgang erörtern, Regent Pausanias. Anschließend werden wir voraussichtlich auf dem Pnyx die gesamte Athener Versammlung darüber abstimmen lassen. Ihr seid natürlich eingeladen, als Zeugen an dieser Veranstaltung teilzunehmen. Auch wenn die Abstimmung diesmal vermutlich nur eine Formalität sein wird. Bis dahin habe ich in der Stadt Räume für euch vorbereiten lassen. Sie sind neu gebaut und schlicht, aber daran werden sich Männer aus Sparta vielleicht nicht stören.«

Im Raum herrschte eine Geräuschkulisse wie in einem Taubenschlag. Hunderte Männer hatten den Ratssaal nach dem Brand als erstes Gebäude wiederaufgebaut. Es roch nach Sägemehl, Pinien, Olivenöl und Schweiß.

Pausanias konnte den Rat nicht einschätzen. Er war Ruhe und Disziplin gewohnt. Mit Irren, die sich gegenseitig niederschrien, kannte er sich nicht aus. Doch er spürte Aristides' Gewissheit und seine Autorität.

»Werdet ihr wirklich das Geld zurückweisen, das ich euch angeboten habe?«, fragte er schließlich.

Begleitet von dem noch immer rotgesichtigen König von Mazedonien, folgten Pausanias und Tisamenos Aristides in den Korridor hinaus. Hinter sich hörten sie, wie Themistokles und der Epistates Redner aufriefen. Der Trubel im Saal ließ bereits nach. Das Hauptereignis war zu Ende.

»Da bin ich sicher«, erwiderte Aristides, als die Tür hinter ihnen geschlossen wurde. »Es ist eine Frage des Stolzes. Das muss ich dir sicher nicht erklären. Von Spartas Flotte sind vor Salamis acht Schiffe gesunken. Wir haben viel mehr Besatzungen verloren. Jeder in diesem Raum trauert um irgendwen. Daher wollen wir dein Silber nicht. Wir wollen, was dein Vater uns versprochen hat. Wir wollen, dass du im Frühling mit der gesamten spartanischen Armee ausrückst und mit uns zusammen in den Kampf ziehst.«

»Ich habe gesagt, dass wir ausrücken werden«, sagte Pausanias. »Wenn die Zeit dafür reif ist, werden wir kommen.«

Aristides sah Pausanias eindringlich an. »Das hört sich nach einer weiteren Ausflucht an, Regent. Wann wird die Zeit denn *reif* sein? Wir haben es mit einem Gegner zu tun, den keiner von uns allein bezwingen kann. Genau wie vor Salamis. Du musst mich nicht auf deine Verpflichtungen oder auf die Eide hinweisen, die in deinem Namen geleistet worden sind. Die einzige Frage, die beantwortet werden muss, lautet: Werdet ihr mit uns kämpfen?«

»Das habe ich bereits gesagt«, entgegnete Pausanias. Es machte ihn eindeutig wütend, in dieser Form ausgequetscht zu werden.

Mit einem Mal fühlte Aristides sich alt und erschöpft. »Ich hoffe nur, dass das reicht«, sagte er. »Kommt, ihr müsst müde sein. Ich werde euch eure Räume zeigen.«

In Militärlagern ging es nicht sehr bequem zu, vor allem nicht im Winter. König Alexander und seine drei Gefährten waren scharf und lang geritten. Nachts hatten sie mit den Schwertern in Griffweite gemeinsam neben dem Weg kampiert. Trotzdem herrschte in ihrer Gruppe kein Gefühl echter Freundschaft, da es sich bei einem von ihnen um Mardonius' persönlichen Übersetzer handelte, der seinem General alles berichten sollte, was zu ihnen gesagt wurde – und worüber die Mazedonier sich intern unterhielten. Es war Alexander nicht entgangen, dass sich dieser Mann nach ihrer Ankunft nur kurz verbeugt hatte und dann sofort verschwunden war, um dem General Bericht zu erstatten.

Die beiden Mazedonier waren derweil mit ihrem Kameraden wiedervereint worden, den sie als Geisel im Lager hatten zurücklassen müssen. Alexander sagte sich, dass diese Maßnahme kein Beweis für das Misstrauen der Perser sei. Mardonius hatte ihm versichert, dass derartige Vorsichtsmaßnahmen in Persien genauso gebräuchlich seien wie die tiefen Verbeugungen vor dem König oder der Genuss von Pistazien. Andererseits hatte Mardonius ihn lange warten lassen. Der König von Mazedonien hatte das Lager am späten Vormittag betreten. Als er endlich zu Mardonius gerufen wurde, hing die Sonne bereits tief über den Hügeln. Was er für einen Ausdruck des Missfallens hielt.

Alexander war überrascht, dass sich außer Mardonius noch drei weitere Männer in seinem Kommandozelt aufhielten. Seinen Stellvertreter, Artabazus, und den Kommandeur der Unsterblichen, Hydarnes, kannte Alexander bereits. Den dritten Mann stellte der General ihm als den Pferdemeister, Masistius, vor.

Artabazus hatte während ihres letzten Treffens einen recht geselligen Eindruck gemacht. Alexander wusste jedoch nicht, ob seine Freundlichkeit und sein Humor echt oder aufgesetzt gewesen waren. Er war für einen Mann in seiner Position erstaunlich pummelig und gedrungen. Die beiden anderen Männer dagegen waren genauso groß gewachsen und sehnig wie Mardonius. Sie hatten tiefe Furchen in den Wangen und Augen, die vollkommen schwarz zu sein schienen.

»Bitte, Majestät, sei mein Gast«, sagte General Mardonius. »Lasst uns Platz nehmen und etwas essen.«

Seine Worte wurden von dem Übersetzer wiederholt, der wie eine Statue neben dem Tisch stand. Alexander nickte dankbar und setzte sich nervös auf eine wacklige Bank. Der weiche Boden war mit einer Matte bedeckt, und Alexander merkte, dass er sich mit einem Bein abstützen musste, um nicht umzukippen. Die vier persischen Offiziere ließen sich ihm gegenüber nieder. Alexander war über die Sitzordnung verblüfft. Es war, als befänden sie sich auf verschiedenen Seiten. Es schien fast, als säßen diese Männer über ihn zu Gericht.

Diener brachten ein Dutzend kleine Teller mit verschiedenen Gerichten herein. Alexander erkannte Feigen und Spinat, außerdem gewürzten Hasen und Ziegenbraten. Er wartete ab, bis die für ihn unverständlichen Gebete zu Ende gesprochen waren, und fragte sich, weshalb sie nicht ins Griechische übersetzt wurden. Vielleicht aus Respekt vor ihrem Gott, dachte er. Zum ersten Mal seit über einem Jahr fragte Alexander sich, ob er im Tausch für Gold und Frieden möglicherweise zu viel aufgegeben hatte.

Nein. Er hatte die abgefackelten Häuser und eingerissenen Mauern in Athen gesehen. Das war der Preis, den man zahlen musste, wenn man sich diesen Männern widersetzte. Die oberste Aufgabe eines Königs bestand darin, sein Volk vor der Flut, dem Feuer und den Persern zu beschützen. Als das letzte Gebet endete, hielt Alexander weiter den Kopf gesenkt. Während des Essens wurde nicht viel gesprochen. Artabazus machte eine Bemerkung über die Ziege, die Mardonius zum Lachen brachte. Die anderen beiden lächelten nicht einmal und aßen ohne sichtlichen Genuss, als wäre der Verzehr dieser Speisen nur eine ihrer Pflichten.

Als sie sich die Lippen gewischt und den Wein ausgetrunken hatten, kamen die Diener zurück und beseitigten alle Spuren des

Mahls. Ein Soldat wartete geduldig, bis Alexander begriff, dass er aufstehen musste, da auch der Tisch zusammengefaltet und entfernt wurde. Die Bank, auf der er gesessen hatte, wurde ebenfalls aus dem Zelt getragen. Als er sich den Persern ohne Barriere gegenübersah, fühlte er sich auf einmal verwundbar, und musste sich ins Gedächtnis rufen, dass er ihr loyaler Verbündeter und durch ihren Ehrenkodex geschützt war.

»Ich bin dir dankbar, Alexander«, begann Mardonius. »Ich weiß, wie … unangenehm es gewesen sein muss, den uneinsichtigen Athenern mein Angebot zu unterbreiten. Unser Freund hier hat uns berichtet, wie sie den Frieden, den sie hätten haben können, verschmähten.«

Der Übersetzer war sehr gut. Er sprach leise und nur minimal zeitversetzt, sodass Alexander alles, was Mardonius sagte, fast sofort verstand.

Als der General das zurückhaltende Nicken des Mazedoniers sah, winkte er ab. »Sei gewiss, dass ich dir nicht die Schuld dafür gebe. Mehr ist dazu nicht zu sagen.«

»Ich habe es versucht«, erwiderte Alexander. »Es war mir nicht möglich, sie umzustimmen.« Er konnte nicht ganz verbergen, wie gekränkt er sich deswegen fühlte.

Mardonius streckte die Hand aus und klopfte ihm fast väterlich auf die Schulter. »Manche Männer … können sich einfach nicht ändern«, sagte er. »Sie wollen es nicht. Nicht einmal, wenn du ihr Haus anzündest.«

Artabazus lachte und fügte etwas hinzu, das der Übersetzer jedoch nicht auf Griechisch wiedergab. Anscheinend sollten die Kommentare der persischen Offiziere vertraulich bleiben, was Alexander daran erinnerte, dass er an diesem Ort ein Außenstehender war. Trotz der königlichen Brosche an seiner Schulter fühlten die vier Perser sich ihm überlegen.

»Eine Frage, General, wenn ich darf … Wenn du nicht daran geglaubt hast, dass sie dein Angebot annehmen, warum musste ich es ihnen dann überbringen und mich von ihnen demütigen lassen?«

Mardonius blickte interessiert auf, während der Übersetzer die Worte ins Persische übertrug. Der General hob eine Hand, und zwei Diener traten mit neuen Bechern und einem Krug ein. Während Alexander darüber nachdachte, dass der Wein im Halbdunkel wie Blut aussah, wurden Lampen angezündet, die jede Ecke des Zelts erhellten.

»In diesem Land«, sagte Mardonius sanft, »spreche ich für König Xerxes, gepriesen sei sein Name und seine Familie. Damit bin ich die Stimme des persischen Throns – und damit viel mehr als nur der Oberbefehlshaber einer großen Armee. Ich weiß nicht, ob du das begreifst. Artabazus hier hält die Griechen nicht für sonderlich feinsinnig.«

Artabazus zuckte schnaubend die Achseln und streckte den Arm aus, um seinen Weinbecher füllen zu lassen.

Mardonius lächelte. »Er glaubt, sie respektieren einen Speerstoß oder eine Keule, die einen Schädel einschlägt – alles andere interessiere sie nicht.«

»Ich bin Mazedonier«, erwiderte Alexander ein wenig pikiert.

Artabazus murmelte etwas, das an Mardonius' Mundwinkeln zupfte. Es wurde nicht übersetzt. Allmählich begann Alexander, diesen kurz geratenen Mistkerl zu hassen.

»Natürlich!«, erwiderte Mardonius. »Verzeih.«

Die Entschuldigung war offenkundig nicht aufrichtig. Für den General und seine Gefährten waren alle westlichen Nationen gleich. Alexander hätte interessiert, ob sie die Meder und die Lydier in gleicher Weise mit den Persern gleichsetzten, beschloss aber, diese Frage für sich zu behalten. Den wenigsten Männern gefiel es, als Heuchler entlarvt zu werden.

»Was ich sagen will, ist trotzdem klar«, fuhr Mardonius fort. »Wenn ein Mann sein Haus in einem Sturm verliert, wird er natürlich dem Sturm die Schuld geben. Aber wenn der Sturm vorher zu ihm sagt: ›Beuge das Knie vor mir, und ich werde deine Frau und deine Kinder verschonen und vorüberziehen …‹« Mardonius wartete kurz ab, um den Übersetzer aufholen zu lassen. »Wenn der Mann sich unter diesen Umständen weigert und alles verliert, was ihm lieb und teuer ist, wem kann er dann Vorwürfe machen außer sich selbst? In diesem Fall deckt der Sturm all seine Lügen auf. Verstehst du? Er wird wissen, dass er selbst für sein Schicksal verantwortlich ist.«

»Und ihr seid der Sturm«, murmelte Alexander.

Mardonius nickte so schnell, dass Alexander sich fragte, ob er ein bisschen Griechisch verstand. Er tat gut daran, nicht zu vergessen, dass der General sich gegen viel Konkurrenz hatte durchsetzen müssen, um zur rechten Hand des Königs ernannt zu werden.

»Natürlich sind *wir* der Sturm. Und vielleicht wäre dieses Haus nicht zu retten. Aber was ist mit dem nächsten Mann, dem wir begegnen? Wenn wir ihn auffordern, vor uns das Knie zu beugen, wird er es vielleicht tun, um alles zu retten, was ihm am Herzen liegt. Ich glaube, dass … du das begreifst.«

Alexander dachte daran, wie stolz die Athener im Vergleich zu ihm aufgetreten waren. Es war eine bittere Erinnerung. Er hatte seinen Stolz geopfert, um als loyaler Verbündeter Persiens in diesem Zelt stehen zu können. Der blonde König von Mazedonien sah von Artabazus, der ihn amüsiert betrachtete, zu Hydarnes und Masistius, die ihn feindselig zu mustern schienen.

»Meine Herren«, sagte Alexander. »Persien ist weit weg. Ich erzähle euch von einer Prophezeiung, die ich einmal gehört habe.«

Während am Morgen das Lager abgebaut wurde, hatte Mardonius nichts zu tun. Er zitterte und klapperte mit den Zähnen. Es wehte ein eiskalter Nordwind. Regenschauer verwandelten den Boden in einen Sumpf und machten jede Tätigkeit zu einem Kraftakt. Laut seinen Offizieren waren die Männer froh, etwas zu tun zu bekommen. Mardonius lächelte, als er einen seiner Söhne vorüberreiten sah. Sein Umhang war so nass, dass er wie eine maßangefertigte Metallrüstung an seinen Oberschenkeln klebte.

Artabazus war einer der besten Reiter, die Mardonius je gesehen hatte, beinahe ebenso geschickt wie Masistius, der auf allem galoppieren konnte, was Hufe hatte. Im Gegensatz zum athletisch gebauten Pferdemeister traute man Artabazus dieses Geschick jedoch nicht zu. Er war klein und stämmig und sah aus wie ein menschlicher Klotz. Mardonius hatte ihn zusammen mit ein paar der jungen Offiziere wie einen Akrobaten turnen und Salti schlagen sehen. Angeblich stärkten derlei Übungen die Gelenke und Knochen. Wenn ihn je ein Pferd abwarf, würde er sich bei der Landung bestimmt unversehrt abrollen. Diese Vorstellung brachte Mardonius zum Lächeln. Artabazus, der gerade heranritt, sah ihn fragend an. In diesem Moment wurde der Regen noch dichter, als würde er es unbedingt darauf anlegen, ihnen in den Kragen zu rinnen. Die Pferde bäumten sich unter ihnen auf.

»Wir bekommen noch einen Schnupfen oder ertrinken vielleicht sogar, wenn das so weitergeht«, sagte Artabazus anstelle einer Begrüßung.

Mardonius nickte. Er hasste den Winter. Diese Jahreszeit war für Soldaten nicht geeignet.

»Wir haben genug Proviant für einen Monat«, sagte er. »Es schadet bestimmt nicht, wenn wir die Athener daran erinnern, dass ihr Stolz einen Preis hat.«

»Wir sind der Sturm«, erwiderte Artabazus grinsend, offensichtlich in Anspielung auf Mardonius' Gespräch mit dem mazedonischen König vom Vorabend.

»Der sind wir tatsächlich«, sagte Mardonius und sah zu, wie die vom Regen klatschnassen Regimenter vor ihm Aufstellung nahmen.

»Was hältst du von dieser Prophezeiung?«, fragte Artabazus. Er musste die Stimme heben, um sich über den prasselnden Regen hinweg Gehör zu verschaffen.

Mardonius zuckte die Achseln.

»Ich glaube nicht an Prophezeiungen.«

»Dann willst du ihn also nicht zum Satrapen von ganz Griechenland machen? Er ist uns bisher ein treuer Verbündeter gewesen.«

»Diese Entscheidung liegt bei König Xerxes«, entgegnete Mardonius. »Wahrscheinlich wird er einen Perser einsetzen. Wer weiß, vielleicht ja dich, Artabazus.«

»Dann glaubst du also nicht, dass seine Prophezeiung stimmt?«, hakte Artabazus noch einmal nach.

Mardonius warf ihm einen Blick zu. »Bei so etwas weiß man nie. Ich glaube, wenn es seiner Familie wirklich bestimmt ist, über ganz Griechenland zu herrschen, dann nicht in diesem Jahr …« Er lachte laut. »Oder er ist der falsche Alexander von Mazedonien.«

Die Armee, die darauf wartete, gen Süden zu marschieren, war riesig. Der Regensturm fegte über sie hinweg, wie über eine Hügelkette oder eine große Ebene. Mardonius sah zur Wintersonne auf, die durch die Wolken schien, und wendete sein Pferd. »Der Regen zieht südwärts. Das ist ein gutes Omen, glaube ich«, sagte er. »Wir sind der Sturm, Artabazus. Daran werden wir sie erinnern.«

KAPITEL 17

Die persische Armee bewegte sich, ständig von Hunger und Unfällen bedroht, in Schrittgeschwindigkeit nach Süden. Bei jeder Rast wurden genau bemessene Rationen ausgegeben, und die Soldaten bewachten ihre Schüsseln mit Argusaugen. Das Heer zog wie die finsteren Regenwolken über ihren Köpfen nach Athen: langsam, unaufhaltsam und riesig.

Vor den Invasoren galoppierten Athener Kundschafter her. Sie riskierten ihr Leben und das ihrer Reittiere, um die Versammlung immer auf dem neuesten Stand zu halten. Auf dem Pnyx wurden Krisensitzungen abgehalten. Alle Delegierten wussten, was sie zu tun hatten. Mit finsteren Mienen machten sie sich an die zweite Evakuierung der Stadt. Die feindlichen Soldaten würden niemanden mehr vorfinden, den sie ermorden oder demütigen konnten.

Ohne Mauern konnten sie Athen nicht verteidigen, nicht gegen so viele. Zumindest daran bestand kein Zweifel. Die Strategoi und Archonten machten sich sofort an die Umsetzung des Notfallplans. Flottenoffiziere und ihre Hopliten wurden mit der Aufgabe betraut, die Familien zum Hafen zu führen. Sie säumten die Straße zur Küste und drängten oder trugen verängstigte Frauen und Kinder.

Seit ihrer Rückkehr zu den verbrannten Überresten und zerschmetterten Toren der Stadt hatte sich der Rat auf das Schlimmste vorbereitet. Sämtliche Familien und Sklaven aus allen Stämmen waren darüber informiert worden, wo sie sich einreihen mussten, wenn die Hörner erschallten. Sie durften nicht alle auf einmal in heller Panik zu den Schiffen eilen. Das Ganze musste langsam vonstattengehen.

Themistokles schien überall gleichzeitig zu sein. Er erinnerte alle an ihre Pflichten und ermahnte Mütter, ihre Kinder nicht aus den Augen zu lassen. Manche schafften es dennoch, im Gedränge verloren zu gehen. Während ihre Verwandten hektisch nach ihnen riefen, standen sie weinend am Straßenrand und streckten den Vorüberziehenden ihre pummeligen Arme entgegen.

Immer wieder brachen Handgemenge aus, wenn Leute sich darüber beschwerten, dass andere sie schubsten, oder Männer aufeinander losgingen, denen nur das Wohl ihrer eigenen Familien am Herzen lag. In solchen Fällen gingen die Hopliten unerbittlich dazwischen und schlugen mit Knüppeln und langen Stöcken auf die Menge ein. Niemand hatte Mitleid mit Menschen, die – verdient oder unverdient – wegen ihrer Ungeduld bluten mussten.

Entlang der Küstenhügel wurden große Feuer entfacht und mit Öl am Leben erhalten, wenn der Regen die Flammen zu löschen drohte. Auf dem Meer sahen Patrouillenschiffe diese Lichtpunkte und kehrten unverzüglich nach Hause zurück. Jeder Trierarch wusste, an welchem Kai er anlegen musste. Sie alle hatten darum gebetet, diesen Plan niemals umsetzen zu müssen, doch im Angesicht des heranrückenden Feindes zögerte keiner von ihnen, alles Nötige zu tun.

Erneut würde Salamis ihre Zuflucht sein. Die Insel war nicht mehr so karg wie beim letzten Mal, als die Frauen und Kinder sich zwischen den Dünen zusammengedrängt hatten. Xanthippos hatte genau wie Themistokles seiner Frau zugehört. Daraus war die Idee für Unterkünfte und Proviantlager entstanden. Allerdings waren sie noch nicht fertig, da niemand damit gerechnet hatte, dass sie schon so bald gebraucht werden würden. Bereits am Morgen trafen Familien auf überfüllten Triremen ein und gingen, zitternd vor Kälte, an Land.

Agariste und ihre Kinder gehörten zu den Ersten, die Salamis erreichten, diesmal begleitet von sämtlichen Sklaven aus ihrem

Haushalt sowie ein paar bezahlten Dienern wie Manias und zwei ernst dreinblickenden Hopliten, die Xanthippos ihnen zugewiesen hatte. Die beiden fanden für alle einen Platz in einem lang gestreckten Gebäude, das an einen Stall erinnerte. Es war ziemlich schmal, und durch das Dach, das nur mit Gras gedeckt war, tropfte Regen. Jede Stunde trafen Hunderte weitere Flüchtlinge ein, dann Tausende.

Agariste behielt Perikles und Eleni dicht bei sich. Ariphron stand etwas weiter von ihr entfernt. Er trug einen Umhang, bronzene Beinschienen, einen Helm und einen Brustpanzer. An seiner Hüfte hing ein Schwert, sein Schild lehnte an einer Holzsäule. Den Dory-Speer, der nicht unter die niedrige Decke passte, hatte er auf den Boden gelegt. Da Ariphrons Vater noch lebte und die Familienrüstung trug, hatte er seine Ausstattung bei drei trauernden Witwen zusammengekauft, die nach dem Tod ihrer Männer das Silber dringend hatten brauchen können.

Agariste konnte das Gesicht ihres Sohnes im Schatten des Helmes kaum ausmachen. Sie wusste, dass er sich in dieser Aufmachung nicht wohlfühlte. Unter normalen Umständen hätte sie die Beinschienen und den Griff des Schwertes für ihn anpassen lassen. Mit seinen achtzehn Jahren war ihm natürlich noch nicht klar, wie leicht ihm beides in der Schlacht abhandenkommen konnte. Perikles war um ihn herumgelaufen, als würde er eine Statue bewundern. Ariphron selbst, der seine Mutter und seine Schwester mit großer Ernsthaftigkeit bewachte, glaubte offensichtlich, er sähe wie der junge Herakles aus.

Agariste hoffte nur, dass er sein Schwert nicht würde ziehen müssen, bis alles vorbei war. Während sie, die Hände vor den Knien verschränkt, dasaß und den leisen Unterhaltungen ihrer Kinder lauschte, war sie nicht sicher, ob dieser Wunsch in Erfüllung gehen würde. Ein paar Leute um sie herum wirkten wie betäubt, nachdem sie gerade erst neue Hoffnung geschöpft hatten und sich nun ein weiteres Mal auf dieser Insel wiederfanden. Andere schienen sich in blinden Zorn zu flüchten und stritten hitzköpfig um jedes kleine bisschen Platz.

»Weißt du, wo dein Vater ist, Peri?«, fragte Agariste ihren Jüngsten.

Natürlich verstand er ihre Anfrage als Aufforderung, zu verschwinden und nach Xanthippos Ausschau zu halten. Bis zu seiner Rückkehr schien eine halbe Ewigkeit zu vergehen. In der Zwischenzeit wagte es jedoch niemand, sich ihr zu nähern. Wie beim letzten Mal hielten sich die Leute auch nun wieder von ihr und ihren Kindern fern, was aber vermutlich weniger an ihrer edlen Abstammung als an den Hopliten lag, die ein Stück entfernt mit Eisenschwertern an den Hüften Wache hielten. So oder so wusste die Menge, dass sie unter dem Schutz ihres Ehemannes standen. Zumindest hoffte Agariste, dass es so war. Viele bedachten sie mit finsteren Blicken, als hätte sie in irgendeiner Weise diese ganze Misere zu verantworten! Andere weinten, doch sie konnte nichts für sie tun.

Sie machte sich auf offene Anschuldigungen und versteckte Spitzen gefasst. Schwache Menschen suchten immer nach Sündenböcken – und Xanthippos war ein wichtiger Mann, den alle kannten. Für jeden Ruderer oder Trierarchen, der in seiner Gegenwart das Knie beugte, würde es ein Dutzend Witwen oder Mütter geben, die ihm die Schuld am Tod ihrer Ehemänner oder Söhne gaben. Agariste fühlte unablässig Blicke auf sich. Sie und ihre Kinder befanden sich in ihrer Reichweite, und sie brauchten ein Ventil für ihre ungerichtete Wut.

Sie hoffte, dass alle die in Bronze gerüsteten Männer neben ihr beachteten. Als niemand mehr in die Unterkünfte passte, mussten Tausende weitere mit den Klippen vorliebnehmen und sich, so gut es ging, aneinander wärmen, während der Regen auf sie einpeitschte. Der Raum um ihre Kinder und Sklaven schrumpfte immer weiter zusammen, während die Leute wie geistloses Vieh näher rückten. An den Rändern der Unterkunft kam es zu mehreren Prügeleien, als Männer Platz für ihre Mütter oder Kinder zu schaffen versuchten und lauthals verlangten, dass man sie einließ. Alle, die sie hörten, pressten die Lippen aufeinander, dankbar, dass sie selbst nicht Wind und Wetter ausgesetzt waren.

Sie waren alle schon mal Flüchtlinge gewesen, erinnerte Agariste sich, und anschließend wieder in ihr mehr oder weniger normales Leben zurückgekehrt. Sie nahm an, dass es Wahnsinn war, auf den gleichen Ausgang wie beim letzten Mal zu hoffen. Vielleicht würde Athen diesmal stattdessen endgültig vernichtet werden. Sie kannte Themistokles' große Worte, dass nicht die Steine und Mauern, sondern die Bewohner die Stadt ausmachten. Doch die zitternden Menschen auf Salamis machten keinen sonderlich ruhmreichen Eindruck.

Perikles rannte herbei und kam schlitternd auf dem nassen Boden vor ihr zum Stehen.

»Vater ist unten beim neuen Hafen und spricht mit ein paar von den anderen Strategoi und Archonten. Ich habe eine Weile zugehört …« Er verstummte. Offenbar erinnerte er sich an die vielen Ermahnungen seiner Mutter, dass es sich nicht gezieme, anderer Leute Gespräche zu belauschen.

Ungeduldig bedeutete sie ihm fortzufahren, und er grinste sie an. Sie glaubte, dass er gut aussah. Soweit sie wusste, kannte die Hälfte aller jungen Töchter in Athen seinen Namen. Sie sah das Funkeln in seinen Augen, das ihn früher oder später zum Feind ihrer Väter machen würde – wenn es nicht bereits geschehen war. Doch gleichzeitig haftete ihm auch noch etwas Unschuldiges an. All der Kummer und der Ärger um ihn herum perlte einfach von ihm ab – wenn er überhaupt etwas davon mitbekam. Sie roch seinen sauberen Schweiß und das Salz auf seiner Haut und merkte, dass sie ihn beneidete. Er grinste indes noch breiter und sonnte sich in ihrer Liebe.

»Vater sagt, Themistokles habe am Hafen von Piräus alle Taschen durchsuchen lassen. Angeblich, um einen Kelch zu finden, der aus dem Tempel von Athena verschwunden sei. Aristides sagte, er habe nichts von einem verschwundenen Kelch gehört, und Vater meinte nur, dass ihn das nicht überrasche. Er sagte, von dem Geld, das bei der Suche zusammengekommen sei, könne man Tausende Kelche kaufen. Wenn ich es richtig verstanden habe, wurde alles Vermögen der Leute konfisziert, um die Ruderer damit zu bezahlen.« Als Perikles sah, wie seine Mutter das Gesicht verzog und beide Hände auf und ab bewegte, senkte er die Stimme zu einem Flüstern. »Er hat auch etwas über die Spartaner gesagt. Doch da haben sie mich bemerkt und weggeschickt.«

»Was hast du gerade von einem Kelch erzählt?«, fragte Eleni.

Agariste schüttelte genervt den Kopf. Die Leute gierten nach Neuigkeiten. Sie hörten sicher alle zu. Gut möglich, dass ein Teil der Wut, die sie an den Leuten um sich herum wahrnahm, mit dem Verlust all ihrer Ersparnisse zu tun hatte. Hätte sie gewusst, dass Perikles so laut sprechen würde, hätte sie ihn dichter an sich herangezogen und in ihr Ohr flüstern lassen. Auch in dieser Hinsicht war er das reinste Unschuldslamm.

Agariste und Eleni rückten enger zusammen, als Perikles sich auf die Matten setzte, um alles noch einmal zu erzählen. Ariphron stellte sich ebenfalls neben sie, offenkundig hin- und hergerissen zwischen seinem Pflichtgefühl und dem Wunsch, die Neuigkeiten zu hören. Letzten Endes entschied er sich dafür, weiterhin Wache zu halten, und spähte alle finster unter seinem Helm hervor an, die seiner Familie zu nahe kamen.

Themistokles sah den Mann an – nein, den Archonten –, nach dem das nächste Jahr benannt sein würde. Er hatte es nie bereut, Xanthippos aus der Verbannung zurückgeholt zu haben. Xanthippos war dazu geschaffen, im Krieg den Befehl zu führen. Er war der perfekte Strategos. Manche Männer glaubten, für diese Position bedurfte es nur einer lauten Stimme und einer edlen Abstammung. Doch das stimmte nicht. Xanthippos verstand, *wie* man anderen Befehle erteilen musste – und welche die besten waren. Da diese beiden Fähigkeiten selten waren, ernannte Athen im Krieg immer nur zehn Strategoi und einen Polemarch, der sie anführte. Die Volksversammlung war eine wunderbare Einrichtung, die viel besser funktionierte, als man eigentlich hätte erwarten dürfen. Doch in einer Schlacht, egal ob an Land oder zu Wasser, mussten die Männer Befehle befolgen und jenen vertrauen, die sie erteilten. Der Krieg war eine Zeit der Tyrannen.

Themistokles erkannte, dass seine eigentliche Genialität darin bestand, die richtigen Männer auszuwählen, sodass er sich nur am Rande um die Stadt kümmern musste und den Blick stattdessen in die Zukunft richten und planen konnte. Es bestand kein Zweifel, dass die Götter ihn liebten. Wieso hätten sie ihn sonst mit so viel Ausdauer und einem derart wachen Verstand segnen sollen? Er hatte Athen mehr als einmal gerettet und sagte sich, dass er es auch diesmal wieder schaffen konnte – sofern er die drei Männer vor sich dazu brachte, ihre Eide zu brechen und ihren ehrenwerten Ruf zu beschmutzen.

Er sah Xanthippos an und rief sich in Erinnerung, wie dieser Mann elf Jahre zuvor in Marathon seine Hopliten kommandiert hatte. Aristides und Kimon standen ungeduldig neben ihm. Um sie herum hatten sich noch Dutzende weitere erfahrene Männer geschart, die genauso ungehobelt waren wie die hölzernen Kais, die sie im Rekordtempo errichtet hatten. Auch der aktuelle Epistates war zugegen, ein Mann aus dem Kekropis-Stamm. In Kriegszeiten tagte die Versammlung überall dort, wo *sie* sich befanden. Themistokles atmete tief durch und dachte nach. »So können wir nicht weitermachen«, sagte er. »Können wir uns zumindest darauf einigen? Sie werden die Stadt wieder abbrennen, und ich weiß nicht, wie oft diese Leute noch die Kraft haben werden, sie wieder neu zu errichten. In einem Umkreis von einem Tagesmarsch haben wir bereits alle Bäume gefällt!«

»Dann lassen wir sie einfach zwei Tage lang marschieren, oder drei …«, entgegnete Aristides, wobei er ihm vor allem aus Gewohnheit zu widersprechen schien.

Themistokles schüttelte den Kopf. »Und mit welchem Ziel? Unser einziger Vorteil ist die Flotte, aber ihr wisst, dass die Perser auch noch Schiffe haben. Sie befinden sich bei ihrem König. Glaubt ihr, dass er bloß auf der faulen Haut liegt? Wer weiß? Vor Salamis haben wir ihnen eine schwere Niederlage beigebracht, aber was ist, wenn sie gerade neue Schiffe bauen und im Frühjahr mit einer wiedererstarkten Flotte zurückkehren? Dann werden wir unsere Leute nicht mehr in Sicherheit bringen können und sind wieder da, wo wir ganz am Anfang waren! Nein, meine Herren. Wir müssen dieses Wolfsrudel zerschlagen. Wir müssen gnadenlos sein.«

»Ich glaube nicht …«, begann Kimon, verstummte aber sofort, als Xanthippos eine Hand hob.

Themistokles hob eine Augenbraue. Der forsche junge Mann hatte also Respekt gelernt. Natürlich hatte er das. Wäre es nicht Themistokles' eigene Idee gewesen, Xanthippos nach Sparta zu schicken, hätte er sich vielleicht über die Bündnisse geärgert, die auf dieser Reise ohne seine Zustimmung entstanden waren.

»Lass mich hören, was Themistokles zu sagen hat«, bat Xanthippos.

Kimon nickte.

Themistokles schüttelte den Kopf über ihre ernsten Mienen. »Wir spielen um die höchsten Einsätze«, fuhr er fort. »Nicht nur um unser Leben und unsere Freiheit, sondern um alles, was wir sind – und was wir werden könnten. Wenn wir sie *nicht* aufhalten, werden wir Athen und ganz Griechenland verlieren. Alles wird vernichtet werden. Ihr könnt mir also glauben, dass ich diese Sache nicht auf die leichte Schulter nehme.«

»Wieso lächelst du dann so seltsam?«, fragte Aristides misstrauisch.

»Vor Nervosität und aus Erschöpfung«, erwiderte Themistokles, ein wenig barsch. »Was ich euch drei jetzt sagen werde, fällt selbst mir nicht leicht.« Auf diese Worte ließ er eine Pause folgen, bis alle drei ihn ansahen, als wären sie kurz davor, ihn zu erwürgen. Schließlich seufzte er. »Meine Herren, wir müssen in Friedensverhandlungen mit Persien eintreten.«

»Ich sollte dir die Zunge rausreißen lassen«, fuhr Aristides ihn an. »Um endlich meine Ruhe vor dir zu haben. Du hast Glück, dass wir dich noch brauchen. Glaubst du, ich habe Zeit für diesen Blödsinn? Bei den Göttern, ich …«

»Hör ihm zu«, sagte Kimon mit fester Stimme.

Aristides blinzelte, offensichtlich überrascht, dass ein derart junger Mann ihm etwas befahl.

Themistokles wiederum war erstaunt über die unerwartete Schützenhilfe. Er fragte sich, wie lange Kimon an diesem Morgen bereits an einer Wein-Zitze genuckelt hatte.

Als Kimon merkte, dass alle ihn ansahen, zuckte er die Achseln. »Was denn? Themistokles war es, der Xerxes dazu überredet hat, seine Flotte aufzuteilen und sich aus dem Staub zu machen, oder etwa nicht? Wenn er wieder *so eine* Idee hat, ist sie es vielleicht wert, dass wir sie uns anhören. Und wenn nicht, haben wir nicht viel Zeit verloren.«

»Ich erkenne deinen Vater in dir«, sagte Themistokles zu ihm und fuhr, an die anderen gewandt, fort: »Und Kimon hat natürlich recht. Ich habe Griechenland mehr als einmal gerettet. Vielleicht mache ich es noch einmal. Jaja, schnaub du ruhig, Aristides! Du hast dafür plädiert, das Silber aus Laurium in die Taschen des Volkes und nicht in den Flottenbau fließen zu lassen. Weißt du noch? Dabei war diese Flotte unsere einzige Chance. Wer hat sich für sie ausgesprochen und damit das Leben jeder Frau und jedes Kindes in Athen gerettet? Und die Briefe an Xerxes? Welches Genie hat ihm die geschickt und ihn so dazu gebracht, seine Flotte in zwei Hälften aufzuteilen? Wer hat ihn nach

Hause fliehen lassen? Wer war das noch mal …? Ich habe es vergessen. Kannst du dich noch an den Namen dieses großen Helden erinnern, Aristides?«

Aristides starrte ihn kalt an. Es hatte Themistokles noch nie an Selbstvertrauen gemangelt, doch seit dem Ausbruch des Krieges war sein Selbstbild endgültig zu einer glänzenden Bronzestatue geronnen.

Themistokles grinste Aristides an. Er war sich des Widerstands, der ihm in ihrem Bündnis entgegenschlug, wohl bewusst. Sie hörten ihm nur zu, da sonst niemand eine Lösung für dieses Desaster anzubieten hatte. »Was wollen wir am meisten?«, fragte er. »Vor allem anderen?«

»Die Perser besiegen, oder dass sie abziehen«, antwortete Kimon, als sonst niemand etwas erwiderte.

»Genau …«, sagte Themistokles. »Ich glaube allerdings nicht, dass sie abziehen werden. Dazu bräuchten wir die Hilfe der Götter, und die können wir nicht erzwingen. Wir könnten vielleicht versuchen, für den Tod ihres Königs zu beten. In dem Fall würden sich die Perser sicher nach Hause verdrücken. Doch wenn das nicht klappt … brauchen wir Sparta an unserer Seite. Das ist unsere *einzige* Hoffnung. Die Ereignisse des heutigen Morgens erinnern uns daran, dass wir nicht in ständiger Angst leben können. Wir *dürfen nicht* zusehen, wie unsere Stadt immer wieder in Schutt und Asche gelegt wird. Und wir können auch nicht jedes Mal nach Salamis fliehen und an diesem schroffen Ort hungern. Früher oder später werden sie mit einer erneuerten Flotte zurückkehren.«

Er bedachte die anderen mit einem Blick, der keinen Widerspruch duldete. »Wie die Dinge derzeit stehen, müssen wir zu Vasallen ihres Königs werden, wenn wir nicht weiterhin in Furcht vor ihrer Zerstörungswut leben wollen. Doch das können wir nicht akzeptieren. Diesen Ausweg können wir also getrost ignorieren. Aber was bleibt uns dann noch übrig …? Nur ein

Krieg bis zum bitteren Ende, ohne Erholungspausen und Waffenstillstandsabkommen. Ich stand in Marathon und auf einem Galeerendeck vor Salamis. Ich werde nicht das Knie vor Persien oder irgendeinem anderen König beugen. Ich wurde in einer freien Stadt geboren, und ich werde als freier Mann sterben. Auf welche Weise auch immer.« Von seiner ansonsten üblichen Leichtigkeit und seinem Humor war nichts mehr zu spüren. Er sah älter und erschöpfter aus als je zuvor. Themistokles schüttelte sich, als brächte ihn der kalte Wind zum Zittern. »Letztlich ist alles ganz einfach. Wenn wir in den Krieg ziehen, brauchen wir Sparta. Die Frage ist nur, wie wir die Spartaner hinter ihrer Mauer hervorlocken können. Wie können wir ihre Arroganz und Selbstzufriedenheit erschüttern?« Er blickte von einem Mann zum anderen, wie um zu überprüfen, ob sie die Antwort errieten, doch sie sahen ihn lediglich abwartend an. »Die Spartaner fühlen sich hinter ihrer Mauer nur sicher, weil die Perser derzeit keine Flotte haben. Würden wir uns mit den Persern verbünden, würden wir ihr Heer *überall* auf dem Peloponnes an Land setzen. Die Spartaner könnten ihre Küste niemals wirksam verteidigen. Sie würden innerhalb einer Jahreszeit überwältigt und besiegt werden.«

»Ich verstehe …«, begann Aristides.

Doch er wurde erneut von Kimon unterbrochen, der mittlerweile vor Wut schäumte: »Ich aber nicht. Ich habe dich unterstützt, Themistokles! Du kannst doch nicht allen Ernstes vorschlagen, dass wir uns mit Persien zusammentun, um Sparta zu bezwingen. Wenn doch, dann schwöre ich …«

»Kimon«, sagte Xanthippos.

Erneut verstummte der junge Mann. Themistokles fragte sich, was auf der Reise nach Sparta geschehen war, das zu einer so engen Verbindung zwischen den beiden geführt hatte.

Xanthippos nickte Kimon dankbar zu. Ihr gegenseitiger Respekt ging Themistokles allmählich auf die Nerven.

»Ich glaube, Themistokles schlägt vor, dass wir so tun, als würden wir unser Wort brechen«, sagte Xanthippos. »Dass wir nur mit einem Bündnis mit Persien drohen.« Er dachte einen Moment lang nach und nickte. »Wenn die Spartaner ihre eigene Vernichtung fürchten müssten, würden sie, wie du sagst, sicher in den Kampf eingreifen. Aber es würde alles bestätigen, was sie an der Athener Politik hassen. Sie bezeichnen uns jetzt schon als Huren, meine Herren. Wenn wir mit Verrat drohen, werden sie sich in dieser Einschätzung bestärkt fühlen.« Er blickte in Themistokles' erschöpftes Gesicht und seufzte. »Damit würden wir uns ein neues Problem einbrocken. Die Spartaner würden das niemals vergessen.«

»Wenn wir siegen, werden sie anerkennen, dass wir von Anfang an recht hatten«, erwiderte Themistokles. »Aber ehrlich gesagt, ist es mir egal, was sie denken. Athen wurde gebrandschatzt. Ich …« Er kniff die Augen zusammen und fluchte leise. In der Ferne stieg eine Rauchwolke auf. Die anderen folgten seinem Blick und fluchten ebenfalls oder murmelten leise Stoßgebete. Die Perser waren erneut in die Stadt eingefallen und hatten wieder Feuer gelegt.

»Wir müssen tun, was immer nötig ist«, sagte Themistokles so leise, dass er wegen der Möwenschreie und der Brandung an der Küste von Salamis fast nicht zu verstehen war. »So können wir jedenfalls nicht weiterleben.«

Aristides streckte die Hand aus, und Themistokles ergriff sie. Sie schworen einander einen stummen Eid. Die anderen machten es ihnen nach, und schon bald breitete die Geste sich in der Menge aus. Die Menschen suchten Trost in der Stärke der anderen, während Athen zum zweiten Mal brannte. Und sie schlossen einen Rachepakt.

KAPITEL 18

Als die Menge den Rauch über Athen aufsteigen sah, erhob sich ein leises Wehklagen. Sie wussten genau, was er zu bedeuten hatte. Bei der Vorstellung, ein weiteres Mal zu den Verwüstungen zurückzukehren, die sie noch immer frisch vor Augen hatten, zu den verbrannten Gebäuden und den Exkrementen der gegnerischen Soldaten, brachen einige von ihnen in Tränen aus. Andere fluchten und schüttelten die Fäuste gegen einen Feind, den sie nicht sehen konnten. Sie beschworen den Zorn der Götter auf die Häupter der Perser und ihre Kinder herab.

Ein bärtiger Mann stand auf und sah sich zornig um. Seiner kräftigen Statur nach zu urteilen, war er ein Schmied, jemand, der mit den Händen arbeitete. Er trug eine fleckige Schürze, seine haarigen Schultern waren nackt. Agariste sah erst ihn an, dann seine Frau, die sich ebenfalls halb erhob und ihn mit einer stummen Geste anflehte, sich wieder hinzusetzen.

Doch der stämmige Mann trat einen Schritt von seiner Familie weg und hob die Stimme, damit alle ihn hören konnten. »Die Stadt steht *schon wieder* in Flammen!«, bellte er über die Köpfe der Umstehenden hinweg. »Mein Geschäft, mein *Zuhause* – alles, was ich habe, wird von den Persern zertrampelt. Und meine Ersparnisse? Die wurden mir am Hafen von Vertretern des Rats abgenommen.« Er hielt einen Zählstock wie einen Talisman in die Höhe. »Angeblich kann ich sie wiederhaben, sobald die Notlage vorbei ist.« Wütend brach er den Stock unter den erstaunten Blicken der Menge in der Mitte durch und spuckte aus. Die Leute, die in seiner Nähe saßen, rückten von ihm ab. Andere hörten ihm zu, was ihn noch weiter zu bestärken schien. »Während diese bemalten Hunde erneut durch Athen marodieren und sich über uns totlachen, raubt mich meine eigene Regierung aus und bringt mich an den Bettelstab? Ich habe für diese Münzen gearbeitet! Ich habe Blut und Schweiß für sie vergossen. Was zu viel ist, ist zu viel!«

»Setz dich wieder hin!«, rief jemand.

»Komm doch her und *zwing mich* dazu!«, brüllte er mit rotem Gesicht zurück. Speicheltropfen spritzten von seinen Lippen. »Unsere Archonten und Strategoi scheren sich einen Dreck um uns! Was wissen die schon von harter Arbeit? Von *jahrelanger* harter Arbeit? Davon, wie es sich anfühlt, wenn einem die ganzen Ersparnisse weggenommen werden? Sie nehmen sich unser Blut, das wir ihnen wie brave kleine Lämmer überlassen. Oh, sie werden uns, ohne zu zögern, auf dem Altar des Krieges opfern. Während sie selbst in ihren schönen Häusern sitzen und Wein trinken. Sie lachen sich bestimmt ins Fäustchen, meint ihr nicht? Wir haben ihnen alles gegeben, was wir haben, und was bekommen wir dafür?« Er deutete zu dem schwarzen Rauch, der in der Ferne aufstieg. »*Das da.* Das bekommen wir.«

Agariste hörte die Frau und die Kinder des Mannes seinen Namen rufen. Sie wollten unbedingt, dass er sich wieder hinsetzte und aufhörte, den anderen Flüchtlingen auf die Nerven zu fallen. Doch Agariste sah, dass er es auf keinen Fall gut sein lassen würde. Sie kannte seinen starrsinnigen Gesichtsausdruck von ihrem eigenen Gemahl, den gesenkten Kopf und die gestrafften Schultern, mit denen er der ganzen Welt entgegentreten wollte. Sie wollte ihm eine Warnung zurufen, aber er war nicht *ihr* Mann.

»Persien hat uns ein *Friedensangebot* gemacht!«, rief er.

Die Menge verstummte. Der Mann sagte nichts, was sie nicht auch selbst während der vergangenen Wochen Tausende Male von sich gegeben hatten. Doch es war ein Unterschied, ob man es seiner Frau im Ehebett zuflüsterte oder laut hinausrief, während die persische Armee ihre geliebte Stadt abfackelte. Seine Kühnheit – oder war es Wahnsinn? – verschlug ihnen die Sprache.

»Hätten wir das Angebot angenommen, würden sie dann noch einmal alles in Brand stecken? Nein. Ich wäre in meiner Stadt, meine Kinder wären in Sicherheit, und ich würde für meinen Lebensunterhalt arbeiten. Wir wären nicht hier, in diesem bitterkalten Wind, ohne etwas zu essen oder zu trinken, ohne ein Feuer, an dem wir uns wärmen können. Ich habe für Frieden gestimmt, weil es mir gleichgültig ist, wer auf meine Kosten in Saus und Braus lebt. Ich habe immer nur darum gebeten, dass mir die Regierung nicht das Leben schwer macht. Mir ist es doch egal, ob ich von Persern oder Athenern beherrscht werde! Wenn unsere Versammlung und unser Rat uns nicht beschützen können, wozu sind sie dann überhaupt da? Wieso sollte ich mein Haus *noch einmal* aus den Trümmern wiederaufbauen, solange wir keine Mauern haben?«

Zu Agaristes Entsetzen erhob sich in der Menge zustimmendes Gemurmel. Sie sah die ernsten Mienen ihrer beider Hopliten und ihres Ältesten, die das Geschehen ebenfalls verfolgten. Alle schauten und hörten zu. Agariste schluckte nervös und drückte ihre Tochter fest an sich. Sie wusste nicht, ob sie die Hopliten dazu auffordern konnte, den Mann zum Schweigen zu bringen. Existierten überhaupt noch irgendwelche Regeln, während die Stadt zum zweiten Mal in Flammen stand? Für Frauen stellte sich ein Krieg ganz anders dar als für Männer. Soldaten und deren Söhne malten sich nur Siege oder einen ruhmreichen Tod auf dem Schlachtfeld aus, niemals, wie sie entsetzt davonliefen oder zum Krüppel geschlagen wurden. Es waren immer die Frauen, die mit den Folgen leben, sich an die neuen Gegebenheiten anpassen und neue Männer in ihren Häusern und Betten akzeptieren mussten.

Seit der ersten Invasion hatte Agariste immer wieder unglückliche junge Frauen an der Straße auf Kunden warten und ihre Körper verkaufen sehen. Da ihre Ehemänner auf dem Grund des Meeres lagen, blieb ihnen nichts anderes übrig, als mit dem einzig

Wertvollen zu schachern, das ihnen noch geblieben war. Agariste biss sich, zitternd vor Kälte, auf die Lippe.

»Ich schlage vor, dass eine Delegation des Athener Volkes zum General der Perser geht und sagt: ›Wir, die Athener, akzeptieren dein Friedensangebot.‹«

Ein wütendes Murren ging durch die Zuhörer, als immer mehr von ihnen begriffen, was gerade geschah. Agariste sah vor Empörung gerötete Gesichter, aber auch ein paar beifällig nickende Köpfe und Männer, die zustimmend die Arme hoben, wie sie es manchmal auf dem Pnyx taten.

»Sie wollen Frieden!«, sagte der Mann. »Wir wissen, dass der persische König ein Ehrenmann ist und seine Verbündeten gut behandelt. Wenn wir Frieden wollen, müssen wir ihn nur darum bitten!«

Ein Stein prallte von seiner Schulter ab. Er sah schockiert auf. In dem atemlosen Moment, bevor er etwas sagen konnte, wurde mit voller Wucht ein zweiter geworfen. Er traf ihn am Mund, schlug seine Lippe blutig und seinen Kopf zur Seite. Der Mann fiel auf die Knie und hielt sich das Gesicht. Agariste hörte Leute mitfühlend aufschreien, aber wenigstens war es vorbei.

Der Mann war stark. Seine Frau versuchte, ihn zurückzuhalten, doch er schüttelte sie ab und stand erneut auf. Blut rann an seinem Gesicht und seinem Hals herunter und bildete einen dunklen Fleck auf der Vorderseite seiner Lederschürze. Er setzte erneut zum Sprechen an, doch der Anblick seines Blutes entfesselte etwas in der Menge. Vier Männer stürzten sich gleichzeitig auf ihn. Sie hatten Steine vom Boden aufgeklaubt und hielten sie wie Knüppel. Er hatte gerade noch Zeit, sie anzusehen, ehe ihn der erste Schlag an der Wange traf.

Seine Frau kreischte, als er zum zweiten Mal hinfiel, doch die Männer ließen nicht von ihm ab. Agariste presste sich eine Hand auf den Mund, um ihre eigenen Schreie zu unterdrücken, während sie immer wieder mit den Steinen auf ihn eindroschen und ihm die Knochen brachen. Schon bald war klar, dass der Schmied nicht mehr aufstehen würde.

Die Männer ließen keuchend die Steine fallen, doch die Menge wirkte noch immer nicht zufrieden. Agariste sah, wie Ariphron sich ein Herz fasste und vortrat.

Sie streckte rasch die Hand aus und hielt ihn am Bein fest. »Bleib hier«, zischte sie ihm zu. »Sie werden dich umbringen, wenn du dich einmischst. Beschütze mich. Beschütze deinen Bruder und deine Schwester.«

Nach kurzem Zögern nickte Ariphron. Sie sah, dass die beiden Hopliten zuhörten und auf Anweisungen warteten.

Agariste wollte gerade aufstehen, als sie ein paar Frauen zusammenstehen sah. Die Gewalt war vorbei, und die vier Mörder kehrten mit ausdruckslosen, verwirrten Mienen zu ihren Plätzen zurück. Eine Frau hob einen der blutigen Steine auf. Agariste sah ihren Blick. Er war so kalt wie der Wind und das Meer.

»Verräter«, sagte die Frau und deutete auf die Familie des toten Mannes.

»Nein!«, erwiderte die Witwe des Schmieds. »Wir haben nichts gesagt!« Sie zog ihre Kinder dicht an sich heran und beugte sich über sie.

Agariste sah, dass mittlerweile auch einige andere Frauen Steine aufgehoben hatten. Der Regen rann noch immer in silbernen Fäden vom langen Dach herab. Agariste glaubte, keine Luft zu bekommen. Sie konnte nicht ertragen, was sich vor ihren Augen abspielte.

Die Frauen fielen über die kleine Familie her und erstickten ihre Schreie mit ihren Roben, Kutten und Kleidern, während sie immer wieder die Arme hoben und herabsausen ließen. In ihrem Unterschlupf breitete sich entsetztes Schweigen aus, doch niemand wandte den Blick ab. Diejenigen, die dem Schmied zugestimmt hatten, rückten mit gesenkten Köpfen von allen ab, die davon etwas mitbekommen haben könnten.

Als es vorbei war, traten die Frauen zurück. Die zerschmetterten Körper waren überraschend staubig, als wären sie in ihrem Blut und im Dreck hin und her gewälzt worden. Die Mutter und ihre Kinder waren allesamt tot und starrten mit leerem Blick zum Grasdach hinauf.

Die Leute rückten von den Leichen ab, während die Frauen die Steine fallen ließen und in der Menge verschwanden, um sich unter den Regenrinnsalen das Blut von den Händen zu waschen. Die Stille, die sich nun ausbreitete, war fast mit den Händen zu greifen.

Agariste merkte, dass sie wie ein Kind leise weinte und Eleni genauso fest an sich drückte, wie die verstorbene Frau es mit ihren Kindern getan hatte. Perikles stand mit offenem Mund und aufgerissenen Augen in der Nähe. Agariste wünschte sich, es wäre ihr möglich gewesen, seinen Blick von den Ereignissen abzulenken, doch dafür war es nun zu spät.

Sie hörte Bronze klirren, ein Geräusch, das sie von Xanthippos' Übungen kannte, und wusste, dass Hopliten nahten. Zunächst sah sie nur Themistokles, dem ein Dutzend Bewaffneter folgte. Als ihr Blick auf Xanthippos fiel, klammerte sie sich schluchzend an ihn und vergrub den Kopf in den Falten seines Umhangs.

»Wer hat sie getötet?«, hörte sie Themistokles in die Runde fragen.

Niemand antwortete. Sie hatten gezeigt, was sie von Verrätern hielten, und damit war die Sache für sie erledigt. Agariste wollte nur noch nach Hause, doch sie wusste, dass ihr Heim nicht mehr existierte. Auch in Athen fiel Regen. Vielleicht würde er die Flammen ja löschen.

Ihr war klar, dass der Krieg sie alle zu Dingen veranlasste, die sie sonst niemals getan hätten. Er untergrub alle Regeln und Gesetze, bei deren Formulierung ihr Onkel geholfen hatte. Vielleicht enthüllte er aber auch nur, was sie wirklich wert waren. Eine Stadt wie Athen war ein künstliches Gebilde, zerbrechlich wie ein Tontopf, in dem Männer und Frauen taten, als wären sie keine Wölfe und die Gerechtigkeit etwas Unumstößliches. Agariste krallte sich nach wie vor sprachlos an Xanthippos fest, der seinerseits die Arme um sie geschlungen hielt. Eleni schob sich zwischen sie.

Xanthippos hob den Kopf. Agariste sah, dass Themistokles sich ihnen näherte, und rückte von ihrem Ehemann ab. Als Themistokles vor ihnen stehen blieb, strich sie mit den Händen ihr Kleid glatt und wischte sich mit ruckartigen Bewegungen die Tränen von den Wangen.

»Sie können nichts dafür«, murmelte Themistokles. »Sie haben Angst und sind wütend. An diesem Verbrechen sind die Perser schuld, die uns aus der Stadt vertrieben haben und uns diesen Krieg aufzwingen.«

Er sprach mit Agaristes Gemahl, blickte aber auch ihre beiden Söhne an. Aristides war ebenfalls gekommen. Er trug eine zerschlissene Robe und verbeugte sich vor Agariste, als würden sie sich während eines Markttages auf der Agora begegnen. Er wirkte angespannt und sehr blass.

Und so scharte sich um Agariste, mit Xanthippos im Zentrum, allmählich eine beschlussfähige Anzahl von Ratsmitgliedern. Es waren nur ein paar Dutzend, doch sie machten einen sehr entschlossenen Eindruck und repräsentierten die Athener Staatsgewalt.

»Sobald die Perser in ihr Winterlager zurückgekehrt sind, werde ich eine Botschaft nach Sparta schicken«, sagte Themistokles leise, während der Regen weiter auf das Dach prasselte. »Sie wird ein Ultimatum enthalten. Gleichzeitig möchte ich, dass du, Xanthippos, mit der Flotte ausläufst. Finde und versenke jedes Schiff, das die Perser noch haben. Verwüste ihre Häfen. Vielleicht kannst du in ihrer Heimat für so viel Aufruhr sorgen, dass sie ihre Soldaten zurückrufen.«

Agariste blickte zu ihrem Ehmann auf und sah, dass er, ohne zu zögern, nickte. Ihr wurde flau im Magen. Natürlich würde er an alledem teilnehmen. Schließlich hatte sie ihn wegen seiner Stärke geheiratet. Sie sah Perikles und Ariphron neben ihm stehen und wusste, dass sie ihn ebenfalls begleiten würden. Einen Augenblick lang glaubte sie, sich übergeben zu müssen.

»Alles Weitere entscheiden wir, wenn es so weit ist«, fuhr Themistokles leise fort. »An unserem Ziel ändert sich nichts. Wir werden die Spartaner aus der Reserve locken, selbst wenn wir sie uns dafür zum Feind machen müssen.«

Pausanias stand zusammen mit Tisamenos auf der Akropolis in Sparta. Die beiden glänzten vor Schweiß und Gesundheit. Sie waren, soweit der Blick reichte, von Berggipfeln umringt. Am höchsten ragten der Taygetos und der Parnon aus dem Panorama heraus.

In der morgendlichen Stille schien es, als wären sie die einzigen lebenden Menschen auf der ganzen Welt. Die beiden Männer waren in eigentümlich beschwingter Stimmung um die Wette den Hügel hinaufgerannt. Obwohl es im Morgengrauen noch kalt war, wurden die Tage bereits länger. Die dunkelsten Monate lagen inzwischen hinter ihnen. So hoch über der Stadt glaubte Tisamenos nicht nur Kochfeuer, sondern auch Phrygana und Salbei zu riechen, die ersten Vorboten des kommenden Frühlings. Aus dieser Entfernung wirkten die Berge kahl, doch sie wimmelten vor Leben – Hasen, Wölfen, Bären, Wildschweinen und sogar Löwen. Natürlich würde es noch Frostnächte und starke Regenfälle geben. Doch der Frühling würde kommen. Das zumindest war sicher.

»Ich habe deinen Neffen mit den Ephoren und König Leotychides sprechen sehen«, sagte Tisamenos. »Er sah gut aus, ein prächtiger junger Mann.«

Pausanias nickte, doch gleichzeitig verzog er die Mundwinkel, als hätte er einen bitteren Geschmack im Mund.

Er wusste, dass Pausanias bedrückt war und davor zurückschreckte, die Entscheidung zu treffen, die ihm oblag. Doch er wusste auch, dass sein Freund den dafür nötigen Mut besaß. Sein Onkel war der Kriegskönig von Sparta gewesen, bevor er loszog, um nur mit seiner Leibgarde und ein paar Tausend geringeren Männern das persische Heer aufzuhalten. Diese Tat hallte noch immer in der Stadt und ihren Bewohnern nach. Abgesehen von den verbliebenen Heloten und Periöken, die Leonidas kurz vor dem Ende weggeschickt hatte, war nur ein einziger Spartaner nicht seinen Wunden erlegen. Seine Erzählung vom Widerstand des Königs im Pass an den Thermopylen war bereits zu einer Legende geworden, sein Tod eine Demonstration des spartanischen Willens. Tisamenos schüttelte ehrfürchtig den Kopf. Als der persische König verlangt hatte, dass die Spartaner ihre Waffen niederlegen, soll Leonidas' Erwiderung lediglich aus zwei Worten bestanden haben: *Molon labe* – komm und hol sie dir.

Tisamenos drehte sich zu Pausanias um und sah seinen Freund besorgt zu den fernen Berggipfeln blicken. Die Bürde, die er als Regent trug, war so groß, dass ein schwächerer Mann längst darunter zusammengebrochen wäre. Vor gerade mal einer Woche war sein Vater mit einem letzten Schmerzensschrei im Schlaf gestorben. Sein Vermächtnis war die bereits seit einiger Zeit fertiggestellte Mauer quer über die Landenge. Pausanias' Vater war ein Sinnbild spartanischen Gehorsams und stummer Stärke gewesen. Der Schatten, aus dem sein Sohn heraustreten musste, war immens groß.

Kleombrotos' Beerdigung war eine schlichte Veranstaltung gewesen. Pausanias hatte, wie es von ihm erwartet worden war, Würde gewahrt. Dass Tisamenos ihn später in der Nacht hatte schluchzen hören, hatte er ihm gegenüber nie erwähnt. In ihrer Freundschaft gab es Grenzen, die nicht überschritten werden durften. Selbst an diesem Ort, allein in der morgendlichen Stille, hätte Tisamenos ihn nie gefragt, wie es sich anfühlte, der Sohn eines großen Mannes und Neffe eines großen Königs zu sein.

Er merkte, dass Pausanias ihm nicht geantwortet hatte. Während er über eine neue Gesprächseröffnung nachdachte, brach der Spartaner schließlich doch noch das Schweigen: »Pleistarchos ist in der Tat ein prächtiger junger Mann«, sagte Pausanias sanft, beinahe im Flüsterton. »Manchmal wünschte ich mir nur, er wäre ein Jahr früher zur Welt gekommen. Dann würde er mich nicht brauchen, und *er* wäre derjenige, der uns alle in den Krieg führen würde.«

Es war keine Antwort nötig, doch Tisamenos gab trotzdem eine. Er war kein Spartaner und sprach lieber, als zu schweigen. »Die Ephoren würden einem Sohn von Leonidas nie erlauben, Sparta zu verlassen, solange er das Mannesalter noch nicht erreicht und keinen Sohn gezeugt hat. Das hast du selbst gesagt. Ich fürchte, die Entscheidung liegt allein bei dir, mein Freund. Fällt sie dir wirklich so schwer?«

Pausanias sah ihn kurz von der Seite an. »Es macht mir Angst, dass mir das alles in den Schoß gefallen ist, Tisamenos! Vor einem Jahr war noch Leonidas der Kriegskönig von Sparta. Es hat nie einen größeren gegeben als ihn. Mein Vater war gesund, und mir war ein lebenslanger Dienst vorbestimmt, von einundzwanzig bis sechzig – als Soldat oder vielleicht als Trierarch in der Flotte. Es hat mich schon immer aufs Meer gezogen. Auch heute noch. Inzwischen sind der Löwe und mein Vater tot – und die persische Armee treibt in unserem Land ihr Unwesen und verspottet uns. Und wer muss entscheiden, was wir deswegen unternehmen? Ich! Es erfüllt mich mit Stolz, Tisamenos … aber ich habe auch Angst. Das ist es, was ich wollte, als ich dich bat, bei mir zu bleiben. Du wirst fünf große Wettkämpfe gewinnen – fünf Schlachten! Das hat man dir gesagt. Als ich das hörte, wusste ich, dass es meine Siege sein könnten. Dafür habe ich zu Apoll gebetet. Tisamenos.« Pausanias schüttelte den Kopf und machte ein Gesicht, als hätte ihn etwas gestochen. »Und nun frage ich mich, ob mein Stolz unser aller Verderben sein wird. Sparta blickt auf eine lange Geschichte zurück, Tisamenos. Wir leben schon seit mehr als dreihundert Jahren in diesem Tal, und wir haben noch nie einen Feind gesehen. Nicht hier. Werde ich derjenige sein, der das Ende unserer Geschichte einläutet? Was ist, wenn ich mit der Armee in die Schlacht ziehe …?«

Er sagte nicht laut, dass sie möglicherweise verlieren würden. Jedermann wusste, dass die Götter Zuversicht liebten und dass es nicht klug war, sie in seine Ängste einzuweihen. »Wird Sparta überleben, wenn ich den Athenern eine Absage erteile? Werden sie ihre Schiffe wirklich den Persern übergeben?«

»Das kann ich nicht sagen«, murmelte Tisamenos.

Pausanias' Miene verfinsterte sich. »Sie haben *geschworen,* es nicht zu tun. Doch dann sind die Perser zurückgekehrt und haben Athen ein zweites Mal gebrandschatzt! Kannst du dir das vorstellen? Ich kann ihren Zorn gut verstehen! Wenn sie Frieden schließen, werden ihre Schiffe im Frühjahr Perser zu unserer Küste transportieren. Gegen beide zusammen können wir nicht bestehen, aber was folgt daraus? Müssen wir uns deswegen wie Vieh in den Krieg treiben lassen? Es sind so viele Perser, Tisamenos!« Der Regent sah sich um, um sicherzugehen, dass sie noch immer allein waren. »Was ist, wenn wir in den Kampf ziehen … und alles, was ich tun kann, nicht reicht?«

Erstaunt merkte Tisamenos, dass sein Freund ihn um Rat fragte, zum ersten Mal überhaupt. »Sparta hat keine Mauern, mein Freund«, antwortete er, ohne zu zögern und mit fester Stimme. »Dein Vater … hat es für nötig gehalten, eine zu errichten, auf der Landenge. Vielleiht hatte er damit recht, aber im Frühling … Ich muss nicht wiederholen, was du gerade gesagt hast. Gegen ein Bündnis zwischen Athen und Persien kannst du nichts ausrichten. Ich glaube …«

»Ich muss alles riskieren«, nahm Pausanias ihm die Worte aus dem Mund. »Ich muss sämtliche Spartiaten und Periöken einberufen und mit ihnen in den Krieg ziehen. Damit es in unserer

Abwesenheit zu keiner Katastrophe kommt, muss ich außerdem alle Heloten mitnehmen. Zum ersten Mal in unserer Geschichte müssen wir mit jedem kampffähigen Mann einem Heer entgegentreten, das so groß ist, dass ich keine Ahnung habe, wie wir es besiegen sollen.« Er senkte die Stimme zu einem Flüstern. »Verstehst du? Ich muss die Ephoren, die Frauen und die Kinder zurücklassen, wohl wissend, dass wir vielleicht nicht mehr zurückkommen. Und *trotzdem* muss ich es tun. Das überfordert mich, Tisamenos.«

»Du wirst nicht allein sein«, erwiderte Tisamenos. »Du wirst die Hopliten aus Athen und Platäa und all den anderen griechischen Staaten bei dir haben. Außerdem wirst du mich an deiner Seite wissen – und du wirst mir den Sieg geben, den du mir beim Fünfkampf vorenthalten hast! Den Triumph, der mir in Delphi versprochen wurde! Denk mal darüber nach, Spartaner! Den schuldest du mir noch!«

Pausanias klopfte ihm lachend auf die Schulter. »Ich werde dich nicht enttäuschen«, sagte er und wurde wieder ernst. »Bei den Göttern. Ich bete darum, dass ich niemanden enttäusche.«

»Hast du dich also entschieden?«, fragte Tisamenos.

Einen Moment lang herrschte Stille, dann lächelte Pausanias und nickte. »Es fühlt sich an, als fiele mir ein Stein vom Herzen, Wahrsager.«

»Ich war nie ein Wahrsager, Pausanias. Das weißt du genau. Nur ein Mann, dem das Orakel von Delphi fünf Siege versprochen hat. Mehr nicht.«

»Das ist genug«, erwiderte Pausanias.

Mittlerweile atmeten beide wieder ganz normal und machten sich an den Abstieg zur Stadt. Nach einer Weile begannen beide Männer, in halsbrecherischem Tempo zu rennen und über die Steine zu schlittern.

KAPITEL 19

Aristides stand auf einer niedrigen Mauer und sah zu, wie sich die spartanische Armee Athen näherte. Beim Anblick der roten Umhänge wurde er unwillkürlich unruhig. Nur wenige Menschen hatte je so viele Spartiaten auf einem Haufen gesehen. Anscheinend stand Pausanias zu seinem Wort und zum Eid, den sein Vater und König Leonidas geleistet hatten. Mit der Ankunft der Soldaten war es, als würden die beiden den Athenern nach ihrem Tod die Hand reichen.

Themistokles eilte ein wenig keuchend herbei und schirmte die Augen gegen die grelle Nachmittagssonne ab. Der Vormittag war warm und trocken gewesen, der Himmel so blau wie in ihrer Kindheit. Zwei Monate waren vergangen, seit sie Athen zum zweiten Mal hatten brennen sehen. Anschließend hatte die Versammlung Sparta ein offizielles Ultimatum zukommen lassen. Im Krieg mussten harte Entscheidungen getroffen werden – was an einem Tag galt, war am nächsten vielleicht schon nicht mehr wahr. Dennoch waren die beiden Männer froh, dass sie nicht gezwungen gewesen waren, ihre Ehre auf dem Scheiterhaufen Athens zu verbrennen. Endlich war die Antwort von Regent Pausanias eingetroffen – der in diesem Jahr als spartanischer Kriegskönig fungierte. Sie war auch vom anderen spartanischen Herrscher, König Leotychides, bestätigt worden. Niemand hatte damit gerechnet, dass Leotychides die verbliebenen spartanischen Schiffe die Küste hinunterführen und zur Bündnisflotte hinzufügen würde. Natürlich hatte Leotychides darauf bestanden, dass Xanthippos ihm das Oberkommando überließ. Themistokles musste noch immer lächeln, wenn er an seine eigenen diesbezüglichen Auseinandersetzungen mit den

Spartanern zurückdachte. Xanthippos hatte sich sofort darauf eingelassen.

Die spartanischen Könige schienen nur ihre Frauen und Kinder zu Hause zurückgelassen zu haben. Keiner der Archonten von Athen war sicher gewesen, ob die Spartaner in der Lage sein würden, so viele Soldaten in die Schlacht zu führen. Aristides schluckte ein wenig nervös. Er rief sich ins Gedächtnis, dass kein Spartaner jemals Steine zu einer Mauer aufschichtete, einen Topf formte oder Feuerholz hackte. Während die Heloten die körperlichen Arbeiten erledigten, übten sich die Spartiaten von ihrem siebten Geburtstag an tagein, tagaus in der Kriegskunst, bis sie schließlich mit sechzig ihre Waffen ablegten. Aristides war sicher, dass sie allen anderen Griechen überlegen waren. Der Kampf war ihre Berufung, ihr einziger Daseinszweck. Doch er wusste nicht, ob das reichen würde.

Obwohl von der Athener Stadtmauer, auf der Themistokles und er standen, bislang kaum mehr als ein Fundament existierte, waren tausend Steinmetze und ihre Mannschaften nötig gewesen, um es nach dem Abzug der Perser zu errichten. Diese Männer hatten sie mit Silber aus den Minen von Laurium entlohnt. Das Erz war zu reinem Metall verfeinert und zu Münzen geformt worden, die Athena und Herakles zeigten. Sie gaben sie für das wenige aus, das auf den Märkten der Stadt erhältlich war. Und so bauten sie die Mauer Stein für Stein wieder auf.

Morgens und abends stachen Fischerboote in See, um die Menschen zu ernähren. In der Dunkelheit hängten sie Laternen an die Bordwände, um neugierige Tintenfische anzulocken. Inzwischen waren sogar sechs beschädigte Galeeren zu Handelsschiffen umgerüstet worden. Unter Deck, wo früher die Ruderer gesessen hatten, waren Frachträume eingerichtet worden, die nur darauf warteten, gefüllt zu werden. Dieser wichtige kleine Verband überquerte die Ägäis in südlicher Richtung bis Kreta und brachte Fleisch, Holz, Werkzeuge, unverzichtbares Öl und gesegneten Wein in ihre Heimatstadt zurück. Männer wie Aristides hofften, mit diesen Schiffen eines Tages ihr Vermögen zurückgewinnen zu können.

Sein Volk hielt durch. Wenn ein großer Sturm über sie hinwegfegte, traten sie am nächsten Tag in die klamme Nässe hinaus und schleiften ihre Werkzeuge. Wenn Leichen herumlagen, begruben und betrauerten sie sie und machten anschließend weiter. So hatten sie es immer gehalten. In diesem Jahr, das nach Xanthippos benannt war, bestand ihre Herausforderung darin, ein Heer zurückzuschlagen, wie es die Welt noch nie gesehen hatte.

»Sie kommen«, sagte Themistokles.

Aristides seufzte. »Ja, sie sind kaum zu übersehen.«

Themistokles blickte ihn finster an. »Du gönnst mir wirklich gar kein Vergnügen, Aristides. Ich bin so froh. Wir haben es geschafft. Wir haben sie herausgelockt.«

»Ich höre immer ›wir‹, aber ich glaube, du meinst nur dich«, sagte Aristides und verzog die Lippen zu einem Ausdruck, der nur entfernt an ein Lächeln erinnerte. Dabei ließ er keine Sekunde die Spartaner aus den Augen, deren Anblick ihn mit ebenso viel Schrecken wie Ehrfurcht erfüllte.

Themistokles schnaubte. »Ich werde nicht so tun, als wäre ich an der Rettung der Stadt unbeteiligt gewesen. Und ich werde dir auch nicht deinen Anteil an diesem Erfolg streitig machen. Es ist nur so … dass ich dafür mehr geleistet habe als du. Sei nicht allzu überrascht, wenn du bei deiner Rückkehr eine Statue von mir vorfindest. Vielleicht irgendwo auf der Akropolis. Aus Bronze oder weißem Marmor. Möglicherweise wirst du auch eine von dir selbst erblicken – die zu meinen Füßen kauert und bewundernd zu mir aufblickt.«

Aristides sah zu Themistokles hinüber. Sie waren nie Freunde gewesen. Tatsächlich verabscheuten sie einander schon viel länger, als er zurückdenken konnte. Allmählich merkte er jedoch, dass er diesen verhassten Mann eigentlich ganz gern mochte. Themistokles ließ nie eine Gelegenheit aus, ihn zu provozieren und zu ärgern, doch sie standen auf derselben Seite und liebten die gleichen Dinge. Vielleicht war das ja alles, was zählte. »Bist du sicher, dass du nicht lieber die Hopliten in den Kampf führen möchtest?«, fragte er. »Wenn du willst, kann ich gerne in deiner Abwesenheit die Stadt regieren.«

Themistokles schüttelte den Kopf. »Die Leute brauchen jemanden, den sie lieben, Aristides. Der sie inspiriert, verstehst du? Sie sehen eine Art Vater in mir. Außerdem kenne ich sämtliche Bergbaumannschaften und Münzpräger. Jetzt ist keine Zeit mehr, dich mit ihnen allen bekannt zu machen.«

Aristides betrachtete den Mann, dessen Werdegang er seit mehr als dreißig Jahren verfolgte. Seine Löwenmähne war inzwischen von silbernen Strähnen durchzogen. Nein, er verabscheute ihn noch immer.

Aristides irritierte nicht nur Themistokles' spöttische Art, mit der er jeden ernsthaften Mann unweigerlich auf die Palme brachte, sondern auch, dass er noch immer so viele Locken hatte, während Aristides selbst kahl geworden war und seine wenigen verbliebenen Haare kurz geschoren trug. Er hatte nicht geglaubt, dass es ihm etwas ausmachen würde, und schämte sich deswegen ein bisschen. Offenbar war kein Mann komplett frei von Eitelkeiten, nicht einmal er. Aristides spürte die Last der Jahre auf seinen Schultern, vor allem, wenn er morgens aufwachte und ihm bei seinen ersten Schritten des Tages alles wehtat. Die Aussicht, zusammen mit jungen Spartanern in den Krieg ziehen zu müssen, war schrecklich. Er reckte das Kinn vor und spürte, wie sich seine Nackensehnen unter der Haut abzeichneten. Er würde tun, was immer getan werden musste, egal was es ihn kostete. Vermutlich litt Themistokles genauso sehr wie er, verwendete aber wesentlich mehr Energie darauf, alles, was er tat, mühelos wirken zu lassen. Andererseits fielen Themistokles ein paar Dinge vielleicht wirklich leichter. Aristides betrachtete das Leben als einen einzigen bitteren Kampf – und gerade deswegen als wertvoll. Themistokles sah darin … Aristides schüttelte den Kopf. Nur Athena wusste, was Themistokles vom Leben hielt.

Sie blickten beide zur Seite, als mehr als achttausend Athener Hopliten aus der Stadt marschierten und auf der Ebene im Westen anhielten. Sie schimmerten golden in der Sonne, deren Licht von ihren breiten Schilden, Helmen, Speeren und Beinschienen reflektiert wurde. Viele von ihnen befanden sich in der Blüte ihrer Jugend und auf dem Höhepunkt ihrer Kraft. Andere waren bereits elf Jahre zuvor in Marathon dabei gewesen.

Aristides ließ stolz den Blick über sie gleiten. Die Versammlung hatte ihn zu ihrem Polemarch gewählt. Auf jedem anderen Feld, in jedem anderen Jahr wären seine achttausend Soldaten wahlweise der Neid oder der Schrecken aller gewesen, die sie zu Gesicht bekamen. An diesem Tag beschatteten die Hopliten jedoch die Augen, um die Spartaner marschieren zu sehen, deren Umhänge im Wind flatterten, während sie sich näherten. Die Spartaner trugen keine Schilde. Stattdessen glänzten sie an den Flanken der Marschordnung, wo ihre Heloten sie für sie transportierten. Aristides konnte kaum fassen, wie viele es waren.

»In Wahrheit beneide ich dich nicht, Themistokles«, sagte Aristides. »Kümmere du dich nur um deine Minen und Münzen. Ich marschiere mit diesen hier.«

»Ich glaube doch, dass du mich beneidest, aber wer könnte dir das verdenken?«

Aristides ignorierte ihn. Die spartanische Armee schien mit jedem Schritt größer und breiter zu werden. Als jemand, der sich auf Schlachtfeldern auskannte, fiel es ihm nach wie vor schwer, bei ihrem Anblick Ruhe zu bewahren. Er spürte, wie sich ihm die Nackenhaare sträubten und er schneller atmete, wie ein alter Hund, der ein Jagdhorn hörte.

»Ich kann mir kaum eine Streitmacht vorstellen, die diese Männer besiegen könnte«, sagte Aristides. »Aber falls ich nicht wiederkehre …«

»Das wirst du«, sagte Themistokles. »Dich will doch sonst keiner haben.«

Zum ersten Mal begriff Aristides, dass Themistokles ebenso besorgt in die Zukunft blickte wie er und mit seinem bitteren Humor nur seine Ängste überspielte. Dass er nicht als Einziger nervös war, beruhigte ihn. »Ich will damit sagen … Ich besitze noch immer etwas Land, habe aber keine Erben. Es wäre mir lieb, wenn es versteigert würde und der Erlös an Stückeschreiber ginge. Natürlich nur, wenn die Stadt überlebt.«

»Ich wusste gar nicht, dass du das Theater magst«, erwiderte Themistokles.

Aristides zuckte die Achseln. »Wenn ich die Hungrigen füttere, werden sie wieder hungrig. Ein gutes Stück dagegen ist ein Werk für die Ewigkeit. Ich würde zum Beispiel Aischylos gern unterstützen. Er versteht was von Tragödien – und er hat mit uns in Marathon gekämpft. Sein Bruder ist dort gefallen. Die Trierarchia ist ebenfalls eine noble Idee, Themistokles. Schiffe und Theaterstücke für die Stadt. Das sind unsere Aufgaben.«

»Wenn die Stadt überlebt«, wiederholte Themistokles.

Sie sahen einander einen Moment lang in die Augen.

»Ja«, sagte Aristides. »Wenn sie überlebt. Wir halten nichts zurück, Themistokles. Nichts. Dies ist das Jahr, in dem sich unser Schicksal entscheidet. Das habe ich zwar bereits in Marathon oder vor Salamis geglaubt, aber in diesem Frühjahr ist es wirklich so weit.«

»Dann wünsche ich dir viel Glück, Bruder«, sagte Themistokles.

Aristides sah ihn erstaunt an, nickte und drückte kurz die Hand, die ihm sein alter Wegbegleiter hinhielt. Anschließend hob er den Helm und den Speer auf, die neben seinen Füßen auf dem Boden gelegen hatten. Nach einem letzten kurzen Blick auf die Stadt stieg er von der Mauer hinunter und gesellte sich zu den Hopliten.

Xanthippos versuchte, seinen Stolz zu verbergen, als seine Söhne an Bord kamen. Seine Tochter Eleni würde bei ihrer Mutter bleiben und helfen, das Familienanwesen wieder herzurichten. Es schien falsch, das einst so prächtige Haus bis zu einem erhofften Sieg in Schutt und Asche liegen zu lassen. Und die Haushaltssklaven brauchten Beschäftigung, damit sie nicht auf dumme Gedanken kamen. Außerdem musste sich der befreite Sklave Manias seine Bezahlung verdienen, nachdem er mittlerweile die Position des Vorarbeiters angenommen hatte. Xanthippos wusste, dass er entweder zu einem restaurierten Anwesen oder einem Ödland zurückkehren würde. *Falls* er zurückkehrte, rief er sich schnell ins Gedächtnis. Die Götter bestraften allzu großen Stolz.

Die Flotte, die in der Meerenge vor Salamis auf ihn wartete, war ein Fanal ihrer Entschlossenheit. Nur die Fischerboote und ein paar Handelsschiffe würden zurückbleiben, um die Frauen, Kinder und Alten zu versorgen. Jedes seetüchtige griechische Kriegsschiff ankerte vor Athen, denn in diesem Jahr gab es nur einen einzigen Feind, und dem würden sie mit allem, was sie aufbieten konnten, die Stirn bieten. So hatten sie es mit Sparta und den übrigen Verbündeten ausgemacht. Theben, Mazedonien und ein paar Dutzend kleinere Staaten hatten sich mit Persien zusammengeschlossen, die anderen Hellenen würden mit ihnen marschieren. Schließlich stand alles auf dem Spiel, was sie waren und möglicherweise jemals sein würden.

Xanthippos ließ den Blick mit gerunzelter Stirn über den geschäftigen Hafen wandern. In den Straßen drängten sich Frauen und Kinder, um den Aufbruch ihrer Männer zu beobachten. Er sah die Furcht in ihren Gesichtern, als sie mit zusammengekniffenen Augen die Hälse reckten. Er selbst hatte keine Angst. Nein, er war in Hochstimmung. Sie taten das Richtige. Themistokles hatte recht: Niemand teilt sich seine Kräfte ein, wenn wer mit einem Bären kämpft. Nun hieß es alles oder nichts, für eine Zukunft als freie Männer oder Sklaven.

Obwohl die Galeere fest am Kai vertäut war, schaukelte sie sanft. Xanthippos begrüßte seine beiden Söhne förmlich und drehte sie herum, um ihnen seine Besatzung vorzustellen. Sein Trierarch hieß Ereios. Er war ein Veteran aus der Schlacht von Salamis. Xanthippos vertraute ihm. Der Keleustes verließ ebenfalls seinen Posten und nahm Haltung an, um Perikles und Ariphron willkommen zu heißen. Die Jungs ergriffen seine große Hand ein wenig unbeholfen, doch Perikles grinste vor Vergnügen.

Epikleos, den Freund ihres Vaters, kannten sie bereits. Er würde die Hopliten an Bord befehligen. Epikleos hatte sowohl in Marathon als auch vor Salamis gekämpft und war zum Anwesen ihrer Familie geritten, um sie vor der Invasion der Perser zu warnen. Perikles und Ariphron wussten, dass ihr Vater ihm vertraute. Er war ein Freund der ganzen Familie. Xanthippos sah zu, wie er mit den beiden jungen Männern scherzte. In seinem Gesicht zeichneten sich Falten ab, die vor dem Einmarsch der Perser noch nicht da gewesen waren.

Xanthippos rieb sich die Wangen. Er war hager und braun gebrannt, und seine Haut fühlte sich nach der langen Zeit auf See wie Leder an. Die Arbeit als Flotten-Strategos war eine einzige Plackerei, doch er hatte sie lieben gelernt. Er genoss die Routinen und Rituale, sogar die Entbehrungen infolge des kargen Proviants und der beschränkten Wasservorräte. All das lag ihm. Das Leben auf dem Meer war hart, doch er verstand es – und die Flotte wurde mit jedem verstreichenden Tag immer schlagkräftiger.

Xanthippos stand allein im Bug, während Perikles und Ariphron mit den freien Ruderern aus Athen bekannt gemacht wurden. Neunzig Mann auf jeder Seite, Familienväter, die sich für die Stadt und ihre Liebsten abmühten. Xanthippos hatte Perikles am Abend zuvor ermahnt, sie mit Respekt zu behandeln, doch darüber hätte er sich keine Sorgen zu machen brauchen. Seine Söhne bewunderten Kraft und Ausdauer.

»Du siehst aus, als würdest du vor Stolz gleich platzen, Xan«, murmelte Epikleos neben ihm.

Xanthippos sackte in sich zusammen. Das war ihm nicht klar gewesen.

Epikleos lachte leise. »Ach, mach dir deswegen keine Sorgen. Deine Männer lieben dich dafür. Oder wäre es dir lieber, wenn sie nur den eiskalten Flottenkommandeur in dir sähen? Dumme Frage. Natürlich wäre es dir lieber.«

Xanthippos schnitt eine Grimasse. »Damit ist es vorbei. Der Spartaner Leotychides ist ab jetzt Navarch.«

»Na klar ist er das …«, entgegnete Epikleos grinsend. »Bis zu dem Moment, in dem ihr euch nicht einigen könnt. Das ist eine Athener Flotte, Xan. Das muss ich dir nicht erklären.«

Xanthippos schüttelte wortlos den Kopf, um das Thema zu beenden. Er glaubte zwar nicht, dass es auf seinem Schiff Spione gab. Seine Besatzung, mit der er vor Salamis gekämpft hatte, würde nie eines seiner Geheimnisse verraten. Aber es war durchaus möglich, dass sie etwas wiederholten, womit er prahlte. Derlei Dinge würden sich innerhalb von ein oder zwei Tagen in der gesamten Flotte verbreiten und gewiss auch den Spartanern zu Ohren kommen.

Perikles und Ariphron stiegen etwas mühsam von unter Deck herauf, während der Keleustes sich wie ein Berberaffe über die Kante schwang. Sie würden es lernen, dachte Xanthippos, wie tausend andere Dinge auch. Ariphron wirkte ein wenig steif. Perikles dagegen sah sich so begeistert um, als hätte er sich vom Wein im Frachtraum bedient.

Da er noch keine siebzehn war, hätte er ihn auch bei seiner Mutter und seiner Schwester zurücklassen können, doch der Junge wusste genau, wie er seinen Vater rumkriegen konnte: Perikles' erste Bitte, Ariphron begleiten zu dürfen, hatte Xanthippos noch abgelehnt, was der Junge mit großer Würde und Selbstbeherrschung zur Kenntnis genommen hatte. Sein Kummer über die

Absage war ihm kaum anzumerken gewesen. Xanthippos hatte zwei Tage lang durchgehalten und sich dann von Agariste umstimmen lassen. Und so konnte Xanthippos sein Vergnügen am Meer, dem Schiff und der Besatzung nun mit seinen beiden Söhnen teilen. Er wusste, dass Gefahren auf sie lauerten, doch alle Besatzungen wussten, wie man gegnerische Schiffe rammte, versenkte und in Brand steckte. Sie würden sich wie Haie auf die Perser stürzen. Xanthippos freute sich auf die bevorstehende Jagd und wusste, dass die anderen Kommandeure ebenso empfanden. Von den Kapitänen aus Korinth und Megara bis hin zum spartanischen König waren sie in diesem Jahr allesamt Griechen, verbunden durch ihre gemeinsame Sprache und den Glauben an die gleichen Götter. Xanthippos nahm eine Atmosphäre der Brüderlichkeit wahr, die vielleicht sogar den Krieg überdauern würde. Sie wollten die Perser, die gebrandschatzt und ihr Volk ermordet und geschändet hatten, zur Rechenschaft ziehen. Xanthippos hatte gehört, dass die Perser auf ihrem Vormarsch die tapfere kleine Stadt Platäa überfallen, geplündert und niedergebrannt hatten. Die Bewohner waren in die Hügel geflohen. Ein paar von ihnen hatten sich, wie sie es schon vor Marathon getan hatten, Aristides' Truppen angeschlossen.

Xanthippos erinnerte sich an den kleinen Bauernhof, an dem sie auf ihrem Weg nach Sparta vorbeigekommen waren. Kimon, Relas und Onesimos befanden sich ebenfalls in der Flotte. Vielleicht dachten auch sie gerade an die Gräber, die sie ausgehoben, und an die bleichen Gesichter, auf die sie staubige Erde geschaufelt hatten. Es war richtig, diejenigen zu jagen, die für all diese Dinge verantwortlich waren. Xanthippos sah keinen Grund für Gnade. Er ließ den Blick über die Schiffe um sich herum gleiten und spürte, wie ihm leicht ums Herz wurde.

Das Meer war riesig, doch er wusste, dass die persische Flotte überall, wo sie Proviant und andere Vorräte beschafft hatte, Spuren hinterlassen haben musste. Natürlich waren einige Schiffe mit ihrem König heimgekehrt. Und gewiss waren ein paar andere in alle vier Winde verstreut worden. Doch seit Monaten gab es immer wieder Sichtungen, Gerüchte, die von Fischerbooten und Handelsschiffen verbreitet wurden. Xanthippos wusste, dass die feindliche Flotte noch immer in der Ägäis war. Es war noch einiges zu tun, und es musste noch viel Blut vergossen werden, ehe Xanthippos Frieden finden würde. Wo auch immer sie vor Anker gegangen waren, um sich auszuruhen und notwendige Reparaturen an ihren Schiffen durchzuführen, Xanthippos würde sie finden. Schließlich waren sie nicht auf einem persischen, sondern auf einem griechischen Meer unterwegs.

Die Haltetaue ihrer Galeere wurden gelöst. Unter Deck fuhren die Ruderer ihre Riemen aus und stießen den Bug vom Kai ab, sodass das Schiff herumschwang. Die Männer machten es sich auf ihren Plätzen so bequem wie möglich. Sie schoben sich Stoffpolster unter und rieben mit Steinen Spreißel ab, von denen es allerdings nicht sehr viele gab. Das Schiff war in wochenlanger Arbeit komplett abgeschliffen und eingeölt worden. Der kleine Frachtraum im Heck war mit Wasserfässern, Bohnen, Salz, Dörrfleisch und Getreidesäcken gefüllt. Er enthielt sogar frisches Obst, das rasch gegessen werden musste, bevor es verdarb.

Xanthippos sah zu, wie sich das große Auge auf dem Bug dem offenen Meer zuwandte. Die Ruderer unter seinen Füßen tauchten die Riemen ein, zogen sie einmal langsam durch und hoben die Ruderblätter wieder aus dem Wasser. Die Steuermänner sorgten dafür, dass sich das Schiff parallel zum Kai ausrichtete.

An Deck reihten sich seine zwanzig Hopliten in voller Rüstung auf. Sie hatten eine Feuerschale mitgebracht und warteten nun schweigend, während die darin enthaltenen Zedernspäne angezündet wurden. Xanthippos stand mit seinen Söhnen und Epikleos andächtig daneben.

Auf dem Kai schoben sich derweil Priester mit dem Opfertier durch die Menge, das ihrer Mission Glück und Erfolg bescheren sollte. Xanthippos beobachtete, wie ein Dutzend schwitzende Arbeiter den schwarzen Bullen an Seilen nach vorne zerrten und gegen seine entsetzliche Kraft ankämpften. Die Menge wich vor dem Biest zurück, aus Angst, dass es durchgehen und sie niedertrampeln könnte.

Die Priester machten einen erfahrenen Eindruck. Sie näherten sich dem Bullen, der schnaubend den großen Kopf hin und her warf, ohne erkennbare Furcht. Ein paar von ihnen gossen ihm Wasser aus einem schweren Krug über den Kopf. Andere streuten Gerstensamen vor ihn hin. Der Stier zuckte mit weit aufgerissenen Augen vor dem rasselnden Geräusch zurück.

Der Oberpriester schlitzte ihm die Kehle auf. Offenbar war das Messer, das er dazu verwendete, sehr scharf, denn der Stier schien von dem Schnitt gar nichts mitzubekommen. Reglos und sichtlich verwirrt stand er da und muhte traurig, während sich sein Blut auf den Kai ergoss. Die Priester beteten und sangen mit tatkräftiger Unterstützung der Umstehenden ein Loblied auf Athena, deren Stadt sie alle so liebten. Schließlich brachte der Oberpriester die Menge mit erhobenen Händen zum Schweigen und widmete die Opfergabe Athena, Poseidon, Ares und Apoll. Anschließend bat er zahlreiche Helden um ihren Segen, darunter Herakles, Odysseus und Theseus, die diesen großen Ozean ebenfalls überquert hatten.

Mit einem Mal begann der Bulle zu schwanken und sank auf die Knie. Ein Teil seines Blutes wurde aufgefangen und in ein Kohlebecken geschüttet, in dem es zischend verdampfte und zu den Göttern aufstieg.

Zwanzig Schritt vom Ufer entfernt sprach Xanthippos an Bord des athenischen Flaggschiffes seine eigenen Eide und Gebete. Er bat darum, dass Aristides siegen und Themistokles die Stadt weise und zurückhaltend regieren möge. Außerdem betete er um eine Stunde mehr Kraft für seine Landsleute als für ihre Feinde. Seine Söhne sprachen ihm die Worte mit gesenktem Kopf nach.

Als die Priester auf dem Kai die Hände hoben, um das Ende des Rituals anzuzeigen, ging Xanthippos zum Rand des Decks und ließ sich auf ein Knie nieder. Die Priester verneigten zur Antwort die Köpfe. Und damit war er frei.

Frei, um zu jagen.

KAPITEL 20

Während im Lager die Lampen angezündet wurden, trank Aristides kaltes Wasser, um sich nach dem langen Marsch den Staub aus der Kehle zu spülen. Der erste Tag war teilweise etwas chaotisch verlaufen. Er hatte angeboten, seine Männer in der Nacht patrouillieren und die Wachschichten übernehmen zu lassen – vor allem, um sicher sein zu können, dass diese Aufgaben ordentlich erledigt wurden. Außerdem hatte er Späher ausgesandt, die sich diese Aufgabe mit ein paar spartanischen jungen Burschen und Männern aus dem hoch im Norden gelegenen Potidea teilten. Es war schwer, eine Bündnisarmee zu überraschen. Bis alle Verantwortungsbereiche ordentlich aufgeteilt waren, würde es noch zu einigen Verwirrungen und Doppelungen kommen. Doch damit waren die Männer beschäftigt, und bislang traute er noch niemandem so sehr wie seinen eigenen Leuten.

Als sie in dieser ersten Nacht das Lager aufschlugen, waren die nach und nach eintreffenden Streitkräfte einander trotz des gemeinsamen Feindes fremd. Die verschiedenen Fraktionen blieben für sich oder bildeten Gruppen mit jenen, die sie bereits kannten. Aristides hatte Soldaten aus Korinth neben Spartanern und Sikyonern lagern sehen. Offenbar fühlten sie sich in der Nähe anderer Bewohner des Peloponnes am wohlsten. Das Gleiche galt für die Soldaten aus Platäa und Megara, die sich an die Athener Hopliten hielten. Besonders auffällig war die Abwesenheit Thebens. Die Männer aus Troizen oder von der Insel Ägina spuckten aus, wenn jemand diese Stadt erwähnte. Seit der Invasion war niemand mehr bereit, Griechen zu tolerieren, die Gold vom persischen König nahmen und ihm dienten.

Aristides war froh, dass Pausanias die Führungsoffiziere und Strategoi am Ende dieses langen und anstrengenden Tages zum Essen in sein Zelt eingeladen hatte. Auch wenn Pausanias nicht von jedem Offizier einen Treueid verlangt hatte, bestand kein Zweifel daran, dass er derjenige war, der sie alle führte. Dies war nicht die Flotte, in der Athen das Heft in der Hand hielt und im Grunde jeder Kapitän allein entschied. Sparta hatte zehntausend Soldaten und dreißigtausend Heloten aufgeboten. Sie stellten von allen Bündnispartnern mit Abstand die größte Streitmacht. Und das wussten sie auch sehr gut.

Aristides seufzte und rieb sich die Augen. Er war den ganzen Tag lang mit jüngeren Männern marschiert. Er hatte zwar mithalten können, wusste aber, dass er am nächsten Morgen mit schrecklichen Schmerzen erwachen würde. Über die bevorstehenden Kämpfe wollte er gar nicht erst nachdenken.

Er sah sich um und bemerkte die angestrengten Unterhaltungen. Doch es half nichts: Als Verbündete mussten sie sich kennenlernen und einander vertrauen. Was in einer so bunt zusammengewürfelten Gruppe wie ihrer eine ganz eigene Herausforderung sein würde. Zu seiner Überraschung wünschte er sich, Themistokles wäre auch dabei. Er selbst fand dessen unerschütterlichen Optimismus zwar irritierend, wusste aber, wie wertvoll er sein konnte.

Er sah Pausanias über eine Bemerkung eines der Korinther lachen. Sie hatten alle ihre eigenen Vorräte mitgebracht, und der Tisch bog sich unter dem eigenartigsten Gemisch aus Speisen, das er je gesehen hatte. Aristides bemerkte, dass die Spartaner nur wenig aßen und es den Männern um sie herum damit schwer machten, sich nach Lust und Laune die knurrenden Bäuche vollzuschlagen.

Die spartanischen Soldaten faszinierten ihn. Sie sprachen prinzipiell nicht mit Außenstehenden über ihre Ausbildung und ihre Rituale. Und wer auf dem Schlachtfeld ihre Befehle hörte, lebte in aller Regel nicht lange genug, um seine Beobachtungen zu Papier zu bringen. Doch Aristides hatte, während er einen Tag lang neben ihnen hermarschierte, ein paar Dinge über sie herausgefunden.

Inzwischen war er sicher, dass ihre Streitmacht aus kleinen Einheiten zusammengesetzt war, die aus lediglich sechsunddreißig Mann beziehungsweise achtzehn Kampfpaaren bestanden und von einzelnen Offizieren befehligt wurden. Letztere nannte man offenbar »Enomotarchen«. Diese kleinen Gruppen hatten ihm keine Ruhe gelassen. Nach einer Weile waren ihm die zusammenpassenden Schildbuckel und die Flicken auf den roten Umhängen aufgefallen. Sobald er erkannt hatte, wonach er Ausschau halten musste, hatte er sie plötzlich überall gesehen. Sie schienen fast unabhängig voneinander zu agieren. Er empfand es als Privileg, ihnen zusehen zu dürfen. Schließlich waren die Spartaner Meister der Kriegskunst. In Gegenwart eines großen Bühnenautors oder Töpfers hätte er nicht mehr Ehrfurcht empfinden können.

Er hatte auch die Heloten beobachtet, die ihren spartanischen Herren zahlenmäßig weit überlegen waren. Aristides erinnerte sich an den Rat, den er Tisamenos gegeben hatte, sie alle auf den Feldzug mitzunehmen, anstatt sie zurückzulassen. Anscheinend hatten die Spartaner es tatsächlich so gemacht. Einige von ihnen trugen Schilde für die Spartiaten, andere Werkzeuge, Proviant, Umhänge und allerlei andere nützliche Dinge. Ausdauernd wie Hirsche liefen sie neben ihren Meistern her. Aristides hoffte, dass sie auch mutig waren und im Angesicht des Feindes nicht fliehen würden. Gewiss würde es ihnen während einer Schlacht nicht gestattet sein, sich von den Spartanern abzusondern.

Auf jeden Fall unterschied sich die spartanische Formation grundlegend von der Athener Phalanx, die mit schrecklichem Druck alle, die sich in ihr befanden, zusammenpresste und unerbittlich vorwärtsschob. Bei der Erinnerung an Marathon stellten sich Aristides die Nackenhaare auf. Aber vielleicht lag es auch nur an der nächtlichen Kälte. Ja, das musste der Grund sein.

Jede der hellenischen Gruppen hatte unterschiedliche Strukturen und Bezeichnungen für ihre Offiziere. Doch sie trugen allesamt Schilde und Speere. Der athenische Dory war von allen Speeren der längste. Aristides wusste genau, was Themistokles dazu gesagt hätte. Erstaunt stellte er fest, dass er den vulgären alten Gauner vermisste.

Pausanias befahl, die Becher für einen Trinkspruch zu füllen. Aristides glaubte noch immer, dass sein erster Eindruck von ihm richtig gewesen war. Pausanias zog zwar permanent eine Augenbraue hoch, als wäre die ganze Welt unter seiner Würde, doch Aristides hatte ihn auch schon ein paarmal besorgt erlebt. Er hatte sicher nie damit gerechnet, Regent zu werden, noch dazu als Nachfolger von Leonidas. Der Tod des Kriegskönigs hatte eine gewaltige Lücke in die spartanische Armee gerissen, und manchmal fragte Aristides sich, ob Pausanias auch nur im Traum daran glaubte, sie ausfüllen zu können.

Er sah zu, wie Pausanias sich gemeinsam mit Tisamenos erhob und die Strategoi musterte, die um den grob behauenen Tisch saßen. Pausanias hatte seinen »Wahrsager« immer bei sich, wie einen Talisman. Aristides war froh darüber. Wenn Apolls Priesterin in Delphi Tisamenos wirklich fünf Siege versprochen hatte, würde er ihnen vielleicht einen davon bringen. Seine Teilnahme an den Olympischen Spielen war bereits einige Jahre her. Sein erster Triumph war schon seit Langem überfällig.

»Meine Herren Offiziere, Spartaner, Hellenen«, hob Pausanias an. Aristides sah, dass sein Gesicht ein wenig gerötet war, vielleicht vom Wein. »Morgen werden wir die Berge im Norden überqueren. Ich weiß nicht, ob Mardonius bereits weitergezogen ist oder noch immer dort auf uns wartet. Ich bin mir sicher, dass er einen Ort gewählt hat, der seiner Reiterei zugutekommt. Abgesehen von den wenigen Pferden, die der eine oder andere von euch für sich selbst mitgenommen hat, und den Ponys, die unsere Späher verwenden, können wir dem kaum etwas entgegensetzen. Ich werde versuchen, offenes Gelände zu vermeiden, auf dem sie herangaloppieren und uns mit Speeren, Steinschleudern und Pfeilen traktieren können.«

Aristides hatte damit gerechnet, dass Pausanias einen simplen Trinkspruch auf ihrer aller Glück ausbringen würde. Drückendes Schweigen senkte sich auf die anwesenden Männer herab, als ihnen klar wurde, dass er ihnen stattdessen Gefechtsbefehle erteilte. Der Regent wirkte entspannt und selbstbewusst, doch die Stimmung unter den Anwesenden kühlte sich merklich ab.

»Ich habe Späher ausgesandt, die während des Winters ihr Lager beobachtet haben«, fuhr Pausanias fort. »Wir wissen, dass ihre Armee rund zweihunderttausend Mann stark ist. Ja, meine Herren, wir haben es mit einem gigantischen Heer zu tun. Dennoch wollen wir es mit ihm aufnehmen.« Der Spartaner sah sich um, bis das aufgeregte Geflüster wieder verstummte. Aristides musste ein Lächeln unterdrücken. Er hatte Pausanias für einen arroganten jungen Mann gehalten, der seiner Rolle nicht gewachsen war. Nun wusste er zumindest, dass der Regent einen ganzen Raum voller Militärführer in seinen Bann ziehen konnte. Wenn er sich auf dem Schlachtfeld ebenso gut bewährte, war ihre Situation vielleicht doch nicht so aussichtslos, wie es den Anschein hatte.

Pausanias ließ den Blick einen Moment lang auf Aristides ruhen und runzelte die Stirn. »Ich brauche auf beiden Flügeln unsere diszipliniertesten Phalanxformationen. Sparta wird die rechte Flanke halten, gemeinsam mit den Tegeanern und dem Kontingent aus Thespiai.« Er prostete den entsprechenden beiden Offizieren zu, und sie erwiderten die Geste. Pausanias nickte und ließ den Blick über die übrigen Anwesenden gleiten. »Korinth und die arkadische Streitmacht werden das Zentrum bilden«, sagte er. »Insgesamt werden sich dort dreißigtausend Mann aufhalten, nämlich die Chalkidier, die Leukadier, die Eretrier …«

Er benannte jede Gruppe mit einer Leichtigkeit, die Aristides positiv überraschte. Es war nicht zu übersehen, dass Tisamenos ihm die Namen soufflierte, die er ansonsten vielleicht vergessen hätte, nichtsdestotrotz war es eine beeindruckende Leistung. Aristides wusste, dass es oft schon genügte, sich die Namen anderer zu merken, wenn man sich ihre Loyalität sichern wollte. Für Stadtstaaten galt vermutlich das Gleiche. Tatsächlich sah Aristides Männer lächeln, wenn Pausanias ihre Heimat erwähnte. Sie waren gekommen, um nicht nur sich selbst zu retten, sondern auch ihre Nachbarvölker. Aristides spürte, wie es ihm die Kehle zuschnürte und seine Sicht verschwamm. Offenbar war der Wein stärker, als ihm klar gewesen war.

»Den linken Flügel«, fuhr Pausanias fort, »wird Athen zusammen mit Megara und Platäa halten. Ich weiß, dass sie sich nicht unterkriegen lassen werden. Wenn wir morgen das Kithairon-Gebirge überqueren, werden wir die Ruinen von Platäa zu Gesicht bekommen. Dann werden alle, die es bislang noch nicht mitbekommen haben, endgültig erkennen, was die Perser in unserem Land anrichten. Wir siebzigtausend werden gegen dreimal so viele Gegner antreten. Wir werden es mit Mazedoniern, Thebanern, Persern, Medern und Indern zu tun bekommen. Doch ich fürchte diese Feinde nicht. Sie haben eine Reiterei, die uns fehlt, und sie haben sich den Kampfschauplatz ausgesucht, aber der befindet sich nicht in ihrer Heimat, sondern in unserer. Meine Herren, ich möchte heute Abend an keinem anderen Ort sein als diesem. Und ich könnte mir keine besseren Mitstreiter an meiner Seite wünschen als euch. Wir werden diesen Feind vernichten. Die Götter höchstselbst haben meinem Wahrsager, Tisamenos, fünf Siege versprochen. Diese Schlacht unweit der zerstörten Stadt Platäa wird der erste sein.«

Pausanias erhob erneut seinen Becher, und nun standen auch die anderen Männer, ein wenig steif und voller Ehrfurcht, auf. Aristides sah sich im Raum um und suchte nach Zeichen von

Schwäche oder Angst, doch er sah allenthalben nur Entschlossenheit. Pausanias musterte die Anwesenden ebenfalls. Als ihre Blicke sich begegneten, verneigte Aristides den Kopf und sah den Regenten im Gegenzug nicken.

Sicher würden einige von ihnen ums Leben kommen, vielleicht sogar alle. Trotzdem würden sie sich dem riesigen feindlichen Heer entgegenstellen. Aristides' Augen brannten. Er konnte kaum glauben, wie sehr ihn dieser Moment rührte.

»Vor einem Krieg gibt es nur einen angemessenen Trinkspruch«, sagte Pausanias. »Auf die Heimat.«

»Auf die Heimat«, wiederholten die anderen und leerten ihre Becher.

Xanthippos sah zu, wie Perikles an einem Seil vom Querbaum herabkletterte. Er war noch nicht so flink wie ein paar der erfahreneren Besatzungsmitglieder, doch er lernte schnell. Ariphron schien sich an Deck wohler zu fühlen als in der Takelage. Als sein jüngerer Bruder ihn damit aufzog, hatte er ihm gezeigt, was ein paar zusätzliche Monate Erfahrung mit dem Schwert ausmachten. Ihre Übungsrunde hatte eine Schar jubelnder Hopliten angelockt. Perikles hatte seine Abreibung vergleichsweise gut aufgenommen, bis Ariphron ihm mit der flachen Seite der Klinge so fest auf die Fingerknöchel schlug, dass er sein Schwert fallen ließ. Epikleos hatte ihm davon erzählt, da sich keiner seiner Söhne über den anderen beschwerte, hatte er den Vorfall jedoch auf sich beruhen lassen.

Die von König Leotychides geführte Flotte war erfahren genug, um das offene Meer zu meiden, wo sich von einem Moment zum anderen ein Sturm zusammenbrauen konnte. Stattdessen ruderten und segelten sie wie die Argonauten oder Odysseus von Insel zu Insel. Gerade fuhren sie langsam, aber stetig von Syros nach Tenos und sahen in der Ferne Mykonos. Jedes Mal, wenn sie Lichter am Ufer oder Fischerboote erblickten, die ihre Netze einholten, hielten sie an und boten Geld für Informationen über persische Galeeren. Drei Tage lang hatten sie mit ihren Fragen nur Achselzucken und Kopfschütteln geerntet. Keiner der Einheimischen wollte etwas mit Hopliten oder Schlachtschiffen zu tun haben. Der Krieg spielte in ihrem Leben keine Rolle. Ein paar von ihnen glaubten offenbar, es brächte Unglück, auch nur darüber zu sprechen. Sie ruderten vor den Matrosen und Offizieren der Flotte zurück und weigerten sich, mit ihnen zu reden.

Xanthippos sah zu, wie sich in der Ferne ein Fischerboot näherte, was ein ungewöhnlicher Anblick war, da die meisten kleinen Boote beidrehten, wenn sie Kriegsgaleeren bemerkten. Doch dieses hielt direkt auf sie zu. Er runzelte die Stirn und fragte sich, ob der Kapitän betrunken oder eingeschlafen war. Doch er glaubte, im Heck eine aufrecht stehende Gestalt auszumachen, die mit einer Hand das Steuerruder bediente. An diesem Tag wehte eine sanfte Brise. Die ganze Flotte befand sich auf der windabgewandten Seite der Insel Mykonos, wo das Wasser wegen des weißen Sandbodens hellblau war.

Perikles hatte das kleine Boot ebenfalls bemerkt. Er rutschte so schnell an einem Seil herab, dass er sich dabei vermutlich die Handflächen verbrannte, und landete hart auf dem Deck. Als er aufs Meer hinausdeutete, hob Xanthippos die Hand, um ihm zu signalisieren, dass er bereits Bescheid wusste. Epikleos kam unter Deck hervor, und Ariphron stellte sich mit ernster Miene neben seinen Vater. Das Ganze war so merkwürdig, dass ein paar der anderen Schiffe Beiboote aussetzten, um sich nach etwaigen Neuigkeiten zu erkundigen.

Hätte Epikleos ihm nicht gewinkt, wäre der Fischer vielleicht an ihnen vorbeigefahren. Die Besatzung der Trireme warf Taue zu dem Boot hinüber und zog es heran. Der Mann holte sein vor Salz starrendes Segel ein und kam an Bord. Er war barfuß, hatte weiße Haare, breite Schultern und dunkle wettergegerbte Haut. Seine lockere Kleidung wurde von einem Ledergürtel zusammengehalten. Er schaute sich auf der Galeere um und nickte anerkennend. »Wer ist der Herr dieses wundersamen Gefährts?«, fragte er schließlich.

Die Besatzungsmitglieder wiesen ihm den Weg zu Xanthippos. Die schwielige Hand, die der Mann ihm reichte, fühlte sich beinahe wie ein Handschuh an.

»Ich habe gehört, dass du für Neuigkeiten über die Perser Silber zahlst«, sagte er ohne weitere Vorrede.

Xanthippos nickte amüsiert. Er war davon überzeugt, dass ihm dieser Mann im Tausch gegen gute Athener Drachmen alles sagen würde, was er hören wollte. Im Grunde rechnete er nicht mit Sichtungen. Der persische König hatte einen Teil seiner Flotte nach Hause mitgenommen, um die Schiffsbrücke über den Hellespont zu sichern. Der Rest war nach der Niederlage vor Salamis in alle Himmelsrichtungen verstreut worden. Möglicherweise waren in den Monaten seither ein paar von ihnen ins Reich zurückgekehrt, während andere wie Haie in der Ägäis kreuzten und plünderten und brandschatzten. Letztere waren der Grund für diese Jagd, doch Xanthippos hatte keine Ahnung, wie viele es sein mochten.

Der Fischer roch nach Sonne, Wein und Fisch. Er strahlte eine freundliche Wärme aus, was jedoch nichts darüber aussagte, wie vertrauenswürdig er war. Persisches Gold war für viele deutlich verlockender als Athener Silber.

»Für eine echte Sichtung zahlen wir auf jeden Fall«, erwiderte Xanthippos langsam. »Sechzig Drachmen für einen loyalen Griechen.«

Der Mann sah ihn an, und Xanthippos bemerkte, dass eines seiner Augen von einem milchigen Strich durchzogen war.

»Ja? Dann hol schon mal deine Münzen raus, Kurios. Ich weiß nämlich, wo sie sind.«

KAPITEL 21

In den Hügeln hielten sich persische Kundschafter auf. Für die Griechen war es eine seltsame Erfahrung, bei ihrem Marsch beobachtet zu werden – vor allem für die Männer aus Athen, die diese Berge gut kannten. Sie markierten die Grenze zwischen Attika und dem südlichen Ende von Böotien, wo sich die Stadt Theben mit ihren Tempeln und Märkten befand. Außerdem führte der Hochpass zur Zentralebene hinunter, wo Wein und Gerste wuchs und Pferde galoppieren konnten. Kein Wunder, dass Mardonius an diesem Ort, wo die Perser wie Maden im Speck hausen konnten, ihr Winterlager hatte aufschlagen lassen.

Den ganzen Morgen waren vor und über ihnen, auf den Felsen und Gipfeln, einsame Gestalten aufgetaucht und hatten ihre Truppenstärke ausgespäht. Ein paar auf Pferden, dunkelhäutige Männer mit Turbanen und Umhängen, die sie gegen die Kälte in den Bergen schützten. Andere hatten sie von Stellen aus beobachtet, an denen nur Kinder oder Ziegen stehen konnten.

Da die Alliierten im Dunkeln aufgebrochen waren, stand die Sonne noch immer tief, als sie den Hochpass erreichten. Pausanias und Tisamenos führten mit ihren Spartanern die Kolonne an. Ihre eigenen Kundschafter hatten Signalhörner um die Hälse hängen, um sie zu warnen, falls sie auf verborgene Feinde oder Fallen stießen. Die Spartaner taten, was bei einem Feldzug auf feindlichem Territorium geboten war: Die Heloten hatten die schwere Ausrüstung heraufgeschleppt, doch nun trugen die Spartiaten ihre Schilde und Speere selbst, dazu Schwerter an den Hüften und die Kopis im Gürtel. Alle, die hinterhergingen, sahen von ihnen nur ihre wehenden roten Umhänge.

Pausanias erblickte vor sich den weißen Pass, hinter dem der Weg steil abfiel, sodass nur noch ein kleiner Ausschnitt des Himmels zu sehen war. Er wusste nicht, was sich hinter dieser Stelle befand, und fühlte, wie sein Puls sich beschleunigte. Dies war nicht nur das erste Mal, dass er den Oberbefehl innehatte, sondern auch sein erster Feldzug, bei dem nicht Leonidas jede wichtige Entscheidung traf. Er atmete tief durch und zwang sich zur Ruhe. Wenn er die spartanische Armee ins Verderben führte, würde er immer als der Mann berüchtigt bleiben, der für Spartas Untergang verantwortlich war. Diese Bürde lastete so schwer auf ihm, dass er beim Marschieren ein paarmal ins Stolpern geriet.

Tisamenos bedachte ihn mit einem verständnisvollen Seitenblick. »Ich bin schon viel zu lange gegangen, Pausanias«, sagte er. »Vielleicht sollten wir zur Abwechslung mal ein Stück rennen.«

Pausanias sah ihn an. Er zitterte, vor Erregung, aber auch aus Nervosität. In ihrer näheren Umgebung gab es zu viele Zuhörer, vielleicht auch Männer, die zu Hause Dinge wiederholen würden, die nicht allgemein die Runde machen sollten. Also hielt Pausanias den Mund. Er war der Regent von Leonidas' Sohn Pleistarchos! Bevor das Jahr zu Ende ging, würde der Junge zum Kriegskönig ernannt werden – und Pausanias … würde frei sein. Oder tot. Aber nicht mehr länger Regent und der oberste Soldat Spartas.

Er schluckte und nahm seinen Schild anders in die Hand. Wie eigenartig sich seine Kehle doch anfühlte – trocken und geschwollen! Er wusste, dass es zwischen den Ephoren hitzige Diskussionen gegeben hatte. Alle hatten verstanden, was bei diesem Feldzug auf dem Spiel stand. Hätte der Rat der Ephoren Pleistarchos den Oberbefehl erteilt, wäre die Angelegenheit damit erledigt gewesen. Doch die spartanischen Gesetze waren unerbittlich. Bis zu seinem achtzehnten Geburtstag konnte Pleistarchos im Krieg keine Befehle erteilen. Und solange er keinen Sohn gezeugt hatte, durfte er Lakonien nicht verlassen. Seine Blutlinie war zu kostbar.

Pausanias sprach ein leises Gebet zu Apoll, in dem er sich für die Disziplin des Jungen bedankte. Pleistarchos, der ohnehin bereits unter dem Tod seines Vaters Leonidas litt, war natürlich verletzt gewesen, als die Ephoren ihm ihre Entscheidung mitteilten. Dennoch hatte er sich gefügt.

Tisamenos sah ihn erneut von der Seite an und wartete auf seine Entscheidung. Pausanias verspürte große Lust, sofort loszusprinten, ließ sich jedoch stattdessen von Leonidas und seinem Sohn inspirieren. Die beiden wären an seiner Stelle diszipliniert, aber nicht langsam gelaufen.

»Doppeltes Tempo«, rief er seinen Hintermännern zu.

Die Männer setzten ihre Helme auf, blickten ausdruckslos und kalt wie die Berge unter der goldenen Bronze hervor und stürmten sofort los. Ihre Schritte hallten von den Felswänden wider, und sie schlugen die Speere an die Schilde, bereit, auf Pausanias' Befehl anzugreifen. Der sog die kühle Luft ein und lief durch den Schatten der Kalksteinklippen. Tisamenos hielt mühelos mit ihm Schritt. Er trug keinen Schild, nur einen langstieligen Speer und einen langen graublauen Mantel, der hinter ihm flatterte. Zehntausend Spartiaten und Periöken steigerten geschmeidig ihre Geschwindigkeit, wie sie es jeden Tag im Training taten. Sie rannten, ohne schwerer zu atmen. Dieser Lauf war für sie nur eine Aufwärmübung. Sie würden so lange durchhalten, wie Pausanias es von ihnen verlangte. Er merkte, wie seine Sorgen von ihm abfielen, und stieß einen lauten Schrei aus, der von den Hügeln zurückgeworfen wurde, während sie mit der gleißenden Sonne im Rücken den Hochpass durchquerten.

Viel weiter hinten in der Marschordnung sah Aristides nur eine plötzlich einsetzende Bewegung. Auch er hatte die persischen Kundschafter bemerkt, die sie beobachteten. Doch es hatte keinen Ruf zu den Waffen und keine Hornstöße gegeben. Anscheinend fühlten die Spartaner sich nur eingeengt und wollten Abstand zwischen sich und die Nachfolgenden bringen. Die Athener sahen zu, wie der Abstand zu den Spartanern wuchs, während die über die Kuppe des Passes liefen. Der Weg war breit, ausgetreten von Händlern und Hirten. Dahinter wartete die Ebene und vielleicht das Ende auf sie. Aristides spürte die Blicke der Offiziere auf sich. Er seufzte und sprach ein Gebet zu den Gottheiten dieses luftigen Ortes. Thales von Milet hatte einst geschrieben, die Welt sei voller Götter. An diesem Tag, hoch über der Ebene, schien es so zu sein. »Geht ihr Tempo mit und bleibt in Formation«, befahl er.

Seine Knie protestierten, aber wenigstens leise. Seine Achttausend grinsten und verdoppelten die Geschwindigkeit. Die Speere hielten sie dabei in die Höhe, damit ihre Nachbarn nicht darüber stolperten. Es war noch immer kalt. Ein paar von ihnen zitterten, doch sie waren hoch motiviert. Keiner von ihnen hätte sich erträumt, dass sie je gemeinsam mit Sparta gegen einen Feind in die Schlacht ziehen würden. Und so befanden sie sich trotz des schrecklichen Blutvergießens, das auf sie wartete, an diesem Tag in bester Stimmung.

Auf der anderen Seite des Passes sahen die Spartaner in der Ferne eine große Ebene vor sich. Selbst die persischen Streitkräfte wirkten in dieser Landschaft klein. Mardonius' gesamte Armee war vor ihrem Lager in Aufstellung gegangen. Die Sicht war vollkommen klar. Pausanias ließ seine keuchenden Männer anhalten und blickte zu dem schattigen Pass zurück, in dem nie die Sonne schien und immer Kälte herrschte. Die Heloten und Alliierten kamen noch immer hindurch. Er befahl seinen Spartanern, an der Nordflanke des Berges Kithairon in Stellung zu gehen. Die Sonne wärmte allmählich die Erde auf. Er wusste, dass sie mindestens noch einen Tag vom Feind entfernt waren, doch es schien, als bräuchte er nur die Hand auszustrecken, um ihn zwischen Daumen und Zeigefinger zu zerquetschen.

Weit draußen auf der Ebene sah Pausanias die Staubwolken der Späher, die zurückeilten, um Bericht zu erstatten. Sie waren noch immer ein ganzes Stück vom Lager ihres Herrn entfernt. Dort gingen Reiterregimenter in Formation. Die Befestigungsanlagen, um die sie sich scharten, sahen wie eine neu errichtete Stadt in der Wildnis aus. Er wusste, dass den Persern nun klar war, dass er mit seiner Armee in den Krieg gezogen war. Pausanias hoffte nur, dass seine Streitmacht von der Ebene aus betrachtet nicht winzig aussah.

Seine Leute waren ungeschützt der Sonne ausgesetzt. Ohne Essen oder Wasser würden sie nicht lange in den Bergen ausharren können. Pausanias furchte die Stirn. Wenn er in die Ebene hinabstieg, würden die Perser die Reiter gegen sie einsetzen, die er selbst nicht hatte. Wenn er dagegen hier oben wartete, würden seine Männer binnen weniger Tage wie Krähen krächzen. Selbst mit dem Proviant, den seine Heloten transportierten, würde es ihnen nicht möglich sein, von den Früchten des Landes zu leben, nachdem einen Winter lang alles Lebendige in die Münder der Perser gewandert war.

»Also … sollen wir runtergehen und ihm den Kopf abschneiden?«, fragte Tisamenos.

Pausanias lachte und klopfte dem Wahrsager auf die Schulter. »Mardonius kann noch einen Tag lang warten. Wir müssen als Erstes einen guten Lagerplatz auf dem Berg finden. Irgendeinen niedrigeren Grat, von dem wir nicht im Schlaf herunterrollen. Eines steht fest: Sie können nicht zu uns heraufklettern. Ich wünschte, sie täten es! Wir werden entscheiden, wann und wo die Schlacht beginnt. Jetzt lassen wir diese persischen Bastarde erst mal ein bisschen zappeln.«

Tisamenos sah frische Zuversicht in seinem Freund erblühen. Zum ersten Mal, seit er sich erinnern konnte, hatte sich die stets erhobene Augenbraue gesenkt. Tisamenos selbst hatte großes Vertrauen in diesen Mann, der sein Leben lang in Militärtaktik ausgebildet worden war. Immerhin war er der Neffe von Leonidas. Da er nun kriegsrelevante Entscheidungen treffen musste, war seine Nervosität auf einen Schlag verschwunden.

Pausanias drehte sich zu seinen Offizieren um. Er befahl ihnen, eine Inventur aller verfügbaren Vorräte durchzuführen und Heloten in den umliegenden Hügeln nach Wasserquellen suchen zu lassen. Die anderen schickte er den Hang hinunter, wo sie nach Plateaus Ausschau halten sollten, auf denen sie in ihre Umhänge gehüllt schlafen konnten. Zuletzt bestellte er die anderen Anführer zum Abendessen zu sich. Ordnung war in sein Leben zurückgekehrt. Er starrte zu seinen Feinden hinunter, die dreimal so viele waren wie seine eigenen Streitkräfte. Auf die Reiter, die Bogenschützen und die persischen Unsterblichen, die nur auf eine Gelegenheit warteten, sich für die Demütigung an den Thermopylen zu rächen. Wie auch immer diese Sache ausgehen würde, das Schicksal hatte ihn zu dieser Ebene in der Nähe von Plataä geführt.

Während Xanthippos das Steuerruder des kleinen Bootes bediente, übergoss Perikles das Segel mit Wasser aus einem Ledereimer. Die Sonne war heiß, der Wind nur ein Hauch. In dieser perfekten Stille wurde Xanthippos bewusst, wie bizarr ihre Situation war. Sie hatten Athen vor gerade mal acht Tagen verlassen. Eigentlich hatten sie damit gerechnet, die Ägäis wochenlang nach Hinweisen auf persische Schiffe durchkämmen zu müssen und jeweils immer nur zwei oder drei Galeeren aufzubringen, während sie jedem Gerücht und zahlreichen falschen Sichtungen nachgingen. Er runzelte die Stirn. Von den einhundertsechzig Galeeren, die er zusammengezogen hatte, um den Persern eine Lektion zu erteilen, waren zwei gesunken. Eine hatte einen nicht auf den Karten verzeichneten Felsen gerammt und war so schnell untergegangen, als wollte ihre Mannschaft geradewegs zum Meeresgrund segeln. Von diesem Schiff hatten nur sechs Männer gerettet werden können. In der anderen Galeere war ein Leck entstanden, das der Zimmermann nicht hatte flicken können. Sie war langsam genug unter Wasser gesackt, um die Mannschaft von ihr zu bergen. Zum Schluss war von dem Deck, über das die Männer gewatet waren, kaum noch etwas zu sehen gewesen. Ein Anblick, der bei allen ungute Erinnerungen an Salamis wachgerufen hatte.

Xanthippos hatte während dieser Tage oft finster dreingeblickt, doch im Grunde machte ihm diese einfache Arbeit Spaß. Die Männer ruderten, aber nicht bis zur völligen Erschöpfung. Sie landeten an jeder Insel, die sie sichteten, um Fragen zu stellen und Vorräte zu erwerben. Abends aßen er und seine Söhne an Bord oder gesellten sich zum spartanischen Navarchen, König Leotychides, der sich als erstaunlich angenehme Gesellschaft erwiesen hatte. Wenn der Spartaner Geschichten erzählte, schnaubte Perikles häufig Wein durch die Nase und brauchte jemanden, der ihm auf den Rücken klopfte. Hätten sie sich nicht im Krieg gegen einen schrecklichen Feind befunden, wäre das Ganze beinahe absurd idyllisch gewesen. Xanthippos hatte stundenlang die Kommunikation mit den Signalflaggen und Wendemanöver üben lassen, immer und immer wieder, bis er sicher gewesen war, dass die Alliierten sich unter Druck gut schlagen würden. Der Hauptzweck derartiger Übungen bestand darin, dass die Männer nicht in Starre verfielen, wenn die Schiffe gegeneinanderkrachten und Blut aufs Deck spritzte.

Bei alledem hatte der spartanische König bereitwillig ihm die Führung überlassen. Xanthippos hatte von ihm das gleiche autoritäre Gehabe erwartet, das Eurybiades an den Tag gelegt hatte, doch offenbar war der spartanische Zivilkönig zu selbstsicher, um sich schnell gekränkt zu fühlen. Sobald Leotychides begriffen hatte, wie erfahren Xanthippos war, hatte er ihn einfach machen lassen. Es war ein Vergnügen, mit jemandem zusammenzuarbeiten, der so befehlsgewohnt war, dass es ihm nichts ausmachte, Aufgaben an andere zu delegieren. In dieser Hinsicht erinnerte der Spartaner ihn an Aristides.

Wenn sie die persische Flotte an ihrem Ankerplatz erwischten, würde er dem Fischer mit Freuden sein Gewicht in Silber zahlen. Er hoffte inständig, dass es so sein würde. Perikles bewegte auf der Suche nach Wind das kleine Segel hin und her. Xanthippos gefiel, wie heimisch der Junge sich offensichtlich auf dem Wasser fühlte. Kompetente Söhne waren alles, was ein Vater sich wünschen konnte. Es war schön, beinahe ein Wunder, zu wissen, dass er eindösen und seinem Sohn die Kontrolle über das Boot überlassen könnte.

Perikles ließ den Blick über das Meer gleiten. Vermutlich suchte er nach aufgewühlten Stellen, die auf Wind hindeuteten. Nachdem sie eine kleine Insel umrundet hatten, sah Xanthippos, wie Perikles erstaunt die Augen aufriss. Als er ebenfalls aufblickte, hob er eine Hand, um den Jungen zur Ruhe zu mahnen.

»Ich sehe sie«, murmelte Xanthippos und atmete bewusst ganz langsam, um seinen rasenden Herzschlag zu beruhigen. »Also gut, Jungs, dann kehren wir so unauffällig wie möglich zurück. Lasst uns ein Netz auswerfen und eine Weile hinter uns herziehen. Wer weiß, vielleicht fangen wir unterwegs ja sogar ein paar Fische.«

Die Perser hatten ein Längenmaß, das sie Parasange nannten und das ungefähr dreißig Stadien entsprach. Soweit Xanthippos es beurteilen konnte, war die Flotte, die vor Samos ankerte, drei oder vier Parasange von ihrem Bug entfernt, in etwa die Strecke, die ein Mann im Laufe eines Morgens zu Fuß zurücklegen kann.

Xanthippos hatte sein kleines Boot inzwischen aus dem Lee der Insel Ikaria herausgesteuert. Er wusste, dass vor langer Zeit Ikarus bei seiner Flucht aus der Gefangenschaft an dieser Stelle ins Meer gestürzt war. Xanthippos und seine Söhne waren den ganzen Tag lang auf der vom Fischer beschriebenen Route der Küste gefolgt und an einer weiteren Insel zu ihrer Rechten vorbeigekommen, bei der es sich Xanthippos' Meinung nach um Fourni gehandelt hatte. Die See war in diesem Abschnitt windgeschützt, mit entsprechend niedrigem Wellengang, was in einem kleinen Boot wie diesem ein Segen war.

Die Flotte war zweifellos groß. Xanthippos hatte unzählige aus dieser Entfernung haarfein wirkende Masten gesehen. Es konnten nur die persischen Galeeren sein, die unweit des Festlandes im geschützten Küstengewässer der Insel ankerten. Vermutlich glaubten sie, so weit weg von Athen würde niemand sie finden. Er fragte sich, ob sie nach ihrer Niederlage vor Salamis Angst vor der Heimkehr hatten oder einfach nur im erstbesten sicheren Hafen vor dem Winter Zuflucht gesucht hatten. Wenn Letzteres der Fall war, könnten sie jederzeit wieder in See stechen. Xanthippos merkte, wie seine Erregung wuchs.

Perikles senkte ein Netz ab, das sich im Wasser sofort ausbreitete. Die Wellen plätscherten sanft an den Bootsrumpf.

Es war ein perfekter Moment, und Xanthippos hätte ihn gern zusammen mit seinen Söhnen genossen, doch dafür war er zu ungeduldig. »Zieh es wieder heraus, Peri. Es ist niemand in der Nähe, der uns sehen könnte. Ich will zurück. Lasst uns eine Wende machen und westwärts fahren. Pfeif mir einen Wind herbei, Ariphron! Wir werden mit der Flotte hierher zurückkehren. Bei Athena, wir haben sie tatsächlich gefunden!«

Perikles hievte das nasse Netz Stück für Stück ins Boot zurück. Zu seiner Freude hing ein großer Fisch darin, der sich zappelnd gegen die Schnüre wehrte. Während Perikles ihn noch staunend ansah, nahm Ariphron einen Holzstock und prügelte damit so lange auf das Tier ein, bis es sich nicht mehr rührte und das Deck mit Schuppen und Blut bespritzt war.

»Musste das sein?«, fragte Perikles seinen Bruder.

Ariphron sah ihn an. »Ja.«

Im warmen Licht der untergehenden Sonne kehrten sie zur Bündnisflotte zurück. Der Hinweis des Fischers hatte sich bestätigt. Als ein Wind aufkam und ihr kleines Segel füllte, klopfte Xanthippos seinen beiden Söhnen begeistert auf die Schulter. Ihre Geschwindigkeit nahm zu, und das Boot glitt über das dunkelblaue Meer.

TEIL 3

»Über mich bricht der Sturm herein.«

AISCHYLOS, *Der gefesselte Prometheus*

KAPITEL 22

Aristides beobachtete die persischen Reiter. Ihre getäfelten Umhänge leuchteten im rosafarbenen Licht der aufgehenden Sonne. Sie gestikulierten, lachten und unterhielten sich mit ihren Freunden. Auf Aristides wirkten sie wie Wespen. Am Vorabend waren sie ungemein schnell herangeprescht, hatten Speere geschleudert und Pfeile verschossen und waren gleich darauf wieder in ihrer eigenen Staubwolke verschwunden. Wären dabei nicht mehrere Griechen ums Leben gekommen, wäre es eine unterhaltsame sportliche Darbietung gewesen.

Es half alles nichts, seine Hopliten brauchten Wasser. In den Bergen war in erreichbarer Nähe keines zu finden. Die siebzigtausend Hopliten und noch einmal halb so viele Heloten mussten permanent damit versorgt werden. Und Wasser war schrecklich schwer. Es war schlichtweg unmöglich, von weit her genug für all die Menschen herbeischaffen zu lassen, die in den Bergen warteten und die Flanken bewachten. Aristides kam es vor, als versuchten sie, ein Fass ohne Boden zu füllen. Trotz all ihrer Bemühungen war es niemals genug.

Nicht weit vom Fuß des Berges entfernt floss ein Bach durch das Vorgebirge. Es war ein armseliges, mäanderndes Rinnsal, aber in dieser Umgebung eine wichtige Lebensquelle. An seinen Ufern klammerten sich sogar ein paar dürre Bäume an ihre Existenz. Jeden Abend und jeden Morgen führte Aristides einen Versorgungstrupp dorthin, um ihre verbrauchten Vorräte aufzustocken. Und jedes Mal brachte der persische Pferdemeister im Gegenzug seine Männer aus der Ebene herauf. Sie schwärmten aus und warteten auf den bestmöglichen Moment für einen Angriff. Aristides hatte keine Ahnung, ob der Mann ihnen unbedingt das

Wasser vorenthalten wollte oder ob es ihm einfach nur darum ging, ein paar Griechen zu töten, um seine jungen Krieger mit Blut zu taufen.

Weiter oben auf dem Berg hatten Pausanias und seine Spartaner eine Stelle gefunden, von der aus sie den Feind im Auge behalten konnten, einen Grat, neben dem ein moosbedeckter Fels aufragte. Er war einigermaßen eben und so trocken, dass die Männer ihre Umhänge darauf ausbreiten und schlafen konnten. Die restlichen Bündnisstreitkräfte verteilten sich in kleinen Gruppen über den Berghang.

Während Pausanias Pläne schmiedete, warteten sie an diesem unwirtlichen Ort und sahen den Essens- und Wasservorräten beim Schrumpfen zu. Ihre Offiziere hatten die Bohnen- und Getreidebrei-Rationen bereits halbiert. Da sie nicht mit einem großen Gepäcktross über das Gebirge marschiert waren, würde ihr Proviant trotzdem nur noch eine Woche reichen. Natürlich hatte Pausanias Kundschafter über die Gebirgspässe zurückgeschickt, doch die waren noch nicht wieder aufgetaucht. Wenn diese Männer Schweine oder Ziegen vor sich hertrieben, würde es bis zu ihrer Rückkehr auch noch einige Tage dauern.

Aristides ließ die Reiter keine Sekunde aus den Augen. Sie waren johlend herangeritten, als wäre das Ganze nur ein Spiel für sie, und wahrscheinlich war es das auch. Schließlich kämpften sie nicht um ihre Heimat, Wasser und das nackte Überleben. Soweit er sie durchschaute, waren sie auf Befehl ihres Königs in den Krieg gezogen. Sie kämpften, weil Ungehorsam keine Alternative war.

Die Reiter schienen allerdings höher in der Rangordnung zu stehen als die Soldaten aus Lydien oder Ägypten. Ihre schönen Umhänge waren mit glitzernden Juwelen besetzt. Aristides wusste nicht, ob sie nur hübsch anzuschauen oder auch gut ausgebildet waren – mit Pferden und ihren Reitern kannte er sich nicht aus.

Auf jeden Fall schienen sie tapfer zu sein. Zwei von ihnen waren den ganzen Morgen lang immer wieder zum Fuß des Berges geritten und hatten zu ihrem Lager gezeigt, um die Griechen in die Schlacht zu locken. Sie machten sich lustig über den Feind, der sich außerhalb ihrer Reichweite an den Hang klammerte.

Die weiter oben postierten Spartaner schien das nicht weiter zu stören. Als Aristides zu ihnen hinaufgestiegen war, um ihre Stimmung zu ergründen, hatte er sie sehr diszipliniert und entschlossen vorgefunden. Was ihn ein wenig über den Mangel an Essen und Wasser hinweggetröstet hatte.

Die Hälfte seiner Athener schien erwartet zu haben, dass der spartanische Kriegskönig geradewegs zum Feind marschieren würde, als ginge es in einem Krieg nur darum, zwei Gefechtslinien zu bilden und so lange aufeinander einzuhauen, bis nur noch wenige Männer standen. Stattdessen legte Pausanias durch seine bloße Anwesenheit die komplette persische Streitmacht lahm, weil er sie dazu zwang, in seine Richtung zu blicken und auf seinen Eröffnungszug zu warten. Aristides fragte sich, wie viele Perser während der vergangenen Nächte geschlafen hatten. Sie rechneten sicher ständig mit einem Angriff – in der Dunkelheit, im Morgengrauen, bei Sonnenaufgang. Sie hatten keine Ahnung, wann oder wie er erfolgen würde. Er hoffte, dass diese Ungewissheit sie zermürbte. Insgeheim hoffte er jedoch vor allem, dass Pausanias wusste, was er tat.

»Ich sehe ihren Offizier«, sagte jemand neben ihm. »Ist das derjenige, den du gemeint hast? Der mit dem merkwürdigen Helm, der wie etwas Getöpfertes aussieht?«

Aristides drehte sich nicht zu dem Mann und dem Dutzend Bogenschützen um, die außer Sicht in einer Felsspalte kauerten, sondern nickte nur langsam. »Das ist er. Ich weiß nicht, wie er heißt, aber er hat gestern die Reiterei befehligt – und er kommt jeden Tag näher. Ihr habt nur eine Chance. Ich bezweifele, dass er danach noch mal den Hals riskieren wird.«

Nun sah er zu der kleinen Gruppe, die mit gespannten Bogen auf sein Signal wartete. Keiner von ihnen war Athener. Er hatte um Freiwillige gebeten, die besten Schützen. Dies waren diejenigen, die daraufhin herbeigetrottet waren und sich nun zwischen der Handvoll Hopliten verbargen, die er ins Vorgebirge hinuntergeführt hatte.

Das Ritual war jeden Morgen und jeden Abend das gleiche, zumindest bisher. Aristides zog mit sechzig bis siebzig jungen Kerlen in Rüstungen los. Am Bach angekommen, füllten sie ihre leeren Wasserschläuche und rannten so schnell wie möglich wieder zurück. Für ihre Sicherheit sorgten zehnmal so viele Hopliten, die ein wenig höher am Hang bereitstanden, um notfalls herunterzustürmen und sie zu verteidigen.

Draußen auf der Ebene zirkulierten derweil die Reiter und lauerten auf eine Gelegenheit, die Griechen zu dezimieren. Sie wirbelten eine gewaltige Staubwolke auf, die vom Wind übers Land geweht wurde. Aristides kniff die Augen zusammen und hielt nach ihrem Signal zum Angriff Ausschau. Er wusste, dass er erfolgen würde.

Am ersten Tag hatten die Perser sie nur beobachtet, als würden sie einen Waffenstillstand akzeptieren oder sich an die traditionellen Regeln der Kriegsführung halten. Am zweiten Abend waren sie plötzlich herangestürmt und hatten ein Dutzend Männer im Wasser getötet, bevor die Hopliten sie mit ihren Schilden zurücktrieben. Anschließend waren die ganze Nacht persische Soldaten an den Ufern des Bachs auf und ab patrouilliert, um zu verhindern, dass die Griechen noch einmal ihre Schläuche füllten. Diese Taktik war so boshaft wie klug. Auf einem trockenen Terrain wie diesem benötigten Soldaten viel Wasser. Die Perser quälten sie, indem sie ihnen das Notwendigste vorenthielten.

Niemand wusste, was der persische Pferdemeister an diesem Morgen befehlen würde, doch die Situation wurde immer brenzliger. Während die Griechen am Vortag unter der langsam über den Himmel wandernden Sonne geschwitzt hatten, war das wenige in den Schläuchen verbliebene Wasser genau eingeteilt und jeder einzelne Schluck gezählt worden. Die Männer hatten reihenweise Krämpfe bekommen. In ein oder zwei Tagen würden sie verzweifelt sein – und immer mehr Fehler machen.

Aristides blickte zu den geduldig in ihren Bronzerüstungen wartenden Hopliten zurück. Sie wussten, was auf dem Spiel stand.

»Meine Athener Brüder!«, rief er ihnen zu. »Es wird Zeit. Auf mein Kommando werdet ihr in Reih und Glied mit geschlossenem Schildwall vorrücken. Unsere Wasserträger werden euch folgen und ihre Schläuche so schnell wie möglich füllen. Währenddessen wartet ihr auf mein Kommando und zieht euch erst zurück, wenn ich es euch befehle.«

Er sah zu den persischen Reitern, die kaum merklich schneller wurden. Die Wespen spürten, dass ihr großer Moment nahte. Es mussten eintausend Mann sein, mehr als zuvor. Aristides sah ihren Anführer auf einem riesigen schwarzen Hengst sitzen, den er an kurzen Zügeln führte. Im Laufe der letzten Tage waren sie immer zuversichtlicher geworden und freuten sich über die Falle, in die die Griechen sich selbst manövriert hatten.

»Ihr werdet Speere und Pfeile ertragen müssen«, sagte Aristides und zuckte die Achseln. »Haltet die Köpfe unten und denkt an eure Schildübungen. Wenn sie euch zu nahe kommen, fühlt ihr euch vielleicht versucht, einen Vorstoß zu wagen und diese bunten Huren niederzumetzeln. Das werdet ihr aber schön bleiben lassen! Sie stellen nur uns und unsere Entschlossenheit auf die Probe. Das ist alles. Ihr bekommt eure Chance, wenn wir mit der Hauptstreitkraft vorrücken, nicht hier bei diesem sinnlosen kleinen Geplänkel. Heute habt ihr lediglich die Aufgabe, das Wasser für den kommenden Tag zu holen.« Er sah kurz zu den Bogenschützen, die sich nach wie vor in der Felsspalte verbargen. »Ihr Jungs haltet euch hinter meinen Männern außer Sicht. Ihr wisst alle, auf wen wir es abgesehen haben. Wartet auf meinen Befehl, wenn er sich nähert.«

Sie nickten. Fünf stammten aus Korinth, einer aus Megara und vier von Ägina – eine mürrische kleine Gruppe, deren Griechisch für ihn kaum zu verstehen war. Doch sie schienen zu begreifen, was er von ihnen erwartete, und starrten mit funkelnden Augen zu den Feinden ihres Volkes hinüber.

Die Sonne ging auf. Der östliche Horizont sah aus, als stünde er in Flammen. Während es immer heller wurde, ließ Aristides den Blick über die Ebene wandern, ob dort irgendeine weitere Streitmacht auf sie lauerte. Wegen des vielen Staubs in der Luft war es schwer, das gegnerische Lager auszumachen. Die Hopliten, die am Hang warteten, hatten lediglich den Auftrag, ihren geordneten Rückzug zu sichern. Ohne einen Schlachtplan würde Aristides sich auf keinen Fall in ein größeres Gefecht hineinziehen lassen. Nein, an diesem Morgen ging es beiden Seiten nur darum, den Mut und die Willensstärke ihrer Gegner auszuloten. Natürlich würde es hier und da ein paar Tote und den einen oder anderen Blutspritzer im Sand geben. Pausanias würde sich alles ansehen und so viel wie möglich aus den Geschehnissen lernen. Vermutlich würde der persische General das Gleiche tun.

Aristides schickte ein leises Stoßgebet zu Athena. Sie musste auch über ihre Kinder wachen und sie in den frühmorgendlichen Schatten und der beginnenden Wärme ihre Liebe spüren lassen. Alle Blicke waren auf Aristides gerichtet, als er die Hand über den Kopf hob und niedersausen ließ. Mit dieser einfachen Geste schickte er seine Leute in Lebensgefahr.

Xanthippos sah zur aufgehenden Sonne. Es ärgerte ihn, dass es so lange gedauert hatte, die Flotte um Samos herumzuführen. Eigentlich hatte er seine Schiffe bis zum Morgengrauen in Stellung bringen wollen, um eine mögliche Flucht der Perser zu verhindern. Doch leider waren sie nur sehr langsam vorangekommen.

Obwohl der Mond beinahe voll gewesen war, hatte es verschiedenen Besatzungen nicht behagt, im Dunkeln zu rudern und sich womöglich an einem verborgenen Fels den Rumpf aufzuschlitzen. Noch dazu war nach einer Weile ein starker Gegenwind aufgekommen, der sie zu einem regelrechten Schneckentempo gezwungen hatte. Die Hälfte der Besatzungen hatte daraufhin erst einmal komplett das Rudern eingestellt und die Seiten mit Lederlappen abgedichtet. In diesem Moment hätte Xanthippos sich anstelle seiner Galeeren beinahe Handelsschiffe mit höheren Bordwänden und größeren Segeln gewünscht, doch natürlich waren Triremen trotz ihrer riskanten Bauweise nach wie vor die Dolche des Meeres, ein wahres Weltwunder.

Ihre Fahrt war nicht unbeobachtet geblieben. Sie waren noch ein ganzes Stück entfernt gewesen, als Xanthippos auf dem höchsten Punkt von Samos das erste Signalfeuer entdeckte. Als er sich die Panik der persischen Besatzungen beim Anblick dieses Lichtes vorstellte, musste er unwillkürlich lächeln. Früher waren *sie* die Jäger gewesen, als sie mit ihrem König und einer Armee, größer als so manche Nation, an einer anderen Küste der Ägäis südwärts gefahren waren. Nach ihrer Niederlage bei Salamis waren sie verschwunden, um ihre Wunden zu lecken und sich auf der anderen Seite dieses für sie fremden Meeres zu verstecken. Und nun hatten die Griechen sie aufgestöbert und waren drauf und dran, ihr Werk zu beenden. Xanthippos lächelte. Es würde ein guter Tag werden.

Als die Sonne aufging, tauchte sie ganz Samos in ein gelbgoldenes Licht. Die ionische Küste lag derweil noch im Schatten. Xanthippos suchte nach den Masten, die er tags zuvor gesehen hatte, doch sie waren verschwunden. Einen Moment lang geriet er in Panik. In den wenigen Stunden, die ihren Feinden geblieben waren, hatten sie es von der Insel zu der riesigen persischen Küste geschafft und sämtliche Schiffe auf den Strand gezogen. Xanthippos schluckte den Kloß in seiner Kehle hinunter.

Die griechische Flotte hatte beide Enden der Meerenge zwischen Samos und dem Festland blockiert, wie die Perser es ein Jahr zuvor im Sund vor Salamis versucht hatten. König Leotychides von Sparta kam mit sechzig Schiffen aus dem Süden. Er war in seiner Heimat zwar der zivile König, doch wie alle Spartaner war auch er zum Krieger und Soldaten ausgebildet worden und daher durchaus in der Lage, einen Schlachtplan umzusetzen, egal ob an Land oder auf dem Meer.

Xanthippos wurde wütend. Den ganzen Morgen über hatte er geglaubt, eine Schlinge um die Perser zusammenzuziehen, aus der sie unmöglich entkommen konnten. Doch anstatt sich ihm zu stellen, hatten sie zum Festland übergesetzt, wo der Berg Mykale aufragte. Sie waren an ihrer Küste, nicht mehr an seiner – und damit wurde seine Aufgabe auf einmal viel schwieriger als die Seeschlacht, an deren siegreichem Ausgang er niemals gezweifelt hatte.

Er fuhr mit seiner Hälfte der Flotte den Schiffen aus Sparta und Korinth entgegen, sodass es fast aussah, als würden nun sie gegeneinander in die Schlacht ziehen. Xanthippos rief seinem Keleustes einen Befehl zu, den der unter Deck wiederholte. Das Wellenrauschen wurde daraufhin leiser und die gesamte griechische Flotte langsamer. Stille breitete sich zwischen den Schiffen aus.

Xanthippos bemerkte, dass aus den persischen Kriegsgaleeren noch immer Männer stiegen. Sie waren also nicht sehr lange vorgewarnt gewesen. Die Besatzungen und Soldaten wuselten wie Ameisen ins Landesinnere, fort von der griechischen Bedrohung. Er sah ihre funkelnden Rüstungen und leeren Drohgebärden.

In gewisser Weise war es ein Kompliment für ihn. Die Perser waren den Griechen schon einmal auf dem Meer begegnet und wollten diese Erfahrung offenkundig kein zweites Mal machen.

Kimon war zu weit weg, als dass Xanthippos seine Reaktion hätte sehen können. Es fiel ihm schwer, in diesem Moment nicht an Miltiades, den Vater des jungen Mannes, zu denken, der die Perser an Land gejagt und dabei in einen Hinterhalt geraten war. Dieses Scheitern hatte ihn seinen Ruhm, seine Freiheit und letzten Endes auch das Leben gekostet. Er war, auf Xanthippos' Betreiben, in einer Athener Kerkerzelle gelandet und dort an Wundfieber gestorben. Es war wirklich eine Ironie des Schicksals. Er war wegen einer Seeschlacht gekommen. Bei der Vorstellung, nun stattdessen in ein feindliches Land einmarschieren zu müssen, wurde ihm mulmig. Er knurrte wütend.

Sein Sohn Ariphron drehte sich zu ihm um und sah ihn fragend an. Offenbar rechnete er damit, sein Vater wüsste, was zu tun sei. Xanthippos erwiderte seinen Blick mit einem verkniffenen Lächeln. Sie waren in den Schatten des Berges Mykale eingefahren, und ihm wurde kalt. Doch er hatte eine Aufgabe übertragen bekommen, und die würde er erfüllen. Egal wie schwer es wurde.

»Macht mein Boot fertig und gebt König Leotychides Bescheid!«, rief er. »Alle Führungsoffiziere treffen sich auf dem Flaggschiff des Navarchen.«

Xanthippos zwang sich zu einem freundlichen Gesichtsausdruck, als er seinen Freund Epikleos herannahen sah. Als Kapitän hatte man niemals Privatsphäre, doch die Entscheidungen musste er alle allein treffen. Als er die besorgte Miene des Mannes sah, den er schon so viele Jahre kannte und mit dem er in Marathon gestanden hatte, nickte er ihm zu.

»Wir könnten diese Schiffe ganz einfach verbrennen«, sagte Epikleos. »Ein paar in Teer getauchte Pfeile würden reichen, um die ganze Flotte in Brand zu stecken. Diese Botschaft wäre auf jeden Fall unmissverständlich.«

»Erfahrene Besatzungen können neue Schiffe bauen«, erwiderte Xanthippos grimmig. »Nein, wir werden an Land gehen. Wir sind gekommen, um sie zu bestrafen und um sicherzustellen, dass sie nie wieder nach Griechenland zurückkehren. Und dafür gibt es nur eine Möglichkeit.«

Epikleos verstand und neigte den Kopf. »Dann werden wir also Hopliten an Land bringen. In dem Fall führe dann wohl ich den Befehl.«

Xanthippos sah Epikleos an. Er war ein ganzes Leben lang treu zu ihm gestanden. »Heute nicht. Ich werde mitkommen, Epikleos. Ich habe das Kommando.«

Sein Freund nickte, und sie wandten sich gemeinsam zur Küste um.

Eine Reiterei war der Schrecken aller Fußsoldaten. Eine Einheit aus Reitern konnte auf einer Seite des Schlachtfelds losgaloppieren und wie ein Blitz durch eine Formation preschen, ohne dass die einzelnen Soldaten reagieren oder ausweichen konnten. Aristides hasste sie wie jeder Hoplit voller Inbrunst. Er und seine Männer standen in einer drei Reihen tiefen Gefechtslinie und hielten ihre Speere wie einen Wald aus Dornen vor sich hin. Aristides war dankbar, dass die Pferde und ihre gepanzerten Reiter den Abwehrriegel nicht durchbrechen konnten. Er glaubte nicht, dass man die Tiere dazu bekommen könnte, einen Schildwall anzugreifen, und falls doch, würden die Speerspitzen sie erledigen.

»Haltet die Stellung!«, rief er so laut, dass all seine Männer ihn hören konnten. »Genau. Sehr gut. Die Spartaner sehen uns zu, von den Persern ganz zu schweigen. Bleibt in Stellung. Hebt eure Schilde hoch und schließt den Wall. Haltet die Speere bereit, falls sie angreifen. Stemmt sie in den Boden und stellt einen Fuß darauf. Unsere Jungs holen derweil das Wasser, das wir alle brauchen.« Aristides hielt inne. Er wusste, dass er nicht so locker mit ihnen umgehen konnte wie Themistokles, doch er glaubte, dass sie einander gut genug verstanden. Soldaten liebten schlichte, schnörkellose Aufgaben.

Die persischen Reiter gaben ihren Pferden die Fersen und ritten in Übelkeit erregendem Tempo auf sie zu.

Aristides blickte über die Schulter, wo seine kleine Gruppe von Bogenschützen hinter dem Schildwall verborgen auf einem Knie kauerten und warteten. »Seid ihr bereit?«

»Du musst uns nur sagen, wann?«, rief einer von ihnen zurück. »Ich kann nichts sehen.«

»Sehr gut, dann können sie euch auch nicht sehen«, erwiderte Aristides. »Auf mein Kommando steht ihr auf und schießt auf den persischen Offizier, den ich euch vorhin gezeigt habe. Der Mann auf dem schwarzen Hengst.« Ihm wurde bewusst, dass der von den Reitern aufgewirbelte Staub die Sicht erschwerte. »Wenn ihr ihn nicht ausmachen könnt, schaut zu mir. Ich werde auf ihn deuten.«

Er blickte wieder nach vorn. Tausend Reiter donnerten auf sie zu und versuchten, sie in die Flucht zu schlagen. Würden sie tatsächlich fliehen, wären sie so gut wie tot. Aristides fühlte, dass der Boden bebte. Seine Hopliten würden die Stellung halten und weder vorrücken noch zurückweichen. Was natürlich bedeutete, dass die Perser nahe herankommen, mit aller Kraft Speere auf sie schleudern und sich wieder zurückziehen konnten. Aristides sah mit finsterer Miene zu, wie sie sich zum ersten Durchgang näherten. Er sah den Offizier, den er als Kommandeur ausgemacht hatte. Der Mann entlarvte sich durch seine Befehlsgesten. Er war schlank und hatte einen schwarzen Bart. Sein Pferd war eine Handbreit größer als die anderen und sah prächtig aus. Aristides deutete auf ihn, für die Bogenschützen, die durch ihre eigenen Reihen hindurchspähten.

»Da *kommen* sie«, rief einer seiner Männer. Einer dieser Narren, die nicht den Mund halten konnten. Aristides wusste schon lange, dass einige Männer es sich im Angesicht des Feindes nicht verkneifen konnten, lächerliche Bemerkungen zu machen. Er hatte sie alle vor Jahren in Marathon gehört: geistlose Witze und rüde Bemerkungen, die die Umstehenden entweder mit einem Grinsen, mit Flüchen oder einem Augenrollen quittierten. Doch jeder hatte nun mal seine eigene Art, mit der Angst umzugehen. Letztlich spielte es keine Rolle, solange sie seine Befehle befolgten und nicht von der Stelle wichen.

Er beobachtete, wie die vordersten Reiter immer näher kamen und sich der Gefahr aussetzten, von den Speeren aufgespießt zu werden. Seine Männer hatten die als Eidechsentöter bekannten Schaftenden fest in den Boden gerammt und fixierten sie mit einem Fuß. Was dazu führte, dass sie wie bronzene Affen unter ihren Schilden kauerten.

Aristides schluckte. Die Perser hatten großes Selbstvertrauen. Er hörte sie erneut jubeln und sich gegenseitig anstacheln. Er behielt ihren Kommandeur im Auge und bat Odysseus um seinen Segen. Er hatte keine Ahnung, ob die Schützen, die er hinter sich versammelt hatte, auch nur halb so geschickt waren wie seinerzeit der alte König von Ithaka.

Im allerletzten Moment, als sie den Speeren bereits gefährlich nahe waren, bogen die persischen Reiter nach links ab und preschten an der vordersten Reihe der Griechen entlang. Die Speere, die sie schleuderten, trafen mit entsetzlicher Wucht auf die Hoplon-Schilde. Einige wurden beim Aufprall, ohne Schaden anzurichten, abgelenkt. Andere durchstießen die Bronze und das Holz darunter und ragten auf der Innenseite des Schildes heraus. Unter das Krachen und Klirren mischten sich Schmerzensschreie. Doch von alldem war wegen der donnernden Hufe kaum etwas zu hören.

»Hoch mit euch, Bogenschützen«, brüllte Aristides über den Lärm hinweg. »Dort! Seht, wohin ich deute! Schnell jetzt. Feuer!«

Er sah den Pferdemeister auf seinem schwarzen Hengst. Der Mann trug mit erhobenem Arm einen Speer und hielt nach einem geeigneten Ziel Ausschau. Die ungestümen Würfe der jüngeren Krieger waren nicht seine Art. Aristides kam es vor, als verginge die Zeit langsamer, während der nur wenige Schritte entfernte Mann ihn mit zusammengekniffenen Augen zu mustern schien. Innerhalb eines einzigen Herzschlags alles um sich herum detailliert wahrnehmen zu können, war die Fähigkeit, die einen wahren Athleten auszeichnete. Aristides und der Perser Masistius sahen einander inmitten dieser chaotischen Situation über die Köpfe aller anderen hinweg an.

Die Bogenschützen standen auf, spannten ihre Bogen und schossen, als würde Odysseus persönlich ihre Pfeile lenken. Fast im gleichen Moment sah Aristides schwarze Schäfte wie Dornen aus dem Mann ragen. Einer traf ihn am Bizeps und brachte ihn ins Taumeln. Ein anderer bohrte sich ihm in den Hals. Die Zügel glitten ihm aus den Händen, und er fiel von seinem Pferd. Durch seine Reiter ging ein entsetzter Schrei.

Die Bogenschützen spannten erneut die Bogen und feuerten eine weitere Salve, und dann noch eine, begeistert, ihre Ziele so nah vor der Nase zu haben. Ihre Bogen waren mächtig, und sie selbst waren ausgeruht und voll nervöser Energie. Ein Schaft nach dem anderen bohrte sich in die persischen Reiter, sodass gleich darauf rund dreißig von ihnen reglos im Staub lagen oder sich mühsam davonschleppten. Die anderen Reiter galoppierten weiter, doch die Speerwürfe und Pfeilschüsse hatten ein Ende. Nur drei Athener waren getötet worden. Aristides blickte zurück und sah seine Wasserträger unter dem Gewicht der vollen Schläuche gebückt davonschwanken. So weit, so gut.

»Sechs von euch kommen mit mir«, sagte er und ging nach vorn.

Die Reiter machten kehrt für einen weiteren Angriff. Sie sahen gekränkt aus, als hätten Aristides und seine Männer sich nicht an allgemein anerkannte Regeln gehalten. Beinahe hätte er über ihre wütenden Gesichter gelacht. Schließlich waren sie es gewesen, die Griechenland überfallen und Athen verbrannt hatten. Was immer er und seine Kameraden ihnen antaten, war hochverdient.

Er ging an den noch immer austretenden Hufen des großen schwarzen Pferdes vorbei. In seinem Hals steckte ebenfalls ein

Pfeil. Aristides glaubte nicht, dass es überleben würde. Sein Herr war eindeutig tot. Aristides hatte erwogen, ihm die Kehle durchzuschneiden, um ganz sicherzugehen, doch der Perser starrte blicklos in die Höhe und rührte sich bereits nicht mehr.

Hinter und über ihm ertönten Hörner. Rückzug. Aristides hielt nur kurz inne, um zu den Reihen rot gewandeter Spartaner auf dem Berg hinaufzublicken, ehe er seinen Männern lauthals befahl, ins Vorgebirge zurückzukehren. In der Freude über diesen kleinen Sieg hätte er beinahe seine eigene Warnung vergessen. Dies hier war nicht die Entscheidungsschlacht, sondern nur ein Scharmützel. Ein Test der Willensstärke. Natürliche waren alle, die dabei starben, anschließend ebenfalls tot. Er war froh, dass es nicht ihn getroffen hatte.

»Zurück, Männer. Sehr gut gemacht. Bogenschützen? Ihr wart fantastisch.«

Er wusste nicht, ob Themistokles etwas Bewegenderes gesagt hätte, das sie zum Erröten oder Weinen gebracht hätte, doch sie schienen mit seinen Worten recht zufrieden zu sein und hielten die Köpfe hocherhoben, während sie auf dem losen Geröll nach oben liefen und die Ebene hinter sich ließen.

Aristides blieb auf halber Höhe keuchend stehen und sah, dass sich die persischen Reiter wie geronnenes Blut um das Lager der Perser scharten. Er war froh, dass sie die Leichen ihrer Kameraden mitgenommen hatten. Die Toten sollten niemals zurückgelassen oder geschändet werden. Die Feinde waren keine Tiere, sondern zivilisierte Menschen. Was nichts daran änderte, dass er sie aus tiefstem Herzen hasste.

Als er sich gerade wieder umdrehen wollte, nahm er eine Bewegung wahr, zu weit weg, als dass die Perser auf der Ebene sie hätten sehen können. Aristides schüttelte den Kopf und kniff die Augen zusammen. Als er begriff, was er sah, wurde ihm flau zumute.

Unten auf der Ebene näherte sich ihnen eine Wagenkolonne. Er wusste nicht, ob Pausanias sie herbeordert hatte oder ob sie selbstständig aus irgendeiner Gemeinde aufgebrochen war, um die Griechen mit Essen und Wasser zu versorgen. Die Vorräte, die sie brachten, mussten für sie bestimmt sein. Die Perser hatten in dieser Gegend noch keine Außenposten oder Städte, die Proviant für sie bereitstellen würden. Außer die Wagen kamen aus Theben. Was fast noch schlimmer wäre. In dem Fall hätte er gar keine andere Wahl, als sie abzufangen. Wenn die Perser hungerten, würden sie sie vielleicht zur Kapitulation zwingen können. Aristides wusste, dass er so oder so etwas unternehmen musste.

Unten auf der Ebene war noch niemand auf die Nachschubkarawane aufmerksam geworden. Ihm blieb vielleicht noch eine Stunde. Auf keinen Fall mehr. Aristides stieß den Atem aus und dachte nach. Zwischen ihm und dem Felsgrat, auf dem Pausanias alles überblickte, standen die Heloten. Sie würden alles Essen, das sich auf diesen Wagen befand, zurücktragen können. Er schluckte. Mit einem Mal wurde ihm übel. Natürlich würden die Perser reagieren. Sie waren nach dem Vorfall am Bach in ihrer Ehre gekränkt und würden sicher umgehend angreifen, wenn sie ihn noch einmal zur Ebene hinuntergehen sahen. Aristides merkte, wie sich sein Herzschlag beschleunigte. Er musste eine Entscheidung treffen. Sie brauchten etwas zu essen und Wein, um zu überleben. Zwar sträubte sich alles in ihm dagegen, so kurz nach dem letzten Ausfall einen weiteren zu unternehmen, aber was war, wenn die Perser heranrückten? Dann würden sie alle gemeinsam zur Ebene hinuntersteigen, mit Pausanias und seinen Spartanern auf der anderen Seite der Schlachtordnung.

Aristides biss sich in den Daumen und dachte angespannt nach. Was würde Themistokles an seiner Stelle tun? Nun, diese Frage war leicht zu beantworten. Er würde das Risiko eingehen.

KAPITEL 23

Aristides war noch dabei, eine Nachricht an Pausanias zu verfassen, als der Spartaner persönlich den Hang heruntereilte und zu ihm kam. Der Regent war kein Mann, der geduldig auf Neuigkeiten wartete, wenn er sehen konnte, dass irgendetwas Wichtiges passierte. Aristides bemerkte, dass der berühmte Wahrsager ebenfalls vom Berg herabkam, allerdings etwas vorsichtiger als der Regent.

»Wieso hast du anhalten lassen?«, fragte Pausanias, als er vor Aristides zum Stehen kam. »Ich habe dir keine neuen Befehle erteilt. Das Wasser ist geschöpft.«

Aristides hob eine Augenbraue und spiegelte damit Pausanias' Gesichtsausdruck wider. War der Spartaner etwa von seiner Position heruntergekommen, um ihn wie einen Schuljungen abzukanzeln? »Regent Pausanias, wenn du nach Osten blickst, siehst du eine Wagenkolonne, die hierher unterwegs ist. Die Perser haben sie noch nicht erblickt, aber das wird jeden Moment geschehen.«

Pausanias kniff die Augen gegen die Sonne zusammen. Die grelle Morgensonne verbarg die Karawane vor allen, die sich unten auf der Ebene befanden, doch er konnte sie ebenfalls ausmachen. »Mein Nachschubweg verläuft durch die Berge hinter uns, Land, das wir kontrollieren. Ich habe keine Ahnung, wer die geschickt …« Pausanias verfiel in nachdenkliches Schweigen.

Aristides hob ungeduldig die Hände. »Wenn sie zu den Persern gehören, sollten wir sie aufhalten. Ich glaube aber, dass dieser Transport für uns bestimmt ist. Als Geschenk aus Platäa oder Leuktra.«

»Platäa wurde geplündert …«, murmelte Pausanias und beschattete die Augen.

Aristides wartete ab. Der junge Mann wollte den Befehl führen, und dies war dafür eine gute Gelegenheit. Doch er schien trotz seiner jahrelangen Ausbildung in dieser Situation etwas hinterherzuhinken. Aristides atmete bewusst langsam und wartete darauf, dass der Spartaner ihn gedanklich einholte.

»Es könnte eine List sein, um uns vom Berg herunterzulocken«, sagte er schließlich.

Aristides zwinkerte. Das hatte er bereits in Erwägung gezogen, zögerte nun aber, als wäre es ein neuer Gedanke für ihn. Einen Moment später schüttelte er den Kopf. »Das ist nicht ihre Art. Das liebste Werkzeug der Perser ist der Hammer, nicht der Dolch. Bisher habe ich noch keine Anzeichen von Raffinesse an ihnen wahrgenommen. Es kann natürlich sein, dass …« Er verstummte und ärgerte sich über den Zweifel, den er in sich aufkeimen fühlte. Er hatte voller Überzeugung gesprochen, da er das Gefühl hatte, den Spartaner überreden zu müssen. Nun konnte er nur hoffen, dass sie keiner ausgeklügelten persischen List zum Opfer fallen würden.

Leben oder Tod, Erfolg oder Scheitern. Befehlsgewalt war ein einsames Geschäft, wenn so viel vom Ergebnis abhing. Aristides stieg sein eigener Schweißgeruch in die Nase, während er dastand und auf eine Entscheidung des Regenten wartete. Ohne einen entsprechenden Befehl von Pausanias würde sich kein Teil ihrer Armee vom Fleck rühren. Das war der Preis, den man zahlen musste, wenn man mit Sparta in die Schlacht zog. Aristides empfand ihn als fair.

Tisamenos stieß zu ihnen. Der Wahrsager atmete schwer und schlitterte das letzte Stück auf dem losen Untergrund. Dieser Abschnitt des Hangs war so steil, dass die drei Männer sich dicht an ihn heranbeugen mussten. Die Kunde von der herannahenden Karawane verbreitete sich indessen auf dem ganzen Berg. Um sie herum warteten Hopliten auf die Anweisungen der Männer, in deren Händen ihr Leben lag.

»Die Karawane dort auf der Ebene …«, begann Pausanias. Er schien Zeit schinden zu wollen.

Aristides wurde ungeduldig. Er war doppelt so alt wie der spartanische Regent, und ihm tat an diesem Morgen alles weh, aber er würde diese Chance nicht mit überflüssigem Gerede verschwenden! Auf diesen Wagen befanden sich Lebensmittel und Wasser. Sie mussten sie in Sicherheit bringen. Er räusperte sich, doch Pausanias ergriff das Wort. Er hatte sich entschieden.

»Nimm deine Hopliten, Aristides, alle achttausend. Ich werde hierbleiben, damit die Perser sich bewusst sind, dass ich ihre Flanke attackiere, wenn sie dich angreifen.«

Aristides nickte. Sie durften nun keine Zeit mehr verschwenden. »Die Perser sind so viele, dass sie zwanzigtausend hinter mir herschicken könnten und immer noch für deinen Angriff bereit wären.«

»Niemand ist je für uns bereit«, erwiderte Pausanias leise. »Wie viele brauchst du?«

»Deine Heloten sind als Einzige nahe genug, um sofort aufbrechen zu können. Schicke dreißigtausend von ihnen mit mir mit. Die Perser müssten sich aufteilen, um so viele anzugreifen. Falls sie das tun, ist es dir möglich, ihre Flanke zu attackieren. Sollten sie eine List fürchten und in ihrem Lager bleiben, können wir ungehindert die Karawane sichern.«

»Also gut, Athener«, sagte Pausanias. »Aber du wirst keine Soldaten aus meinen Heloten machen können. Sie haben ein paar Klingen und Speere … Sie werden kämpfen, wenn ich es befehle. Aber …« Sein Gesicht verzog sich, als hätte er in etwas Saures gebissen. Er schien die Worte nicht aussprechen zu wollen. »Sie sind wie Kinder, Aristides. Pass auf, dass sie nicht alle sterben.«

Aristides machte große Augen. Er erinnerte sich an eine alte Geschichte über Ares und Aphrodite. Diese beiden Götter hatten zusammen einen Sohn gezeugt. Das Kind, das dieser Verbindung aus Krieg und Liebe entsprang, erhielt den Namen Phobos –

Angst. Aristides fragte sich, wie viele andere ähnlich viel wie er über die spartanische Gesellschaft erfahren und ihr Leben verloren hatten, ehe sie irgendwem davon erzählen konnten. Sein Mund wurde trocken, und er schluckte. »Dann sind wir uns also einig?«, fragte er. Er musste den offiziellen Befehl hören.

Pausanias nickte. »Sichere die Karawane. Bring sie her oder verbrenne sie. Nimm deine Hopliten … und die Heloten. Möge Apoll euch behüten und segnen, Aristides.«

Sie fassten sich kurz an den Händen. Dann straffte Aristides die Schultern und begann, Kommandos zu bellen, als wäre der spartanische Regent bereits wieder zu seinen Männern zurückgekehrt: »Heloten! Zu mir. Pausanias befiehlt, dass ihr mir alle auf die Ebene folgt.«

Es überraschte ihn nicht, wie schnell sie aufstanden, ihre Waffen und Werkzeuge zusammensammelten und sich zu ihm gesellten. Seit mehr als hundert Generationen wurden sie und ihre Vorfahren in Sklaverei gehalten. Gehorsam war alles, was sie kannten.

Seine Hopliten kamen ebenfalls schnell herbei und strömten, gefolgt von den Heloten, wie eine Flut ins Vorgebirge hinunter. Angesichts der feindlichen Heerscharen fand Aristides ihre schiere Masse tröstlich. Er sah persische Reiter auf ihre Pferde steigen und fragte sich, ob sie ohne ihren Kommandeur führungslos sein würden. Er hoffte es. Wenn sie beschlossen, gegen sein zusammengeschustertes Heer anzureiten, würde er ihnen nicht viel entgegensetzen können. Wenn sie bis auf Sichtweite an sie herankamen, könnten sie auch den restlichen Persern berichten, dass die Heloten keine echten Soldaten waren. Wie gerne hätte er selbst eine Reiterei gehabt, um sie zu vertreiben oder zumindest eine erstickende Staubwolke aufzuwirbeln, in der seine Männer nicht zu sehen wären.

Seine Hopliten formierten sich, während sie zur Ebene hinunterstiegen. Die Speere hielten sie beim Marschieren aufrecht, die

Schilde trugen sie auf dem Rücken, bereit, sie jederzeit an einem einfachen Band nach vorn zu holen und mit dem linken Arm zu packen. Ihr Anblick erfüllte Aristides mit Stolz. Als er den Blick weiterwandern ließ, runzelte er die Stirn. Im Vergleich zu ihnen sahen die Heloten erbärmlich aus. »Bleibt in Reih und Glied!«, brüllte er seine eigenen Männer an. »Die Lochagoi zu mir!« Er wartete ab, während rund hundert Offiziere ihre Reihen verließen und zu ihm ans Ende der Marschordnung kamen. »Männer, diese Heloten brauchen Offiziere. Eure Hopliten werden eine Weile ohne euch überleben. Ich will Schilderreihen an den Flanken, für den Fall, dass uns die persische Reiterei zu nahe kommt. Und was die Heloten anbelangt … formiert sie zu passabel aussehenden Marschreihen, mit so vielen Speeren wie möglich. Klar? Gut, Abmarsch!«

Aristides beschloss, sich nicht weiter einzumischen. Diese Männer waren weder Narren noch Kinder. Es juckte ihn zwar in den Fingern, alles selbst zu überwachen und zu befehlen, doch er wusste, dass er damit nur unnötige Kraft verschwenden würde. Es reichte, wenn er stattdessen den Blick über die Reihen gleiten ließ und tat, als sähe er alles, während seine Offiziere sich schwitzend und fluchend damit abmühten, die Heloten nicht wie einen Haufen Bauern auf einer lustigen Landpartie, sondern wie eine echte Armee aussehen zu lassen.

Aristides blickte über die Schulter zu den sichtlich bestürzten persischen Streitkräften, die noch nicht wussten, wie ihnen geschah. Sicher flogen in ihren Reihen gerade Befehle hin und her, und die Offiziere wurden aus ihren Zelten hinter der Lagerpalisade gerufen. Aristides grinste. Mit ein bisschen Glück verbarg der Staub, den seine Männer aufwirbelten die Karawane komplett, sodass die Perser niemals herausfinden würden, weshalb auf einmal ein großes Kontingent Griechen ostwärts marschiert war.

Er reckte so sehr den Hals, um die Feinde im Blick zu behalten, dass ihm der Nacken wehtat. Doch die Heloten, die neben ihm marschierten, wirbelten ebenfalls Staub auf. Als Aristides sah, wie sie dahinschlichen, schüttelte er den Kopf. Es war höchst bedauerlich, dass die Spartaner sie nicht zu Soldaten ausgebildet hatten, obwohl ihm der Grund dafür natürlich klar war. Wenn Tisamenos die Wahrheit gesagt hatte, wollten die Spartaner auf keinen Fall, dass sich eine ausgebildete Streitmacht um ihre Felder und Säuglinge kümmerte. Sie schienen jedoch in guter körperlicher Verfassung zu sein. Die Heloten begriffen zwar nicht, was von ihnen verlangt wurde, aber sie gerieten immerhin nicht außer Atem. Was sie allerdings noch lange nicht zu Soldaten machte.

Aristides fragte sich, ob die Perser ausrücken würden. In Anbetracht der Spartaner, die wie Falken auf dem Berghang lauerten, witterten sie sicher eine Falle. Welcher Befehlshaber würde seine Streitmacht aufteilen, wenn ihre überragende Größe sein Hauptvorteil war? In Salamis hatten die Perser es zwar tatsächlich getan, Aristides bezweifelte jedoch, dass sie diesen Fehler noch einmal machen würden.

Mit einem säuerlichen Nicken nahm er zur Kenntnis, dass sich ein Teil der Reiterei zu ihnen auf den Weg machte. Kein Wunder. Diese jungen persischen Edelmänner gierten sicher nach Rache. Außerdem wartete ihr General zweifellos gespannt auf ihren Bericht, um entscheiden zu können, was er als Nächstes tun würde.

Weniger als eine Wegstunde entfernt kam derweil die Karawane immer näher. Hier unten auf der Ebene hatte er sie aus den Augen verloren. Ihm blieb nichts anderes übrig, als seine Männer in ihre Richtung marschieren zu lassen und darum zu beten, dass das Ganze nicht eine Falle der Perser war, um sie alle zu vernichten.

KAPITEL 24

Xanthippos stand im Bug und hielt sich mit aller Kraft fest, als seine Galeere mit hoher Geschwindigkeit auf das Ufer fuhr. Der Bug pflügte ein paar Sekunden lang rüttelnd durch den Sand, bis das Schiff schließlich hilflos wie ein gestrandeter Wal ächzend liegen blieb. Überall um ihn herum wateten gepanzerte griechische Hopliten an Land oder kletterten an den Seiten ihrer eigenen Schiffe herab. Inmitten dieses Tumults setzte Xanthippos zum ersten Mal seit Jahren wieder einen Fuß auf persischen Boden. Es fühlte sich an, als würde er schwanken, doch das lag nur an der langen Zeit, die Xanthippos auf See verbracht hatte.

Die Hopliten formierten sich oberhalb des Strandes, im Schatten des großen Granitbergs. Der spartanische König sprang aus einem Boot und watete durch das seichte Wasser. Den Bronzerüstungen konnte das Salzwasser nichts anhaben, doch alle Soldaten dachten in diesem Moment sicher mit Schrecken darüber nach, was es mit den eisernen Schwertern an ihren Hüften machte. Wenn sie hier fertig waren, würden alle Griffe und Klingen auseinandergenommen, gereinigt und neu eingeölt werden müssen. Ein paar würden dennoch zerstört sein.

An den im Sand liegenden Schiffen wurden Taue befestigt. Die anderen Enden wurden anschließend an den Galeeren festgemacht, die noch immer auf dem Meer schwammen. Deren Ruderer legten sich daraufhin in die Riemen, um die gestrandeten Schiffskörper Stück für Stück ins Wasser zu schleppen. Trotz des ruhigen Seegangs war es ein gefährliches Unterfangen, doch sie würden keines ihrer Schiffe ungeschützt neben den persischen liegen lassen. Erleichtert verfolgte Xanthippos, wie sie alle, ohne zu kentern, ins tiefere Wasser glitten.

Sein Blick fiel auf Perikles, der mit Schild und Speer in den Händen verloren am Strand stand. Xanthippos schluckte nervös. Perikles war noch zu jung, um hier an Land zu gehen. »Komm hierher, Peri«, rief er und knirschte mit den Zähnen. Die Athener, die um sie herum ihre Ausrüstung überprüften, konnten alles mithören, was er sagte. Sie wussten, dass er sie dazu auffordern würde, in der kommenden Schlacht gemeinsam mit ihm Kopf und Kragen zu riskieren, und dazu hatte er auch jedes Recht, da er im Angesicht des Feindes über absolute Befehlsgewalt verfügte. Doch sie waren harte Männer und würden ihn verachten, wenn er seinen Sohn auf das Schiff zurückschickte. Warum nur war Perikles nicht an Bord geblieben, wie er es ihm befohlen hatte?

»Ich würde gern Ariphrons Speer tragen«, sagte Perikles mit störrisch vorgerecktem Kinn. Xanthippos wusste, dass es dem Jungen nicht möglich gewesen war, dieser Konfrontation aus dem Weg zu gehen. Obwohl er breitschultrig genug war, um als Soldat durchzugehen, hätte er sich nicht unbemerkt unter die Hopliten mischen können, die alle miteinander befreundet waren oder zumindest den gleichen Stämmen angehörten. Dieses enge Beziehungsgeflecht war einer der Gründe für den Zusammenhalt der Athener Phalanx. Perikles hatte offenkundig große Angst, wieder zurückgeschickt zu werden.

Xanthippos blickte zu Ariphron, der in voller Montur auf dem Strand stand. Seine Beine waren bis über die Knie mit Sand bedeckt. Vermutlich hatte Perikles zuerst ihn gefragt. Seine beiden Söhne warteten auf die Entscheidung ihres Vaters.

Xanthippos spürte, wie sich sein Magen zusammenzog. Doch er war auch stolz darauf, mit seinen Söhnen, die er – vor dem Exil, der Invasion und dem Krieg – als Kinder auf den Schultern getragen hatte, nun auf diesem Strand zu stehen. Als Agariste ihm zum ersten Mal Ariphron in die Arme gelegt hatte, war ihm sofort klar gewesen, wie sehr sich sein Leben für immer verändern würde. Während eines Herzschlags war er vom Sohn zum Vater geworden. Diese Erkenntnis hatte ihn mit Freude, aber auch mit Furcht erfüllt. Tief in seinem Herzen hatte er gewusst, dass er seine Kinder nicht vor allen Gefahren schützen konnte – und dass er ihnen nur schaden würde, wenn er es versuchte. Xanthippos merkte, dass seine Achselhöhlen schweißnass waren.

Xanthippos hatte mal jemanden das Leben mit einer Schwalbe vergleichen hören, die durch ein Fenster hereinkam, kurz durch einen sonnendurchfluteten Raum sauste und gleich darauf wieder in die Dunkelheit hinausflog. Wenn das wirklich alles war, konnte nichts wichtiger sein, als einen Sohn großzuziehen. Die Spartaner hätten vermutlich Verständnis für ihn gehabt. Angeblich verachteten sie jede Form von Vergnügen und konzentrierten sich stattdessen ausschließlich auf das Wesentliche. Er wusste nicht, ob das wirklich erstrebenswert war, doch er hätte niemandem beschreiben können, wie wunderbar es sich nun anfühlte, seine Söhne vor sich stehen zu sehen – Ariphron stark und gesund mit Helm und Beinschienen und Perikles mit einem Schild auf dem Rücken und einem Speer in der Hand. Und zur gleichen Zeit war er so nervös, dass er seinen Daumennagel blutig zupfte.

»*Bitte,* Vater«, murmelte Perikles.

Ariphron nickte. Seinen Segen hatte er offensichtlich.

Xanthippos seufzte tief und nickte. »Also gut. Bleib hinter Ariphron, Perikles. Decke ihm in der Phalanx den Rücken.«

Er sah Tränen in Perikles' Augen glitzern. Anscheinend konnte er es gar nicht fassen, dass er nicht auf das Schiff zurückgeschickt worden war. Schließlich grinste er breit. Ariphron schlug auf seinen Schild, und die beiden lachten. Xanthippos wurde flau im Magen. Am liebsten hätte er die Erlaubnis wieder zurückgenommen. Die anderen Männer nickten ihm zu. Offenbar hießen sie seine Entscheidung gut. Xanthippos wusste, dass Perikles bei allen beliebt war.

Mittlerweile hatte sich die gesamte Phalanx formiert. Sie bestand aus acht Reihen dicht an dicht stehender und grimmig dreinblickender Männer. Sicher dachten sie an das bevorstehende Blutvergießen. Epikleos hatte für diese Formation die Hopliten aus Athen und einem halben Dutzend kleiner Stadtstaaten rekrutiert. Xanthippos hatte nicht zugesehen, wie sein Freund den Soldaten klargemacht hatte, wer den Befehl führen würde. Einer von Kimons Lochagoi schien eine geschwollene Wange und blutige Lippen zu haben, doch Epikleos und Kimon wirkten ganz gelassen, während sie die Männer inspizierten.

Leotychides kam zu ihnen. Xanthippos bemerkte, dass es dem spartanischen König keine Probleme bereitete, über den Sand zu gehen. Unwillkürlich musste Xanthippos darüber lächeln, dass es ihm als Mann permanent ein Bedürfnis zu sein schien, die Kampfkraft anderer Männer einzuschätzen. An einem lauen Sommerabend in Athen mochte so eine rasche Bestandsaufnahme tatsächlich überflüssig sein, an dieser feindseligen Küste freute es ihn jedoch zu sehen, dass sich König Leotychides geschmeidig wie eine Raubkatze bewegte. Der Spartaner, auf dessen Haupt ein Bronzehelm mit weißem Federbusch saß, trug außer seinem langen roten Umhang nur Lederstreifen um die Oberschenkel, Sandalen und Beinschienen. In den Händen hielt er Schild und Speer. Die Haare auf seinem Kopf, auf seiner Brust und um seinen Penis waren eisengrau und dicht gelockt. Obwohl er über sechzig sein musste, sah er topfit aus.

Xanthippos verneigte den Kopf vor ihm.

»Ich sehe hier nicht mehr als sechstausend Mann, Xanthippos«, sagte König Leotychides. »Angesichts dieser vielen leeren Schiffe sind wahrscheinlich deutlich mehr Perser an Land gegangen.«

»Die meisten waren nur Ruderer«, erwiderte Epikleos.

Der Spartaner musterte ihn kurz von Kopf bis Fuß und nickte. »Wie auch immer. *Unsere* Ruderer bleiben nicht an Bord.«

Xanthippos zögerte einen Moment. Die Hopliten warteten stumm in ihrer dichten Formation, in die sich auch seine eigenen

Söhne eingereiht hatten. Er hatte keine Männer in Reserve gehalten. Xanthippos wurde klar, dass Leotychides jahrzehntelang den großen spartanischen Kriegskönig Leonidas an seiner Seite gehabt hatte. Daher war er es nicht gewohnt, sich Taktiken auszudenken, die über Leben und Tod entschieden und nicht mehr zurückgenommen werden konnten.

»Majestät, diese Männer hier sind ausnahmslos kampferprobte Hopliten, die besten Krieger von ganz Griechenland, und sie tragen Waffen und Rüstungen«, sagte Xanthippos. »Jeder von ihnen kann es mit einem Dutzend Ruderern mit Knüppeln und Dolchen aufnehmen. Ausgebildete Soldaten machen mit ungelernten Männern kurzen Prozess, wie Löwen mit Hunden. Ich bin sicher, dass eure dreihundert Leibgardisten das eindrucksvoll beweisen werden.«

Der König nickte.

»Unsere Ruderer sind in ausgezeichneter körperlicher Verfassung, aber keine ausgebildeten Kämpfer«, fuhr Xanthippos fort. »Die persischen Soldaten würden sie abschlachten, gerade so, wie wir es mit ihren machen werden.« Er machte eine Pause, um sicherzugehen, dass der Spartaner ihm zuhörte. »Ich würde die Besatzungen lieber nicht riskieren und sie an Bord unserer Schiffe lassen, Majestät, akzeptiere aber natürlich deine Autorität. Wenn du es wünschst, werde ich zehntausend weitere Männer an Land holen. Immerhin haben sie Messer.«

Der Spartaner winkte ab.

»Nein, deine Argumente sind sehr stichhaltig, Xanthippos. Ich bin dir für diesen Hinweis dankbar. Also gut. Ich gehe davon aus, dass diese Männer der Aufgabe gewachsen sein werden. Ich übernehme natürlich die spartanische rechte Flanke. Wirst du die linke halten?«

Xanthippos nickte. »Ja. Mit deiner Erlaubnis werden Epikleos und« – er wartete ab, bis Kimon nickte – »Kimon das Zentrum befehligen. Ich habe mir die Freiheit genommen, Späher ins Landesinnere zu schicken. So viele Perser können sich nicht lange vor uns verstecken.«

»Vielleicht sind sie … davongerannt«, erwiderte Leotychides.

Xanthippos nickte. Das war durchaus möglich. Immerhin hatten die Perser ihre Schiffe aufgegeben. Doch ihm ging der Hinterhalt nicht aus dem Kopf, in den der arme Miltiades vor Jahren geraten war. Kimon betrachtete mit finsterer Miene das ansteigende Land vor ihnen. Von ihrem Standpunkt aus konnten sie nicht feststellen, was hinter den Bäumen auf sie wartete. In Miltiades' Fall war es eine überwältigende persische Streitmacht gewesen, die all seine Hoffnungen zunichtegemacht hatte.

»Das wäre für sie das Beste, Majestät«, sagte Xanthippos feierlich, als spräche er einen Eid. »Ich habe vor, es hier zu Ende zu bringen. Sobald unsere Schiffe weit genug vom Ufer entfernt sind, werde ich – wenn du es erlaubst – ihre anzünden. Das Meer wird ihnen dann als Fluchtweg versperrt sein.«

»Also gut, mach es so«, erwiderte Leotychides.

Xanthippos, Kimon und Epikleos verneigten sich vor ihm, und die vier Männer reichten sich kurz die Hände, um sich gegenseitig ihrer Kraft und Entschlossenheit zu versichern. Anschließend ging Leotychides zu den Spartanern auf dem rechten Flügel und hob einen Arm, um den Befehl zum Abmarsch zu erteilen.

In diesem Moment kam einer der Kundschafter angerannt. Xanthippos bedeutete dem Spartaner mit erhobener Hand, noch einen Moment zu warten, und beugte sich zu dem keuchenden Jungen vor.

»Sie sind … nur ein kleines Stück landeinwärts … Sie sind in Stellung gegangen und warten auf uns. Fünfzehn- oder zwanzigtausend. Keine Reiter …«

Xanthippos nickte. Sie hätten davonlaufen können, doch damit hatte er nicht gerechnet. Unvermittelt fiel ihm ein Kampf aus seiner Jugend ein. Er hatte einen Jungen ein halbes Dutzend Straßen weit durch Athen gejagt. Als der Junge an seinem Haus ankam und mit dem Fuß die Türschwelle berührte, war er jäh stehen geblieben und hatte kehrtgemacht, um sich seinem Schicksal zu stellen. Seine Entschlossenheit hatte Xanthippos aus irgendeinem Grund Respekt abgenötigt. Als die Mutter des Jungen herbeigeeilt war, hatte er ihn in Frieden gelassen und sich lachend zurückgezogen. Damals war er selbst noch ein Junge gewesen. Nun nicht mehr.

Er schickte den Läufer zu Leotychides und zwei weitere zu Kimon beziehungsweise Epikleos. Nach einer gefühlten Ewigkeit wussten sie alle Bescheid und hoben die Hände, um zu zeigen, dass sie bereit waren. Xanthippos holte tief Luft. »Der Feind befindet sich in Reichweite! Haltet die Schilde und die Speere bereit! Vorwärts, marsch!«

Er ließ die ersten beiden Reihen vorbeiziehen und nahm in der dritten den Platz neben Ariphron ein. Xanthippos sah zu Perikles zurück, der trotz des schweren Schildes und des Speeres in seiner anderen Hand aufrecht im Schatten seines Bruders ging.

Hopliten aus einem Dutzend Städten stürmten mit ihnen vorwärts. In jeder Reihe drückten die Männer sich ihre Helme aus Filz oder Bronze auf den Kopf und hoben die Speere an, um nicht mit den Spitzen die Beine ihrer Vorderleute zu verletzen. Ihre Rüstungen schimmerten im Sonnenlicht, als sie die Dünen erklommen und die ersten Bäume passierten. Hinter ihnen flogen rauchende Brandpfeile von den griechischen Schiffen zum Strand. Einen Moment später standen alle persischen Galeeren in Flammen. Sie loderten so hoch, dass sie wahrscheinlich auch noch in Griechenland zu sehen sein würden. Mit dieser Flotte würde niemand mehr in See stechen können, um zu plündern und zu morden. Die Perser waren gekommen, um Krieg zu führen. Dies war das Ende, das sie verdient hatten.

KAPITEL 25

Aristides zwang seine Männer zu einem hohen Tempo, um die Karawane zu erreichen, die langsam über die Ebene zog. Die persische Reiterei war kühner geworden. Nach nur einer Stunde im Gefolge der griechischen Armee hatten sie begonnen, gefährlich nahe an die Phalanx heranzugaloppieren. Die Hopliten an den Rändern der Formation hatten den Kampf mit ihnen aufgenommen, doch es fiel ihnen sehr schwer, die Heloten mit ihren Schilden zu schützen und gleichzeitig die Speere einzusetzen.

Ihre Peiniger wurden mit einer Blutspur belohnt. Für jede Speersalve, die klirrend von Speeren und Helmen abprallte, und für jeden Pfeilschuss, der danebenging, schrie mindestens ein Grieche schmerzerfüllt auf und blieb humpelnd hinter dem Rest der Formation zurück. Ein paar von ihnen fielen hin und blieben reglos liegen. Andere waren einfach nur zu verwundet, um mit ihren Freunden mithalten zu können. Diese Männer riefen ein paar Abschiedsworte und stellten sich dem Feind allein entgegen.

Beim ersten Mal waren die Reiter begeistert zurückgekehrt und übereifrig von ihren Pferden gestiegen, um den angeschlagenen Soldaten zu töten. Dabei hatten sie nicht bedacht, dass er trotz seiner Verletzung noch gefährlich sein könnte. Unter dem begeisterten Jubel seiner Kameraden hatte der Hoplit zwei von ihnen niedergestreckt, bevor ein Dritter ihm die Beine wegschlug. Sie hatten ihm die Rüstung und den Schild vom Körper gerissen und sie triumphierend in die Höhe gereckt, während die Griechen weitermarschierten.

Besonders hilfreich war der von dreißigtausend Heloten aufgewirbelte Staub, der blassgolden und rosafarben die Sonne verschleierte. Obwohl Aristides permanent husten und den Sand aus den Augen blinzeln musste, war er dankbar, dass während der letzten Tage kein Regen gefallen war. Natürlich mussten er und die anderen mit staubtrockenen Mündern marschieren. Seine schnell formierte Armee hatte nur ein paar der frisch aufgefüllten Schläuche mitgenommen, und das Wasser, das sie mit kräftigendem Wein vermischt hatten, reichte nicht einmal annähernd, um ihren Durst zu stillen. Dafür war das mittlerweile hinter ihnen liegende persische Lager durch die Wand aus Staub kaum noch auszumachen, und es fühlte sich an, als wollte das Land selbst sie beschützen. Aristides hoffte, dass es stimmte.

Der Karawanenführer gaffte schockiert die Soldaten an, die sich plötzlich wie Dschinns vor ihm aus dem Sandsturm zu schälen schienen. Beim Anblick des Heeres hielt er seine Maultiere an und stieg ab, um sich hinzuknien.

Aristides trat vor und zog ihn wieder auf die Beine. »Woher kommt ihr?«

»Aus der Stadt L-Leuktra, Kurios …«, stotterte der Mann. »Wir bringen Opfergaben für den Kampf gegen die Perser. Fleisch und Wein für die Männer. Diese armselige Karawane ist alles, was wir für euch aufbringen konnten, Kurios, a-aber …«

»Setze sie wieder in Bewegung«, blaffte Aristides. »Wenn ihr dicht bei uns bleibt, könnt ihr euch *vielleicht* in Sicherheit bringen. Wenn ihr zurückbleibt, werde ich diese Wagen verbrennen und euch für den Feind zurücklassen.«

Während der gestammelten Erklärung des Karawanenführers hatte Aristides über die Schulter geblickt und nach persischen Vorreitern Ausschau gehalten. Als sich der Staub nun legte, erkannte er, dass in der Zwischenzeit die gesamte persische Reiterei an ihnen vorübergezogen war.

Aristides beobachtete, wie die Perser mit verdutzten Mienen zu ihnen zurückdeuteten und ihre Pferde wendeten. Aus der Nähe sahen die Heloten nicht wie Hopliten aus. Ein paar trugen zwar

Speere und Schilde, doch die meisten waren nur mit Messern und einer Art Knüppel bewaffnet. Keiner von ihnen trug Beinschienen oder irgendeine andere Art der Panzerung, und sie hatten auch keine Bronzehelme auf.

Aus der Ferne hatten sie wie beabsichtigt wie eine große und schlagkräftige Streitmacht gewirkt, doch nun hatten die Reiter sie durchschaut. Aristides verzog das Gesicht, als sich großes Geschrei unter ihnen erhob. Die Jagd war eröffnet, und diesmal war er die Beute. Hilflos musste er mit ansehen, wie Hunderte Reiter zu ihrem Lager zurückgaloppierten. Wie würde General Mardonius reagieren? Er sah sich noch immer von den Spartanern bedroht, die nur darauf warteten, sich auf die Flanke seiner Armee zu stürzen, sobald sie aus der Deckung kamen. Doch er kommandierte zweihunderttausend Mann oder mehr. Mit einem Heer dieser Größe musste er keinen sterblichen Gegner fürchten.

Aristides ließ die Karawane kehrtmachen und verschwand mit ihr in der Masse der Heloten. Auf dem Weg zurück zum Berg übernahm die bisherige Nachhut die Führung. Aristides bemerkte die entschlossenen Gesichter der Heloten um ihn herum. Sie umklammerten ihre Messer mit festem Griff und hielten beim Marschieren die Köpfe erhoben. Er fragte sich, wie es sein mochte, als Sklave der Spartaner aufzuwachsen und zu wissen, dass man in ihren Augen immer ein Kind bleiben würde, egal wie stark oder geschickt man wurde. Bei dieser Vorstellung überlief ihn eine Gänsehaut. Es war nicht gut, einen erwachsenen Mann zu einem Kind zu degradieren, auch wenn es aus Liebe geschah.

Die persische Reiterei war verschwunden, um ihrem Herrn die guten Neuigkeiten zu überbringen. Nur ein paar blieben zurück, um die Hopliten und ihre eigenartigen Gefährten zu überwachen. Diese jungen Männer hatten alle ihre Speere verschleudert und konnten sie nur noch anstarren und verspotten. Aristides lief nach vorne, wo vier Reihen Hopliten marschierten und einen bronzenen Schutzschirm vor den Heloten bildeten. Er mischte sich unter Letztere und behielt seine Männer im Auge. Mit ihren polierten Speeren und schimmernden Bronzerüstungen boten sie einen prächtigen Anblick. Er war stolz auf sie.

Mit einem Mal wurde ihm bewusst, dass sie möglicherweise gleich in eine Schlacht geraten würden und dass er keine Ahnung hatte, ob die Heloten die Stellung halten oder beim ersten Schlachtruf die Nerven verlieren und fliehen würden. Ihm war schleierhaft, wie diese Männer dachten, die in die Sklaverei geboren worden waren. Sie waren bei diesem Feldzug nur dabei, weil Pausanias sie nicht alle in Sparta hatte zurücklassen wollen! Während Aristides zwischen ihnen lief, fragte er sich, ob sie so etwas wie Offiziere in ihren Reihen hatten. Es entsprach dem natürlichen Instinkt aller Männer, ein oder zwei aus einer Gruppe die Führung über den gesamten Rest zu übertragen. Aber galt das auch für Sklaven? Er sah zu seinem Nachbarn, der nur ein paar Schritte neben ihm ging. Dieser Helote war ein klein gewachsener, stark behaarter Mann mit schwarzen Augen und einem messerscharfen Nasenrücken.

»Könnt ihr Heloten überhaupt kämpfen?«, rief Aristides ihm zu.

Als der Mann merkte, dass er ihn angesprochen hatte, zog er den Kopf ein, die Reaktion eines zu oft geprügelten Hundes.

Aristides versuchte es noch einmal. »Wenn die Perser kommen, werden deine Leute dann die Stellung halten, oder soll ich euch vorher zu euren Herren auf den Berg zurückschicken? Ihr habt nur ein paar Schilde und Speere.«

Der verstockte Helote antwortete noch immer nicht.

Aristides fasste ihn am Arm, doch der Mann schüttelte vehement seine Hand ab und verschwand zwischen seinen Leuten.

»Warum *sollten* wir die Stellung halten?«, fragte ein anderer von ihnen plötzlich. Er war jünger, hatte vernarbte Hände und einen eingefallenen Muskel an seinem Oberschenkel, der von einer alten, schlecht verheilten Wunde zeugte. Aristides sah, dass er hinkte. »Sind die Perser unsere Feinde?«, fragte der Mann. »Warum? Was haben sie uns je getan?«

»Sie werden diese trockene Erde mit eurem Blut tränken, wenn ihr vor ihnen davonlauft«, gab Aristides zurück.

»Ihr würdet uns ohne Schilde kämpfen lassen, oder? Für euch und für die Spartiaten.«

Aristides sah ihn eingehend an. An jedem anderen Tag hätte er gern über diesen Punkt debattiert, vielleicht auf dem Pnyx, wo er auch Themistokles', Xanthippos' und Kimons Ansichten dazu hätte hören können. Doch im Moment marschierten die Hopliten und Heloten auf das riesige Lager ihrer Feinde zu. Er hatte keine Zeit, die Heloten mit guten Argumenten zu überzeugen. Wütend merkte er, dass der Krieg ihm alles nahm, was er liebte. Alles, was sein Leben lebenswert machte. »Hast du je zuvor den Peloponnes verlassen?«, rief er laut, damit ihn möglichst viele hörten.

»Normalerweise ist das verboten«, erwiderte der junge Mann achselzuckend und wandte, beschämt über seine niedrige Stellung in der Welt, den Blick ab. Er sprach mit einem freien Mann aus Athen und konnte ihm nicht in die Augen schauen.

Aristides schüttelte den Kopf. »Dann sag mir, ob ihr je wieder eine Chance wie diese bekommen werdet? Wenn ihr nicht für Sparta kämpfen wollt, dann kämpft für Athen! Wir haben die Sklaven befreit, die in Salamis gekämpft haben. Denkt mal darüber nach.«

Er sah, wie sich Hunderte Köpfe zu ihm umwandten, und schämte sich sofort. Sparta würde diese Männer nie freilassen, egal was sie taten. Noch nie hatte ihnen jemand die Freiheit angeboten, nicht mal als Gedankenspiel. Themistokles hätte ihn verstanden, glaubte er. Sie waren einfache Männer, doch er musste sie um jeden Preis dazu bringen, dass sie die Stellung hielten. Selbst wenn er ihnen dafür falsche Hoffnungen machen musste.

Es fiel ihm schwer, ihre ehrfürchtigen Blicke zu erwidern, doch er tat es.

Vor ihnen schwoll quer über die Ebene eine dunkle Linie an. Staub stieg wie bei einem Sturm immer höher von ihr auf. Aristides bekam Angst. Die Perser rückten aus. Seine Hopliten machten sich im Vergleich zu ihnen wie ein dünner goldener Faden aus. Mit einem Mal war er sicher, dass sie alle abgeschlachtet werden würden, auch er selbst. Und das für eine Proviantkarawane. Seine Gedanken rasten. Alles hing von der richtigen Formation ab. Er musste …

Eine Hand berührte ihn am Arm. Sie gehörte dem älteren Heloten, der weggegangen war, als er ihn vorhin angesprochen hatte.

»Sparta lässt seine Heloten nicht frei«, sagte er barsch. »Niemals. Für uns besteht keine Hoffnung.«

Aristides setzte zu einer Antwort an, doch er konnte ihm nicht widersprechen. Er brachte es nicht über sich.

Der Mann quittierte sein Schweigen mit einem traurigen Nicken. »Aber stimmt es, was du gesagt hast? Hat Athen wirklich seine Sklaven befreit? Davon haben wir nie etwas gehört.«

Aristides dachte fieberhaft darüber nach, was er zu ihm sagen sollte. Themistokles hätte sicher die richtigen Worte gefunden, um den Mann zu manipulieren. Doch der Helot klopfte ihm noch einmal auf den Arm, um ihm zu bedeuten, dass er sich die Mühe sparen konnte. »Jedes Jahr veranstalten sie eine große Jagd«, sagte er. »Um uns zu dezimieren.«

Um sie herum erhob sich ein finsteres Murren.

»Ihre jungen Krieger gieren nach unserem Blut. Sie treiben uns durch die Straßen und Hügel. Sie schlagen uns und fügen uns Schnittwunden zu, wenn wir sie auch nur anschauen. Wusstest du das? Oder sie zwingen uns dazu, zu viel Wein zu trinken und zu ihrer Belustigung zu tanzen. Wir werden *niemals* freigelassen. Doch … heute werden vermutlich ein paar von uns freikommen.«

Der Mann sah ihm in die Augen. »Ich heiße Polyemos. Vielleicht werde ich Athen eines Tages sehen. Das würde mir gefallen.« Er klopfte Aristides mit einem bitteren Lächeln auf die Schulter und sah sich um, als würde er auf etwas warten. Die Heloten in ihrer Umgebung sprachen miteinander. Sie diskutierten darüber, was sie tun sollten. Ihre Stimmen klangen wie Brandungsrauschen oder wie Wind, der durch Baumwipfel fuhr.

Unvermittelt brüllte einer von ihnen: »Heloten! Wir sind die Vergessenen! Wir sind Hunde! Wir sind *viele!* Sollen wir die Spartaner, die uns zusehen, daran erinnern?«

Zur Antwort erhob sich ein wortloses Grollen. Aristides sah sich um. Diese Männer waren wütend, wie jeder es an ihrer Stelle gewesen wäre. Falls ihnen überhaupt klar gewesen war, dass er sie noch beobachtete, hatten sie ihn inzwischen vergessen. Sie sprachen miteinander, aber nicht mit ihm. Einer von ihnen begann, wie ein Wolf zu heulen. Tausende antworteten ihm. Es war ein klägliches, beinahe unerträgliches Geräusch.

»Für uns gibt es nur eine Freiheit«, rief ein Dritter. »Wir können uns aussuchen, ob wir kämpfen oder sterben wollen. Es ist unsere Entscheidung. Wir sind die Vergessenen! Wir sind Hunde! Wir sind viele!«

Wieder griffen Tausende den Ruf auf, sodass er sich immer weiter verbreitete. Aristides hatte beim Aufbruch seiner Armee kaum über sie nachgedacht. In seiner Vorstellung waren sie wie eine Mauer gewesen, vor der die Perser zögern sollten. Sein Herz machte einen Satz, als er begriff, dass sie mit Fäusten und Zähnen kämpfen würden. Sie würden die Spartaner daran erinnern, dass sie viele und dass sie Männer waren. Er fragte sich, ob Pausanias sie dann noch immer lieben würde.

Die persische Infanterie kam ihnen immer näher. Aristides schluckte nervös. Es waren mehr Männer, als er je zuvor auf einem Schlachtfeld gesehen hatte. Sie trugen getäfelte Umhänge und Schilder aus Weidengeflecht. Es waren Meder, Ägypter, Äthiopier und reinblütige Perser, eine Flut von Soldaten, die sie zu überschwemmen und zu ertränken drohte.

Aristides schickte ein Stoßgebet zu Athena. Er würde ihnen mit seinen Hopliten als bronzener Speerspitze vor den Heloten entgegentreten. Er würde sie auffächern müssen, um zu verhindern, dass die persische Gefechtslinie sich wie Stierhörner um sie herumbog, glaubte aber nicht, dass es reichen würde. Ihre Gegner füllten den Horizont.

Wenn die Formation nur noch aus zwei Reihen bestand, würde sie an tausend Stellen durchbohrt und überwältigt werden. Doch mehr konnte er nicht tun. Aristides holte tief Luft, um den entsprechenden Befehl zu erteilen, und spürte, wie ihm der Mund aufklappte, als die Heloten um ihn herum plötzlich ihr Tempo verdoppelten und ausschwärmten. Seine Athener konnten sie nicht aufhalten. Sie waren wie die Meeresbrandung. Die Offiziere, die er ihnen zugewiesen hatte, blieben zurück und mussten allein weitermarschieren.

Aristides bekam Angst. Die Heloten würden gewiss abgeschlachtet werden. Doch er glaubte nicht, dass sie zurückkommen würden, wenn er es ihnen befahl. Er beobachtete, wie die Gefechtslinie ihrer Feinde weiter anwuchs, und betete, dass Pausanias zusah und die Hauptstreitkraft auf die Ebene führte. Seine Kehle war trocken wie Pergament, seine Lippen rissig. Es war zu spät, jetzt noch was zu trinken. Die Schlacht hatte begonnen, ob es ihm gefiel oder nicht.

KAPITEL 26

Mardonius rückte vor. Sein Pferd wehrte sich gegen die Zügel. Genau wie sein Reiter spürte es die wachsende Erregung um sie herum. Mardonius hatte am Morgen eine große Streitmacht vom Berg wegmarschieren sehen und vom ersten Moment an eine Falle gewittert. Von seinen eigenen Verbündeten hatte er gelernt, dass die Griechen durchtriebene Mistkerle waren. Trotzdem war ihm erst nach einer Weile klar geworden, worin ihre List bestanden hatte. Es war gar kein Ablenkungsmanöver gewesen, um ihn fortzulocken. Sie hatten ihn darüber getäuscht, *wer* sie waren: Neben ein paar athenischen Hopliten marschierten Sklaven, um die Formation furchterregender aussehen zu lassen, als sie in Wahrheit war.

Seine Reiterei wirbelte um sein Zentrum. Ohne Masistius, den Pferdemeister, waren sie führerlos. Mardonius teilte ihre Trauer, während er mit den Infanterieregimentern ausrückte. Auf seinem Pferd ragte er wie ein Fels aus den Männern, die wie ein riesiges Meer um ihn herumwogten. Er selbst kommandierte das Zentrum, Artabazus den linken Flügel und Hydarnes mit seinen Unsterblichen und den Thebanern den rechten. Hydarnes hatte ausdrücklich um diese Ehre ersucht. Seine Unsterblichen wollten unbedingt den rot gewandeten Spartanern entgegentreten und sie vernichten, um ihren nach den Verlusten an den Thermopylen angeknacksten Ruf wiederherzustellen.

Mardonius blickte zum Berg hinauf, wo die silbern und golden schimmernden griechischen Streitkräfte plötzlich in Bewegung gerieten. Sie stürmten auf dem Bergrücken und tiefer gelegenen Felsgraten entlang und überholten auf dem Weg zur Ebene hinunter seine Armee. Mardonius bleckte die Zähne. Die Schlacht konnte nun sicher nicht mehr vermieden werden. Er war der Sturm, der die Griechen aufsaugte und sie Stück für Stück, Stadt für Stadt zur Rechenschaft zog.

Auf den riesigen Berghängen wirkten seine Gegner fast wie glänzende Kinderspielzeuge. Mardonius leckte sich die trockenen Lippen. Seine Armee war der Orkan, der Wüstensturm! Mardonius sah eine Weile die roten Umhänge der Spartaner, bis sie die Ebene erreichten und sich in das griechische Heer einfügten. Er nickte zufrieden. Sie waren von ihrer hohen Position heruntergekommen, genau wie er es gehofft hatte. Er bedrohte ihre Sklaven, und darauf mussten sie reagieren. Als die Staubwolke immer dichter wurde, verlor er sie aus dem Blick.

Der persische General stieß einen Schlachtruf aus, einen Triumphschrei, den sämtliche Regimenter vernahmen. Seine einzige Befürchtung war gewesen, dass die Spartaner ihn von der Seite angreifen könnten, während er auf die Athener Streitkraft zusteuerte. Die Sklaven, die sich als Soldaten ausgaben, interessierten ihn nicht. Seine Männer würden, ohne langsamer zu werden, durch sie hindurchmarschieren. Nein, es waren Athen und Sparta gewesen, die sich König Dareios und Xerxes widersetzt hatten. Sie waren das Fundament, auf dem diese ganze Rebellion fußte. Er war sicher, dass die anderen Griechen die Gegenwehr einstellen würden, sobald die Männer aus diesen beiden Städten besiegt waren.

Soweit er es durch den Staub erkennen konnte, kamen die letzten Griechen auf die Ebene herunter. Stolz sah Mardonius zu, wie seine Söhne vorbeigaloppierten. Sie waren Männer des Reichs und entstammten einer guten Blutlinie. König Xerxes hatte ihm eine Stadt ganz für ihn allein versprochen, sobald er Griechenland in die Knie gezwungen haben würde. Mardonius schüttelte verwundert den Kopf, als er an dieses Angebot zurückdachte. Vielleicht war dieser Tag der Beginn einer Dynastie, und einer seiner Söhne würde diese Stadt nach ihm regieren. Eine wunderbare Vorstellung.

Vor ihm bliesen seine Fußsoldaten zum Angriff, und die griechischen Sklaven wurden von ihrer eigenen Staubwolke verschluckt, als beide Seiten aufeinanderprallten. Mardonius' Herz schlug immer schneller, während Speere flogen und die ersten Männer fielen. Er war froh, dass die Griechen auf einer trockenen Ebene mit ihm kämpfen mussten.

Wie durch ein Wunder brachen sie nicht gleich beim ersten Feindkontakt zusammen. Ehrfürchtig beobachtete Aristides, wie Hunderte Heloten die Reihen der gepanzerten Perser durchbrachen und sie wie im Blutrausch töteten. Wie viele hatten in ihren dunklen Schlafkammern heimlich spartanische Kampfübungen nachgeahmt? Sie wussten, dass die Spartaner vor allen Dingen Mut und Geschicklichkeit respektierten, und sie schienen den Tod nicht zu fürchten.

Die Heloten trugen keine Rüstung. Ehe der wabernde Staub sie einhüllte und Aristides die Sicht nahm, sah er, wie sie ihre Messer in Hälse und Oberschenkel stießen. Vom ersten Moment wurden sie zu Hunderten niedergemetzelt. Dunkelhäutige Männer mit getäfelten Mänteln durchbohrten sie mit Speeren und zerhackten sie mit längeren Klingen. Doch die Männer, die sich als Erste unter die Feinde gemischt hatten, gaben trotz ihrer zahlreichen Wunden nicht auf. Sie opferten in diesem brutalen Kampf ihr Leben, wie es ihnen bisher noch nie gestattet gewesen war.

Der Staub verstärkte die Furcht all jener, die in ihm kämpften. Aristides konnte um sich herum nur noch höchstens dreißig oder vierzig Gestalten ausmachen. Es war, als befände er sich in einem Kreis aus reiner Luft und im Nebel dahinter würde sich ein schrecklicher Traum abspielen.

Es herrschte ein furchtbarer Lärm. Metall klirrte, und überall schrien Männer vor Schmerz. Aristides fühlte sich sofort in jede Schlacht zurückversetzt, an der er je teilgenommen hatte, voller Angst und Zorn, nur darauf bedacht, zu überleben und jene zu töten, die ihn in diesen Gefühlszustand versetzten. Er marschierte mit den Hopliten, und vor ihm starben die Heloten wie Lämmer auf der Schlachtbank. Er glaubte nicht, dass er es gewagt hätte, ohne Schild und Rüstung, nur mit einem Knüppel oder einem Küchenmesser bewaffnet, gegen persische Infanteristen anzutreten. Doch sie taten es – und starben, weil sie so mutig waren. Er hoffte, dass es letzten Endes eine Art Freiheit für sie war.

Aristides wusste nicht, wie lange sie sich schon in diesem Sandsturm befanden. Ihm war klar, dass sie sich zu Sparta, Korinth und allen anderen Verbündeten begeben sollten. Doch er konnte das Schlachtfeld nicht mehr überblicken und hatte keine Ahnung, wo sich die Hauptstreitmacht befand. Er hasste diese Verwirrung, die dafür sorgte, dass er seine Männer nicht mehr führen, sondern nur noch als einer von vielen mit Speer und Schild kämpfen konnte. Er schritt in enger Formation voran und stieg über die Leichen der Heloten hinweg.

Schließlich war der Widerstand der Heloten gebrochen. Ihre verzweifelten Schreie brachen Aristides das Herz. Sie waren zu Tausenden von persischen Speeren und Schwertern durchbohrt worden. Fast alle dieser tapferen Männer waren nun tot oder nicht mehr stark genug, sich vom Schlachtfeld zu erheben. Damit bewahrheitete sich seine größte Sorge: Die zurückweichenden Heloten schoben sich blutend und keuchend durch die Hopliten und brachen an verschiedenen Stellen den Schildwall auf.

Aristides rief seinen Männern zu, dass sie die Formation wahren sollten, doch das war unmöglich. Ihr Gegenangriff verwandelte sich binnen weniger Augenblicke in einen ungeordneten Rückzug. Heloten drängten sich mit weit aufgerissenen Augen an ihm vorbei und stießen ihn beinahe um. Die Athener wurden in dem schrecklichen Chaos von ihrer Panik angesteckt und begannen, ebenfalls vor dem unerbittlichen und übermächtigen Feind zurückzuweichen. Sie konnten nicht gewinnen. Die Perser witterten ihre Schwäche und stürmten voran.

»Phalanx!«, brüllte Aristides. »Bildet eine Phalanx! Acht Reihen! Bei Athena, rückt zusammen. Zu einem Schildwall! Lasst die Schilde überlappen!«

Seine Männer starrten in die gnadenlosen Gesichter der Perser und bekamen noch mehr Angst. Dennoch hörte er, wie sie seinen Befehl umzusetzen versuchten. Da die Heloten weg waren, bestand keine Notwendigkeit mehr für eine breite Gefechtslinie. Wenn die Phalanx die Speere ausfuhr, würden sie vielleicht überleben.

Aristides fuhr herum, als links von ihm lautes Geheul ertönte. Ihm ging auf, dass sie während des Kampfes die Richtung geändert hatten. Wegen des verdammten Staubs hatte er nicht den blassesten Schimmer, wo er sich auf der Ebene befand. Doch die persischen Hörner verrieten ihm, dass seine Hopliten vom feindlichen Heer absorbiert worden waren.

Wo war Pausanias? Die verbliebenen Heloten waren geflohen. Ihr wundersamer Kampfgeist hatte sie verlassen. Die Karawane war ebenfalls auf und davon. Die Zugtiere hatten vor dem Blutgeruch und den Kampfgeräuschen Reißaus genommen.

Aristides wischte sich den Schweiß aus den Augen. Wenn sie keine Verstärkung bekamen, waren sie verloren. Jedes Mal, wenn der Staub sich kurzzeitig lichtete, spähte er nach den roten Umhängen, doch er sah nur seine eigenen bronzenen Männer, die von den Feinden eingekesselt waren und zitternd ihre Speere vorreckten.

KAPITEL 27

Xanthippos erklomm schwitzend die Dünen. Die Perser warteten nur ein kleines Stück entfernt auf sie. Sie waren tatsächlich nicht davongelaufen. Stattdessen hatten die Besatzungen und Soldaten von sechzig Schiffen auf einer ebenen Stelle unordentliche Gefechtsreihen gebildet. Eine Brise wehte einen würzigen Geruch heran, bei dem Xanthippos an Marathon denken musste. Elf Jahre war diese Schlacht nun her. Es fühlte sich wie ein ganzes Leben an. Damals war er noch jünger und stärker gewesen. Doch auch jetzt sah er keinen Grund zu zögern. Er war den Persern in ihre Heimat gefolgt, um sicherzustellen, dass sie nie wieder zurückkommen würden. Hinter ihm brannte die feindliche Flotte, sodass es aussah, als würden er und seine Hopliten aus einem Inferno heranmarschieren. Sie mochten nicht viele sein, aber dafür trugen sie Rüstungen und waren gut ausgebildet. Der König von Sparta war bei ihnen, und dazu Griechen aus allen Städten, die sich geweigert hatten, den Persern Wasser und Erde darzubringen.

Er blickte nach links und rechts und sah eine solide Phalanx. Vor sich hörte er persische Offiziere Befehle erteilen. Pfeile stiegen aus den gegnerischen Reihen auf. Ganz langsam, wie aufgehende Blumen. Xanthippos hob die Stimme, damit ihn nicht nur die Athener Hopliten hörten, sondern alle Hellenen, die mit ihm marschierten, darunter auch seine Söhne.

»Hebt die Schilde … und lasst sie überlappen!«

In der gesamten Formation wurden goldene Augen wie Schuppen übereinandergelegt. Pfeile hagelten auf sie hernieder, doch es gab keine Lücken und damit auch keine jähen Schmerzensschreie. Murrend ließen die Hopliten die Schilde wieder sinken. Ein paar von ihnen schnitten Pfeile ab, die aus dem Metall ragten. Andere behielten sie als Trophäen.

Die Hopliten atmeten schwer und machten sich auf die größte Mühe ihres Lebens gefasst, eine Aufgabe, bei der selbst die Ausdauerndsten unter ihnen rot wie Ton anlaufen würden. Nichts war so ermüdend, wie in einer Gefechtslinie zu stehen und zu töten, bis man zu schwach war, um den Arm zu heben. Die Hälfte aller Männer, die in einer Schlacht fielen, kamen um, weil sie nicht mehr imstande waren, einen gegnerischen Hieb abzuwehren. Xanthippos schickte ein Stoßgebet zu Apolls Sohn, Asklepios, dem Gott der Gesundheit. Außerdem bat er Ares, den Gott des Krieges, um seinen Segen, der überall dort war, wo Männer Blut vergossen. Er würde auch auf diesem Feld am Meer, hinter dem ein Berg aufragte, zugegen sein. Vielleicht würde ihn eine der weiß gewandeten Moiren begleiten und mit ihrer Schere Lebensfäden kappen. Xanthippos schauderte bei der Vorstellung, ihr Blick könnte auf ihn fallen.

Xanthippos sah zu Ariphron. Die Furcht, die er bei seinem Anblick empfand, spiegelte sich nicht auf dessen Gesicht wider. Es war die Aufgabe der Väter, sich Sorgen zu machen, nicht die der Söhne. Er ließ den Blick weiterwandern. Anfangs erwiderten seine Männer ihn nicht, da sie nur auf den Feind achteten. Doch dann spürten sie, dass jemand sie beobachtete, und drehten sich um, erst einer, dann zwei und schon bald Dutzende, um zu sehen, wer sie da beobachtete. Als sie begriffen, dass Xanthippos' Blick auf ihnen ruhte, verneigten sie den Kopf. Manche lächelten, um ihm ihre Zuversicht zu demonstrieren. Sie waren Männer aus Bronze, goldene Hopliten. Die Perser waren in der Überzahl, aber sie waren keine guten Soldaten. Die Griechen waren die Jäger, die Schweißhunde. Sie hatten den Hirsch in die Enge getrieben, und nun würden sie ihm den Garaus machen.

Eine weitere Pfeilsalve wurde abgefeuert, diesmal in einem flacheren Bogen. Xanthippos wiederholte sein Kommando, doch es war kaum noch nötig. Flink schlossen die Männer erneut die Schilde. Einer fluchte. Ein Pfeil hatte ihm das Handgelenk durchbohrt. Xanthippos sah, wie der Mann die Wunde mit einem Stoffstreifen bandagierte und anschließend die Hand an den Griff des Schildes band. Ein Ende des Knotens zog er mit den Zähnen fest. Einer seiner Gefährten beugte sich zu ihm hinüber und redete ihm gut zu. Viele von ihnen waren Väter und wussten, dass freundliche Worte in so einer Situation längst nicht so gut halfen wie Humor und freundlicher Spott. Im Angesicht ihrer zahllosen Feinde durften sie sich keine Schwäche erlauben.

Xanthippos senkte seinen eigenen Schild. Es war ihm schwergefallen, nicht seinen Sohn zu beschützen, als die Pfeile herabregneten. Doch nach jahrelangem militärischem Drill waren ihm sämtliche Bewegungsabläufe in Fleisch und Blut übergegangen. Er marschierte mit seinen Männern voran und machte sich bereit, seinen Speer einzusetzen. Der Dory war anderthalbmal so lang wie er selbst und eine wahrlich furchterregende Waffe, vor allem in einer dichten Formation wie ihrer, in der mehrere Reihen Hopliten von hinten schoben.

Die Perser blickten ihnen unruhig entgegen. Es würde keine Finten und auch keine raffinierten Manöver geben. Keine Flanken oder punktuelle Verstärkungen, nur Druck nach vorne. Die Schubkraft der Phalanx. Die hinteren Reihen schoben Schritt für Schritt weiter, die vorderen stachen zu, zogen den Speer zurück und stachen erneut zu. Mit dieser schrecklichen Flut im Rücken gab es für sie weder Rast noch Ruhe. Sie würden die feindlichen Linien durchbrechen oder beim Versuch draufgehen.

»Bleib dicht bei mir, Ariphron«, sagte Xanthippos.

Er sah, dass sein Ältester nickte und sich wie immer auf sein Urteil verließ. Mehr als Perikles. Ariphron hatte schon früh begriffen, dass sein Vater respektiert wurde und wusste, was er tat. Er hatte sich ganz bewusst dazu entschieden, auf ihn zu hören und von ihm zu lernen, was einen Mann ausmacht. Dieser Entschluss hatte sie beide zu diesem Ort geführt, wo sie nebeneinander hermarschierten. Ariphron musste sich auf seinen eigenen Schlachtfeldern beweisen und sich seinen eigenen Weg bahnen. Xanthippos merkte, wie ihm vor Stolz die Brust schwoll.

Als es nur noch sechzig Schritte bis zum Gegner waren, flogen erneut Pfeile heran. Mit dieser Entfernung fühlten die persischen Bogenschützen sich wohler, und so verschossen sie einen nach dem anderen sämtliche Pfeile, die sie wie einen Goldschatz in ihren Köchern gehortet hatten. Sie klirrten und zerbrachen, wenn sie auf Bronze prallten. Xanthippos' Kopf wurde zurückgerissen, als ein Pfeil seinen Helm traf und so schnell weiterschwirrte, dass er ihn mit dem Auge nicht erfassen konnte. Sein Schild steckte Schläge ein, als würde ein Boxer mit beiden Fäusten darauf einprügeln, aber keine eisernen Spitzen durchdrangen ihn und bohrten sich in seine Hände. Die herabfallenden Pfeilschäfte knirschten und rutschten unter ihren Füßen.

Xanthippos sah, dass die Bogenschützen sich zurückfallen ließen, als sie in ihren Köchern nichts mehr zum Abfeuern fanden. Er erinnerte sich von Marathon an sie und wusste noch, wie sie im seichten Wasser gestorben waren und mit ihrem Blut das Meer rot gefärbt hatten.

»Die vorderen Reihen!«, brüllte er. »Macht eure Speere bereit!«

Links und rechts von ihm ließen seine Männer die langen Schäfte aus mazedonischer Esche sinken. Manche von ihnen waren älter als die Männer, die sie trugen, jedoch gut gepflegt, eingeölt und poliert. Die breiten Spitzen, an denen kein Rost zu sehen war, glitzerten wie Silber. Sie waren zu massiv, um sich zu verbiegen, und stark genug, um Rüstungen zu durchdringen und dabei ihre scharfen Kanten beizubehalten.

Ein paar von den Persern schleuderten ihre eigenen Speere, kurze, gemeingefährlich aussehende Waffen, von denen ein paar griechische Ziele fanden. Doch die meisten schienen sang- und klanglos in der goldenen Flut zu verschwinden. Noch vierzig

Schritte. Xanthippos wusste, dass er es lange hinauszögerte. Epikleos sah ihn an und bedeutete ihm, den Befehl zu erteilen. Auf der rechten Seite hatte König Leotychides von Sparta den Helm abgesetzt. Seine rot gewandeten Männer stürmten voran und setzten sich in ihrem Eifer von der restlichen Formation ab. Xanthippos sah alles in vollkommener Klarheit, als wäre der Moment in eine glasierte Vase eingeritzt. Seine Blase schmerzte, so sehr fürchtete er, dass sein eigenes Ende gekommen sein könnte und dass die Schere ihn möglicherweise vom Leben abschneiden würde.

Der Moment ging vorüber. Tausende brüllten entweder ihre Wut hinaus oder stachelten sich selbst lauthals dazu an, keine Schmerzen zu empfinden. Aus zehn Schritt Entfernung betrachtet, wirkten die Perser wie eine massive Mauer. Xanthippos holte tief Luft und bellte quer über das Schlachtfeld: »Stoßt mit den Speeren zu! Stoßt!«

Seine vorderen Reihen nahmen wie Speerwerfer bei den Olympischen Spielen drei Schritte Anlauf und stießen die Dory-Speere mit voller Wucht durch persische Rüstungen. Die Spitzen drangen in die Leiber der Gegner ein, fuhren blutrot wieder heraus und erneut hinein. Jedes Mal stießen die Phalanx-Reihen einen lauten Ruf aus. Der Schild ihres Nebenmannes war ihr Schutz, doch die Speere waren ihre Zähne. Einige Abschnitte der vordersten Reihe machten einen Schritt nach dem anderen und stießen dabei jedes Mal zu. Andere behielten permanent das abgewinkelte rechte Bein vorn und rutschten, wenn sie zustießen, auf dem Fußballen ein Stückchen weiter, sodass der Staub in immer dichteren Wolken aufstieg.

Einige Perser hoben ebenfalls ihre Speere, doch die waren viel kürzer als die Dorys. Die Männer in den ersten Reihen fielen, ohne ihrerseits auch nur einen einzigen Griechen getötet zu haben. Da sie bei ihren Gegnern keine Schwäche sahen, gerieten sie in Panik. Aus ihrer Sicht war die Phalanxformation eine schimmernde Metallwand. Selbst die Tapfersten starben vor ihr wie Kinder.

Die Hopliten in den hinteren Reihen brüllten und machten Druck. Mittlerweile wäre es Xanthippos nicht mehr möglich gewesen, ihren Vormarsch zu stoppen. Sie würden die Perser bezwingen müssen oder wie Weizenkörner an einem Mühlstein zerrieben werden.

Ein Stück vor ihm kämpfte ein Trupp Perser mit außergewöhnlicher Geschicklichkeit. Er hatte keine Angst vor ihren normalen Regimentern. Nur vor den Unsterblichen – und die nahmen nicht an diesem Gefecht teil. Diese Männer hatten getäfelte Röcke und Brustpanzer an. Sie fochten mit kurzen Schwertern und trugen gute Schilde. Es waren nicht mehr als hundert, doch sie bahnten sich einen Weg durch die vorderen Hopliten-Reihen, und so bekam Xanthippos es mit einem Mal mit jüngeren, flinkeren Männern zu tun.

Er stieß einem von ihnen seinen Speer durch den Oberschenkel und versuchte, ihn mit einem Ruck wieder herauszureißen, doch das Blatt hatte sich verkeilt. Der Perser begann stöhnend, mit seinem Schwert auf den Holzschaft einzuhacken, der aus ihm herausragte. Fluchend zückte Xanthippos sein eigenes Schwert und ließ den Speer los. Er hatte schon zu viele Männer sterben sehen, die sich nicht von ihrem Dory trennen wollten.

Er hob den Schild, hielt ihn schützend vor den Mann zu seiner Linken, und vergewisserte sich mit einem kurzen Seitenblick, dass rechts von ihm noch immer Ariphron stand. Auch der hatte seinen Speer verloren. Gerade blockierte er mit seinem Schild einen gegnerischen Hieb und zückte mit der anderen Hand ebenfalls das Schwert.

Brennender Schweiß lief Xanthippos in die Augen, sodass er halb blind die zahllosen Schläge parieren musste, die ein Mann, der halb so alt war wie er selbst, auf ihn herabregnen ließ. Der Kerl war unfassbar schnell! Es war, als wäre sein Schwert lebendig. Xanthippos merkte, dass er eine Schnittwunde abbekommen hatte. Sie fühlte sich kalt an, und er konnte nur beten, dass sie ihn nicht all seine Kraft und den Platz an der Seite seines Sohnes kosten würde.

Der Mann links von Xanthippos fiel. Sein Hals war beinahe komplett vom Rumpf getrennt. Zwei weitere Hopliten füllten die Lücke, die er hinterließ, und stachen mit frischen Speeren nach den Persern. Sie töteten einen Mann und verwundeten einen zweiten, der kurz aufschrie und gleich darauf von Ariphron endgültig niedergestreckt wurde. Xanthippos rang nach Atem, seine Sicht verschwamm, und sein Herz schlug so heftig, dass es wehtat. Er konnte nicht sterben, es *durfte* nicht sein. Seine zahlreichen jüngeren Gegner schienen im Gegensatz zu ihm keine Erschöpfung zu kennen. Sie schlugen verbissen auf ihn ein, als wollten sie einen alten Baum fällen. Er spürte, wie seine Kräfte nachließen. Er hatte keine Chance, sich auszuruhen und zu Atem zu kommen.

Ariphron sah, wie sein Vater den Schild sinken ließ. Er stieß einen wütenden Schrei aus und versuchte, Xanthippos beizuspringen. Doch die Perser merkten, dass er kurz vor dem Zusammenbruch war, und schlugen noch brutaler auf ihn ein. Sie kannten Xanthippos' Federbusch und seinen Löwenschild. Sie hatten die alte Athener Eiche schon fast komplett umgehackt und waren fest entschlossen, sie nun fallen zu sehen.

Xanthippos spürte, wie sein Bein unter ihm nachgab, und sank auf ein Knie. Er wusste nicht, ob es an der Wunde lag oder ob ihm sein Herz den Dienst versagte. Der junge Mann ihm gegenüber verschwendete seine Kraft, indem er auf Xanthippos' Schild einschlug, anstatt ihn einfach zur Seite zu drücken. Links und rechts von Xanthippos tauchten weitere Speere auf, und die Phalanx rückte mit lautem Gebrüll weiter vor. Er hörte Perikles vor Angst aufschreien.

Dieses Geräusch zog ihn wie an einem Faden um sein Herz in die Höhe, und ermöglichte es ihm, sich auf den Beinen zu halten.

Er brauchte nur einen kurzen Moment, um sich zu sammeln. Perikles heulte laut auf. Xanthippos riskierte einen kurzen Seitenblick, während er sich unter seinen Schild kauerte. Der Mann, der auf ihn eindrosch, konnte nur seinen bronzenen Helm, den Schild und die Beinschienen von ihm sehen, doch seine wuchtigen Hiebe raubten Xanthippos die letzte Kraft.

Er begriff, dass Perikles' Schrei nicht ihm gegolten hatte, und sah mit einem Mal wieder klarer. Ariphron hielt sich die Seite und atmete schwer. Irgendetwas hatte seine Verteidigung durchdrungen und ihn verletzt.

Xanthippos sah sich gezwungen, sich zu verteidigen, oder er würde sterben. Er kämpfte seit dreißig Jahren mit Schwert, Speer und Schild und spürte nun, obwohl sein Kummer ihn zu überwältigen drohte, wie seine Instinkte zu ihm zurückkehrten. Eine Weile focht er völlig gedankenlos. Seine Arme bewegten sich wie zwei schwere Eisenstangen, die sich wie von selbst hoben und senkten und zustachen und sich wieder zurückzogen. Er stieß seinem persischen Gegner das Schwert in den Unterleib und durchtrennte seine Oberschenkelschlagader. Aus der Wunde schoss Blut. Der nächste Perser rutschte darin aus, und Xanthippos nagelte ihn mit einem heftigen Abwärtsstoß am Boden fest.

Nirgends sonst leisteten die Perser nennenswerten Widerstand. An der rechten Flanke waren die Spartaner tief in ihre Reihen vorgedrungen. Während König Leotychides und seine Leibgarde mit wehenden roten Umhängen in hohem Tempo durch sie hindurch- und über sie hinwegmarschierten, verloren immer mehr Perser den letzten Kampfeswillen und rannten panisch um ihr Leben.

Xanthippos konnte sie nicht verfolgen. Er fasste sich an den Oberschenkel und betrachtete verwirrt das grellrote Blut an seiner Hand. Es floss noch immer aus seiner Wunde. Zu seiner Beunruhigung spürte er keine Schmerzen. Die Hopliten um ihn herum stürmten vorwärts, vor allem diejenigen, die bisher nicht zum Zug gekommen waren und unbedingt noch kämpfen wollten, bevor man sie zurückpfiff. Der Anblick der türmenden Perser war berauschend, und sie lachten, während sie hinter ihnen herrannten. Ein paar von ihnen ließen entgeistert den Blick über die Gefallenen gleiten, doch sie waren jung, und ihre Beute befand sich auf der Flucht. Einen Moment später waren sie weg, und Xanthippos blieb keuchend mit seinen beiden Söhnen zurück.

Ariphron sank mit bleichem Gesicht auf ein Knie und krümmte sich über seiner Wunde zusammen. Es sah aus, als würde er sich vor seinem Vater verbeugen. Xanthippos ließ sich neben ihn fallen und versuchte mit ruckartigen Bewegungen, einen Stoffstreifen aus seiner Tunika zu reißen. Die Regel lautete, dass man sich immer erst um seine eigenen Wunden kümmern musste, ehe man andere versorgte. Doch er konnte doch nicht tatenlos zusehen, wie Ariphron blutete. Er schaffte es nicht, den Stoff komplett abzureißen, und nahm fluchend sein Schwert wieder in die Hand.

Epikleos überquerte das Schlachtfeld. Xanthippos war froh, ihn kommen zu sehen. Die Schlacht war weitergezogen. Nur ein paar Hundert Griechen waren zurückgeblieben, um Kehlen aufzuschlitzen. Auf beiden Seiten gab es Männer, die ein schnelles Ende bevorzugten. Den Persern blieb gar keine andere Wahl.

Epikleos riss den Stoffstreifen ab und knotete ihn gegen Xanthippos' Willen um dessen Bein. Mit glasigem Blick sah Xanthippos zu, wie das Blut langsamer floss.

»Der Schnitt muss mit Wein und Honig ordentlich gereinigt und genäht werden«, sagte Epikleos, als spräche er mit einem Kind. »Er ist tief, aber mit ein bisschen Glück und guter Pflege wird dir davon nur eine weitere Narbe bleiben.«

Xanthippos sah ihn an, doch alles verschwamm vor seinen Augen. Er versuchte, Epikleos' Aufmerksamkeit auf seine Söhne zu lenken. Perikles machte sich gerade daran, Ariphron zu verbinden. Sein Jüngster bewegte sich wie ein Vogel, schnell und mit zitternden Fingern. Hilflos und unerfahren, wie er war, schaffte er es nur, ein Stück Stoff aus seiner Tunika zu reißen und es auf die Wunde zu pressen. Er wischte sich mit dem Handrücken Schweiß von der Stirn und hinterließ einen blutigen Streifen auf seinem Gesicht. Mit panischem Blick sah er zu, wie sich auf dem Stoff ein dunkler Fleck ausbreitete.

Ariphron rollte sich ächzend auf den Rücken und sah zum Himmel hinauf. Xanthippos rappelte sich auf, humpelte keuchend zu seinem Sohn und ließ sich neben ihm auf ein Knie sinken. Er sah, dass seine eigene Wunde zwar nicht mehr blutete, aber schmutzig war. Miltiades war vor Jahren an genau so einer Verletzung gestorben. Doch im Moment konnte er sich darüber keine Gedanken machen.

»Lass mich mal sehen«, sagte Epikleos sanft zu Perikles.

Der Junge lehnte sich zurück, und Epikleos beäugte Ariphrons Rippen. Xanthippos wurde klar, dass er Ariphron ebenfalls seit seiner Geburt kannte. Auch er hatte sich den kleinen Jungen auf die Schultern gehoben und war mit ihm auf dem Feld hinter dem Anwesen herumgerannt. Während Xanthippos' siebenjährigem Exil war er für die beiden Jungs zu einem zweiten Vater geworden.

Xanthippos sah, dass Ariphron und Perikles ihn akzeptierten. Hoffnungsvoll verfolgten sie, wie er die Wunde untersuchte. Doch Xanthippos sah die Trauer in Epikleos' Augen. Er drehte sich zu Xanthippos um und schüttelte kaum merklich den Kopf.

Xanthippos rutschte auf den Knien vorwärts und hob Ariphrons Kopf auf seinen Schoß. »Nein«, sagte er heiser und spürte, wie sich das warme Blut seines Sohnes auf seinen Beinen ausbreitete. »Du wirst nicht gehen.«

»Es tut mir leid«, murmelte Ariphron. Als er die Tränen seines Vaters bemerkte, bekam er Angst. »Ist es schlimm?«

Xanthippos konnte nicht sprechen. Die Wunde war nicht breit, aber tief. Die Schwertklinge war zwischen Ariphrons Rippen hindurchgeglitten.

»So schlimm ist es nicht«, erwiderte er schließlich. »Wir warten ab, bis es zu bluten aufhört, und schaffen dich dann zu den Schiffen zurück.«

Ariphron entspannte sich, doch Perikles hatte den Blickwechsel zwischen Epikleos und seinem Vater bemerkt und sah nun zwischen Ariphron und den beiden Männern hin und her.

»Ich bin … sehr stolz auf dich, Ariphron«, brachte Xanthippos heraus. »Ich sage dir das nicht oft genug, aber ich bin es immer gewesen. Weißt du das?«

»Ich weiß«, erwiderte Ariphron. »Ich habe es immer gewusst.« Er wurde still, und Xanthippos sah, dass er die Wahrheit akzeptierte. Sie konnten nicht länger so tun, als wäre die Wunde harmlos.

»Ich habe alles richtig gemacht«, sagte Ariphron. Seine Augen wurden dunkel, und Xanthippos war nicht sicher, ob sein Sohn ihn überhaupt noch sehen konnte. »Ich habe mich sehr bemüht, ein Mann zu sein, den du bewundern kannst.«

»Das bist du! Du bist zweimal so viel wert wie ich. Das schwöre ich dir. Du erinnerst mich an meinen Vater, Ari. Du hast dir selbst große Ehre gemacht.« Obwohl Xanthippos' Stimme zitterte, merkte er, wie seine Entschlossenheit wuchs. »Ich verspreche dir, dass wir uns wiedersehen werden, mein süßer Junge. Ich schwöre es dir bei allen Göttern.«

Doch Ariphron war bereits tot. Sein Kopf sackte zur Seite und fühlte sich schwerer an als zuvor. Während Perikles zu schluchzen begann, kauerte Xanthippos sich über seinem Sohn zusammen. Und so saßen sie gemeinsam mit Epikleos gramgebeugt auf dem Schlachtfeld.

KAPITEL 28

Im Schatten des Berges Kithairon stellte Mardonius sich vor, wie das Land in seine Lunge griff und ihn zu ersticken versuchte. Er war derjenige gewesen, der seine zweihunderttausend Soldaten als großen Sturm bezeichnet hatte – und das waren sie auch, allerdings ein Sturm aus Staub und Erde, der die Luft mit einem metallischen Geschmack erfüllte. Obwohl Mardonius auf einem prächtigen persischen Hengst ritt, konnte er in alle Richtungen nur hundert Schritte weit blicken, bevor wirbelnde Wolken ihm die Sicht nahmen. Immer wieder bekam er mit, wie seine Armee vorwärtsstürmte, um ihre Feinde endlich zu zermalmen. An den Flanken galoppierte derweil seine Reiterei. Auch wenn er sie nicht mehr sehen konnte.

Mardonius hielt nach seinen Unsterblichen Ausschau. Er hoffte, dass diese mutigen Männer sich nicht von ihrer Wut hinreißen lassen würden. Es war Hydarnes' Aufgabe, ihren Zorn in die richtigen Bahnen zu lenken. Mardonius hatte ihnen eine Chance gegeben, ihre Ehre wiederherzustellen. Hydarnes hatte versprochen, dass er nach der Schlacht einen roten Umhang tragen und ihn in Erinnerung an ihren großen Sieg zur offiziellen Uniform der Unsterblichen erklären würde. Mardonius biss die Zähne zusammen und spähte in den Staub. Er hatte für Prahlereien nichts übrig. An Trophäen sollte man sich erst erfreuen, wenn man sie errungen hatte.

Hinter ihm ritten ein paar Kuriere auf drahtigen Ponys. Doch im Moment hatte er keine Befehle, die sie überbringen könnten. Ein guter Befehlshaber führte seine Männer zum richtigen Zeitpunkt auf das Schlachtfeld, wenn seine Feinde am schwächsten waren. Das hatte er zweifellos getan. Seine Regimenter verfügten allesamt über eigene Offiziere, die auch ohne ihn wussten, wer der Feind war.

Bei diesem Gedanken sah er nach rechts zu den Thebanern. Sie trugen die bronzenen Beinschienen und Helme der Griechen, doch ihre Speere waren kürzer als die der Athener. Sie trugen keine Banner wie ein paar der anderen Regimenter und waren somit nicht von den Feinden zu unterscheiden. Er fragte sich, ob sie die Stellung halten oder fliehen würden, wenn ihre Zeit kam.

König Dareios hatte den Griechen, die ihm gefolgt waren, genauso getraut wie den Medern, Lydiern, Ägyptern und den indischen Bergbewohnern. Xerxes hatte aus Liebe zu seinem Vater dasselbe getan und ebenfalls fremde Zungen und fremdes Blut willkommen geheißen. Mardonius knirschte mit den Zähnen. Da er nicht im kindlichen Vertrauen auf die Ehre seiner Verbündeten eine Schlacht verlieren wollte, behielt er persische Regimenter in der Hinterhand, die einspringen würden, falls die Griechen ihn enttäuschten.

Er spürte, dass er heftig schwitzte, und wusste, dass er unter dem Wahnsinn litt, der jeden Kommandeur früher oder später befiel: Hatte er wirklich an *alles* gedacht? Hatte er irgendein Detail übersehen? Er betete darum, dass es nicht so war.

Die erste List, als Zehntausende vom Berg wegmarschiert waren, hatte er durchschaut. In seiner persischen Heimat gab es Vögel, die Raubtiere aus ihren Verstecken lockten und von ihrem Nachwuchs ablenkten, indem sie über den Boden hüpften und einen vermeintlich lahmen Flügel hinter sich herzogen. Manchmal machten Ratten Jagd auf diese kleinen Kreaturen, doch Füchse hatten gelernt, ihre erbärmlichen Rufe zu ignorieren und stattdessen nach ihren Eiern Ausschau zu halten.

Alles hatte sich verändert, als seine Reiter todesmutig näher an die Griechen herangeritten waren, um sie genauer in Augenschein zu nehmen. Es waren zwar viele gewesen, doch die meisten von ihnen waren wie Fischer oder Bauern bewaffnet, ohne die

Bronze, wegen der die Hopliten so schwer zu besiegen waren. Mardonius hatte seine Chance erkannt – und ebenso die Gefahr, dass alle übrigen Griechen, die wie Wölfe in den Bergen lauerten, ihn angreifen könnten.

Der General stöhnte. Er war nicht der Anführer irgendeiner Bauernarmee, sondern von gut ausgebildeten und disziplinierten Männern aus vierzig Nationen. Er hatte vorgehabt, hunderttausend von ihnen den Berg sichern zu lassen, während er selbst loszog, um die anderen abzuschlachten. Doch kaum hatte er den Aufbruch befohlen, da waren auch schon die Spartaner und ihre Verbündeten die Hänge heruntergeeilt! Mardonius war sicher gewesen, dass sie ihn angreifen würden, aber stattdessen hatten sie sich vor sein marschierendes Heer gestellt. Wegen der immer dichteren Staubwolken hatte er sie aus dem Blick verloren. Doch dafür hatte er etwas sehr Wichtiges erkannt: Den Spartanern waren die Männer, mit denen er es gerade zu tun hatte, wichtig genug, um für sie ihre vorteilhafte Position auf dem Berg aufzugeben.

Er hatte gesehen, wie seine Infanterie mit voller Wucht mit dem Feind kollidiert war. Der Zusammenprall hatte wie eine riesige Glocke geklungen. Mardonius war nach vorn geritten, um die Disziplin und die Gefechtsordnung seiner Männer aufrechtzuerhalten. Sie hatten jedes Mal, während er ein- und ausatmete, Hunderte Griechen ohne Rüstung niedergemetzelt.

Der Staub hatte Freund und Feind gleichermaßen verschluckt und individuelle Heldentaten den Blicken entzogen. Stattdessen erschloss sich ihm die Schlacht nur in der Anordnung der Gefallenen, deren Blut im Sand versickerte. Sie tauchten aus den wirbelnden Wolken auf, als hätte er sie heraufbeschworen, was eine beängstigende Vorstellung war. Viele von ihnen schrien noch vor Schmerzen oder hauchten ihren letzten Atem aus. Andere wanden sich und griffen ins Leere, wie die Krabben, die er als Kind gefangen hatte.

Nur wenige von ihnen trugen persische Umhänge. Seine Männer triumphierten, ohne selbst viel Blut vergießen zu müssen. Er sah sie mit erhobenen Häuptern und Waffen nach Feinden suchen.

Mardonius war aus seiner Heimat an Nebel gewöhnt. Er reckte den Kopf, um etwas von dem Kampf zu hören, der gerade zu seiner Rechten ausbrach. Er pfiff einen der Kuriere herbei. Der Reiter, der sich ihm näherte, war kaum dem Kindesalter entwachsen. Er hatte rote Augen und war über und über mit Staub und Schweiß bedeckt. Der Junge berührte mit einer Hand seine Augen und Lippen und verneigte sich im Sattel. Mardonius hatte vorgehabt, einen Teil seines Zentrums als Verstärkung zur linken Flanke zu schicken. Als er den Mund aufmachte, um diesen Befehl zu erteilen, lichtete sich jedoch die Staubwolke, und er konnte ein ganzes Stück weiter sehen. Die Worte erstarben ihm auf den Lippen.

Aus dem weißen Sturm schälten sich wie ein Fels aus der Brandung Gefechtsreihen. Sie trugen runde Schilder aus goldschimmernder Bronze. Dazu Helme und Speere – und rote Umhänge. Mardonius versuchte zu schlucken, doch sein Mund war zu trocken. Er hatte gesehen, zu welchen Zerstörungen dreihundert von ihnen fähig gewesen waren. Diese hier, die reglos wie Steine auf dem sandigen Boden standen, waren Tausende und Abertausende. Sie waren nicht vor ihm davongerannt und hatten entgegen seinen Erwartungen auch nicht versucht, ihn von der Seite anzugreifen. Stattdessen hatten sie seine Armee überholt und sich ihr in den Weg gestellt. Nun warteten sie in aller Seelenruhe auf seine Ankunft. Die Staubwolke wurde wieder dichter, doch er hatte sie gesehen und konnte noch immer ihre Umrisse ausmachen. Sie schienen wie Geister auf ihn zu lauern.

Mardonius hörte ein Regiment zu seiner Rechten einen Schlachtruf ausstoßen. Sie hatten den Feind ausgemacht und witterten Blut. Er echote den Ruf, um sich Mut zu machen. Gleich darauf brüllte die gesamte persische Armee, ein Geräusch, das die ganze Welt zu erfüllen schien. Pfeilsalven schossen durch die Luft und verwirbelten den Staub. Er sah eine goldene Wellenbewegung, als die Spartaner ihre Schilde hoben. Keiner von ihnen fiel. Er hatte bereits einmal einen spartanischen König gegen Bogenschützen, Soldaten und die besten persischen Kämpfer bestehen sehen. Die Spartaner gaben anderen Männern das Gefühl, schwach zu sein, und hatten damit den Sieg schon so gut wie in der Tasche. Mardonius unterdrückte seine Zweifel. Der Gott des Lichts würde die Gebete seiner Männer erhören.

Er hob die Hand, ließ sie fallen – das Signal zum Angriff. Seine Männer setzten sich in Bewegung. Er wusste, dass es dort draußen auch noch andere Griechen gab. Doch vor denen hatte er keine Angst. Er fürchtete nur diese rot gewandeten Teufel, die mit unerschütterlichen Mienen kämpften und seine Männer in ihrem eigenen Blut ertrinken ließen.

Mardonius marschierte mit seinen Männern und zog das Schwert, während sie schneller wurden. Die Spartaner waren kurz zu sehen und wurden sofort wieder vom Staub verschluckt. Sie standen unbewegt da und warteten darauf, dass die Welle über ihnen zusammenschlug.

In zwanzig Schritt Entfernung begannen seine Regimenter mit großem Gebrüll loszurennen. Mardonius sah zu, wie die Vordersten zu den spartanischen Speeren gelangten. Diesen ersten, tapferen Männern war kein Glück beschieden. Sie sprangen vor und versuchten, die eisernen Speerspitzen zur Seite zu schlagen, doch die durchstießen ihre Schilde und Mäntel und bohrten sich in ihr Fleisch. Mardonius hörte, wie spartanische Offiziere mit fassförmigen Brustkörben in einem gemeinsamen Singsang den Rhythmus für die Stöße vorgaben. Sie klangen vollkommen ruhig, als nähmen sie nur an einer Übung teil. Die Speere waren lang und so schwer, dass hinter jedem Stoß enorm viel Wucht steckte. Die Wunden, die sie verursachten, rissen die Angreifer so schnell aus dem Leben, dass sie, obschon bereits tot, noch einen Moment lang aufrecht stehen blieben.

Die Spartaner hielten dem Ansturm gut stand. Sie schienen nicht in Panik zu geraten, als die Perser um sie herumströmten und sie einkreisten. Mardonius hatte gelernt, dass keine Armee eingekesselt kämpfen könne, da es Soldaten schreckliche Angst bereite, sich an zwei oder mehr Fronten gleichzeitig gegen Angreifer zur Wehr setzen zu müssen. Doch die Spartaner blieben in Formation, und Mardonius musste an die Entschlossenheit denken, die sie an den Thermopylen zur Schau gestellt hatten. Damals hatten sie trotz widrigster Umstände nicht aufgegeben. Mardonius wurde übel und fühlte sich, als würde eine eiskalte Hand seinen Magen berühren. Nein, er hatte noch immer seine Unsterblichen.

Er schickte einen Kurier, um Hydarnes herbeizuholen. Der Junge eilte durch den Sandsturm davon und verwünschte lautstark alle, die ihm im Weg standen. Nach einer Weile hörte Mardonius ein tiefes Gebrüll und grinste. Sie kamen.

Letztlich konnte das persische Reich gar nicht verlieren. Sie hatten weiß Gott auch früher schon schwere Rückschläge erlitten, aber sie waren wie die Flut und kamen so oder so, getragen von Gold, Blut oder Furcht. Was auch immer ihnen den Weg ebnete, sie kamen auf jeden Fall.

Angezogen vom Lärm, den der Tod so vieler Menschen verursachte, ließ er sich näher an die spartanische Phalanx herantragen. Die Bewegungen dieses goldglänzenden und roten Kollektivs waren faszinierend. Er trieb sein Pferd noch ein bisschen dichter heran … Plötzlich wurde ihm bewusst, dass er den Spartanern zu nahe gekommen war. Einer von ihnen hob den Kopf, um zu sehen, welchen Reiter die Flut herangeschwemmt hatte. Er erkannte die Rüstung und den Helm eines ranghohen Offiziers und deutete auf ihn. Mardonius konnte sich nicht zurückziehen, während links und rechts seine Männer getötet wurden. Wenn er nun kehrtmachte, würden sie glauben, er hätte die Nerven verloren, und selbst die Flucht ergreifen.

Die Spartaner waren grauenerregend. Er wurde stocksteif, als immer mehr von ihnen zu ihm hersahen. Er bemerkte nicht den Speer, den jemand zwanzig Schritt entfernt kraftvoll schleuderte. Er flog pfeilgerade und erwischte ihn zwischen Helm und Brustpanzer, in der Kuhle an seinem Schlüsselbein. Mardonius kippte mit zerfetzter Kehle vom Pferd. Mit panisch aufgerissenen Augen richtete er sich auf und presste sich, nach Atem ringend, eine Hand auf den Hals. Er spürte seinen Puls und konnte nicht sprechen. Als er ein Klirren hörte, drehte er sich um. Die Unsterblichen drängten sich durch die persischen Soldaten und legten noch einen Schritt zu, als sie die roten Umhänge sahen. Mardonius war froh, sie zu sehen. Mit einer Hand hielt er sich am Sattelknauf fest, mit der anderen versuchte er, die Blutung zu stoppen.

Die Spartaner kannten die weiß gewandeten Unsterblichen und wussten, welche Gefahr von ihnen ausging. Irgendwie gelang es ihnen, ihre große Phalanx auf die neuen Angreifer auszurichten. Als sie aufeinanderprallten, schwand Mardonius' Hoffnung rasch dahin. Die Spartaner parierten und stießen mit ihren Speeren zu, als würden sie einen Tanz aufführen. Mit äußerst sparsamen Bewegungen wichen sie Schwerthieben aus, um ihre Gegner zu entkräften. Sie waren schwer zu treffen und konnten zugleich sehr gut mit ihren eigenen Waffen umgehen. Sie schlachteten die Unsterblichen so schnell ab, wie diese nachrücken konnten. Den weiß gekleideten Männern blieb kaum Zeit, die Bedrohung zu erfassen, ehe sie aufgespießt und niedergestreckt wurden.

Wenn ihre Speere brachen, zogen die Spartaner die Schwerter und richteten damit noch mehr Unheil an. Sie schienen unermüdlich. Mardonius beobachtete, wie ein Großteil seiner Unsterblichen Reihe für Reihe abgeschlachtet wurde. Sein gesamtes Heer rannte gegen die spartanische Phalanx an, doch sie hielt stand. Es wurde auch andernorts gekämpft, doch dies hier war das Herz der Schlacht, wie er es von Anfang an vorausgesehen hatte.

Mardonius hatte nicht genügend Männer mitgebracht. Er sah zu, wie Hydarnes persönlich hoch zu Ross die spartanische Gefechtsreihe zu durchbrechen versuchte. Der General wurde von einer Speersalve aufgespießt, und sein Pferd rannte in zwei weitere, im Boden aufgepflanzte Lanzen. Das Tier schrie, aber vielleicht war es auch Hydarnes. Mardonius wusste es nicht. Er sah eine halbe Ewigkeit dabei zu, wie seine Armee panisch um ihn herumrannte und zunehmend kopflos kämpfte. Und er beobachtete, wie seine Führungsoffiziere einer nach dem anderen starben. Mardonius begriff, dass sie die Spartaner nicht besiegen konnten und dass dieser Sieg ihren Feinden gehören würde. Von Verzweiflung übermannt, nahm er die Hand vom Hals und sank zu Boden.

Die persischen Regimenter wussten, dass sie die Gunst Gottes verloren hatten. Es war schon schlimm genug gewesen, Masistius, den Pferdemeister, und Hydarnes von den Unsterblichen zu verlieren. Als auch noch Mardonius aus dem Leben schied, erlosch endgültig ihr Kampfeswille, der sie durch ein Dutzend Länder und über das Meer getragen hatte.

Mardonius sah zu den Gesichtern hoch, die über ihm aufragten. Sie hatten einen weiten Weg zurückgelegt, um zu diesem Ort zu gelangen. Und sie hatten zweimal eine prächtige Stadt niedergebrannt, deren Bewohner dennoch die Kraft gefunden hatten, noch einmal gegen sie anzutreten. Andere Länder hatten immer gewusst, wann sie die Waffen strecken und aufgeben mussten. Anscheinend hatte den Griechen das niemand beigebracht. Obwohl es Wahnsinn war, lag darin vielleicht gerade ihre Stärke. Mardonius blinzelte nicht, als sich Staub auf seine offenen Augen legte.

KAPITEL 29

Xanthippos' Haut roch nach Feuer, Kohle und Blut, als er auf einem Stadtplatz stand und auf den vor ihm knienden Gouverneur hinunterblickte. Der Mann trug noch immer seinen Schlafrock, der mit Blut von seinen Lippen und aus seiner Nase bespritzt war.

Im Süden, wo Xanthippos am Vorabend gewesen war, stieg Rauch auf. Seine Schiffe warteten in Sichtweite der Stadt auf ihn, doch die Spartaner und Korinther waren nicht mehr dabei. Sie hatten nicht begriffen, wie wichtig es war, ein Zeichen zu setzen, das Persien nie wieder vergessen würde. Er war nicht nur zurückgekommen, um eine Flotte zu verbrennen! Diese schwarzen Gerippe hatte er weit im Süden zurückgelassen und seine Männer dazu angestachelt, die sagenumwobene Brücke aus Schiffen zu finden und zu zerstören. Doch auch die war ihm genommen worden. Es waren nur noch ein paar Piers übrig, und Treibholz am gesamten Ufer des Hellespont.

Xanthippos hatte geglaubt, es würde seine Schmerzen lindern, wenn er diese Brücke brennen sähe. Doch sie war bereits vernichtet gewesen, wie ein von Stürmen zerrissener Faden. Der Großkönig hatte diesen Ort Monate zuvor passiert. Xerxes war zu seinen Palästen und Gärten zurückgekehrt, in sein Reich fernab der Küste. Xanthippos wusste, dass er sie dort vergessen würde, wenn er es zuließe.

König Leotychides von Sparta schien geglaubt zu haben, ihre Aufgabe wäre beendet. Xanthippos hatte ihm lang und breit erklärt, warum dem nicht so war. Der Mann hatte ihn merkwürdig angesehen, ihm fest die Hand gedrückt und ihn auf beide Wangen geküsst. Am nächsten Morgen waren seine Schiffe verschwunden gewesen. Die Korinther und ein halbes Dutzend anderer Besatzungen waren mit ihm davongerudert.

Xanthippos schüttelte den Kopf. Er brauchte keine Verbündeten, die von Sparta geführt werden wollten. Er war an diese Küste gekommen, um Rache zu üben, für alles, was die Perser getan hatten, für ihre Arroganz, für die Morde und Vergewaltigungen und die Sklaven, die sie genommen hatten. Er hatte zu viele Leichen gesehen. Manchmal glaubte er, danach nie wieder ruhig schlafen zu können.

Der Gouverneur, der mit im Schoß gefesselten Händen auf dem Pflaster kniete, sprach perfektes Griechisch, wie so viele an der ionischen Küste des Reichs. Vor ein oder zwei Generationen waren sie noch freie Hellenen gewesen. Die Kinder von Männern und Frauen, die an diesen Ort gekommen waren, um Getreide anzupflanzen und Städte wie Athen zu gründen, in denen sie sich ein neues Leben aufbauen konnten. Doch sie waren in das persische Herrschaftsgebiet einverleibt worden.

Xanthippos sah, dass der Mann weinte. Er beugte sich vor und starrte ihn an.

Das Gesicht des Gouverneurs verzog sich. »Bitte, Kurios. Lass meinen Sohn am Leben. Lass mich dir und Griechenland die Bündnistreue schwören. Ich mache alles, was du willst. Lass nur meinen Jungen gehen. Er hat nichts getan.«

Xanthippos sah sich um. Die Straßen waren mit grellrotem Blut bedeckt. Da das Reich so groß und gut beschützt war, dass er nicht bis zum Großkönig vordringen konnte, hatte er beschlossen, stattdessen Exempel an Städten wie dieser zu statuieren, die Xerxes zu Ohren kommen würden. Er hatte eine Vielzahl von Gemeinden an dieser Küste gebrandschatzt. Die freien Griechen hatte er laufen lassen, bevor die Flammen zu sehr um sich griffen, doch die persischen Steuereintreiber und Beamten, die sich ängstlich vor ihm duckten, hatte er ausnahmslos auf den zentralen Plätzen aufknüpfen lassen.

Xanthippos wusste nicht mehr, wann er das letzte Mal so etwas wie inneren Frieden empfunden hatte. Er richtete die geröteten Augen auf die kniende Menge, die mit gesenkten Köpfen auf ihr weiteres Schicksal wartete.

»Ihr Leute«, sagte Xanthippos, »habt die Perser in euren Häusern willkommen geheißen und ihre Kinder wie eure eigenen großgezogen. Ihr verleugnet unsere Götter, unsere Sprache. Ihr zahlt Steuern an einen fremden König, und ihr vergesst, wer ihr seid … wer ihr wart …« Er verstummte und spürte eine Trauer in sich aufsteigen, die viel zu groß war, als dass er sich ihr hätte stellen können.

»Bitte, Kurios, Archon …«, sagte der Gouverneur. »Lass meinen Sohn gehen. Er ist unschuldig. Verschonst du ihn, wenn ich dir Geld gebe? Ich habe zwanzig Silbertalente. Sie sind alles, was ich besitze. Ich werde dir zeigen, wo sie sind, Kurios. Bitte.«

Xanthippos schüttelte den Kopf. »Du kannst mich nicht kaufen. Und auch nicht sein Leben …«

»Vater …«

Xanthippos wirbelte wütend zu Perikles herum. »Ich habe dir gesagt, dass du bei den Schiffen bleiben sollst!« Er verkrallte eine Faust in der Tunika seines Sohnes und zog ihn zu sich heran. »Wie oft willst du denn noch meine Befehle verweigern?«

»Es *reicht!*«, erwiderte Perikles. »Ariphron ist tot. Lass uns heimkehren.«

»Zu Asche?«, entgegnete Xanthippos barsch. »Zu einer verbrannten Stadt? Nein, ich werde ein Zeichen setzen, das die Leute nie vergessen. Nimm seinen Sohn.«

Während der Gouverneur einen ängstlichen Klagelaut ausstieß, trat Epikleos vor. Der Hopliten-Offizier trug seine komplette Bronzerüstung. Sein Miene war ernst. Er schien sich um seinen Freund Sorgen zu machen. »Xan …«, sagte er. »Es ist nicht nötig …«

»Ich befehle, seinen Sohn an einen Baum zu nageln, Epikleos«, sagte Xanthippos. »Als abschreckendes Beispiel für sie alle. Dann wird der Gouverneur hingerichtet. Wenn du diesen Befehl nicht ausführen kannst, musst du deinen Posten aufgeben und zum Schiff zurückkehren.«

»*Bitte,* Kurios«, flehte der Gouverneur. »Nimm mich, aber bitte nicht meinen Sohn!« Er sackte in sich zusammen, als würde er bewusstlos.

»Wenn ich deinen Befehl verweigere, ist mein Leben bei unserer Rückkehr verwirkt«, sagte Epikleos sanft. »Wenn du mein Freund bist, wirst du mich nicht vor diese Wahl stellen.« Er sah Xanthippos in die Augen und erschauderte. »Befehle mir stattdessen, Perikles zum Schiff zurückzubringen, Xan. Wenn du mich je als Freund betrachtet hast, bitte ich dich, mir das hier zu ersparen.«

Xanthippos sah zu Perikles, der mit Tränen in den Augen den Sohn des Gouverneurs ansah. Der Junge war höchstens zehn Jahre alt und hatte schreckliche Angst. »Also gut«, stieß er schließlich hervor. »Bring Perikles zum Schiff zurück.«

»Komm mit uns«, sagte Perikles. »Lass es gut sein, Vater, bitte.«

»Das reicht.« Epikleos packte Perikles fest am Arm und schleifte ihn, ohne zurückzublicken, halb vom Platz. Während sie auf das strahlend blaue Meer zugingen, wurde das ängstliche Weinen hinter ihnen immer leiser.

»Warum?«, fragte Perikles. »Warum ist er so? Das wird Ariphron nicht zurückbringen.«

»Er ist besessen«, erwiderte Epikleos. »Und verletzt. Ein Teil von ihm wird immer hier bleiben, Perikles, bei deinem Bruder. Es tut mir leid. Dein Vater ist seit meiner Jugend mein Freund. Ich habe ihn leiden sehen, in Schlachten und unter dem Exil. Er hat einen schweren Verlust erlitten, aber ich habe ihn noch nie so grausam erlebt. Ich … hätte nie geglaubt, ihn je so zu sehen.«

Als der Mond aufging, kehrte Xanthippos zu den Schiffen der Athener und ihrer Verbündeten zurück. Nur die peloponnesischen Triremen waren verschwunden, die vielen übrigen waren noch immer bei ihm. Er ging an Bord des Flaggschiffs, legte seine Rüstung ab und stand nackt an Deck. Seine Männer ließen Eimer an Seilen ins Meer hinunter und füllten sie immer wieder neu für ihn auf. Im Mondschein wusch er sich so gut wie möglich Ruß, Blut und Schweiß vom Leib und rieb sich anschließend mit Öl und einem Bimsstein die oberste Hautschicht ab. Als er sauber war, brachte Epikleos ihm eine Tunika, Sandalen und einen Umhang gegen die Kälte. Xanthippos wickelte sich hinein und legte sich zum Schlafen auf das Deck. Überall um ihn herum lagen seine Männer wie Larven auf den Planken und starrten mit grimmigen Gesichtern zu den Sternen hinauf.

Epikleos kniete sich neben den Archon und Strategos Athens. »Dein Sohn war … eine Zeit lang traurig. Ich habe ihm gesagt, dass die Zeit deine Wunden heilen wird und dass du wieder sein Vater sein wirst.«

»Das bin ich«, erwiderte Xanthippos.

Schweigen schob sich wie ein Messer zwischen sie.

»Ich habe den Sohn dieses Mannes getötet«, murmelte Xanthippos nach einer Weile schläfrig und begann, leise zu schluchzen. »Den Vater habe ich am Leben gelassen, damit er das Gleiche fühlt wie ich.«

»Das … tut mir leid«, sagte Epikleos und seufzte. Er hatte gehofft, dass Xanthippos noch rechtzeitig zur Besinnung kommen würde. Denn es war eine Sache, aus der Notwendigkeit heraus einen Mann in der Schlacht zu töten, etwas ganz anderes jedoch, was er getan hatte. Aus Trotz und Wut ein Kind hinzurichten, war ein Verbrechen, das die Götter erschütterte. Und das wusste Xanthippos.

»Wenn ich noch einmal zu diesem Tag zurückkehren und ihn ändern könnte …«

»Ich weiß, Xan, ich weiß«, sagte Epikleos. Das war das Gewinsel eines Schwächlings, und er hätte nie geglaubt, es einmal von seinem ältesten Freund zu hören. Ohne ein weiteres Wort stand er auf und ließ Xanthippos in die Falten seines Umhangs weinen. Sein gedämpftes Schluchzen klang schrecklich. Er wusste, dass sich diese Gefühlsstürme legen oder zumindest abschwächen würden. Wunden vernarbten mit der Zeit, doch die Haut wurde nie mehr so stark wie zuvor.

Epikleos stellte sich eine Weile in den Bug. Er roch Rauch, doch die Schiffe hatten sich um die Ankertaue gedreht und blickten gen Westen, wo Athen hinter dem Horizont lag. Er konnte nur beten, dass Aristides und ihre Alliierten die persische Armee davon abgehalten hatten, sie erneut in Schutt und Asche zu legen.

Aristides fühlte sich alt. Ihm tat alles weh. Seit den frühen Morgenstunden war er unentwegt am Marschieren und Kämpfen gewesen. Er hatte mit ansehen müssen, wie die Heloten wie Lämmer abgeschlachtet wurden. Seine Athener waren umzingelt und von unzähligen Feinden dezimiert worden. Doch im Zentrum der Schlacht hatten Pausanias und seine Spartaner gestanden. Sie waren ein goldener Fels in der Brandung gewesen, an dem die Perser zerschellten. Aristides glaubte nicht, dass er diesen Anblick zeit seines Lebens je vergessen würde.

Als die Perser zu ihrem Lager zu fliehen versuchten, war ihnen keine Atempause vergönnt gewesen. Pausanias hatte befohlen, ihnen dicht auf den Fersen zu bleiben, damit sie sich nirgends sammeln oder zurückziehen konnten. Sie waren mit schallenden Trompeten nach Griechenland gekommen, nun würden sie nicht zu ihren eigenen Bedingungen heimkehren dürfen. Aristides hatte wie alle anderen genickt und keine Gnade walten lassen.

Das Blut auf der Vorderseite seiner Rüstung war bereits braun verkrustet. Er hatte einen Mann festgehalten, während zwei seiner Hopliten ihn erstachen. Dieser Perser war nicht sehr würdevoll aus dem Leben geschieden, wie er es manch anderen zugutehalten musste. Doch letzten Endes waren sie alle gleichermaßen tot. Es war eine finstere Tätigkeit gewesen, und die Griechen waren allesamt erschöpft, als die Sonne den Horizont berührte. Selbst dieser lange Sommertag hatte nicht gereicht, um ihr Werk zu vollenden. Es war ein entsetzliches Gemetzel, und die Männer setzten und knieten sich hin, wenn sie nicht mehr konnten, und ließen stöhnend vor Schmerzen die Schwerter aus den tauben Fingern gleiten.

Pausanias stellte sich in die Mitte des persischen Lagers und befahl, Fackeln anzuzünden. Immer wieder klopfte er seinem Wahrsager, der neben ihm stand, vergnügt auf den Rücken. Er hatte seinen ersten Wettstreit gewonnen und damit seinen ersten Sieg errungen.

Das riesige Lager war leer, aber die Zelte wurden noch immer durchsucht. Angeblich, um versteckte Perser aufzuspüren, tatsächlich sah man vor allem jedoch immer mehr mit Gold beladene Griechen. Die Spartaner, die keine Verwendung für Geld hatten, hielten sich von diesem Treiben fern. Ihre Verachtung schien dem Enthusiasmus ihrer Verbündeten allerdings keinen Abbruch zu tun.

Aristides musste sich zweimal spartanischen Offizieren zu erkennen geben, bevor er eingelassen wurde. Wahrscheinlich sah er nicht mehr wie am Morgen aus. Seine Haut war mit Staub und fremdem Blut verkrustet, in seinem Gesicht klebte Öl und Matsch. Dennoch war er in diesem Lager der Vertreter Athens und durfte es nicht zulassen, dass Pausanias den Sieg allein für Sparta beanspruchte.

Als er endlich eingelassen wurde, stellte er fest, dass sich bereits ein paar andere Anführer an diesem Ort eingefunden hatten. Es schmerzte Aristides zwar ein wenig, dass Pausanias im Zentrum des allgemeinen Interesses stand, doch ihm war klar, dass der Spartaner es verdient hatte.

»Ich danke den Göttern für diesen Sieg«, sagte Aristides.

Pausanias wandte den Kopf, um zu sehen, wer gesprochen hatte, und lächelte. »Wir waren in der Tat gesegnet.« Der spartanische Regent war zu fromm, um die Ehre für sich selbst zu beanspruchen, doch Aristides sah, wie stolz er war.

»Regent Pausanias«, sagte er förmlich, »es war Athen eine Ehre, an eurer Seite zu kämpfen. Ich hoffe, dass es der Beginn einer großen Freundschaft sein wird. Ich ehre unsere Verbündeten. Allein konnten wir nicht bestehen, gemeinsam haben wir ein Reich bezwungen.«

Pausanias schien über Aristides' Worte nicht glücklich zu sein. Seine Augenbraue hob sich noch ein wenig mehr, und sein Lächeln verblasste. »Ich glaube nicht, dass Sparta mich ausgesandt hätte, wenn die Athener nicht einen Pakt mit dem Feind angedroht hätten, den wir gerade besiegt haben. Denke bei Gelegenheit mal darüber nach.«

Aristides war über die zornige Reaktion des jungen Mannes verblüfft. So, wie er die Sache darstellte, konnte man sie vermutlich auch sehen. Da die griechischen Stadtstaaten von nun an keinen gemeinsamen Feind mehr haben würden, durfte Aristides dem Spartaner jedoch nicht die Deutungshoheit über die Ereignisse überlassen. »Wärest du in die Schlacht gezogen, bevor Athen zum zweiten Mal brannte, Regent Pausanias, wären wir nicht obdachlos und derart verzweifelt gewesen. Trotz allem habe ich heute Spartas Größe gesehen und hoffe, du kannst das Gleiche von meinem Volk sagen.«

»Es tut mir leid, ich habe euch nicht kämpfen sehen«, sagte Pausanias und fügte mit einem nachdenklichen Blick auf den blutbefleckten, erschöpften Athener hinzu: »Ich zweifele aber natürlich nicht an eurem Mut.« Dabei hätte er es belassen können. Als Aristides zu einer Antwort ansetzte, schnitt er ihm jedoch das Wort ab: »Allerdings habe ich dich gebeten, meinen Heloten nicht einzureden, sie könnten kämpfen. Ich habe gehört, dass sie gegen eine persische Gefechtslinie angetreten sind. Dabei wurden sie zu Tausenden abgeschlachtet. Die genauen Zahlen kann ich dir erst morgen nennen, aber sie haben auf jeden Fall einen hohen Blutzoll entrichtet.«

Aristides merkte, dass es weder der richtige Zeitpunkt noch der rechte Ort für eine Versöhnung war. Ihm fiel die alte Regel wieder ein, derzufolge man erst über eine Schlacht diskutieren sollte, nachdem man geschlafen und gegessen und noch einmal geschlafen hatte. Kurz nach einem Kampf waren die Gemüter noch zu erhitzt, um selbst mit Verbündeten vernünftig zu sprechen. Er verbeugte sich tief vor dem spartanischen Regenten und schloss Tisamenos in die Geste mit ein. Der Wahrsager erwiderte die Verneigung. Pausanias nickte lediglich steif. »Es war ein großer Sieg«, sagte Aristides. »Ich werde mich jetzt zurückziehen.«

»Du musst deine Stadt wiederaufbauen«, erwiderte Tisamenos.

Aristides lächelte. »Ja, das stimmt. Ich werde sie noch prächtiger machen, als sie zuvor war.« Mit diesem Versprechen verließ er sie und suchte in der Dunkelheit nach seinen Männern. Bei dem Geräuschpegel, der nach wie vor auf der Ebene herrschte, würde es ihm schwerfallen, ein Auge zuzumachen. Schließlich fand er seine Hopliten. Als er sich ihnen näherte, hielt einer von ihnen gerade einen Weinschlauch hoch und prahlte: »Den habe ich während der ganzen Schlacht beschützt, um jetzt auf den Sieg anstoßen zu können.«

»Darf ich den haben?«, fragte Aristides ihn.

Der Mann wirbelte herum und setzte zu einer Erwiderung an. Als er Aristides erkannte, reichte er ihm den Schlauch jedoch anstandslos. »Natürlich, Kurios.«

Aristides nahm ihn dankend entgegen. Seine Lochagoi würden sich darum kümmern, dass die Hopliten in der Nacht nach dem Triumph zusammenblieben. Und sie würden Boten zu Themistokles schicken, um ihn darüber zu informieren, dass sie Griechenland gerettet hatten.

Mit schmerzenden Gelenken erklomm Aristides langsam den Berg. Als er das Gefühl hatte, weit genug vom Lärm der Männer entfernt zu sein, nahm er auf einem mit Moos bewachsenen Felsplateau Platz und trank den Wein, der zwar sauer war, ihn aber wärmte. Aristides ging davon aus, dass er bis zum Morgengrauen so sitzen würde. Zumal er nicht geglaubt hatte, noch einmal die Sonne aufgehen zu sehen. Er lehnte sich an einen Stein, der noch immer vom Tag warm war, und schlief, ohne es zu merken, nach einer Weile ein. Den Weinschlauch hielt er dabei wie ein Kind in den Armen.

KAPITEL 30

Xanthippos kehrte heim. Die Kunde vom Sieg in Platäa hatte sich von Insel zu Insel und von Boot zu Boot in der Ägäis verbreitet, und schließlich auch seine Flotte erreicht. Er hatte die Kapitäne auf seinem Deck versammelt und mit ihnen den Rest seines guten Weins getrunken. Perikles hatte seinen Vater und Epikleos anschließend in trunkenem Staunen darüber sprechen hören, dass der Flotteneinsatz sie alle zu einer Art Bruderschaft zusammengeschweißt hatte. Selbst ohne die peloponnesischen Schiffe repräsentierten diese Trierarchen dreißig von Athen angeführte griechische Staaten und Städte. Vor dem Krieg waren sie alle allein gewesen. In dieser Nacht hatten ein paar von ihnen zum ersten Mal eine geeinte Nation vor Augen gehabt.

Als Piräus in Sicht kam, beobachtete Perikles, wie sein Vater in den Bug ging und die Arme um den Kielträger schlang. Xanthippos' Miene war finster, seine Brauen gesenkt. Seine Ruderer dagegen legten bei ihrer Einfahrt einen großen Auftritt hin: Ihre Riemen hoben und senkten sich im perfekten Gleichtakt.

Die Athener rannten von der Stadt herunter und versammelten sich im Hafen, um ihre Flotte willkommen zu heißen. Sie standen jubelnd auf den grünen Hängen und wedelten mit roten Amaranthstängeln. Sobald die Schiffe an ihnen vorübergerudert waren, eilten sie zum Hafen und hofften darauf, ihre Ehemänner, Brüder und Söhne wiederzusehen. Es war ein warmer, wolkenloser Tag. Einige Männer winkten zurück, überwältigt vom Anblick ihres eigenen Volkes und endlich von der Furcht befreit. Jahrelang hatte der Schatten der persischen Invasion über ihnen gehangen. Die Athener hatten jeden Tag mit dieser Bedrohung leben müssen. Sie hatten zugesehen, wie ihre Flotte in den ersten

Schlachten zurückgedrängt worden war, wie ihre heilige Stadt zweimal brannte und alle Frauen und Kinder aus ihr fliehen mussten. Sie hatten nichts mehr – und würden es auf sich nehmen, alles noch einmal wiederaufzubauen.

Xanthippos stand stocksteif da, während die Schiffe anlegten und ihre Besatzungen von Bord gingen. Da es im Hafen ein Dutzend Steinmolen gab, musste kein Schiff warten, und auch seines wurde sofort vertäut. Die Menge jubelte wie verrückt, als sie ihn erkannte, und rief immer wieder seinen Namen. Jemand brachte eine Landeplanke, doch Xanthippos ignorierte sie. Perikles sah zu, wie sein Vater auf das Dock hinuntersprang und einen Moment lang schwankte. Dann bückte er sich, küsste den Boden und tätschelte ihn, wie den Hund, dessen Grabstein nach wie vor die Küste von Salamis zierte.

Einige Leute traten aus der Menge und versuchten, ihn zu berühren. Sie wollten den Mann umarmen, der sie vor Salamis gerettet und anschließend den Kampf zu den Persern gebracht hatte. Während seiner monatelangen Abwesenheit hatte sich herumgesprochen, wie er die persische Küste schleifte. Sie lebten in einer Stadt, die zweimal gebrandschatzt worden war und die bei Regen noch immer nach Asche roch. Es gab nur wenige unter ihnen, die ihn nicht in ihre Gebete einschlossen und seinen Namen priesen.

Xanthippos wandte sich von den Umstehenden ab, die ihm freudig auf den Rücken klopften. Als eine Frau versuchte, sich seine Hand an die Wange zu drücken, riss er so heftig den Arm zurück, dass sie fast hinfiel. In diesem Moment gesellte Epikleos sich zu ihm und pfiff nach den Hopliten. Sie nahmen den Archonten in die Mitte, sodass er wieder Luft zum Atmen hatte. Dieses Jahr war zwar nach Xanthippos benannt worden, doch das bedeutete nicht, dass die Menge einen Besitzanspruch auf ihn hatte.

Perikles steckte den Schild und die Rüstung seines Bruders in einen Sack und wuchtete ihn über die Schulter. Er wog sehr viel, und Perikles freute sich nicht darauf, ihn durch die ganze Stadt bis zum Anwesen zu tragen. Trotzdem würde er es tun.

Sein Vater ließ den Blick forschend über die Menge gleiten, doch seine Mutter war nicht gekommen. Da schon vor Wochen ein Schiff vorausgefahren war, um die Kunde von ihrer baldigen Rückkehr zu überbringen, musste sie über ihre Ankunft informiert sein. Er hatte keine Ahnung, wie er ihre Abwesenheit deuten sollte.

Perikles schloss sich der Ehrengarde seines Vaters an und war selbst kaum vor der johlenden Menge geschützt. Nach so langer Zeit an Bord eines Schiffes, auf dem man nur das Plätschern der Wellen hören konnte, war es verwirrend, ja sogar beängstigend, sich wieder unter Menschen zu befinden, die keinen Sinn für Ordnung und Disziplin hatten. Sie bedrängten sie weiterhin. Perikles machte sich Sorgen, dass sein Vater den Hopliten befehlen könnte, die Schwerter zu ziehen. Er schien jedes Mal wie vom Donner gerührt, wenn Frauen oder Männer durch die Hopliten schlüpften und die Hände nach ihm ausstreckten, als hätte seine Berührung eine heilende Wirkung. Manche von ihnen weinten oder kreischten und schienen gar nicht zu bemerken, wie sehr ihm das alles zuwider war.

Hinter Perikles ergriffen die Ruderer die Gelegenheit, von Bord zu strömen. An Land reihten sie sich in die jubelnde Menge ein, hoben die Fäuste und begannen, in den unterschiedlichsten Tonarten Athenas Marsch zu singen. Die Melodie war kaum noch zu erkennen. Ein Dutzend weitere Triremen leerten sich. Die Besatzungen gaben ihre Schiffe einfach auf. Auf dem Wasser ertönten die Rufe von Offizieren, die zunehmend frustriert nach einem freien Poller suchten, über den sie ihr Haltetau werfen konnten.

Xanthippos, der vor dem zunehmenden Chaos einherschritt, war das dunkle Herz dieser Prozession. Trotz seiner abweisenden Art und seines Zorns waren alle Augen auf ihn gerichtet, und wer immer ihn sah, lächelte. Miltiades war vor Jahren so verwundet zurückgekehrt, dass er nicht gehen konnte. Xanthippos dagegen war vom Kämpfen gestählt. Er brauchte keine Hilfe. Die Straße zu seinem Familienanwesen begann im Nordwesten der Stadt. Die beste Route dorthin führte über die Agora, doch das bedeutete, dass er die stetig wachsende Menge wie an einem Festtag ins Stadtzentrum führen musste.

Perikles konnte nur hilflos ertragen, wie die Leute immer vorwitziger wurden und ihn mit seinem schweren Sack auf dem Rücken hin und her stießen. Es wäre leichter gewesen, die Rüstung anzuziehen, als sie zu schleppen. Er hielt nach Ariphron Ausschau, um ihm zu sagen, dass … und spürte einmal mehr seinen Verlust. Er konnte einfach nicht fassen, dass sein schlauer Bruder, der immer auf alles eine Antwort wusste, tot sein sollte. Sein Vater hatte sich geweigert, ihn in persischer Erde zu bestatten, wo seine Grabstätte möglicherweise geschändet werden würde. Stattdessen hatten sie ihn in Segeltuch eingenäht und auf Ikaria begraben, von wo sie ihn im nächsten Schritt nach Athen holen würden.

Perikles legte sich den Sack über die andere Schulter. Wegen der Hitze und des Gedränges begann er zu schwitzen. Als Epikleos ihn fragte, ob er Hilfe brauche, schüttelte er jedoch den Kopf. Epikleos schien es zu verstehen.

Als sie die Agora erreichten, sah Perikles, dass die Herzkammer der Stadt restauriert wurde. Hinter einem Baugerüst wurde erneut das Ratsgebäude errichtet. Der Pnyx war natürlich unverändert. Die geschrubbten Stufen glänzten weiß in der Nachmittagssonne. Und über allem thronte die Akropolis. Die Tempel waren zwar bis auf die Fundamente abgerissen, doch er wusste, dass schon bald neue entstehen würden. Schließlich war dies Athenas Stadt. Nicht einmal die persische Armee hatte sie lange in Ketten legen können. Überrascht stellte Perikles fest, dass ihm die Tränen kamen. Seine Mitbewohner hatten so viele Blumen dabei! Jauchzend umarmten sie die heimkehrenden Matrosen und Hopliten. Immer mehr Menschen strömten aus allen Richtungen auf die Agora, doch sein Vater blieb nicht stehen und schob sich entschlossen durch die Menge. Perikles hatte Mühe, den Anschluss zu halten. Doch wenigstens kannte niemand sein Gesicht und versuchte, ihn aufzuhalten. Als Xanthippos und Epikleos den äußeren Rand der Menge durchstießen, lag wie durch ein Wunder der ganze Trubel plötzlich hinter ihnen. Die Leute blickten ausschließlich zur Agora und bekamen nicht mit, wie Xanthippos mit grimmiger Miene von ihnen wegging.

Perikles und Epikleos gingen gemeinsam durch das ehemalige Thriasianische Tor. Der Schutt war weggeräumt worden, und es existierten bereits Markierungen für die neue Konstruktion. Ihr Anblick erfüllte Perikles mit Vorfreude. Sie würden Athen nicht nur in seinen alten Zustand zurückversetzen, sondern noch höher und prächtiger gestalten. Wieso nicht? In Gedanken malte er sich breite Straßen und Höfe, große Tore und Monumente und hoch aufragende Tempel aus, die der Herrlichkeit der Göttin entsprachen.

Vor dem Tor reihten sich noch immer die zerstörten Gräber aneinander. Die Perser hatten sie alle zerstört, anscheinend mit Hämmern. Zuerst glaubte Perikles, sie seien auf der Suche nach Andenken und Trophäen gewesen – vielleicht athenischen Waffen und Rüstungen. Auf dem Weg durch die zerschmetterten Grabsteine wurde ihm jedoch bewusst, dass die Verwüstungen dafür zu umfassend waren. Auf der Straße lagen Steinbrocken mit eingravierten Namen. Offensichtlich hatten die Perser aus reiner Bosheit die Hinterbliebenen der teuren Verblichenen verletzen wollen. An einer Stelle wurden Leichen eingewickelt und von einem Dutzend Männern in eine große Grube geschichtet. Bei diesem Anblick musste Perikles voll Mitleid an Kimon denken, dessen toter Vater sicher auch irgendwo zwischen all dem Schutt und den Gebeinen lag.

In ein paar Monaten oder einem Jahr würde Ariphron exhumiert und im bis dahin wiederhergestellten Familiengrab beigesetzt werden. Bei dieser Vorstellung überlief ihn eine Gänsehaut, doch seine Mutter würde einen Ort wollen, an den sie zum Trauern kommen konnte.

Außerhalb der Stadt war kaum jemand auf der Straße unterwegs. Xanthippos ging noch immer, ohne sich umzusehen, als wäre er ganz allein unterwegs. Obwohl es Perikles immer schwerer fiel, mit ihm Schritt zu halten, schüttelte er zweimal den Kopf, als Epikleos die Hand ausstreckte, um ihm den Sack abzunehmen. Als sie sich dem Anwesen näherten, merkte er, wie sich auch seine eigene Stimmung verfinsterte. Bei ihrer Abreise war es niedergebrannt und geplündert gewesen. Er war nicht sicher gewesen, ob er weiterhin dort würde wohnen können, doch nun sah er das neue Haus. Es war flach und breit, mit einem roten Ziegeldach und hölzernen Stützpfeilern. Es wirkte ein bisschen kleiner, als er das alte Gebäude in Erinnerung hatte.

Die Mauer um das Anwesen war noch nicht fertiggestellt, sodass Xanthippos es einfach betreten konnte. Ein Sklave stieß einen Warnruf aus, und der gesamte Haushalt strömte herbei, um zu sehen, wer die uneingeladenen Besucher waren. Perikles' Sicht verschwamm, als er Manias und ein Dutzend weitere vertraute Bedienstete mit Schwertern und Knüppeln herannahen sah. Aus dem Kreuzgang trat eine hellhäutige Gestalt – seine Mutter.

Agariste näherte sich ihnen zuerst langsam und mit ruhiger Miene, doch dann kam sie immer schneller auf sie zu, als könnte sie sich nicht mehr beherrschen. Xanthippos verharrte mitten in der Bewegung und wartete, während sie ebenfalls stehen blieb und zu ihm aufsah. Perikles wollte seinem Vater zurufen, dass er sie in die Arme nehmen solle, doch die beiden standen nur da und sahen einander an. Dann verpasste Agariste ihrem Gemahl ohne Vorwarnung eine feste Ohrfeige. Xanthippos hätte den Schlag abwehren können. Doch er versuchte es gar nicht erst.

Als er nicht reagierte, schlug sie ihn erneut und gleich darauf noch einmal. Perikles weinte und fragte sich, wie lange sie wohl noch so stehen würden.

Doch dann trat Epikleos vor und fasste seine Mutter am Arm. »Es tut mir leid, Agariste«, sagte er. »Ariphron ist tapfer und friedlich gestorben.«

Ohne Xanthippos aus den Augen zu lassen, riss sie sich von ihm los und verzog das Gesicht, aber nicht, weil sie weinte, sondern vor Wut. Einen Moment später drehte sie sich wortlos um und kehrte ins Haus zurück.

Xanthippos hob eine Hand zur Wange, die bereits anschwoll, und verschob mit einem grimmigen Nicken sein Bündel auf der Schulter. Perikles nutzte die Gelegenheit, um den Sack abzustellen, mit dem er sich auf dem Weg von der Küste die Schulter wund gescheuert hatte. Die Ausrüstung darin würde vermutlich auf ihn übergehen. Außer er erbte die seines Vaters. Im Moment fühlte er sich keiner der beiden gewachsen.

Eleni kam herausgerannt. Sie war in der Zwischenzeit zu einer großen und schlanken jungen Frau herangewachsen. Unbeholfen streckte sie einen Arm aus und schlang ihn um ihren Vater, der kein Wort sagte. Das Schweigen zog sich unangenehm in die Länge. Perikles schüttelte den Kopf und versuchte, sich eine Entschuldigung für die Gefühlskälte seines Vaters zu überlegen. Was hätte Ariphron an seiner Stelle getan? Er merkte, dass ihm diese Überlegung weiterhalf. Sein Bruder konnte ihm als gutes Beispiel dienen, vielleicht bis zu seinem Lebensende. Schließlich trat er vor und nahm seine Schwester in die Arme. »Es tut mir leid …« Seine Stimme brach, und er brachte nichts weiter heraus.

Sein Vater sah an ihnen vorbei und betrachtete das neue Gebäude.

Epikleos hob scheinbar mühelos den Sack an, den Perikles gerade abgestellt hatte. »Das muss alles sauber gemacht, repariert und poliert werden. Ich werde den Namen deines Bruders in den Schild gravieren lassen.«

Perikles wischte sich die Augen und trat von seiner Schwester weg. »Das werde ich tun«, sagte er und streckte die Hand aus. »Ich will seine Rüstung niemand anderem überlassen.«

Epikleos zögerte nur kurz, bevor er sie ihm wieder zurückreichte.

Perikles atmete tief durch. Es roch nach frischem Holz, Öl und einer neuen Saat. Seine Mutter musste Tag und Nacht gearbeitet haben, um das Haus für ihre Rückkehr vorzubereiten. Um das Feld, auf dem er reiten gelernt hatte, ragten neue Zaunpfosten aus der Erde. Sie waren noch nicht miteinander verbunden. Das alles erfüllte ihn trotz ihres Verlusts mit Hoffnung.

»Wirst du heute Nacht hierbleiben?«, fragte Epikleos seinen Vater.

Xanthippos sah zu der Tür, durch die seine Gemahlin verschwunden war, und nickte verkniffen. »Ich glaube, ja. Du bist natürlich wie immer willkommen, Epikleos. Nichts kann daran etwas ändern.«

»Nein … ich suche mir eine Unterkunft in der Stadt. Ich würde gern von Leuten, die in Platäa waren, alles über den Sieg erfahren. Ich werde ihnen ein paar Becher ausgeben und auch selbst welche kippen.«

Xanthippos sah seine Tochter und Perikles an und fuhr sich mit der Zunge über die Unterlippe. Sein Knie pulsierte im Takt seines Herzschlags. Er war hundemüde. Doch seine Pflicht war erfüllt. Er wusste nicht, ob er eine Nacht lang Agaristes Kummer würde ertragen können. »Perikles«, sagte er schließlich. »Bleib bei deiner Mutter und deiner Schwester. Das ist ein Befehl. Ich werde in die Stadt zurückkehren. Wir sehen uns, wenn ich wiederkomme.«

Perikles verneigte wortlos den Kopf. Die Stimmung seines Vaters schien sich ein klein wenig gebessert zu haben, da wollte er nicht mit einer falschen Antwort neuen Ärger riskieren. Außerdem war er zutiefst erschöpft und froh, zumindest vorübergehend unter dieser Gewitterwolke hervortreten zu können. Er legte seiner Schwester den Arm um die Schultern und sah zu, wie die beiden Männer zur Tür gingen und auf die Straße zur Stadt hinaustraten.

»Ich kann nicht glauben, dass Ariphron nicht wiederkommt«, sagte Eleni auf einmal. »Ich wollte, dass er das Haus sieht. Ich … habe so viel daran gemacht, nur damit er sich freut und … mir sein typisches Lächeln schenkt. Das wird er jetzt nicht mehr tun … Ich werde nie wieder seine Stimme hören oder ihn lachen sehen.«

Perikles schüttelte den Kopf. Er spürte den Blick seines Bruders auf sich. »Er weiß es«, sagte er und ging in Richtung Haus. »Er ist bereits zu Hause. Ich bin mir sicher, dass er es vor uns hierher geschafft hat.«

KAPITEL 31

Xanthippos erwachte mit dem Namen seines Sohnes auf den Lippen. Er hatte ihn panisch geschrien, wie er beschämt merkte. Er konnte Ariphron nicht erreichen und ihn nicht nach Hause zurückholen. Es war ihm nicht möglich, einen bereits verstrichenen Tag ungeschehen zu machen, nicht einmal einen einzigen Herzschlag. Stöhnend setzte er sich auf und roch Erbrochenes an sich. Xanthippos, der seit jeher ein sehr penibler Mann war, rümpfte angewidert die Nase. Es war nicht nur Erbrochenes … er hatte auch seinen Darm entleert! Er wusste, dass so etwas manchmal geschah, wenn man zu viel Wein trank. Ihm war es jedoch noch nie passiert. Und natürlich war alles getrocknet und über Nacht mitsamt der Kleidung an ihm festgeklebt. Einen Moment lang wünschte er sich, er befände sich noch auf See, wo er hätte schwimmen können. Er brauchte Eimer und viel Wasser, vielleicht einen Fluss … Er sah sich um und versuchte zu ergründen, wo er sich befand. Seit seiner Rückkehr nach Athen waren zwei Tage vergangen … Oder waren es drei? Xanthippos war sich nicht mehr sicher. Er hatte versucht, sich totzusaufen, doch der Alkohol war immer wieder aus ihm herausgeflossen, und er hatte von vorne anfangen müssen. Bei Athena, er war am Verhungern! Und sein Kopf! Sein lädiertes Knie war so steif, dass sein Bein sich wie ein Brett anfühlte. Wann immer er sich bewegte, schien sich seine Umgebung mit weißen Lichtblitzen zu füllen.

Xanthippos merkte, dass er sich nicht allein im Raum befand. In der gegenüberliegenden Ecke lag ein eigenartig aussehender Mann. Seine Tunika war bis zum Bauch hochgerutscht. Neben ihm hatte sich eine Frau mit dunklen Locken in den Achselhöhlen ausgestreckt und schnarchte wie ein Kind. Der Mann hatte ein großes blaues Auge.

Xanthippos konnte sich nicht an die beiden erinnern.

Er wusste, dass Epikleos ihn nie im Stich lassen würde, und beschloss, nach ihm zu rufen. Er rappelte sich mühsam auf und unterdrückte einen Schmerzensschrei. Sein Bein ließ sich kaum noch abknicken. Dem Licht und der niedrigen Temperatur nach zu urteilen, war es früher Morgen. Sein Magen hob sich. *Nein!* Er sah sich verzweifelt nach irgendetwas um, in das er sich übergeben konnte, doch in dem Raum gab es weder einen Eimer noch eine Schüssel. Er beugte sich vor und würgte einen langen gelben Gallefaden aus. Anschließend hinkte er in die Sonne hinaus.

Der Übungsplatz des Gymnasions war um diese Uhrzeit bereits recht gut besucht. Ein Teil der Athener Männer begann den Tag mit Schwimmen, während andere vor der Arbeit boxten oder Runden auf der Bahn drehten. Die Perser hatten natürlich die Bäume gefällt und so viele Bauten wie möglich in Brand gesteckt. Die Spuren dieser Verwüstungen waren noch immer zu erkennen, doch seine Mitbürger hatten hart gearbeitet, und soweit er es sehen konnte, während er gegen das grelle Licht anblinzelte, ging alles seinen einigermaßen geregelten Gang. Es half ein bisschen, wenn er die Ellbogen abspreizte und mit beiden Händen den Kopf festhielt.

Nicht weit von ihm entfernt floss der Ilissos vorbei. Xanthippos schwankte zum Ufer und stieg auf der eigens dafür vorgesehenen Treppe ins Wasser. Der Fluss war so kalt, dass er sich ein Stöhnen nicht verkneifen konnte, als er den Kopf wieder heraushob. Langsam und mit tollpatschigen Bewegungen zog er sich nackt aus und rieb sich sauber. Seine schmutzige Tunika trieb mit der Strömung davon. Er war froh, sie los zu sein. Allmählich fühlte er sich wieder etwas wacher. Es überraschte ihn nicht, Epikleos aus dem Gebäude treten zu sehen. Sein Freund bemerkte ihn ebenfalls und kam zu ihm herübergelaufen. Eines seiner

Augen war geschlossen und sah aus, als könnte er es nicht mehr öffnen.

Als Xanthippos aus dem Fluss stieg und sich zum Trocknen ans Ufer stellte, überlief ihn eine unangenehme Gänsehaut, und er musste sich zu seiner Bestürzung ein weiteres Mal übergeben, obwohl sein Magen inzwischen vollkommen leer war und er nicht einmal mehr Spucke zustande brachte. Epikleos wandte den Blick ab. Er hatte getrocknetes Blut im Gesicht, und seine Nase war geschwollen. Xanthippos fragte sich, ob er mit dem Fremden in seinem Raum gekämpft hatte.

Er ließ sich langsam auf das matschige Ufer sinken und scherte sich nicht darum, dass er dabei wieder schmutzig wurde. Er ließ die Beine in der Strömung baumeln und hörte auf, sich gegen seinen Kummer und die Schuldgefühle zu wehren, die noch kälter waren als das Flusswasser.

Epikleos rutschte fast auf den Stufen aus, als er ebenfalls ins Wasser stieg. Unten angekommen, tauchte er lange den Kopf unter Wasser.

Nun fiel Xanthippos wieder einiges ein: Nachdem er hingefallen war, hatte er nicht ein einziges Mal um Hilfe gebeten. Er erinnerte sich noch gut. Die Trauer, die ihn erfüllte, war tief genug, um darin zu ertrinken. Epikleos war bei seinem Freund, dem Archon und Navarch, geblieben und hatte ihn zu beschützen versucht. Während der Nacht hatte er sowohl Drohungen als auch Angebote erhalten. Viele liebten ihn, schließlich war er der zurückgekehrte Held von Salamis. Für einige war er allerdings auch derjenige, der ohne Entschädigung ihre Sklaven befreit hatte.

Epikleos war aber auch bei Xanthippos geblieben, da er wusste, dass sein Freund in eine äußerst finstere Stimmung geraten konnte, wenn er ihn sich selbst überließ. Manche dachten nie über den Tod von Freunden und geliebten Menschen oder über die Männer nach, die sie getötet hatten. So jemand war Xanthippos nicht.

Seine Träume waren immer schrecklich. Der Tod verfolgte ihn, vor allem der Verlust seines Sohnes.

Der Fremde aus dem Raum von vorhin kam in Schlangenlinien herbeigewankt und fiel mit einem dumpfen Platschen ins Wasser. Xanthippos hörte im Gebäude eine Frau rufen und spähte über das Feld. »Ist Themistokles da?«, fragte er. »Das hier ist sein Gymnasion, nicht wahr? Ich war schon mal hier.« Er erinnerte sich an diesen Abend vor vielen Jahren. Damals war er ein anderer Mann gewesen.

»Ich hoffe es«, erwiderte Epikleos, ohne die Augen zu öffnen. »Ich habe nämlich kein Geld dabei.«

Der Fremde war eindeutig im Ertrinken begriffen. Epikleos schien ernsthaft zu überlegen, ob er diesen Idioten weiter zappeln lassen sollte. Doch schließlich überlegte er es sich anders, stieg noch mal in den Fluss und hievte den Mann ins Gras. Der holte tief Luft und spuckte Wasser. Epikleos versetzte ihm angewidert einen Stoß, worauf der Kerl sich trollte.

Xanthippos nickte. Weitere Erinnerungen an die Nacht zuvor stiegen an die Oberfläche. Er erinnerte sich daran, dass er den Mann zur Rede hatte stellen wollen, der seine Verbannung erwirkt und ihn so sieben Jahre seines Lebens gekostet hatte. Hatte er gegen Themistokles kämpfen wollen? War das seine Absicht gewesen? Die Einzelheiten blieben unklar. Er warf Themistokles vieles vor. Natürlich war der Krieg gegen Persien inzwischen vorbei. Es war ein interessanter Gedanke. Denn damit war auch die Waffenruhe beendet, die zwischen ihnen geherrscht hatte. Doch er spürte, dass da noch etwas anderes war.

»Ich schulde ihm etwas«, sagte Xanthippos schließlich.

Epikleos nickte und zuckte die Achseln.

»Das hast du letzte Nacht ungefähr hundertmal gesagt. Unter anderem zu Aristides. Weißt du nicht mehr? Er hat gesagt, du solltest abwarten, bis der Spartaner mit ihm fertig sei und dass danach vielleicht nicht mehr viel für dich übrig sein würde.«

Xanthippos starrte Epikleos eine ganze Weile mit geschürzten Lippen an und durchforstete vergeblich sein Gedächtnis. »Welcher Spartaner?«, fragte er schließlich.

Epikleos blickte zu dem Mann hoch, den er von allen am meisten bewunderte. Während der vergangenen Tage war er unter anderem auch deswegen bei Xanthippos geblieben, weil der immer wieder gedroht hatte, sich an Themistokles zu rächen. Es war eine der Drohungen gewesen, für die Betrunkene getötet wurden. Selbst im nüchternen Zustand könnte Xanthippos vermutlich nicht gegen jemanden gewinnen, der seine ersten Münzen im Boxring verdient hatte. Wer im Recht war, zählte bei einem Faustkampf längst nicht so viel wie Schnelligkeit und Geschick.

Als er das gerade noch einmal wiederholen wollte, sah er eine Gestalt mit rotem Umhang das Übungsfeld überqueren. Bei seinem Anblick fiel den beiden gleichzeitig siedend heiß ein, dass sie gekommen waren, um Themistokles zu warnen. Offenbar waren sie dafür zu benommen gewesen. Epikleos spähte dem Mann mit einem Auge hinterher. Das andere hielt er weiterhin geschlossen, damit seine markerschütternden Kopfschmerzen nicht noch weiter zunahmen. »Der da«, sagte er und erhob sich schwankend.

KAPITEL 32

Eurybiades hatte sich eine Woche zuvor zu Fuß von Sparta aus auf den Weg gemacht. Als Pausanias und die Spartiaten siegreich zurückgekehrt waren, hatte er einen Becher Wein auf sie erhoben. Die Frauen und Kinder der Heloten hatten schweigend Aufstellung genommen, um zu erfahren, ob ihre Ehemänner, Brüder und Söhne unter den Toten waren. Sie waren zu Tausenden auf der Ebene bei Platäa zurückgeblieben. Sie würden keine Gräber erhalten. Stattdessen würden Krähen und Füchse sie zerpflücken und die Sonne ihre Gebeine bleichen. In diesem triumphalen Augenblick war es ihren Frauen nicht gestattet zu weinen. Die überlebenden Heloten hatten die Namen der Gefallenen erfasst. Während sie laut vorgetragen wurden, hatten die Witwen sich einfach umgedreht und waren nach Hause oder zur Arbeit zurückgekehrt.

Eine große Prozession hatte sich gebildet und war vom Zentrum der Stadt zur Akropolis gezogen. Dort hatte sich Pausanias demonstrativ vor Leonidas' Sohn gekniet und ihm Gehorsam geschworen, wie es den Bräuchen der Stadt entsprach.

Dem Vernehmen nach hatte Pausanias um einen Posten in der spartanischen Flotte gebeten, fernab von politischen Ränken und Machtkämpfen. Und sicher ging es dem Mann, der der Stadt den größten Sieg ihrer Geschichte beschert hatte, auch darum, den jungen König nicht mit seiner Anwesenheit zu beschämen. Unter seiner Führung hatten die Spartiaten und Periöken auf der Ebene von Platäa eindrucksvoll die Überlegenheit ihres Regimes und ihrer disziplinierten Lebensart unter Beweis gestellt. Die Geschichten über diesen Tag waren in aller Munde.

Elf Jahre zuvor hatte Athen den Sieg in Marathon allein errungen, da Sparta erst nach dem Ende der Kämpfe am Schauplatz eingetroffen war. Ein Jahr zuvor hatte die Schlacht an den Thermopylen Sparta einen großen König gekostet. Die Flottengefechte von Artemision und Salamis waren von einem Bündnis griechischer Staaten ausgefochten worden. Doch der Triumph von Platäa war vor allem der spartanischen Kampfkraft und Willensstärke zu verdanken. Sie waren von einem zahlenmäßigen Feind umzingelt worden und hatten ihren Wert bewiesen.

Da der Krieg nun zu Ende war, hatte Eurybiades seinen Umhang und die Sandalen angezogen und sich mit seinem Schwert und dem Kopis auf den Weg gemacht. Theben war für seinen Verrat an den restlichen Hellenen hart bestraft worden. Die Alliierten hatten die Überlebenden ohne Rüstung, mit Peitschenstriemen auf dem Rücken und Asche auf dem Haupt in die Verbannung geschickt. All ihre Offiziere waren zusammen mit den verbliebenen Persern abgeschlachtet und im Staub zurückgelassen worden. Die Sieger kannten keine Gnade. Nicht nur die Perser, sondern auch ihre griechischen Verbündeten hatten auf die harte Tour lernen müssen, was ihnen blühte, wenn sie in fremden Revieren wilderten.

Während Eurybiades der Straße nach Athen folgte, fragte er sich, wie lange Persien in seiner derzeitigen Form wohl noch überleben würde. Nachdem Xerxes sein Heer und die Flotte verloren hatte, gab es doch sicher Mächte, die begehrlich auf seinen Reichtum und sein Land blickten und danach strebten, Persien wieder in vierzig Nationen aufzuteilen. Eurybiades hoffte es zumindest.

Bei seiner Ankunft nahm Eurybiades sich ein Zimmer in der Stadt. Eine Witwe schien froh, ihn bei sich beherbergen zu können. Sie sagte, sie hätte schon immer besser mit einem Mann im Haus als allein geschlafen. Sie wusch seine von der Reise dreckige Kleidung und kochte am Abend für ihn. Da er wenig trug und noch weniger aß, war ihm das alles nicht wichtig. Dennoch schien sie gern für ihn zu sorgen.

Als er sich im Morgengrauen auf den Weg machte, stellte er angewidert fest, dass die Preise in Athen steil gestiegen waren. Seine wenigen Silbermünzen waren ein Geschenk seines Bruders gewesen. Für eine lumpige Stunde im Badehaus, wo er seinen Darm leerte und sich den Dreck von der Reise abwusch, musste er einen halben Tageslohn bezahlen! Nicht weniger unangenehm war es ihm, für Essen bezahlen und es auf der Straße verzehren zu müssen. Schließlich war er es von zu Hause gewohnt, seine kostenlos bereitgestellten Mahlzeiten in Gemeinschaftsräumen einzunehmen. Dass der Fleischspieß, den er schließlich widerwillig einem Händler abkaufte, so delikat gewürzt war, dass ihm beim ersten Bissen beinahe die Tränen kamen, machte die Sache auch nicht besser.

Ihm war aufgefallen, dass die Witwe in der Nacht vor seiner Tür herumgelungert war. Alle Athener waren Huren. Er hatte die Kissen vom Bett geworfen, sich in seinen Umhang gewickelt und auf den Holzboden gelegt. Vor dem Einschlafen hatte er zu Apoll gebetet, dass er ihn vor allen lasterhaften Versuchungen bewahren möge.

Nach seiner Rückkehr nach Sparta hatte ihn das Glück verlassen. Offenbar hatte sich herumgesprochen, dass die Athener, insbesondere Themistokles, seine Autorität als Navarch untergraben hatten. Seine Kapitäne hatten zu Hause alles brühwarm weitererzählt, aber natürlich nicht beschrieben, wie schwierig seine Lage gewesen war. Eurybiades war von einem angesehenen Offizier zu einem Mann von zweifelhaftem Ruf geworden. Wenn es in Sparta so etwas wie eine allseits anerkannte Währung gab, dann war sie der gute Leumund eines Mannes. Und so hatte Eurybiades zum ersten Mal in seinem Leben erfahren müssen, wie sich Armut anfühlte.

Wenn er sich nach Themistokles erkundigte, wollten ihm die Leute zu seiner Überraschung etwas zu trinken spendieren. Spätestens wenn sie seinen roten Umhang bemerkten, klopften sie ihm auf die Schulter und riefen nach Wein. Offenbar betrachteten sie die Spartaner derzeit als Verbündete. Immer wieder wurde Eurybiades gefragt, ob er in Platäa mitgekämpft habe. Was er natürlich nicht getan hatte. Pausanias, dieser Narr, hatte ein paar erfahrene Männer zurückgelassen, um die Stadt zu regieren. Eurybiades war einer der Männer, denen diese Ehre zuteilgeworden war.

Mit gefurchter Stirn ging er quer durch die Stadt zu einem Gymnasion, das angeblich Themistokles gehörte. Nicht zum ersten Mal an diesem Morgen fragte er sich, ob ihm dieser Mann absichtlich aus dem Weg ging. Im Laufe der Stunden hatte man ihm bereits zweimal gesagt, dass er Themistokles nur knapp verpasst habe. Zuletzt hätte er ihn fast auf dem Pnyx angetroffen. Da es kurz vor Mittag war, hatte Themistokles sich jedoch zu seinem Gymnasion begeben, um etwas zu essen. Für eine Silbermünze hatte ein Tavernenwirt Eurybiades den Weg dorthin beschrieben.

Gut, dass er nicht noch ein paar Tage in dieser Stadt verbringen würde, dachte er reumütig. Sein Vorrat an athenischen Münzen war mittlerweile nämlich fast aufgebraucht. Doch das war es ihm wert. Schließlich ging es um eine Schuld, die er mit Freuden begleichen würde. Vielleicht würde es ihn dann auch nicht mehr so schmerzen, dass er zu seiner Schande zu Hause hatte bleiben müssen, während sein Volk einen großen Sieg errang. Entschlossen stieg er über die teilweise noch nicht fertiggestellte Stadtmauer und verzog die Lippen zu einem höhnischen Grinsen. Spartaner benötigten keine Mauern. Wer würde schon die Krieger herausfordern wollen, die Persien bezwungen hatten? Natürlich waren die Athener ebenfalls dabei gewesen, doch hätte es eine ausreichend große Waagschale gegeben, hätten die Spartaner ohne jeden Zweifel alle übrigen Griechen zusammen locker aufgewogen.

Genau das hatte er an diesem Morgen auch ein paar Arbeitern zu erklären versucht. Sie hatten ihm Wasser aus einer Schöpfkelle angeboten und sich geweigert, dafür Geld von ihm anzunehmen. Stattdessen hatten sie seine Erinnerungen an Plataa hören wollen. Als er mit seinen Ausführungen fertig gewesen war, hatte sich die Stimmung merklich abgekühlt. Zwei von ihnen hatten ihn sogar eine Weile verfolgt. Als er schließlich stehen blieb und sein Kopis zückte, hatten sie sich jedoch ganz schnell aus dem Staub gemacht! Nichts als Huren und Feiglinge. In der Gesellschaft von Athenern hatte er permanent das Bedürfnis, sich zu waschen. Nun, er war gekommen, um eine Verpflichtung zu erfüllen. Sobald das erledigt war, konnte er heimkehren und sich zufrieden zur Ruhe setzen.

Niemand hielt Eurybiades am Eingang des Gymnasions auf. Allerdings verbeugten sich zwei stämmige Sklaven vor ihm, während ein Dritter losrannte, zweifellos, um ihren Herrn über seine Ankunft zu informieren. Der Spaziergang durch die Stadt hatte Eurybiades etwas aufgewärmt, was in seinem Alter eine Erleichterung war. Trotzdem fragte er sich, ob er noch ein wenig Steingewichte stemmen oder eine Runde auf der Bahn laufen sollte. Seine linke Hüfte wurde hin und wieder steif, ließ sich aber gut dehnen. Er blieb stehen und ließ den Blick nachdenklich über zwei Schwimmer und ein Dutzend weitere Männer gleiten, die in der Vormittagssonne trainierten. An diesem Ort herrschte eine Stille, die sein Gemüt beruhigte. Er hatte mehr mit einem spartanischen Übungsplatz als den Kaschemmen und Bordellen dieser Stadt gemein. Eurybiades war von klein auf beigebracht worden, jede Form von Vergnügen und die damit einhergehenden Schwächen zu verachten. Manchmal wünschte er sich fast, die Perser hätten sich dieses Volk einverleibt. Doch eine Zeit lang war das Schicksal der Athener mit dem Spartas verknüpft gewesen. Mit Apolls Hilfe würde es nie wieder so weit kommen.

Erfreut sah er Themistokles zu sich herauskommen. Der Athener trug eine schlichte, mit einem Gürtel zusammengehaltene Robe und wischte sich im Gehen mit einem Tuch den Mund ab.

Er trug weder eine Rüstung noch einen Schild, genau wie Eurybiades, der nicht gekommen war, um einen Krieg zu beginnen, sondern weil er eine Demütigung vergelten wollte. Er war nicht sicher, ob er es als Kompliment oder Beleidigung auffassen sollte, dass Themistokles nicht einmal ein Schwert dabeihatte.

»Navarch Eurybiades«, begrüßte Themistokles ihn.

»Themistokles«, erwiderte der Spartaner steif und verneigte den Kopf. »Der Krieg ist vorbei. Ich habe gesagt, dass ich komme, wenn es so weit ist.«

»Und du bist ein Mann, der Wort hält«, sagte Themistokles. Zu Eurybiades' Überraschung klopfte der Athener ihm auf die Schulter, als wären sie alte Freunde. »Du bist weit gelaufen. Hast du in der Stadt übernachtet, oder bist du direkt von zu Hause gekommen? Bitte, sei mein Gast und trinke einen Wein mit mir.«

Eurybiades schätzte Männer, die im Angesicht des Todes keine Angst zeigten. Das musste belohnt werden, und außerdem war seine Kehle ziemlich trocken. Also nickte er. »Danke, sehr gerne.«

Themistokles gab seinen Dienern ein Zeichen, worauf sie einen Tisch und zwei Stühle herausbrachten. Sie nahmen Platz, und Eurybiades sah zu, wie der Wein aus einem wunderschön verzierten schwarz-braunen Krug eingeschenkt wurde. Sein Blick blieb an den meisterlich dargestellten tanzenden oder kämpfenden Kriegern hängen.

Themistokles vermischte den Wein mit ein wenig Wasser aus einer kleineren Karaffe, trank einen großen Schluck und schmatzte mit den Lippen. »Schmeckt wunderbar. Bitte trink. Du weißt bestimmt, dass ich keinen Gast vergiften würde, nicht einmal einen Spartaner.«

Eurybiades lächelte verkniffen, da sein Mut infrage stand, leerte den Becher jedoch in einem Zug und hielt ihn einem Diener zum Nachfüllen hin. Der Wein schmeckte tatsächlich wunderbar und erfüllte ihn mit einer schwindelerregenden Wärme. »Sehr gut. Du hast dich schon immer darauf verstanden, andere zu verspotten, Themistokles. Manchmal bereue ich, was zwischen uns vorgefallen ist.«

»Ich verstehe«, erwiderte Themistokles bedächtig. »Und hast du auch schon mal darüber nachgedacht, dass du möglicherweise unrecht hattest?« Als klar wurde, dass er auf diese Frage keine Antwort erhalten würde, zuckte Themistokles die Achseln. »Wir haben uns immer weiter zurückgezogen. Ein Seekrieg war für uns alle etwas Neues, das weißt du sehr gut! Wir besaßen erst seit ein paar Jahren eine Flotte und hatten noch nie in einer großen Formation gekämpft. Die Perser schienen unendlich viele Schiffe zu haben. Ich glaube, wir beide, du und ich, sind mehr oder weniger gleichzeitig zum selben Schluss gekommen: Wir konnten nicht gewinnen, nicht an diesem Ort, nicht gegen ihre Flotte. Wir konnten nur versuchen, sie mit unserer Nachhut aufzuhalten, um Zeit für unseren Rückzug herauszuschlagen. Es war … ja, für mich war es der bitterste Tag dieses Krieges.«

Eurybiades blinzelte langsam.

Nachdem Themistokles beim Sprechen eine Weile abwesend in die Ferne geblickt hatte, sah er ihn nun wieder an und zuckte grinsend erneut die Achseln. Eurybiades wurde klar, dass er ein Mann war, der nicht mit alten Entscheidungen haderte. Die Vergangenheit interessierte ihn nicht. Möglicherweise verstand er gar nicht wirklich, weshalb Eurybiades gekommen war. Und wenn doch, glaubte er vielleicht, dass sie beide diesen Ort lebend verlassen würden.

»In diesem verzweifelten Moment«, fuhr Themistokles grimmig fort, »hast du als Navarch einen Befehl gegeben, den ich auf keinen Fall befolgen konnte. Du wolltest, dass wir die gesamte Flotte abziehen und Athen komplett der persischen Armee überlassen. Du hast mich angewiesen, den Peloponnes abzuschirmen, auf dem sich Sparta und Korinth befinden. *Meine* Frau und *meine* Kinder hättest du dagegen den feindlichen Soldaten zum Fraß vorgeworfen.«

Eurybiades hielt Themistokles' wütendem Blick stand und nickte, als gäbe er ihm recht. Er merkte, dass der Athener ihn genauso verachtete wie Pausanias und die spartanischen Ephoren. Doch er hatte sich bei allem, was er tat, immer nur von seiner Ehre und Disziplin leiten lassen. »Im Nachhinein weiß man immer alles besser«, erwiderte er. »Alles, was du gesagt hast, stimmt. Glaubst du, das wäre mir nicht klar? Hältst du mich etwa für beschränkt? Ich hatte mit einem längeren Krieg gerechnet und wollte die Flotte erhalten. Ich habe zu viel verlangt – und du hast mich meines Kommandos enthoben. Du hast dir einen Spaß daraus gemacht – und mich zum Gespött.«

»Dann gib doch einfach zu, dass ich *recht* hatte«, sagte Themistokles mit leise grollender Stimme. »Gib zu, dass dein Befehl unmöglich zu befolgen war und dass du ihn niemals hättest geben dürfen.«

»Nein, das werde ich nicht zugeben. Du hättest vor Salamis eigentlich *untergehen* müssen. Das weißt du. Du hast nur gesiegt, weil du Glück hattest und weil sich der persische König als Trottel entpuppt hat. Du konntest nicht wissen, dass Xerxes die Flotte teilen würde. Wenn alles mit rechten Dingen zugegangen wäre, hättest du diese Schlacht verloren und zugesehen, wie deine Frauen und Kinder auf Salamis versklavt werden! Euch hat doch nur der Zufall gerettet. Nein, *ich* hatte recht, Athener! Und auch wenn es dir nicht passt, das ist die reine Wahrheit.« Als Eurybiades merkte, dass er sich vorbeugte und mit dem Zeigefinger nach Themistokles stach, lehnte er sich wieder zurück. »So oder so hast du im Krieg meinen Befehl verweigert. Du hast meine Autorität untergraben. So, wie sich alles gefügt hat, wird dich dein eigenes Volk deswegen nicht vor Gericht stellen und hinrichten …«

»Dafür nicht«, erwiderte Themistokles leichthin. »Ich habe Dinge getan, die ihnen nicht gefallen, aber das gehört nicht dazu! Ich habe das Volk von Athen gerettet, Eurybiades! Wenn ich richtig zähle, ein halbes Dutzend Mal! Dafür sollten sie mir zu Ehren an jeder Straßenecke eine goldene Statue errichten! Tausend Jahre lang sollte jedes Kind meine Lebensgeschichte auswendig aufsagen können. Doch stattdessen wissen sie nicht, was sie mit mir anfangen sollen. Das Leben geht weiter, und aus irgendeinem Grund wollen sie mit dem Krieg komplett abschließen … oder mich zu einem von tausend Helden machen.« Er wedelte frustriert mit der Hand. »Und anstelle von Gold, Land und Statuen bekomme ich … *dich*. Einen Mann, der fest entschlossen ist, sich für eine Beleidigung zu rächen, die so lächerlich, so nichtig ist, dass es mir deswegen fast die Tränen in die Augen treibt. Du hast den falschen Befehl erteilt, du aufgeblasener Idiot. Niemand, der einigermaßen bei Sinnen ist, hätte ihn befolgen können.«

Eurybiades nickte und stand, ohne Themistokles aus den Augen zu lassen, langsam auf. Sein Gegenüber wirkte mit einem Mal grauer und älter. »Ich habe einen langen Weg hinter mir«, sagte Eurybiades. »Es wird Zeit.«

»Ernsthaft?«, fragte Themistokles und stand ebenfalls auf. »Können wir diese Angelegenheit nicht regeln, ohne dass einer von uns beiden dabei umkommt?« Er deutete auf das Übungsfeld. »Nur dreißig Schritte von hier entfernt ist ein Boxring. Dort werde ich auf dich warten und dir anschließend eine Mahlzeit ausgeben, egal wie die Sache ausgeht.«

»Spartaner boxen nicht«, entgegnete Eurybiades steif. »Nein, ich wähle das Schwert. Sag mir, wo ich mich hinstellen soll, und lass dir von einem deiner Männer eine Klinge bringen. Ich möchte mich möglichst bald auf den Heimweg machen.«

Themistokles nickte den Dienern zu, die ihren Wortwechsel mit offenem Mund verfolgt hatten. Während sie den Tisch und die Stühle wegräumten, frischte der Wind auf. Einer von ihnen ging los und kehrte einen Moment später mit einem Schwert in den Armen zurück.

Themistokles sah sich um und versuchte, sich eine Taktik zurechtzulegen. Er sah zwei Männer nackt am Fluss stehen und erkannte, dass es Xanthippos und Epikleos waren. Sie waren in der Nacht zuvor so betrunken eingetroffen, dass es ihn nicht gewundert hätte, wenn sie diesen Morgen nicht mehr erlebt hätten. Es freute ihn, sie wach zu sehen. Xanthippos hob eine Hand und neigte fragend den Kopf. Sicher wunderten sie sich, warum er sich ein Schwert umschnallte. Er selbst wunderte sich auch darüber.

Themistokles fluchte leise, als Xanthippos sich auf den Weg zu ihm machte. Er brauchte kein Publikum, egal was passierte. Tatsächlich erledigte er manche Dinge lieber ohne Zeugen. Letzten Endes waren Eurybiades und er ohnehin allein auf diesem Feld, ganz gleich, wer dabeistand und ihnen zusah.

»Bist du bereit?«, fragte Eurybiades. »Ich habe dir genug Zeit für die Vorbereitungen gelassen. Komm schon. Zieh jetzt dein Schwert.«

Themistokles hob eine Hand. Er spürte, dass ihm Schweiß wie nasse Farbe an den Rippen herabrann. Eurybiades war ungefähr sechzig, aber wie alle Spartaner in ausgezeichneter körperlicher Verfassung. Dass er so hoch in der spartanischen Hierarchie aufgestiegen war, hieß, dass er einer ihrer besten Schwertkämpfer sein musste. Themistokles konnte keine Schwäche an ihm erkennen. Eurybiades legte seinen Umhang ab und faltete ihn zusammen. Sein Körper sah aus, als bestünde er aus Teakholz. Themistokles' Magen krampfte sich zusammen. Er hielt Eurybiades für einen humorlosen Dummkopf und schlechten Anführer, doch das spielte keine Rolle, wenn sie mit den Schwertern gegeneinander antraten.

»Themistokles?«, rief Xanthippos, als er und Epikleos in Hörweite waren. »Was ist hier los?« Sie hielten vor den beiden Männern an. Xanthippos sah den Spartaner überrascht an. »Eurybiades!«

»Ach ja, ein Spartaner hat nach dir gesucht«, fügte Epikleos ungerührt hinzu.

Themistokles lachte leise, doch Xanthippos' Miene verfinsterte sich. »Das kann doch nicht … Bei den Göttern, Eurybiades, der Krieg ist vorbei! Sag mir bitte, dass du nicht gekommen bist, um dich mit einem Verbündeten zu duellieren.«

Eurybiades sah kurz zu dem Mann, der ihn angesprochen hatte. Er erkannte Xanthippos sofort. Sein befehlsgewohnter Ton erinnerte ihn an Pausanias, der zu ihm gesagt hatte, dass er inmitten der Trümmer seiner Karriere in Sparta zurückbleiben solle. Doch er kannte die Gerissenheit der Athener zu gut, um den Blick länger als nötig von Themistokles abzuwenden. Er würde sich auf keinen Fall von einem Feind überrumpeln lassen.

»Ich glaube nicht, dass unser Freund Eurybiades für vernünftige Argumente zugänglich ist«, sagte Themistokles leise.

Xanthippos schüttelte den Kopf. »Er hat kein Recht, sich hier hinzustellen und dich auf Athener Gebiet zu bedrohen! Hör auf, Eurybiades! Gib mir dein Schwert. Du hast nicht die nötige Autorität, um Themistokles herauszufordern. Nicht mehr. Und schon gar nicht in Athen!«

Eurybiades ließ den Mann, den zu töten er gekommen war, nicht aus den Augen. »Das hier ist … lange verabredet. Außerdem ist es nicht deine Sache. Ich sage es nur noch einmal, Themistokles. Zieh dein Schwert, oder ich töte dich auch so.«

»Das wäre unehrenhaft«, fuhr Xanthippos ihn an. »Und illegal. Ich verbiete es. Wenn du einen Athener angreifst, werde ich dich vor die Versammlung zerren, Eurybiades.«

»Für *mich* ist es nicht unehrenhaft«, erwiderte Eurybiades wütend. »Ich habe diesen Mann darüber informiert, dass ich kommen werde. Als er mich noch vor allen verhöhnen konnte, hat er meine Herausforderung angenommen! Also gut, hier bin ich! Er soll jetzt seine Waffe ziehen. Dann bringe ich diese Angelegenheit zu Ende und gehe wieder nach Hause. Nichts davon geht dich etwas an.«

»Er hat recht«, sagte Themistokles. Xanthippos drehte sich bestürzt zu ihm um, doch er hob eine Hand. »Aus seiner Sicht zumindest. Also gut, Spartaner, was macht ein Leben mehr oder weniger schon für einen Unterschied?« Er zog langsam das Schwert aus der Scheide. Es war nicht viel länger als sein Unterarm, eine Klinge, mit der man Knochen und Fleisch zerhacken konnte. Sie glänzte, als er sie in der Mittagssonne hin und her wendete.

Xanthippos und Epikleos traten einen Schritt zurück. Sie wussten, wie leicht man verletzt werden konnte, wenn andere kämpften. »Lasst mich euch beide zum Pnyx eskortieren!«, versuchte Xanthippos es noch einmal. »Das Gericht soll über diese Angelegenheit entscheiden. Was soll es bringen, für nichts und wieder nichts einen guten Mann zu opfern.«

Themistokles merkte, dass ihm sämtliche Argumente und all seine Überredungskünste ausgegangen waren. Er glaubte fast zu spüren, wie sich der Tod auf ihn herabsenkte. Vielleicht empfanden alle so, die einem Spartaner in der Schlacht begegneten. Das wäre ein ziemlicher Vorteil für die Spartaner. »Na dann, Navarch«, sagte er. »Tu, weswegen du gekommen bist.«

Eurybiades nickte. Er war nackt. Seine Haare waren eisengrau, seine Bauchmuskeln ein wenig erschlafft, und seine Haut sah in Teilen wie gesprenkeltes, faltiges Leder aus, doch er bewegte sich gut. Themistokles' Magen krampfte sich noch fester zusammen.

Beide Männer dehnten die Nackenmuskeln und die Schultern. Themistokles wartete auf den ersten Angriff. Er musste herausfinden, wie schnell der Spartaner war.

Als die Attacke erfolgte, übersah Themistokles sie fast. Eurybiades war gerade ein Stück seitwärts im Kreis gegangen, als er ohne jede Vorwarnung die zwei Schritte Abstand zwischen ihnen überbrückte und Themistokles sich unvermittelt in der Defensive wiederfand. Die Klingen knallten zweimal klirrend gegeneinander, und Themistokles schnappte zischend nach Luft, weil er einen Schnitt an seinen Rippen spürte. Wäre er nicht im letzten Moment ausgewichen, hätte Eurybiades ihm die ganze Flanke aufgeschlitzt.

Er öffnete den Mund, um etwas zu sagen, doch Eurybiades ließ ihm nicht einmal genug Zeit, um einen Blick auf seine Wunde zu werfen. Er war nicht gekommen, um sich nach allen Regeln der Kunst zu duellieren, sondern um ihn zu töten. Themistokles spürte, wie sich alle seine Sinne schärften, als die Klingen erneut aufeinanderprallten. Er schaffte es, zwei Schläge zu parieren, musste aber einen weiteren Schnitt am Unterarm einstecken. Dicke Blutstropfen fielen ihm vom Ellbogen, als er den Arm hob. Es tat weh, doch sein verletzter Stolz schmerzte ihn noch mehr. Er sehnte sich nach einem Schild oder irgendeinem Vorteil gegenüber diesem bösartigen Mistkerl, der fest entschlossen schien, ihn in Stücke zu schneiden. Als Eurybiades sich erneut auf ihn stürzte, verengte er die Augen nachdenklich zu Schlitzen. Das Einzige, was ihm nun noch helfen konnte, war seine Athener Durchtriebenheit.

Ohne lange nachzudenken, griff Themistokles nach unten, zog die Finger durch das Gras und schloss die Hand. Währenddessen war Eurybiades ihm so nahe gekommen, dass er sich noch erbitterter gegen ihn verteidigen musste als zuvor. Doch der Spartaner hatte ihn nach irgendetwas greifen sehen und duckte sich instinktiv weg, als Themistokles nun die linke Hand vorschnellen ließ. Er glaubte offensichtlich, Sand oder einem Stein ausweichen zu müssen. Doch da war nichts. Themistokles hatte keine Zeit gehabt, etwas aufzuheben. Dafür bot sich ihm nun die Gelegenheit, vorzutreten und dem Spartaner einen wuchtigen linken Haken an den Kopf zu verpassen.

Der Schlag war nicht perfekt gewesen. Im Fallen schaffte Eurybiades es noch, Themistokles sein Schwert tief in die Wade zu hacken. Anschließend blieb er jedoch benommen liegen und blickte keuchend in die Sonne. Themistokles hielt ihm das Schwert an die Kehle und sah ihm in die Augen. »Du hast recht: Spartaner boxen nicht. Dein Schicksal liegt in meinen Händen, Eurybiades. Wenn du mir dein Schwert aushändigst und versprichst, mich nicht mehr zu behelligen, lasse ich dich am Leben. Ergib dich.«

Der Spartaner drehte den Kopf zur Seite und blickte zu der Stelle, an der sein Schwert lag. Sein Auge schwoll bereits zu, und auf seinem Gesicht bildete sich ein großes Hämatom. Er seufzte. »Nein.«

Themistokles nickte, stieß die Klinge hinab und bewegte sie so lange hin und her, bis Eurybiades keinen Mucks mehr von sich gab. Als er sich wieder aufrichtete, leuchtete das Schwert grellrot in der Sonne. Er warf es neben das andere ins Gras. Und begann zu zittern.

»Wir sind tatsächlich gekommen, um dich zu warnen«, sagte Epikleos. »Dieser Kerl hat sich überall in der Stadt nach dir erkundigt. Er kann wirklich von Glück reden, dass ihn nicht ein paar von deinen Hopliten getötet haben.«

»Ja«, erwiderte Themistokles und blickte auf den Leichnam hinunter. »Er ist ein echter Glückspilz.« Jetzt erst bemerkte er, wie viel Blut er verlor, und sah fluchend zu Xanthippos, der seinen Blick ohne jedes Mitgefühl erwiderte. Der Krieg hatte ihn härter gemacht. Er hatte sie alle verändert. Themistokles schüttelte den Kopf. Seine Wunden taten wirklich sehr weh. Der Krieg war vorbei, doch er hatte ihnen ihre Jugend genommen – und auch alles andere, was gut gewesen war.

TEIL 4

»Ich weiß, wie sehr Männer in der Verbannung
von Träumen und Hoffnung zehren.«

AISCHYLOS, *Agamemnon*

KAPITEL 33

Im ersten Morgengrauen waren mehr als zwanzigtausend Versammlungsmitglieder auf dem Pnyx zusammengekommen. Zahllose weitere Bewohner Athens hatten sich auf den umliegenden Hügeln niedergelassen. Sie alle wollten den Kriegsbericht hören. Schreiber füllten hektisch so viele Pergamentseiten wie möglich, da sie ihre Mitschriften vier- bis fünfmal teurer verkaufen konnten als an normalen Tagen.

Auf den Steinbänken waren keine Frauen zugelassen. Die hatten sich unten auf der Agora eingefunden. Wer von ihnen Geld hatte, bezahlte Sklaven oder Kuriere dafür, dass sie sich durch die Menge drängten und bei ihrer Rückkehr alles berichteten, was sie gehört hatten. Für die meisten war es die einzige Chance, von Augenzeugen der Ereignisse etwas über das Schicksal ihrer Ehemänner zu erfahren. Manchmal war es nur der Name eines Schiffes, das jemand brennen oder sinken sah. Oder ein Untergebener bestätigte den Tod seines Offiziers. Familien warteten auf Neuigkeiten, ohne zu wissen, ob sie sie ertragen würden. Schwestern, Tanten, Kinder drängten sich mit gesenkten Köpfen und Säuglingen in den Armen dicht zusammen. Die Mienen der Mütter waren verschlossen, unempfindlich gegen jedes Mitleid. Sie waren zu Tausenden aus den Demen der Stadt und des Umlands herbeigeströmt und wollten nun so viel wie möglich mitbekommen.

Doch es ging ihnen nicht nur um die Vergangenheit. Wenn so viele Versammlungsmitglieder zusammenkamen, entschieden sie mit ihren Stimmen über Gesetze. Jedes Gericht im Herzen Athens war mit Geschworenen besetzt, die vom Rat der Stämme vorgeschlagen und im Losverfahren bestimmt worden waren. Binnen weniger Augenblicke sprachen sie Recht, ohne dass irgendwer dagegen Berufung einlegen konnte. Viele Anwesende betrachteten diese Zusammenkunft als Chance, die Handlungen ihrer Kriegsführer im Nachhinein abzuwägen und darüber zu entscheiden, ob sie sie belohnen oder sanktionieren sollten. Es hatte zahlreiche Petitionen gegeben, dass der Staat alle Vermögen zurückerstatten solle, die er während des Krieges eingezogen hatte. Einige Personen mussten sich gegen den Vorwurf wehren, gestohlen, vergewaltigt, gemordet oder im Krieg den Feind unterstützt zu haben. Kleinere Vergehen konnten mit einer Strafzahlung geahndet werden, doch die Menge wollte oft mehr. Hinrichtungen wurden schnell ausgeführt. Drei Männer wurden über Nacht auf der Agora an einen Balken gekettet und von Passanten gemartert, bis sie nur noch blutige Fleischklumpen waren.

Drei weitere Tage lang ging es nur um Grundstücksstreitigkeiten. Derartige Klagen einzureichen, war allerdings riskant, da die Menge immer weniger Geduld für solch banale Sachverhalte aufbrachte. In einigen als zu kompliziert empfundenen Fällen wurden Grundstücke kurzerhand zwangsversteigert und von wohlhabenderen Familien erworben.

Weder Strategoi noch Archonten waren gegen Anhörung gefeit. Mehr als hundert Epistatai waren vorgeladen, die Athen an jeweils einem Tag durch die Krise geführt hatten. Aus ihren Aussagen setzte sich die gesamte Geschichte des Krieges Stück für Stück zusammen, während sie auf dem Podium standen und berichteten, was sie von einem Sonnenuntergang bis zum nächsten gesehen und getan hatten.

Aristides lauschte so vielen von ihnen wie möglich. Er stand in seiner zerschlissenen alten Robe ganz nah am Rednerpodest, um auch ja alles mitzubekommen, was sie sagten. Wenn andere ihn wegzustoßen versuchten, fuhr er die Ellbogen aus. Auf keinen Fall würde er diesen Platz aufgeben. Er sah, dass Xanthippos und Epikleos ebenfalls anwesend waren. Xanthippos hatte seinen Sohn, Perikles, mitgebracht. Der Junge war zwar noch nicht alt genug, um in der Versammlung abstimmen zu können, doch Xanthippos behielt ihn gern in seiner Nähe. Und wer hätte einen Strategos, der bereits seinen Erstgeborenen verloren hatte, deswegen zur Rede stellen wollen?

Kimon war mit vierzig jungen Männern in guten Umhängen gekommen, allesamt Offiziere aus seinem linken Flügel der Flotte. Er hatte im Auftrag der Stadt begonnen, drei ältere Triremen zu überholen. Angeblich erlernte er bei den Tischlermeistern des Hafens das Zimmermannshandwerk, um die Schiffe besser zu verstehen und selbst reparieren zu können. Aristides freute sich darüber.

Es gab noch immer Berichte über persische Festungen auf Inseln, die mit dem Krieg nicht in Berührung gekommen waren. Im kommenden Frühjahr würde sich eine neue Generation auf die Suche nach ihnen machen und alle Perser, die sie fanden, mit Feuer und Schwert aus den griechischen Gewässern vertreiben. Aristides hoffte nur, dass diese Fahrten nicht zu großen Sauftouren ausarten würden. Die Athener hatten dunkle Jahre hinter sich und brauchten neue Geschichten, die sie inspirierten, während sie die Stadt aufbauten. Mit dem Segen der Götter würden Männer wie Kimon Abenteuer erleben, wie man sie von den Argonauten oder Odysseus kannte, und damit alle daran erinnern, dass die großen Zeiten noch nicht vollends hinter ihnen lagen.

Auch Themistokles befand sich im Zentrum des Pnyx. Aristides sah, dass er leise mit den ranghöchsten Archonten sprach, Männern, denen im Laufe der Zeit und des Krieges ihre jugendliche Energie abhandengekommen war. Sie nahmen inzwischen seit fast drei Wochen jeden Morgen an der Prozedur teil, bei der die Epistatai bestimmt, Zeugen geladen und die Tagesordnung festgelegt wurden.

Sechzig skythische Bogenschützen standen an diesem Tag mit finsteren Mienen am Rand des Pnyx und sorgten, wenn mit irgendwem das Temperament durchging, für Ordnung. Obwohl sie staatliche Sklaven waren und damit den Bewohnern von Athen gehörten, waren sie befugt, im Falle eines Tumults mit Knüppeln auf sie einzudreschen. Allerdings brauchten die Skythen derzeit kein in rote Farbe getauchtes Seil, um widerwillige Versammlungsmitglieder ihrer Pflicht zuzuführen. Seit die Versammlung einen umfassenden Bericht über alle maßgeblich am Krieg Beteiligten angekündigt hatte, versammelten sich jeden Tag vor Morgengrauen zahlreiche Bewerber, die unbedingt Geschworene werden wollten.

Der Ablauf erinnerte an einen großen Gerichtsprozess, auch wenn die Aussagen vieler Redner nur für die öffentlichen Archive protokolliert wurden. Trotz der drohenden Strafen betrachteten sie diesen Bericht auch als eine Chance, von ihren Erlebnissen zu erzählen und Scharmützel und andere brenzlige Situationen für die Nachwelt festhalten zu lassen, die sie wie durch ein Wunder überlebt hatten. Es waren auch Theaterautoren zugegen, die alles notierten, was ihnen gefiel. Ihre Finger und Lippen waren schwarz von Kohle oder Tinte.

Am ersten Tag der vorangegangenen Woche war Aristides als erster Archon befragt worden. Er hatte sein Schicksal feierlich in die Hände der Versammlung gelegt und ihre Autorität über ihn akzeptiert. Selbst die Menschenmassen auf den umliegenden Hängen waren in diesem Moment verstummt. Schließlich sprach ein Mann diesen Eid, der in die Verbannung geschickt und anschließend wieder nach Hause gerufen worden war.

In seiner sachlichen Art hatte Aristides seine Begegnungen mit den Spartanern und seine Rolle in der Schlacht von Platäa geschildert. Er hatte ein Kreuzverhör durch drei seiner eigenen Offiziere über sich ergehen lassen, bei dem es um seine Entscheidungen auf dem Schlachtfeld und seine Erinnerungen an das Chaos rund um die Heloten gegangen war. Als er deren Gemeinschaft beschrieb, diesen Sklavenstaat im Staat, hatte die Menge ihm gebannt gelauscht. Doch Aristides war davon unbeeindruckt geblieben und hatte weiterhin natürlich alle Fragen beantwortet. Er hatte vom Morgengrauen bis zum Sonnenuntergang gesprochen. Als die Sonne den Horizont berührte und er kaum noch einen Ton herausbrachte, hatte der Epistates alle weiteren Fragen abgewiesen und Aristides gestattet, das Rednerpodest zu verlassen. Durch Handzeichen hatte die Versammlung mehrheitlich dafür votiert, ihn auf die Liste der verdienten Männer zu setzen und von jeder weiteren Kritik auszunehmen. Irgendwann in der Zukunft oder nach seinem Tod würden ihm vielleicht noch größere Ehren zuteilwerden, aber nicht in diesem Moment, während der Wiederaufbau der Stadt noch in vollem Gange war.

Nach ihm legte Xanthippos zwei Tage lang im Verlauf von vier Sitzungen Zeugnis ab. Außerordentlich detailliert beschrieb er die Seeschlachten vor Salamis, allerdings so träge, dass man im Laufe seines Vortrags immer mehr Leute gähnen sah. Zu den Vorbereitungen für die zweite Evakuierung nach Salamis wurde er besonders eingehend befragt, was ihn sichtlich ärgerte. Am Ende des ersten Tages musste er sich gegen Familien verteidigen, die eine Wiedergutmachung für die von ihm befreiten Sklaven verlangten. Anscheinend waren mehr als dreitausend Männer auf sein Angebot eingegangen, im Tausch für ihre Freiheit für die Flotte zu rudern. Diese Fälle wurden abgewiesen, allerdings nicht so sehr aus Gründen der Gerechtigkeit, sondern weil es für Kompensationen in dieser Größenordnung keine finanziellen Mittel gab. Mehr als einmal verweigerte Xanthippos die Antwort und behauptete, sich nicht mehr an alle Details erinnern zu können.

Der Epistates jenes Tages war wegen seiner Sturheit immer ungehaltener geworden. »Habt ihr den Familien der Gefallenen denn gar nichts zu sagen, Kurios?«, hatte er schließlich ausgerufen. »Muss es denn die ganze Zeit nur um Schiffe, Ruder und Silbermünzen gehen?«

Xanthippos hatte den Kopf gesenkt und um Fassung gerungen. Er hatte wie ein Stier im Angesicht des Opfermessers ausgesehen.

Gut die Hälfte der Zuschauer hatte den immer blasser werdenden Epistates deswegen mit missbilligenden Blicken bedacht. Schließlich war Xanthippos aus der Verbannung zurückgekehrt, um eine Flotte zu kommandieren – und das mit großem Geschick.

Schließlich hatte Xanthippos sich geräuspert. »Ich liebe sie alle«, sagte er. Seine Worte wurden von zahlreichen Menschen im Flüsterton wiederholt. Es klang, als striche ein Windhauch über den Hügel. »Jeder, der sich gegen die Feinde unseres Volkes gestellt hat …« Er war für eine Weile verstummt. Der Epistates war unterdessen unbehaglich auf seinem Platz herumgerutscht. Er wusste nicht, wie er weitermachen sollte, während sich Xanthippos' Blick in der Ferne verlor. Als er schließlich den Mund aufmachte, um etwas zu sagen, begann Xanthippos wieder zu sprechen: »Einige haben mit Freude ihr Leben gegeben, mit mehr Mut und Herzensgüte, als ihr euch vorstellen könnt. Manchen wurde es gegen ihren Willen entrissen. Ich habe Opfer erlebt, die so groß waren, dass sie niemals wiedergutgemacht werden können! Männer wie ihr und ich, die die Sonne weiterhin auf ihrer Haut spüren wollten, stattdessen aber in die Finsternis eingegangen sind …« Xanthippos' Blick war schrecklich gewesen, sein Gesicht vollkommen reglos, wie aus Stein gemeißelt. »Wir sollten Monumente für sie errichten, aber wir müssen uns auch an sie erinnern. Ihre Geschichten, die ich hier gehört habe, sollten weitererzählt werden. Keiner von ihnen hat geglaubt, dass wir gewinnen könnten! Und dennoch haben sie im Angesicht ihres Todes Speer und Schild in die Hand genommen. Weil sie Männer waren. Sie waren Väter, Brüder … und Söhne.« Einen Moment lang hatte Xanthippos nicht weitersprechen können. »Mögen die Götter sie alle segnen, auch meinen Sohn Ariphron. Ich war ein besserer Mann, als er noch lebte.«

Epikleos hatte ihm eine Hand auf die Schulter gelegt. Xanthippos hatte einmal tief durchgeatmet und wieder seine versteinerte Miene aufgesetzt. Danach war diese Sitzung beendet worden.

Als Xanthippos am folgenden Tag die Geschehnisse an der ionischen Küste schilderte, hatte er keine Gefühle mehr gezeigt. Er hatte den Zuhörern nichts verschwiegen und ihnen seine Entscheidungen und Handlungen in allen Einzelheiten beschrieben. Als er schließlich fertig war und vom Podest stieg, hatten sie zu jubeln begonnen. Während sich die Beifallsrufe von Deme zu Deme und Viertel zu Viertel in der ganzen Stadt ausbreiteten, hatte er sich verwirrt umgesehen.

Als sich herumsprach, dass Themistokles Zeugnis ablegen würde, wurde die Menge, die sich um den Pnyx versammelt hatte, noch dichter. Jedes Gasthaus und alle sonstigen freien Zimmer in der Stadt waren besetzt, während er selbst im Ratsgebäude bewacht wurde. Als Aristides ihn dort besuchen ging, lief er in seinem Zimmer auf und ab. Themistokles' Befragung war für den folgenden Morgen anberaumt. Er galt zwar nicht als inhaftiert, doch im Korridor patrouillierten Skythen. Sie hatten Aristides Platz gemacht. Zum Teil, weil er von der Versammlung für seine Verdienste gelobt worden war. Vielleicht spielte aber auch eine Rolle, dass er mit tausend Mann zurückgekehrt wäre, wenn sie ihn aufgehalten hätten – mit Männern, die als Hopliten mit ihm in Platäa gekämpft hatten. Mit diesem Sieg hatte keiner von ihnen gerechnet. Obwohl die Schlacht ein einziges Chaos gewesen war, bei dem die Spartaner den Fels in der Brandung gebildet hatten, waren auch die Athener nicht zurückgewichen – und die größte Armee der Welt hatte die Flucht vor ihnen ergriffen. Wenn Aristides diese Männer rief, würden die Skythen hinweggeschwemmt werden. Dass sie das wussten, war ihnen anzumerken, als sie Haltung vor ihm annahmen und sich nach seinem Befinden erkundigten.

»Komm mit mir spazieren«, sagte Aristides zu Themistokles. »Dieser Raum ist nicht größer als eine Zelle.«

»Das habe ich ihnen auch gesagt, als sie das Gebäude neu bauten«, erwiderte Themistokles. Er trug eine lange Tunika, die ihm bis zu den Oberschenkeln reichte, und dazu ein altes Paar Sandalen. Nach einem kurzen Blick zurück trat er hinter Aristides durch die Tür hinaus. »Ein Mann, der nachdenkt, braucht Platz zum Gehen. Dafür sind diese Räume zu klein. Irgendein unfähiger Architekt hat darauf bestanden, zwanzig Räume in einem Gebäude unterzubringen, das zuvor nur ein Dutzend enthalten hat. Und was das alles gekostet hat! Ich habe, ehrlich gesagt, noch nie zuvor solche Summen gesehen.« Im Korridor, der ins Freie und zur Agora führte, verstummte er.

Der Kommandeur der Skythen war ein bulliger Mann mit einer weißen Strähne im Bart. Er hatte sich so hingestellt, dass keiner der beiden an ihm vorbeikommen konnte. An seinem reumütigen Gesichtsausdruck war zu erkennen, dass er sich in einem inneren Konflikt befand. »Was dich anbelangt, habe ich keine Befehle, Archon Aristides«, sagte er.

»Du hast auch keine Befehle, was meinen Freund anbelangt«, erwiderte Aristides freundlich. »Zumindest keine, die vom Gesetz gedeckt sind. Tritt bitte zur Seite.«

Der Mann zögerte und dachte offenkundig fieberhaft nach. Aristides ging einfach weiter und zwang ihn zu einer Entscheidung. Der Skythe schaffte es gerade noch, zur Seite zu treten und sich mit dem Rücken an die Wand zu drücken. Im Gegensatz zu Themistokles schien Aristides seine Frustration gar nicht zu bemerken. Sie gingen in die kühle Nacht hinaus. Themistokles atmete tief durch. Er war sehr erleichtert, wieder frei zu sein.

»Hast du das gesehen?«, fragte er. »Wenn ich nicht nach Belieben überallhin gehen kann, inwiefern bin ich dann kein Gefangener?«

Aristides zuckte die Achseln. »Ich war auch dort, als sie nach mir riefen. Er tut nur, was irgendein Epistates ihm gesagt hat. Solange all diese Prozesse und Untersuchungen laufen, will er nicht für dein nächtliches Verschwinden verantwortlich sein. Ich nehme an, dass die Menge ihm morgen früh bei lebendigem Leib die Haut abziehen würde, wenn du nicht den Pnyx besteigst.«

Themistokles nickte. »Trotzdem. Sie sollten mich ehren. Vor allen andern. Ich habe sie gerettet. Diese undankbaren Mistkerle.«

Er hörte Aristides seufzen und legte ihm eine Hand auf die Brust, um ihn aufzuhalten. »Was? Wieso ist das so schwer zu akzeptieren? Sie haben Xanthippos bejubelt! Habe ich sie nicht dazu überredet, die Flotte zu bauen, mit der er in See gestochen ist? Du hast dich dafür ausgesprochen, ihnen das Silber auszuzahlen! Wenn sie dafür gestimmt hätten, Aristides, würde jetzt Persien hier herrschen und wir wären alle tot. Schon allein dafür …«

»Das ist Jahre her«, erwiderte Aristides. »Unser Volk hat ein kurzes Gedächtnis. Seither haben sie einen Krieg überlebt … Sie sind evakuiert worden, haben ihr gesamtes Hab und Gut brennen sehen, ihre Liebsten sind gestorben …«

Themistokles winkte frustriert ab und ging weiter. »Einen Krieg, den wir ohne mich nicht überlebt hätten! Daran sollten sie sich morgen besser erinnern, Aristides. Ich werde ihnen die Wahrheit sagen, wenn sie mich mit ihren spitzen Mündern und stechenden kleinen Augen ausfragen. Ich werde ihnen ganz genau sagen, was ich getan habe und warum sie mir dankbar sein sollten. Ihre schönsten Töchter sollten sie zu mir schicken und nicht Skythen vor meiner Tür postieren, die mich finster ansehen, wenn ich um einen Becher Wein bitte!«

»Ganz ruhig, Themistokles«, sagte Aristides und ging eine Weile schweigend neben ihm her. Nachts, wenn alle Verkaufsstände und Überdachungen weggeräumt waren, wirkte die Agora riesig. Die Akropolis verdeckte einen Teil des Sternenhimmels. Es war ein recht friedlicher Anblick. Hier und da schliefen ein paar Betrunkene und Bettler, doch die wollten sicher keinen Ärger und würden sie nicht behelligen. »Ich mache mir wegen morgen ganz andere Sorgen«, sagte Aristides schließlich.

Themistokles fuhr herum. Sein aufgeblasenes Getue konnte nicht verbergen, dass er selbst beunruhigt war. »Was hast du gehört?«, fragte er.

»Immer mehr Leute wollen dich dafür bestrafen, dass du ihnen an den Kais von Piräus ihre Wertsachen abgenommen hast.«

»Um die Ruderer zu bezahlen«, brauste Themistokles auf. »Und die Sklaven, die *Xanthippos* befreit hat. Aber vielleicht hätten sie die dafür notwendigen Mittel ja auch irgendwo anders auftreiben können, während eine persische Armee nach Athen marschierte und die Mine in Laurium geschlossen war!«

»Und was sollte die Geschichte mit dem verschwundenen Kelch …?«

Themistokles zuckte frustriert die Achseln. »Ja, dieses Gerücht habe ich gestreut, um eine Begründung zu haben, weshalb ich ihre Taschen durchsuche.« Er ließ die Schultern hängen. »Ganz ehrlich, wenn ich es ungeschehen machen könnte, würde ich es tun. Es war eine spontane Entscheidung, die nicht nötig gewesen wäre. Ich sah einen Sack mit Silbermünzen, den jemand auf dem Weg nach Salamis wie eine Geliebte an sich drückte. Da habe ich mir gedacht: Die Ruderer könnten das gut gebrauchen. Ich habe nicht lange darüber nachgedacht.«

»Es hat sich als … unpopuläre Entscheidung erwiesen. Du hast auf einen Streich sämtliche wohlhabenden Familien in Athen gegen dich aufgebracht. Das wird morgen sicher zur Sprache kommen. Du solltest dich auf entsprechende Fragen vorbereiten.«

»Vielleicht werde ich sie daran erinnern, dass sie ohne mich alle Sklaven oder bereits tot wären. Das wäre doch eine gute Antwort!«

Aristides rieb sich erschöpft das Gesicht. »Das würde ich an deiner Stelle nicht sagen, Themistokles. In der Stadt herrschte große Unzufriedenheit, für die es kein Ventil gibt. Tausende trauern oder sind noch immer wütend. Sie haben alles verloren, aber wem können sie daran die Schuld geben? Die Perser sind nicht mehr da! Das Leben muss weitergehen, doch ihre Geschäfte sind ruiniert, ihre Häuser verbrannt und ihre Familien auseinandergerissen. Sie … schlagen blindwütig um sich, Themistokles. Sie suchen nach einem Sündenbock, *irgendeinem,* den sie bestrafen können. Ich will vermeiden, dass sie ihre Frustration an dir auslassen.«

Schweigend passierten sie mehrere leere Straßen am Rand der Agora. Über ihnen verdeckte die Akropolis, ungerührt von den unbedeutenden Sorgen der Menschen unter ihr, den Mond.

»Ich habe mein ganzes Leben dieser Stadt und ihren Bewohnern gewidmet«, sagte Themistokles schließlich. »Wusstest du, dass meine Mutter keine Athenerin war? Sie war eine zierliche blonde Frau aus Thrakien, die sich in meiner Kindheit die Hände wund gearbeitet hat, um mir etwas zu essen kaufen zu können. Wir stammen nicht von einer langen Ahnenreihe reicher Archonten ab, Aristides. Mein Vater hat uns verlassen, als ich elf war. Sobald ich auf meinen eigenen Beinen stehen konnte, habe ich gearbeitet. Meine ersten Münzen habe ich verdient, indem ich anderen Boxen und Ringen beibrachte. All meine Einnahmen habe ich für Tutoren ausgegeben, um lesen und schreiben zu lernen. Ich habe mich vollkommen neu erfunden, bis hin zu meiner Sprechweise, damit niemand mich als ›Fremden‹ oder ›ungebildet‹ bezeichnen kann. Verstehst du das? Ich habe mir in dieser Stadt einen Namen gemacht und es zu Wohlstand und Einfluss gebracht. Man hat ein Jahr nach mir benannt.«

»Ich weiß noch, dass du einen Teil deines Einflusses dazu verwendet hast, diejenigen ins Exil zu schicken, die dir bei deinen Plänen möglicherweise im Wege gestanden hätten«, erwiderte Aristides. Seine Augen waren in der Dunkelheit nicht zu sehen.

»Das ist *wirklich* schon lange her«, sagte Themistokles. »Die Menge kann launisch sein. Damals habe ich geglaubt, die Leute zu verstehen, Aristides! Das Leben ist … einfacher gewesen. Und dann kamen die Perser … Manchmal glaube ich, mein ganzes Leben wird für immer zweigeteilt bleiben: Alles, was ich vor ihrer Ankunft war, und alles, was seither aus mir geworden ist.« Er seufzte. »Morgen werde ich vor der Versammlung stehen, und sie werden Antworten und Erklärungen zu allen Entscheidungen von mir verlangen, die ich jemals getroffen habe. Und das, obwohl nicht einer von ihnen mutig genug gewesen ist, mir zur Seite zu stehen! Ich hatte öfter recht als unrecht. Letzten Endes ist das alles, was zählt. Kann sein, dass ich Fehler gemacht habe – wie alle Männer es an meiner Stelle getan hätten –, doch die verblassen im Vergleich zu meinen Triumphen, oder etwa nicht?«

Aristides zuckte die Achseln. »Ich weiß es nicht. Ich habe bei meinem Scherbengericht einen Mann abstimmen sehen, der mich nicht kannte, dem es aber nicht gefiel, dass andere mich ›Aristides den Gerechten‹ oder ›Aristides den Guten‹ nannten. Er hat mich in die Verbannung geschickt, weil ihm mein ehrbarer Ruf zuwider war.«

Themistokles sah aus, als wäre ihm übel. »Wirklich?«, fragte er. »Welche Hoffnung kann es für mich dann noch geben?«

»Du hast Unterstützer, die wissen, welche Rolle du im Krieg gespielt hast. Aber …« Aristides zögerte. Er wollte Themistokles keine falschen Hoffnungen machen. »Es kursieren tausend hartnäckige Gerüchte in der Stadt – Lügen und Wahrheiten, die sich wie Wasser und Wein miteinander vermischen. Sie sagen, du hättest Silber aus den Minen in Laurium abgezweigt, sogar während des Krieges. Und manche beklagen sich, du hättest ihre Familiengräber für den Wiederaufbau des Dipylon-Tors verwendet.«

»Das Letzte stimmt«, erwiderte Themistokles. »Ich habe allen Schutt verwendet, der rumgelegen hat, die ganzen zerbrochenen Steine. Wollen sie mich etwa für die Hammerschläge der Perser verantwortlich machen?«

»Ich glaube, ein paar wollen das«, sagte Aristides. Ihm war nicht entgangen, dass Themistokles die Vorwürfe, er habe sich an den Minen bereichert, nicht abstritt. »Ich habe Leute sagen hören, du hättest zu viel Macht. Dass du zu viel an dich gerissen hast – vor dem Krieg und vor allem seither.«

Themistokles verharrte mitten im Schritt. »Wenn mich so viele hassen, Aristides, wie kann ich dann den morgigen Tag überstehen, ohne verbannt zu werden?«

Aristides verzog das Gesicht. »Es tut mir leid, mein Freund. Ich bin gekommen, um sicherzugehen, dass du den Ernst der Lage begreifst. Ich glaube, dass sie vielleicht jetzt schon genug Stimmen zusammenhaben. Ich wollte nur, dass du genug Zeit hast, um dich vorzubereiten.«

»*Was?*« Themistokles sah Aristides mit offenem Mund an. »Willst du damit etwa sagen, dass keine Hoffnung besteht? Ich könnte ihnen alle meine Verdienste aufzählen, angefangen mit Marathon – und Salamis, wo ich uns gerettet habe. Wusstest du, dass der Spartaner Eurybiades wegen des versprochenen Duells zu mir gekommen ist? Siehst du diese Wunde, oder die da?« Er deutete auf die Nähte an seinen Rippen und an der Wade. »Im Gegensatz zu meinen eigenen Mitbürgern wusste *er* alles, was ich für sie getan habe! Ich wünschte, ich könnte ihn als Zeugen aufrufen, damit er ihnen alles auflistet, was ich für sie geleistet habe. Diese undankbaren …!« Er warf die Hände in die Höhe und hinkte im Mondschein in einem großen Kreis um Aristides herum. Als er zu ihm zurückkehrte, wirkte er wieder ruhiger. »Wie viele Stimmen brauchen sie, sechstausend? Vielleicht lasse ich meine Ruderer die Urne umtreten.«

»Willst du etwa einen weiteren Krieg anzetteln?«, fragte Aristides. »Nein, wenn sie dich ins Exil schicken, wirst du genauso geräuschlos verschwinden, wie Xanthippos und ich es getan haben.«

»Ah, darum geht es also, nicht wahr?«, fragte Themistokles bitter. »Euch beide freut es natürlich, wenn ich mit kleinlichen Anschuldigungen und falschen Gerüchten zu Fall gebracht werde.« Er stieß angewidert den Atem aus, glaubte aber selbst nicht, was er sagte, als er Aristides' besorgten Blick bemerkte. Diesem Mann war Schadenfreude völlig fremd, und Xanthippos kannte überhaupt keine Freude mehr. Themistokles fluchte leise. Er fühlte sich ausgelaugt, leer und müde. »Solange mich ein paar von ihnen lieben, besteht noch immer Hoffnung, Aristides.«

»Hoffnung war das Letzte, was sich noch in Pandoras Büchse befand, nachdem alles Übel der Welt daraus entwichen war«, sagte Aristides.

»Na, das ist mir ja ein schöner Trost«, sagte Themistokles und zwang sich zu einem Grinsen. »Komm, ich sollte versuchen, wenigstens ein bisschen zu schlafen. Ich will ja nicht verpassen, wie die Besten und Klügsten von Athen erzählen, was für ein fieser, verschlagener Kerl ich doch sei.« Er ging zum Ratsgebäude zurück, wo die nur schemenhaft zu erkennenden Skythen warteten. »Siehst du die?«, murmelte er. Da Themistokles nun ein Publikum hatte, erwachte er wieder zum Leben. Er hob das Kinn, straffte die Schultern und überquerte mit schwingenden Armen die Agora. »Lass sie nie erkennen, dass sie dir wehgetan haben«, rief er mit hallender Stimme über die Schulter zurück.

KAPITEL 34

Im Morgengrauen verließ Themistokles das Ratsgebäude. Zu diesem Zeitpunkt füllten sich die Straßen bereits mit Menschen, die unbedingt gute Plätze weiter oben auf den Hängen oder vielleicht sogar auf den Steinbänken des Pnyx ergattern wollten, wo sie ihn gut hören könnten. Er sah erholt und sauber aus. Seine weiße Robe leuchtete im rosigen Licht der aufgehenden Sonne. Mit gerunzelter Stirn ließ er den Blick über die hundert Skythen gleiten, die ihn flankierten. In ihrer Begleitung fühlte er sich tatsächlich eher wie ein Gefangener als ein Zeuge.

»Warum schaust du so finster drein?«, fragte er den Hauptmann. »Machst du dir Sorgen um mich?«

Der Mann antwortete nicht, was Themistokles mit einem leisen Fluch quittierte. Am Fuß des Pnyx standen Aristides, Xanthippos und Kimon. Bei ihrem Anblick hob Themistokles die Brauen. Es gab einen kurzen Moment der Verwirrung, bis der skythische Hauptmann einsah, dass er diese Würdenträger nicht davon abhalten konnte, Themistokles zu begleiten »Wollt ihr euch nicht entgehen lassen, wie ich verurteilt werde?«, rief Themistokles ihnen zu. Insgeheim war er jedoch froh, vertraute Gesichter zu sehen. Aristides gesellte sich zu ihm, Xanthippos und Kimon gingen voraus. Von den vielen Leuten, die den Hügel erklommen, hielt niemand an, um sie vorbeizulassen. Grinsend malte Themistokles sich aus, wie er bei seiner eigenen Verhandlung keinen Platz finden würde. Was würden sie ohne ihren Angeklagten machen?

»Wir sind zu deiner Unterstützung hier«, sagte Kimon.

Die Worte trafen Themistokles wie ein Fausthieb. Er geriet kurz ins Taumeln und sah sich um.

»Die Leute lieben mich«, murmelte er und fügte lauter hinzu: »Ich habe sie alle gerettet, jeden Mann, jede Frau und jedes Kind in Athen.« Er sah, wie Xanthippos erschöpft den Kopf senkte. Er war schon mal fitter gewesen. Das galt für sie alle. »Es bedeutet mir viel, dass ihr hier seid, Freunde. Das werde ich euch nicht vergessen. Aber geht nicht davon aus, dass ich mich widerstandslos füge. Wenn das ein Prozess sein wird, kann ich ihn gewinnen oder – wenn sie mich schuldig sprechen – Einfluss auf das Strafmaß nehmen. Hauptsache, sie schicken mich nicht ins Exil.«

»Dann gib dich demütig«, murmelte Xanthippos. »Mehr wollen sie nicht. Zeig ihnen, dass dich all die Dinge, die wir erlebt haben, nicht kaltlassen.«

Themistokles schwieg einen Moment. »Würdest du das tun, Xan? Diese Leute wollen sehen, wie ich weine und mir die Kleider zerreiße. Würdest du vor ihnen den Reumütigen spielen? Soll ich mir Asche auf das Haupt streuen und mich wie eine alte Frau vor und zurück wiegen? Sind sie dann zufrieden?«

Themistokles sah, wie sich Xanthippos' Kiefermuskeln anspannten. In ihm brodelte es. Er schien permanent kurz vor einem Wutausbruch zu sein. Themistokles sah, dass er auch dünner und grauer geworden war. Sein Kummer und seine Schuldgefühle hatten ihn vorzeitig altern lassen.

»Ich stimme Xanthippos zu«, sagte Aristides, als klar wurde, dass der nicht antworten würde. »Alles andere, das gestohlene Silber und die Unaufrichtigkeiten, die sie dir vorwerfen, lässt sich mit Entschädigungen aus der Welt schaffen. Diese Männer wollen nur gehört werden. Wenn du ihnen zeigst, dass du einer von ihnen bist, werden sie dich wieder lieben.«

Themistokles sah seinen Freund an. Aristides trug eine Robe, die älter war als er selbst. Es war schwer, ihn nicht zu mögen, da er seine Tugendhaftigkeit nicht offen vor sich hertrug, doch Themistokles wusste, dass er seine Schwächen verurteilte. Aristides hatte noch nie eine Münze für sich selbst behalten, sondern alles, was ihm je gehörte, unter den Armen von Athen verteilt. Themistokles war ziemlich sicher, dass Aristides' zerschlissene Robe sein einziges Hab und Gut war. Kimon und seine Gefährten trugen im Gegensatz zu ihm stets prächtige Umhänge, aber nur, um sie jedem Bettler zu überlassen, der sie darum bat. Vor dem Krieg hatte Xanthippos in eine reiche und mächtige Familie eingeheiratet. Themistokles bezweifelte nicht, dass sie alle seine Freunde waren. Doch keiner von ihnen hatte je am eigenen Leib Armut erfahren, und wenn, dann nur aus freien Stücken. Themistokles schüttelte den Kopf. Armut war etwas, das einem Mann aufgezwungen wurde. Wenn man sie jederzeit wie einen Umhang abstreifen konnte, war sie nicht echt. Aristides, Xanthippos und Kimon waren alle auf ihre eigene Weise große Männer, doch sie schienen ihn nicht zu verstehen. Nach allem, was sie gemeinsam durchgemacht hatten, wäre er nie auf die Idee gekommen, dass er sich zwischen diesen drei Männern je als Außenstehender fühlen könnte. Doch er tat es.

Die Stufen wurden steiler, und Themistokles begann zu keuchen. Das Gedränge um sie herum wurde immer dichter. Er senkte die Stimme, sodass ihn nur seine drei Gefährten hören konnten: »Keiner von euch war dabei, als ich für mein Essen boxen musste oder die erste Seite für Leute schrieb, die selbst nicht lesen und schreiben konnten. Ihr alle wurdet von euren Vätern zu dem gemacht, was ihr heute seid. Ich habe mich *selbst* gemacht. Und das ist der Unterschied zwischen uns. Ihr könntet euch in aller Öffentlichkeit selbst demütigen, wie ihr es gerade vorgeschlagen habt, ohne einen bleibenden Schaden davonzutragen.« Er lächelte humorlos. »Doch für mich wäre es ein Brandmal, das ich nie wieder loswürde. Daher können sie tun, was sie wollen. Ich werde ihnen gar nichts geben. Und ganz sicher nicht meine Würde, die ich mir hart erkämpft habe. Keine Rechtfertigung, keine Entschuldigung, keine Träne. Wenn ich deswegen verbannt werde, dann soll es eben so sein.«

»Bist du wirklich bereit, dafür dein Leben zu opfern?«, fragte Aristides sanft. »Alles, wofür du hart gearbeitet hast?«

»Natürlich!«, erwiderte Themistokles. »Ich bin ein Athener und aus eigener Kraft bis ganz nach oben gekommen. Und ich habe uns alle gerettet. Alles andere ist mir nicht wichtig. Nicht einmal ihre Dankbarkeit.«

Sie hatten das Rednerpodest erreicht. Themistokles sah, wie die anderen drei resignierte Blicke wechselten, und schob sich durch die Skythen, die ihn eskortiert hatten. »Das wäre alles, Männer, vielen Dank«, rief er ihnen zu. »Eine Ehrengarde ist eine feine Sache. Meine Mutter wäre sehr stolz. Aber jetzt begebt euch wieder auf eure Plätze. Also, wer ist Epistates? Wer von euch feinen Männern hat heute die Ehre? Du, mit dem prächtigen Bart? Dann tritt vor und zeig dich, damit alle dich sehen können.«

Aristides und Kimon standen zusammen und beobachteten, wie Themistokles die Menge aufheiterte. Es war seine ganz eigene Art, sich nicht unterkriegen zu lassen, für die man ihn einfach lieben musste.

»Glaubst du, dass er sich retten kann?«, flüsterte Kimon.

Aristides sah ihn von der Seite an. Im Laufe der Jahre hatte er Kimon von einem jämmerlichen Säufer zum Anführer reifen sehen. Der Krieg hatte sein wahres Ich zum Vorschein gebracht und einen Mann aus ihm gemacht, auf den sein Vater stolz gewesen wäre. »Ich glaube, er hat nur eine Chance, wenn er sich der Gnade der Versammlung ausliefert, aber er will ihnen nicht entgegenkommen. Was mutig von ihm ist. Die Leute sind wütender, als ihm bewusst ist. Sie wollen jemanden zu Fall bringen, irgendeinen bekannten Mann, dem sie die Schuld für ihre Probleme und den Tod ihrer Liebsten geben können. Ich bin heute nicht stolz auf sie, glaube aber, dass ich sie verstehen kann.« Nach kurzem Nachdenken fügte er hinzu: »Ich glaube, ich verstehe *uns*.«

Während er sprach, strömten noch immer Menschen herbei. Die Skythen mussten sie zurückweisen und zu den niedrigeren

Hängen schicken. Nachdem sie so weit gekommen waren und nun von Speeren aufgehalten wurden, begannen ein paar von ihnen zu schreien. Die Atmosphäre veränderte sich. Es war, als würde sich eine Wolke vor die Sonne schieben, und die Leute in Themistokles' Umgebung hörten auf zu lächeln.

Oben auf dem Rednerpodest ließ Themistokles den Blick über die wogende Menge gleiten und schüttelte den Kopf. Einen Moment lang wirkte er nervös, doch dann sammelte er sich wieder und strahlte seine gewohnte Zuversicht aus.

Der Epistates des Tages war tatsächlich der Mann mit dem gewaltigen Bart, der vorhin die Hand gehoben hatte. Er trat hinter Themistokles hervor und hob die Hände. »Ruhe, bitte. Ruhe! Die Versammlung kann beginnen.« Nachdem die Menge endlich verstummt war, fuhr er fort: »Ich frage die hier Anwesenden: Seid ihr bereit, eure heilige Verantwortung zu erfüllen – ehrenvoll und im Einklang mit den Gesetzen von Athen und dem Willen der Götter?«

Früher hatten sie an dieser Stelle einen Widder geopfert und mit seinem Blut einen großen Kreis rund um den Felsen gezogen. Doch wegen der vielen Sitzungen in jüngster Zeit und weil es an geeigneten Opfertieren fehlte, hatten sie diesen Brauch abgeschafft – oder zumindest vorläufig ausgesetzt. Alle Anwesenden – auch Aristides und Kimon – neigten den Kopf und sagten, dass sie das tun wollten. Während Aristides mit gerunzelter Stirn beobachtete, wie Xanthippos seinen Freund Epikleos und seinen Jüngsten, Perikles, begrüßte – die beiden hatten die Skythen offenbar nicht abgewiesen –, erklommen die ersten Zeugen stolz und zugleich nervös das Rednerpodest.

Am Ende des ersten Tages beantragten mehrere Familien, die im Hafen von Piräus ihr Vermögen verloren hatten, ein Scherbengericht, doch es gingen zu wenige Hände in die Höhe, um eine offizielle Zählung zu erzwingen. Themistokles nickte erleichtert. Am zweiten Tag mussten die Anwesenden die Zeugenaussagen weinender Familien über sich ergehen lassen, aus deren Gräbern das neue Dipylon-Tor errichtet worden war. Danach wurden mehr Hände in die Höhe gereckt, aber es waren noch immer nicht genug. Am dritten Tag bekamen sie sämtliche Einzelheiten über die Schlacht von Salamis zu hören, von Hunderten von Offizieren und auch von Themistokles selbst. Einige Zuhörer jubelten, als er von den Briefen berichtete, die er an den persischen König geschickt hatte. Andere unterstellten ihm, er hätte sich das alles nur ausgedacht.

Sowohl Kimon als auch Xanthippos wurden noch einmal als Zeugen aufgerufen, um die Aussagen anderer zu bestätigen. Jede der beiden vierstündigen Sitzungen endete mit merklicher Unruhe, jedoch ohne klares Ergebnis. Der vierte Tag verlief anders. Arbeiter und ihre Aufseher aus den Minen in Laurium traten auf. Sie berichteten von zu leichten oder leeren Säcken und fadenscheinigen Zahlungen an Fremde. Es gab keine Beweise, doch Themistokles wurde mit zahlreichen misstrauischen Blicken bedacht. Schließlich war er in einer entscheidenden Phase des Krieges für die Minen verantwortlich gewesen.

Er stritt nichts ab, weder, dass er am Hafen Wertsachen hatte konfiszieren lassen, noch den Wiederaufbau der Stadtmauer aus Trümmern von Familiengräbern. Er leugnete nicht einmal, dass er große Mengen Silber in seinem eigenen Haus aufbewahrt hatte, um davon die Ruderer zu bezahlen. Stattdessen erklärte er allen Anwesenden, dass sie ihm ihr Leben verdankten. Als nach alldem erneut der Ruf nach einem Scherbengericht laut wurde, stiegen genügend Hände in die Höhe, um mit dem offiziellen Prozedere zu beginnen. Viele in der Menge sahen sich verdattert an. Sie hatten ihm nur einen Denkzettel verpassen, nicht ihn ruinieren wollen.

Aristides' Magen krampfte sich so fest zusammen, dass es wehtat. Er hatte gehofft, dass auch beim letzten Mal nicht genügend Handzeichen zusammenkommen würden. Was nun bevorstand, war nicht nur für Themistokles, sondern auch für all jene riskant, die ihn bestrafen wollten. Pro Jahr war nur ein Scherbengericht erlaubt. Wenn es nicht zu Themistokles' Verurteilung führte, würde er immun und vermutlich über jeden weiteren Tadel erhaben sein. Die vergangenen drei Tage waren aufreibend gewesen, doch Aristides vermochte nicht einzuschätzen, ob Themistokles den Kopf aus der Schlinge ziehen würde oder nicht. Die Athener Volksversammlung war alles andere als nachsichtig. Sie misstrauten den Machthabern, und Themistokles hatte keine Reue für irgendeine seiner Handlungen während des Krieges erkennen lassen.

Aristides glaubte, dass auch Themistokles keine Ahnung hatte, wie diese Sache ausgehen würde, als er vom Rednerpodest stieg. Er war aus den acht Sitzungen angeschlagen, aber nicht ohne Befürworter hervorgegangen. Das Problem war, dass es bei einem Scherbengericht keine zweite Urne gab. Seine Unterstützer konnten nicht *für* ihn abstimmen.

Mit grimmiger Miene ging Themistokles zur Treppe. Vermutlich wollte er sich auf der Agora etwas zu essen und zu trinken besorgen. Sobald ein Scherbengericht anberaumt war, durfte sich niemand mehr mit einer Rede an die Menge wenden. Außerdem würde das Ergebnis erst in ein paar Stunden vorliegen. Diejenigen, die gegen ihn waren, mussten kleine Tonscherben finden und seinen Namen in die Glasur ritzen. Wer dafür persönliche Gründe hatte, konnte Erklärungen oder Beleidigungen hinzufügen, doch alle Stimmen zählten gleich. Während Themistokles sich einen Weg durch die Menge bahnte, wurde eine große Urne auf das Podest gebracht. Auch sie hatte die persische Invasion nicht unbeschadet überstanden und war mit Eisenbändern und grobem Mörtel geflickt worden.

Aristides verzog das Gesicht, als er überall um sich herum das Knacken und Knirschen hörte, mit dem Tontöpfe zu Scherben zerbrochen wurden. Er beschloss, auf dem Pnyx zu bleiben. Natürlich würde er nicht für Themistokles das Wort ergreifen, aber er konnte sichergehen, dass niemand zwei Scherben in die Urne warf und dass es bei der Zählung mit rechten Dingen zuging. Er sah Xanthippos und Epikleos ebenfalls den Hügel hinabsteigen. Perikles blieb jedoch zurück. Kein Wunder, dachte Aristides, schließlich war das alles neu und aufregend für den jungen Mann. Er hatte nur Augen für die Inszenierung und sah nicht, dass es dabei um das Schicksal eines Mannes ging.

Als Perikles sich ihm näherte, warf der Epistates ihnen beiden einen misstrauischen Blick zu. Es war ihnen nicht gestattet, über das laufenden Scherbengericht zu sprechen. Da bis zur offiziellen Abstimmung noch einige Zeit vergehen würde, nahm Aristides den jungen Mann am Arm und führte ihn aus dem Gedränge.

»Kannst du das nicht verhindern?«, flüsterte Perikles.

Aristides hob erstaunt die Brauen. Er war davon ausgegangen, dass Xanthippos' Sohn zu Themistokles' Gegnern gehören würde. Doch Perikles wirkte aufrichtig besorgt. Aristides fragte sich, ob sich sein Bruder Ariphron mit einer Scherbe in der Hand in die Schlange vor der Urne eingereiht hätte. »Nichts kann ein Scherbengericht verhindern, sobald es einmal in Gang gesetzt ist«, erwiderte Aristides. »Ich wünschte nur, die Abstimmung wäre bereits am ersten Tag zustande gekommen. Da hätte er noch bessere Chancen gehabt. Doch inzwischen kennen die Mitglieder der Versammlung jedes Gerücht und jeden Vorwurf, egal ob gerechtfertigt oder nicht, in- und auswendig. Themistokles' Gegner haben das wirklich geschickt eingefädelt. Dein Vater und ich sind für weniger verbannt worden.«

»Ist wirklich nichts mehr zu machen?«, drängte Perikles. »Sag mir, was ich tun kann.«

»Du kannst und sollst gar nichts tun«, ermahnte Aristides ihn. »Wenn es eine zweite Urne für seine Anhänger gäbe, würde sie überquellen. Er *hat* Freunde und Menschen, die ihn lieben. Daran bestand nie ein Zweifel. Ich fürchte vor allem all jene, die ihn hassen, ohne ihn zu kennen. Was sie über Themistokles wissen, haben sie in den letzten Tagen gehört – von einem wütenden oder traurigen Zeugen nach dem anderen. Sie glauben ihm kein Wort mehr und sind so verbohrt, dass ich sie auf keinen Fall umstimmen könnte. Kleisthenes' Gesetz ist ganz einfach: ›Die *Ekklesia* kann jeden Mann, ungeachtet seines Namens und seiner Stellung, per Mehrheitsentscheid zehn Jahre lang aus Athen und ganz Attika verbannen. Gegen den Willen des Volkes gibt es keine Verteidigung und keine Berufung. Auf diese Weise verhindern wir den Aufstieg eines Tyrannen.‹«

»Ich tue mich schwer, dieses Gesetz gutzuheißen«, sagte Perikles.

Aristides packte erneut seinen Arm. »Vergiss nicht, dass ich selbst an dieser Stelle gestanden habe und von meinem eigenen Volk aus Athen verbannt worden bin. Deinem Vater ist es ebenso ergangen. Er und ich wissen, wie sich das anfühlt – und dennoch haben weder Xanthippos noch ich je versucht, dieses Gesetz zu ändern. Es ist die letzte Verteidigung des einfachen Mannes.«

Perikles schüttelte den Kopf. Aristides ließ die Hand sinken und wartete gespannt auf die Antwort dieses jungen Atheners. Kimon hatte ihn beeindruckt, und er hoffte, dass Perikles es auch tun würde. Es freute ihn, dass beide verstanden, was wichtig war und was nicht.

»Wegen einer Abstimmung wie dieser habe ich sieben Jahre lang meinen Vater nicht gesehen«, sagte Perikles. Seinem geröteten Gesicht und Hals nach zu urteilen, hatte ihm Aristides' fester Griff nicht gefallen. »Ich war ein Kind. Haben sie damals an mich gedacht, als sie dafür stimmten, einen Helden von Marathon wegzuschicken? Nein, das haben sie nicht. Geringere Männer als mein Vater haben sich von ihrer Bosheit und Engstirnigkeit leiten lassen und seinen Namen in Tonscherben geritzt. Mit dir haben sie das Gleiche getan. Ich kann es nicht fassen, dass du das hier verteidigst. Themistokles hat mehr zur Rettung dieser Leute beigetragen als sonst irgendjemand! Trotzdem wollen sie ihn wegschicken. Und wozu? Weil er aus Grabsteinen ein Tor machen ließ und ihre Taschen nach Silber durchsucht hat, bevor sie von seiner Flotte gerettet wurden?«

»Von *unserer* Flotte«, murmelte Aristides. Er sah, dass der Epistates erneut mit gefurchter Stirn in ihre Richtung blickte. Wenn sie in seiner Sichtweite blieben, würde er die Skythen zu ihnen schicken.

Während sie sich ein weiteres Dutzend Schritte von ihm entfernten, sah Perikles ihn verständnislos an. »Was?«

»Diese Flotte wurde mit athenischem Silber finanziert, Perikles. Sie war mit athenischen Ruderern und Hopliten bemannt. Themistokles hat im Dienst der Stadt gewiss sein Bestes gegeben. Aber auch dein Vater und Kimon haben sich bis zur völligen Erschöpfung verausgabt. Und die Ruderer und die Hopliten haben ebenfalls alles gegeben. Aber sie haben das Volk nicht gerettet. Das hat das Volk selbst getan! Wenn du das begreifst, wird dir vielleicht klar, warum so viele gegen Themistokles sind. Er lässt nicht zu, dass sie auf sich selbst stolz sind. Wie oft hat er ihnen erklärt, dass sie ihre Freiheit einzig und allein ihm verdanken? Ich schwöre dir, dieser Mann würde mit seiner Großspurigkeit sogar einen Stein in Rage bringen. Und das hat er jetzt davon.«

»Eine Mehrheit ist nicht gleichbedeutend mit Gerechtigkeit«, erwiderte Perikles.

Aristides verzog keine Miene. »Nein? Was wäre denn die Alternative? Sollen wir reichen Männern oder Kriegsführern drei Stimmen zugestehen?«

»Vielleicht wäre das die Lösung«, brauste Perikles auf, nur um gleich darauf, sichtlich verlegen über seinen Wutausbruch, zu erröten.

»Wenn wir das täten«, erwiderte Aristides ruhig, während hinter ihm Athener eine Schlange bildeten, um mit ihren Scherben über das weitere Leben eines Menschen zu bestimmen, »wie lange würde es dann dauern, bis sich in unserer Gesellschaft alles nur noch um Krieg drehen würde? So wie in Sparta. Wenn nur noch Strategoi wählen könnten, würden wir permanent kämpfen, und sie würden all unsere jungen Männer töten, um an der Macht zu bleiben. Oder sollten nur die Reichen das Sagen haben? Soweit ich weiß, war dein Vater vor der Ehe mit deiner Mutter nicht sehr wohlhabend. Führt Reichtum zu Weisheit? Ist er seit der Hochzeit ein besserer Mann als zuvor? Vielleicht … Manche Männer geben zu, dass es bei ihnen geholfen hat.« Aristides lachte über seinen eigenen Witz, doch Perikles schaute ihn nur weiter unverwandt an. Aristides fuhr seufzend fort: »Die von deinem Großonkel Kleisthenes überarbeiteten Gesetze stammten ursprünglich von Solon, einem weiteren großen Mann. Er hat seine besten Jahre damit zugebracht, Gesetze für Athen zu formulieren. Sein Freund Anacharsis spottete über die viele Zeit, die er für diese Aufgabe geopfert hat. Dieser Anacharsis war ein Skythe. Er sagte Gesetze seien wie Spinnennetze – dass sie die Armen und die Reichen einfingen und von den Starken auseinandergerissen würden. So war es überall, verstehst du? Trotzdem mühte Solon sich weiter ab. Als er fertig war, präsentierte er seine Gesetzessammlung allen Männern Athens, den Reichen und den Armen. Anschließend verließ er die Stadt und bereiste zehn Jahre lang die Welt. Er wusste, wäre er geblieben, hätte man ihn ständig dazu aufgefordert, seine Gesetze umzuschreiben. ›Ah, aber was ist, wenn ein Mann zum zweiten Mal heiratet?‹, hätten sie zum Beispiel gefragt und sich immer wieder neue Einwände einfallen lassen. Er ist gegangen, damit sie kein einziges Wort verändern konnten.« Aristides schüttelte traurig den Kopf. »Aber das hat sein Lebenswerk nicht gerettet. Nach wenigen Jahren haben Männer seine Gesetze ignoriert und nur ihre eigene Autorität gelten lassen. Und wer könnte einem Mann widersprechen, der über hundert Soldaten gebietet, die nur ihm allein treu ergeben sind? Wer könnte ihn daran hindern, sich alles zu nehmen, was er begehrt?« Aristides seufzte erneut. »Als Solon hochbetagt nach Athen zurückkehrte, hat er sich in seiner Hopliten-Rüstung vor das Haus eines Tyrannen gestellt und ihm zugerufen, dass er die Stadt verlassen solle.«

»Und, ist er gegangen, der Tyrann?«, fragte Perikles.

»Nein«, erwiderte Aristides. »Das tun sie nie. Solon starb, mit rund achtzig Jahren. Er war ein großer Denker und hat ein außergewöhnliches Leben geführt.«

»Aber er hat doch versagt!«, antwortete Perikles zutiefst erstaunt. »Was du gerade beschrieben hast, ist ein gescheitertes Leben.«

»Wirklich?«, fragte Aristides, aufrichtig überrascht. »Das glaube ich nicht. Tyrannen hat es immer gegeben. Männer wie Solon sind viel seltener. Oder jemand wie dein Großonkel Kleisthenes, der das Scherbengericht geschaffen hat, als das letzte Bollwerk seines Volkes gegen Tyrannen. Du solltest deinen Vater fragen, wie er es sieht, Perikles. Wenn ich Xanthippos richtig einschätze, würde er dasselbe sagen: Es gibt keine Autoritäten, außer den Göttern – und uns.« Er lächelte und ließ sich von Themistokles zu seinen nächsten Worten inspirieren: »Wenn ein Mann dir befiehlt, vor ihm zu knien, weil er ein König ist, dann spucke ihm ins Auge, wie wir es gerade mit Xerxes gemacht haben. Wenn er dir sagt, er sei ein studierter Richter, dann sage zu ihm: ›Macht dich das nobel? Bist du deswegen gegen Irrtümer gefeit? Nein, das bist du … *nicht.*‹ Wenn ein Mann dir befiehlt, sein Gold zu zählen und *dann* vor ihm zu knien, dann lache ihn nur aus. Auf welcher Seite einer Münze ist Autorität aufgeprägt?«

»Glaubst du wirklich, dass das Volk die einzig wahre Autorität ist?«, fragte Perikles. Er betrachtete die Männer auf dem Pnyx und schien sie nach Anzeichen von Erhabenheit abzusuchen. Als Aristides leise lachte, wandte er sich wieder ihm zu.

»Bei Athena, nein! Sie haben nur die Autorität, die ihnen das Gesetz zubilligt. Verstehe mich nicht falsch! Die Menschen sind lasterhaft, böse, eifersüchtig, korrupt, schwach und ängstlich. Wenn sie nach Gerechtigkeit rufen, halte ich nach dem Mann Ausschau, der die Arme verschränkt und schweigt. Dem werde ich mit meiner letzten Münze einen Wein ausgeben.« Er schüttelte den Kopf. »Sie sind mein Volk, aber es fällt mir schwer, sie zu lieben. Nein, ich will damit nicht sagen, sie wären irgendwie besser oder nobler, sondern, dass keiner sonst das *Recht* hat zu herrschen. Niemand. Wir haben alle Fehler, Perikles. Wir sind allesamt … kleine Männer. Kleisthenes und Solon wussten das. Doch wenn genug von uns sich erheben, um etwas zu unterstützen oder zu verurteilen, können wir genauso gut richtigliegen wie jeder Gesetzestext. Das heißt nicht, dass wir *immer* recht haben. Menschen sind von Haus aus unzulänglich. Aber eine Mehrheitsentscheidung ist immer die beste Wahl. Vertraue dem Volk, Perikles.«

Es dauerte mehrere Stunden, die Abstimmung vorzubereiten und zu überwachen und anschließend die Scherben auszuzählen. Themistokles erklomm den Hügel noch einmal, um das Endergebnis zu erfahren. Seine Haare waren dunkler als sonst, da er ein Bad genommen hatte. Man sah, wie angespannt er war, da er mit der einen Hand immerzu den Rücken der anderen rieb und nicht zu merken schien, wie rot die Haut dabei wurde. Die Scherbenhaufen wurden ausgezählt und von den Beamten des Rats zur Seite geräumt, sobald das jeweilige Zwischenergebnis mehrfach überprüft und mit Kreide auf einer Schiefertafel notiert worden war. Bei Sonnenuntergang war der Hügel noch immer gerammelt voll. Als sich herumsprach, dass bislang viertausend Stimmen gezählt worden waren, kam es weiter unten zu einem Tumult, und laute Stimmen erklangen. Ob es Schreckensschreie oder Jubelrufe waren, ließ sich nicht ausmachen.

Themistokles' Familie schob sich durch die Menge. Obwohl es nur vier junge Männer und fünf Mädchen waren, die Kinder aus zwei Ehen, eilten die Skythen alarmiert zu ihnen. Themistokles' zweite Gemahlin gesellte sich zu ihm, eine schlanke, auffallend schöne Frau, deren straff zurückgebundene Haare wie Seide glänzten. Ein Murren ging durch die Menge, doch es gab auch noch immer welche, die bereit waren, ihn zu unterstützen. Sie alle warteten atemlos auf den Endstand.

Als mehr als sechstausend Scherben zusammengekommen waren, wurde die Auszählung beendet. Die verbliebenen Haufen waren winzig. Es war ein knapper Ausgang gewesen, doch das spielte keine Rolle.

Themistokles umarmte nacheinander seine Frau und seine Kinder. Als der Epistates verkündete, dass der Antrag auf Verbannung angenommen worden sei, jubelten einige. Andere standen entgeistert da und schienen es nicht glauben zu wollen. Themistokles neigte den Kopf. Er durfte noch immer keine Rede halten. Die Skythen kannten das Gesetz gut, doch selbst ihr Hauptmann war wie vor den Kopf gestoßen.

»Mögen die Götter euch alle segnen«, rief Themistokles in die Runde. »Vielen Dank. Ich bin frei.« Und damit wandte er sich unter den missbilligenden Blicken der Skythen um und stieg mit seiner Familie den Hügel hinunter.

KAPITEL 35

Das von einem Garten umgebene Haus befand sich am äußersten Rand einer wilden Hochküste, eine Tagesreise südlich der Stadt Argos auf dem Peloponnes und damit außerhalb des athenischen Einflussbereichs. Es war ein ruhiger Ort, an dem nur das Meeresrauschen und vereinzelte Vogelrufe zu hören waren. In den Olivenbäumen genossen zirpende Zikaden die Mittagssonne.

Am Rand des Grundstücks ließ Kimon sich von seinem Pferd aufs trockene Gras gleiten. Nachdem er die Zügel über einen uralten Torpfosten gehängt hatte, sah er sich anerkennend um und atmete die frische Meeresluft ein. Er verstand gut, wie es einen hierher verschlagen konnte.

Ein Stück entfernt fiel der Hang zu einer Bucht mit Kiesstrand und blauem Wasser ab, die von Klippen umgeben war und permanent im Schatten lag. Ein Fischerboot mit kurzem Mast war ans Ufer gezogen worden. Das Segel lag zusammengefaltet auf der sonnengebleichten Sitzbank. Damit es nicht in einem Sturm davongeschwemmt wurde, war das Boot an einer Eisenstange festgebunden. Die Netze waren an Pflöcken zum Trocknen aufgespannt. In unmittelbarer Nähe des Hauses hörte er Hühner gackern. Dieses kleine Anwesen wirkte wie ein glücklicher, gut gepflegter, vielleicht sogar geliebter Ort.

Niemand schien seine Ankunft bemerkt zu haben.

»Hallo, Hausbewohner!«, rief Kimon und wartete außerhalb der Grundstücksmauer.

Sie war nicht sehr hoch. Er hätte leicht darübersteigen können. Doch sie bildete die Grenze zwischen der Welt und Themistokles' Grundstück. Auf einer Seite des Hauses erblickte er mehrere Reihen Weinreben mit dunkelgrünen Blättern. Während er sie noch bewunderte, trat ein Mann zwischen ihnen hervor auf den Gartenpfad. Themistokles wischte sich mit dem Handrücken über die Stirn und stellte einen mit Weintrauben gefüllten Korb ab. Er schien sich nicht zu freuen, als er Kimon am Tor warten sah, und blieb wie eine Statue mit der Sichel in der Hand auf dem Pfad stehen.

Kimon wartete geduldig ab. Er wusste, dass der Haushalt Zeit brauchte, um sich auf die Anwesenheit eines Fremden einzustellen. Es war heiß. Vermutlich ruhten sich ein paar Familienmitglieder im kühlen Gebäude aus. Er merkte, wie das Haus zum Leben erwachte, und sah lockige Frauenköpfe in der Tür und in den Fenstern im ersten Stock auftauchen, die sich aber jedes Mal wieder rasch zurückzogen. Themistokles verharrte auf dem Weg zwischen seinen Kindern und einem Mann, den er mal als Freund betrachtet hatte.

Noch immer draußen vor der Mauer, hob Kimon die leeren Hände. Er trug ein Schwert, und aus seinem Gürtel ragte unübersehbar ein Kopis. Er war weit geritten, und ein einzelner Mann musste immer fürchten, Dieben und Sklavenhändlern in die Hände zu fallen. Themistokles musterte ihn eine geraume Weile, bevor er ihn schließlich hereinwinkte. Kimon betrat das Grundstück und ging steifbeinig auf das Haus zu.

Doch Themistokles hielt ihn mit erhobener Hand auf. »Du bist mein Gast«, rief er ihm zu. »Wenn du gekommen bist, um mich zu töten, möchte ich, dass du dich erklärst.«

Während er sprach, traten zwei junge Männer hinter ihn, die eindeutig seine Söhne waren. Beide waren bewaffnet und machten keinen Hehl aus ihrer Feindseligkeit. Sie kannten Kimon nicht. Themistokles wirkte entspannter als sie.

»Ich gebe dir mein Wort«, sagte Kimon, »bei der Ehre meines Vaters. Ich werde weder dir noch deiner Familie etwas antun.« Er hob erneut die leeren Hände. »Ich bringe Neuigkeiten – von deinen Freunden in Athen.«

Themistokles kniff misstrauisch die Augen zusammen, doch sein Blick wirkte auch sehnsüchtig. Er hatte das Zentrum der Welt erst vor einem Jahr verlassen. Vermutlich war ihm die Zeit in der Stille zwischen seinen Weinreben länger vorgekommen.

»Verzeih mir meine Vorsicht, Kimon. Dich hier zu sehen … Ich hatte nicht erwartet, dass jemand den ganzen Weg von Athen herkommen würde.«

Kimon musste sich unter der Tür hindurchducken. Im Inneren des Hauses war es merklich kühler, ein Segen nach der Gluthitze im Freien. Themistokles' Frau und seine Töchter waren nicht zu sehen. Wahrscheinlich versteckten sie sich im Obergeschoss. Kimon glaubte, dort ein Flüstern zu hören. Nur einer von Themistokles' Söhnen hatte ihn in die Küche begleitet. Er ließ Kimon nicht aus den Augen.

»Kimon? Das hier ist Diokles, mein Sohn. Wenn du ihm deine Waffen gibst, werde ich deine Gesellschaft besser genießen können, aber die Entscheidung liegt natürlich ganz bei dir. Möchtest du etwas Wein, Käse und Feigen? Auf dem Feuer steht ein Fischeintopf. Er ist fast fertig.«

Diokles streckte die Hand aus.

Es behagte Kimon nicht, in Gegenwart von mindestens drei Männern unbewaffnet zu sein. Doch er war ein Gast. Also schnallte er seinen Schwertgürtel ab und legte das Kopis darauf.

Themistokles hob die Augenbrauen. »Bist du jetzt ein Spartaner?«

Kimon zuckte die Achseln. »Nachdem du weg warst, haben sie mich gebeten, ihre Interessen in Athen zu vertreten, und zum Zeichen unserer Verbundenheit diese Waffe geschickt.«

Themistokles runzelte die Stirn. »Was hat Xanthippos dazu gesagt? Oder Aristides?«

»Nichts, da ich sie nicht gefragt habe«, erwiderte Kimon. »Die Spartaner sind unsere Verbündeten, vergiss das nicht – so wie Argos, das dir Unterschlupf gewährt hat. Als ich mit Xanthippos unterwegs war, habe ich ein paar von ihnen kennengelernt und …« Er verstummte. »Aber ich bin nicht gekommen, um über dieses Thema mit dir zu sprechen, Themistokles.«

»Dann setz dich hin und sag mir, weswegen du gekommen bist«, erwiderte Themistokles.

Er ließ seinen Gast mit den Beinen unter einem schweren Holztisch Platz nehmen, sodass er nicht ohne Weiteres aufspringen konnte. Anschließend goss er Wasser in eine Schüssel und reichte Kimon ein sauberes Tuch, mit dem er sich notdürftig den Straßenstaub von den Händen und vom Gesicht waschen konnte. Als er damit fertig war, stellte Themistokles zwei Becher auf den Tisch und goss verdünnten Wein hinein. Währenddessen brachte Diokles eine Platte mit Ziegenkäse, Oliven und knusprigem Brot herbei. Kimon und Themistokles senkten den Kopf und dankten der Göttin Demeter für ihre Gaben.

Nachdem Kimon sich mehrere Tage lang nur von getrocknetem Fleisch und Obst ernährt hatte, war er sehr hungrig. Am meisten freute er sich über das Brot. Nachdem er von allem gekostet hatte, wollte er den Rest seinem Gastgeber überlassen, doch der drängte ihn dazu, noch mehr zu essen. Als die Platte leer war, lehnte Themistokles sich zurück und verschränkte die Hände vor sich auf dem Tisch.

Kimon nickte. Der Höflichkeit war Genüge getan. »Aristides hat noch immer Freunde in allen reichen Familien«, sagte er. »Ich soll dir in seinem Auftrag mitteilen … Sie haben Männer geschickt, um dich zu verhaften, Themistokles.«

»Was können Sie mir denn jetzt noch vorwerfen?«, fragte Themistokles. »Reicht ihnen meine Verbannung etwa noch nicht?«

Kimon verzog das Gesicht. Er war in einen friedlichen Haushalt geplatzt, wie ein Stein, der in stilles Wasser plumpste. Er hasste es, Themistokles diese Kunde überbringen zu müssen, doch es ging nicht anders. »Ein paar Grundbesitzer geben dir noch immer die Schuld an ihren Verlusten, insbesondere ein Mann namens Timodemos, der jedes Mal wutrot anläuft, wenn er deinen Namen hört.«

»Geht es etwa immer noch um diese Taschendurchsuchung am Hafen?«, fuhr Themistokles auf.

Kimon winkte ab. »Zum Teil. Er sagt, du hättest ihm damals persönliche Wertgegenstände abgenommen und für dich selbst einbehalten.« Er seufzte. »Aber ich glaube, es geht ihm vor allem um das Silber aus den Minen, mit dem du die befreiten Sklaven bezahlt hast. Sie behaupten, das sei illegal gewesen, da die Männer zu diesem Zeitpunkt noch Sklaven gewesen wären.« Kimon spürte, wie er errötete. Die Anschuldigungen klangen nicht, als wären sie aus einem tieferen Bedürfnis nach Gerechtigkeit erhoben worden, sondern wie eine Hetzkampagne. Er schaffte es nicht, Themistokles in die Augen zu schauen.

»Offenbar wollen sie mich vernichten«, sagte Themistokles.

Kimon nickte langsam. »Aristides hat etwas in der Art gesagt. Ich soll dich vorwarnen. Skythen sind hierher unterwegs – mindestens ein Dutzend –, um dich im Auftrag der Versammlung zu verhaften.«

»Wenn ich sie freiwillig begleite, werden sie behaupten, ich hätte meine Verbannung missachtet …«, murmelte Themistokles. »Worauf die Todesstrafe steht. Und wenn ich mich wehre, werden sie mich töten …«

Kimon leerte seinen Becher. Er sah, dass er noch immer Straßenstaub an den Händen hatte, in die Haut eingedrungene Flecken, die wie eine Sklaventätowierung aussahen. Er war wie von Sinnen geritten und hatte auf dem unwegsamen Untergrund den Hals riskiert, um Themistokles eine Nachricht zu überbringen, die ihn mit Scham erfüllte, ein Athener zu sein. »Vielleicht besteht noch Hoffnung«, sagte er. »Du hast Verbündete. Aristides wird sich für dich einsetzen, und Xanthippos bestimmt ebenfalls … auch wenn er schon seit Monaten krank ist.«

»Nein …«, sagte Themistokles leise. »Nein, jetzt wird mir alles klar. Sie werden mich immer hassen, weil sie mir zu viel schulden. Nicht einmal hier kann ich in Ruhe leben.« Er schien aus einer Trance zu erwachen und griff über den Tisch hinweg nach Kimons Handgelenk. »Ich danke dir, Kimon. Ich weiß, dass dein Vater stolz auf dich wäre.«

»Du hast auf seiner Beerdigung gesprochen«, erwiderte Kimon. »Als alle Welt gegen ihn gewesen ist. Dafür werde ich immer in deiner Schuld stehen.«

»Und nun ist alle Welt gegen mich«, sagte Themistokles grimmig. Er stand auf, nahm seinem Sohn die Waffen aus der Hand und reichte sie Kimon. »Wie steht es um Athen?«, fragte er unvermittelt.

»Die Stadt ist sehr geschäftig und … voller Leben. Aischylos hat ein neues Stück über Marathon geschrieben. Du kommst natürlich auch darin vor.«

Themistokles stöhnte. »Das hätte ich sehr gern gesehen. Vielleicht kann ich mir den Text kopieren und schicken lassen.«

Kimon verneigte den Kopf. »Ich kenne Aischylos ziemlich gut und glaube, dass er mir diesen Gefallen tun wird.« Als Themistokles protestieren wollte, hob er eine Hand. »Nein, bitte, es wäre mir eine Ehre.«

Themistokles ergriff strahlend Kimons Hand. »Du kannst dir gar nicht vorstellen, wie glücklich mich das machen würde! Ich bekomme hier keine Stücke oder Gedichte zu sehen, kein einziges … Apoll würde diesen Ort sicher als Wüste bezeichnen. Ein Mann kann nicht nur von Fisch und Brot leben …« Er stockte, und sein Blick verlor sich in der Ferne. Offenbar dachte er noch einmal über Kimons schlechte Neuigkeiten nach.

Kimon gürtete sich derweil seine Waffen um und blieb unsicher stehen. »Was wirst du jetzt tun?«, fragte er.

»Was nötig ist«, erwiderte Themistokles. »Wie immer. Ich werde tun, was ich tun muss, um zu überleben.«

Kimon ging zu seinem Pferd zurück, das er am Tor gelassen hatte. Der Boden war an verschiedenen Stellen feucht, trocknete aber bereits wieder in der Hitze. Das Tier war augenscheinlich wie von Geisterhand mit getränkt worden, während er drinnen gewesen war. Es glänzte. Der mit Schweiß vermischte Staub war ihm vom Fell gebürstet worden. Kimon blickte sich um, sah aber niemanden, der es versorgt haben könnte. So oder so war er dankbar. Er spürte, wie ein großes Gewicht von ihm abfiel, vielleicht, weil er seine Aufgabe erledigt hatte, möglicherweise aber auch, weil er jemand anderem die Bürde auferlegt hatte.

Als Kimon weg war, kehrte Themistokles in das kühle Haus zurück. Seine Töchter und Söhne kamen in den Hauptraum herunter. Seine Frau Nikomache war auch da. In ihren Augen glänzten Tränen. Natürlich hatten sie alles gehört.

»Wir werden diesen Ort verlassen müssen«, sagte sie. »Nach all der Arbeit, die wir hineingesteckt haben.«

»Ich fürchte, ja«, erwiderte er sanft und sah sich um. »Es tut mir leid. Ich war hier sehr glücklich. Aber wenn ich allein fliehe, kann ich nicht ausschließen, dass die Soldaten, die sie geschickt haben, euch etwas antun.«

»Wohin werden wir diesmal gehen?«, fragte sein jüngster Sohn.

Themistokles zerzauste dem Jungen die Haare. Er hatte sich bereits entschieden, war aber nicht sicher, wie er es ihnen beibringen sollte. »Ihr werdet eure Mutter begleiten und nach einer sicheren Unterkunft suchen. Vielleicht … in Argos?«

Zu Themistokles' Erleichterung nickte seine Gemahlin. Die Stadt war weniger als einen Tagesritt entfernt, und man kannte sie dort nicht. Er sah seine Söhne und Töchter an. Im vergangenen Jahr hatte er mehr Zeit mit ihnen verbracht als in dem Jahrzehnt davor. Obwohl sie sich in dem kleinen Haus kaum aus dem Weg hatten gehen können, waren sie ihm alle noch mal mehr ans Herz gewachsen.

»Was ist mit dir?«, fragte seine Gemahlin, die ihn gut kannte.

Er lächelte und drückte eine Hand an ihr Gesicht. Ihm war bewusst, dass sie umarmt werden wollte. »Es gibt einen Ort außerhalb der Reichweite meiner Feinde, an dem ich vielleicht willkommen bin. Ich werde mich auf den Weg machen, um herauszufinden, ob mein Name dort etwas wert ist. Wenn alles gut läuft, werde ich euch nachkommen lassen. Wenn nicht, warte ich ein Jahr und kehre dann zu euch nach Argos zurück.«

»Welcher Ort ist außerhalb der Reichweite deiner Feinde?«, fragte eine seiner Töchter.

»Persien«, erwiderte Nikomache traurig.

Themistokles nickte.

»Also gut, auf geht's«, sagte er und klatschte in die Hände. Das Geräusch war so laut, dass ein paar seiner Kinder zusammenzuckten. »Sucht alles zusammen, was ihr auf keinen Fall zurücklassen wollt. Jemand muss Stricke an die beiden Maulesel binden … los, los! Steht nicht rum, und sprecht mit mir! Macht euch an die Arbeit!«

Einen Moment später war er mit seiner Gemahlin, der Mutter rund der Hälfte seiner Kinder, allein. Nikomache schmiegte sich in seine Arme, küsste ihn auf die Wange und drückte den Kopf an seine Brust.

»Es tut mir so leid«, murmelte sie. »Sie sollten dir Statuen errichten und nicht das hier antun.«

»Ich habe gehört, dass sie für Xanthippos eine aufgestellt haben«, erwiderte er und schüttelte den Kopf. »Ich hätte wissen müssen, dass sie mich nicht einfach gehen lassen. Dafür habe ich neben meinen außerordentlich brillanten Einfällen zu viele Fehler gemacht.« Themistokles lachte, doch sein Blick war finster. Seine Kinder gingen mit allem, was sie liebten, in den Armen an ihm vorbei. Er bedeckte die Augen mit der Hand und zwinkerte gegen die Tränen an. »Kommt, meine süßen Kinder! Ich kann erst gehen, wenn ich euch in Sicherheit weiß. Lasst uns bewaffnet wie Hopliten nach Argos gehen.« Er drehte sich zu seiner Frau um, küsste sie auf die Stirn und fügte im Flüsterton hinzu: »Bevor ich losziehe, um den persischen König um Gnade und Vergebung zu bitten.«

»Und was ist, wenn Xerxes dich umbringt?«, fragte sie.

Themistokles zuckte die Achseln. »Dann wirst du wahrscheinlich jemand anderen heiraten.«

Sie schlug ihn auf die Brust, eher aus Liebe und Sorge als aus echtem Ärger.

Themistokles fand einen Schlafplatz auf einem Handelsschiff, das von der Bucht von Argos aus nach Süden fuhr. Es war ein schräg im Wasser liegendes, schwankendes Schiff mit einem einzigen großen Segel, das mit den Kriegsschiffen, die er kannte, so viel zu tun hatte wie ein Hammer mit einem Dolch. Doch es konnte viel Fracht aufnehmen und in schwerer See fahren als jede Trireme. Themistokles schlief mit der Besatzung und hundert Amphoren voll Öl und Wein unter Deck. Ratten huschten durch den Laderaum, und die Luft war feucht, aber wenigstens war er vor der Gischt und dem Wind geschützt. Falls die Besatzungsmitglieder wussten, wer er war, ließen sie es sich nicht anmerken. Er hatte nur ein Schwert, einen Beutel Silber und ein zweites Paar Sandalen dabei.

Themistokles war noch nie vom Peloponnes aus in See gestochen. Er fürchtete sich davor, dass ein Athener Kriegsschiff sie anhalten und durchsuchen könnte. Sein Kapitän würde nichts dagegen unternehmen können. Auf ruhiger See konnte nichts eine Trireme abhängen. Themistokles hatte eigens ein Frachtschiff gewählt, das nach Osten unterwegs war, um sich so weit wie möglich von den athenischen Hoheitsgewässern fernzuhalten. Als der Wind auffrischte und von Süden wehte, verließ der Kapitän jedoch seinen ursprünglichen Kurs und kroch stattdessen, immer in Sichtweite des Ufers, an der griechischen Küste entlang. Er war offenkundig kein Hochseesegler. Jeden Tag betete er an Deck vor einem kleinen Poseidon-Schrein.

Themistokles sagte nichts dazu. Während des Krieges war die Stadt Argos neutral geblieben und hatte die Bündnisarmee weder mit Schiffen noch mit Soldaten unterstützt. Der offensichtliche Wohlstand und das gute Leben der Argeier war ihm zuwider. Ihre Rettung hatten sie Athen und Sparta zu verdanken, sie selbst hatten nichts dazu beigetragen.

Als das Schiff wendete, blickte Themistokles zum Steuermann. Zwei Besatzungsmitglieder waren auf den Mast geklettert, um die schwere Rahe aus Pinienholz neu auszurichten, an der das Segel befestigt war. Mit wachsendem Entsetzen erkannte Themistokles, dass der Kapitän Piräus ansteuern ließ. Er spürte, wie sich ihm der Magen zusammenzog. Er wusste nicht, wie er gegen diese Kursänderung Einspruch erheben sollte, ohne den Kapitän so misstrauisch zu machen, dass er ihn möglicherweise an Land aussetzen würde.

Mithilfe von Tausenden Sklaven und freien Männern hatte Themistokles diesen Hafen restauriert. Sie hatten das Becken tiefer ausgehoben und genug neue Molen und Anlegestellen errichtet, um die Kriegsflotte in Betrieb zu halten. Seit Salamis war Piräus für tausend kleine Städte und Dörfer auf den Inseln überall in der Ägäis zu einem wichtigen Handelsknotenpunkt geworden. Während am Himmel Sturmwolken aufzogen und sie sich Piräus näherten, merkte Themistokles, wie stolz er auf das geschäftige Treiben im Hafen war. Gerade wurden drei große Triremen überholt. Die frisch eingeölten Holzrümpfe glänzten.

Leider war Piräus auch der einzige Hafen der Welt, an dem Themistokles sofort erkannt und mit seinem richtigen Namen begrüßt werden würde – einem Namen, den er dem Kapitän des Schiffes nicht genannt hatte.

Er presste sich eine Hand auf den Bauch, überquerte stöhnend das Deck und ging in den Laderaum hinunter. Vor kaum etwas hatten die Menschen mehr Angst als vor Seuchen, und so dauerte es nicht lange, bis der Kapitän vom plötzlichen Unwohlsein seines

Passagiers erfuhr und zu ihm herunterkam, um nach ihm zu sehen. Themistokles wusste, dass er auf einem schmalen Grat wanderte. Wenn er fiebrig wirkte, würde der Kapitän ihn just in dem Hafen absetzen, den er gerade vermeiden wollte. Er hielt dem Mann eine Hand hin.

Der Kapitän ergriff sie vorsichtig und schien sich ein wenig zu beruhigen, als er merkte, dass sie nicht übermäßig warm war. »Meine Männer haben mir erzählt, du seist krank geworden.«

Themistokles schüttelte den Kopf. »Das ist nur eine alte Wunde. Ich habe in Marathon gekämpft, in vorderster Linie. Dabei habe ich einen Speer in den Bauch bekommen …« Er schüttelte den Kopf, als würde er sich nicht gern daran erinnern. »Manchmal tut es so weh, dass ich nicht essen kann. Aber es wird vorbeigehen. Mach dir keine Sorgen um mich. Ich werde die Passage zur ionischen Küste, für die ich bezahlt habe, sicher überleben.«

Der Kapitän wirkte ein wenig verlegen. »Wenn wir länger im Hafen festgehalten werden, werde ich dich um mehr Geld bitten müssen. Egal, ob der Sturm vorüberzieht oder nicht, du musst auf jeden Fall gefüttert und dein Eimer muss ausgespült werden.«

Themistokles hätte den Mann am liebsten erwürgt. Das einzige Schiff in der Bucht von Argos, für das kein Zwischenstopp in Athen vorgesehen gewesen war, machte genau in diesem Moment in Piräus fest – und dafür sollte er auch noch mehr als vereinbart zahlen. Er war sicher, dass kein Athener so etwas versucht hätte. Doch die Verhandlungsposition, in der er sich befand, war sogar noch schlechter, als der Kapitän ahnen konnte. Ihm würde nichts anderes übrig bleiben, als jeden Preis zu zahlen, der von ihm verlangt wurde.

Er stöhnte einen Moment lang, dann schob er einen Finger zwischen Wange und Zähne und holte eine Silberdrachme hervor. Einen halben Tageslohn für einen arbeitenden Mann. Ihm fiel auf, dass sie mit Athenas Eule geprägt war. Sicher lachte die Göttin gerade über ihn. »Hier, Kurios«, sagte Themistokles und reichte sie dem Kapitän mit verkniffenem Gesicht. »Ich bete darum, dass sie reicht.« Er schloss die Augen und tat, als würde er in sich zusammensacken.

Der Kapitän beugte sich vor, drückte ihm einen Moment lang eine Hand auf die Stirn und zuckte mit den Achseln. »Für heute ist es genug. Wir werden unser Wasser nachfüllen und frisches Essen für heute Abend an Bord nehmen. Vielleicht wird das deine Schmerzen lindern. In Ionien wartet nach wie vor Fracht auf mich. Wir werden uns also sofort auf den Weg machen, sobald der Sturm abzieht. Mach dir darüber mal keine Sorgen. Ich werde dich dorthin bringen.« Er klopfte Themistokles auf die Schulter und ließ ihn allein unter Deck zurück, wo er eine Weile im Halbdunkel leise vor sich hin stöhnte.

KAPITEL 36

Themistokles runzelte die Stirn, als sie an der ionischen Küste in die Bucht von Smyrna einfuhren. Diese Stadt war von Hellenen gegründet worden, ein Samen, der vom Wind über die Ägäis geblasen worden war. Auch sie war Xanthippos' Vernichtungsfeldzug zum Opfer gefallen. Obwohl Themistokles die Zeugenaussagen der Kapitäne und Führungsoffiziere aufmerksam verfolgt hatte, war er auf den Anblick, der sich ihm nun bot, nicht vorbereitet gewesen. Smyrna lag nur ein kleines Stück nördlich von der Insel Samos und dem Schlachtfeld beim Berg Mykale. Xanthippos' Trauer über den Tod seines Sohnes war noch ganz frisch gewesen, als er seine Flotte vor diesem Küstenabschnitt vor Anker gehen ließ. Was dann geschehen war, ließ sich an den noch immer zerstörten Tempeln und niedergebrannten Häusern erkennen.

Themistokles schüttelte den Kopf. Es war wohl besser, wenn er in dieser Gegend seine Freundschaft mit Xanthippos nicht zur Sprache brachte. Xanthippos hatte eine Zeit lang den Verstand verloren, war aber dennoch als Held in Athen empfangen worden. Sie hatten ihm sogar eine Statue auf der Akropolis errichtet! Themistokles ließ die Schultern hängen. Xanthippos konnte nichts für die Dummheit des Volkes.

Während sie sich dem Hafen näherten, wurde er immer nervöser. Da sie Fracht zum Löschen hatten, konnten sie nicht einfach in der Bucht vor Anker gehen. Und so fuhr der Steuermann mit nur einem Segel unter der Anleitung des Kapitäns, der im Bug stand, in den Hafen ein.

Themistokles sah zu, wie ein anderes Handelsschiff von einem Lotsenboot mit sechs Ruderern zu seinem Anlegeplatz geschleppt wurde, doch sein eigener Kapitän hatte solcherlei Hilfe nicht nötig. Obwohl nur eine schwache Brise wehte, brachte er sein Schiff sicher ans Ziel. Zwei seiner Männer warfen den herbeieilenden Hafenarbeitern schwere Taue zu. Themistokles hörte sie knarzen, als sie um die Poller gewickelt und festgezurrt wurden. Die Besatzungsmitglieder brachen kurz in hektische Betriebsamkeit aus und gönnten sich, als das Schiff gesichert war, einen Moment lang Ruhe. Sie würden den ganzen Tag lang die schweren Amphoren im Frachtraum entladen müssen. Themistokles würde davon nichts mitbekommen. Er schluckte nervös. In der Menge waren Perser zu sehen, darunter auch ein paar Beamte. Zwei von ihnen näherten sich dem Schiff, um die Ladung zu inspizieren und das Schmiergeld einzutreiben, oder wie auch immer die hiesige Einfuhrsteuer hieß.

Themistokles hatte in einer Formation gestanden und gegen Männer mit eingeölten Bärten und knielangen getäfelten Umhängen gekämpft. Von denen konnte er zwischen den Menschen im Hafen nicht viele ausmachen, doch die wenigen, die er sah, waren ausnahmslos bewaffnet. Der Einfluss des persischen Königs reichte offenkundig noch immer bis zur Stadt Smyrna am westlichen Rand seines Reichs. Themistokles straffte die Schultern und stellte sich hinter einen anderen Passagier, der darauf wartete, von Bord zu gehen. An der Seitenwand war eine Landebrücke befestigt worden. Sie knarzte bei jeder Bewegung des mittlerweile fest vertäuten Schiffes.

»Danke, Kurios«, rief Themistokles dem Kapitän zu, der ihn kaum zu bemerken schien, da er bereits damit beschäftigt war, über die Hafengebühren zu feilschen. Themistokles stieg die Planke hinunter und spürte, wie die Welt ein paar Schritte lang unter seinen Füßen schwankte. Er betrachtete die Perser, die sich mit dem Kapitän unterhielten, und schüttelte den Kopf. Da er nur noch wenige Münzen für Bestechungszahlungen oder etwas zu essen übrig hatte, musste er schnell jemand Ranghöheren als sie finden, wenn sein Plan aufgehen sollte.

In seiner Verzweiflung drehte er sich zum Kapitän und den beiden Beamten um und räusperte sich, worauf ihn alle drei finster ansahen. »Entschuldigt, aber ich habe Neuigkeiten für den Hafenmeister«, sagte er.

»Nennt sie mir, und ich gebe sie an ihn weiter«, erwiderte einer der beiden Perser sofort.

»Es ist eine persönliche Angelegenheit ... Man hat mir gesagt, dass ich mit dem ranghöchsten persischen Offizier in dieser Stadt sprechen soll.«

»Wie kann es dann persönlich sein?«, fragte der andere und lächelte über seine eigene Gewitztheit.

»Insofern, als es ihn den Kopf kosten wird, wenn er mir nicht hilft.«

Das Lächeln verschwand, und die beiden Beamten musterten ihn misstrauisch von Kopf bis Fuß. Themistokles, der den Umgang mit engstirnigen Amtsträgern gewohnt war, wartete schweigend ab, bis einer der beiden die Achseln zuckte, offensichtlich froh, dieses Problem auf jemand anderen abwälzen zu können.

»Wenn du seine Zeit verschwendest, wirst du es bereuen. Er heißt Jaavan, und um diese Zeit« – er sah zur Sonne hinauf – »wirst du ihn in den Lagerhäusern am Ende dieser Mole finden. Sei vorsichtig, Grieche. Wenn er sich über dich ärgert, hackt er dir die Hand ab.«

»Ach, keine Sorge«, sagte Themistokles lächelnd. »Das haben schon bessere Männer versucht.«

Die Beamten sahen ihn verblüfft an.

»Ich hoffe, deinem Magen geht es besser«, sagte der Kapitän und bedeutete Themistokles mit einer ruckartigen Kopfbewegung zu verschwinden.

Themistokles nickte. »Viel besser, vielen Dank.« Damit verneigte er den Kopf und ging davon.

Themistokles hatte sich einen ruhigen Ort vorgestellt, an dem sich Getreidesäcke stapelten. In Wahrheit herrschte am Ende der

Mole jedoch ein Chaos, wie er es sonst nur von der Athener Agora kannte. Die Lagerhäuser, die lediglich aus vier Holzpfosten und einem Dach bestanden, enthielten ein wildes Durcheinander aus Waren. Er hörte Perser und auch Griechen in voller Lautstärke Preise und Angebote ausrufen. Im Verlauf einer nur fünfzig Schritte langen Strecke hatte er sich zwei Mal nach dem Weg erkundigen und einen Umhang ablehnen müssen, den ihm jemand über die Schultern gehängt hatte. Dabei hatte er die ganze Zeit mit einer Hand den Schwertknauf und mit der anderen die Ersatzsandalen und den Münzbeutel festgehalten.

Der Mann, zu dem man ihn geschickt hatte, war von einer Handvoll persischer Schreiber umringt, die Protokolle und Genehmigungsschreiben anfertigten oder Geld entgegennahmen und im Gegenzug Belege aushändigten. Kräftige Männer bewachten mit Schwertern und Speeren den Reichtum, der hier zirkulierte. Themistokles hatte seit Kriegsbeginn nicht mehr so viel Silber an einem Ort gesehen. Ein unternehmerisch veranlagter Mann könnte hier bestimmt etwas finden, das sich zu kaufen und verkaufen lohnte, dachte er. Außer die Perser zwackten zu viel vom Profit ab. Dass der Hafen und die Stadt nicht mehr länger in griechischer Hand waren, auch wenn er überall um sich herum seine Landsleute rufen hörte, war, nach allem, was sie für ihre Freiheit geopfert hatten, eine traurige Erkenntnis.

Als er sich dem Hafenmeister näherte, drückte ihm ein Mann eine Hand an die Brust und blaffte: »Was willst du hier?«

Auch Themistokles musste die Stimme erheben, um sich verständlich zu machen. »Ich komme, um etwas Persönliches mit dem Hafenmeister zu besprechen. Er heißt Jaavan, nicht wahr? Er wird mich anhören wollen.«

Der Fremde sah ihn eine Weile forschend an. Schließlich zuckte er die Achseln. »Warte hier.«

Themistokles sah zu, wie er zu Jaavan ging und ihm etwas ins Ohr flüsterte. Die Autorität eines Persers schien sich an der Anzahl der Männer zu bemessen, die ihn umschwärmten. Er fragte sich, wie viele Kreise er noch als Bittsteller überwinden musste. Dieser Gedanke behagte ihm nicht, aber er war aus eigenem Antrieb hergekommen und konnte sich nun nicht beschweren oder gar kehrtmachen.

Der Hafenmeister reckte den Hals, um ihn anzusehen, und rief ihn herbei. Themistokles atmete tief durch und trat auf ihn zu. Die Wächter knurrten drohend, als er sich ihrem Meister näherte. Der Trubel um sie herum ging derweil unvermindert weiter.

»Danke, dass du mich empfängst«, sagte Themistokles. »Sprichst du Griechisch?«

»Ja, das tue ich«, erwiderte Jaavan mit starkem Akzent. »Womit machst du Geschäfte?«

»Oh, ich bin kein Händler …«, begann Themistokles. Sofort packte ihn einer der Wächter an der Schulter und zerrte ihn vom Hafenmeister weg. Themistokles sprach schneller, während Jaavan bereits wieder zu seiner vorherigen Tätigkeit zurückkehrte. »Ich bin ein Archon Athens! Ich heiße Themistokles und habe vor Salamis Schiffe kommandiert.«

Der Wächter ließ ihn los, und Jaavan drehte sich verblüfft zu ihm um. Mit einem flauen Gefühl in der Magengrube stellte Themistokles fest, dass er dem Hafenmeister hilflos ausgeliefert war und diese Begegnung vielleicht nicht überleben würde.

Eigenartigerweise bereitete ihm diese Situation Freude. Er hatte keine Freunde und auch keine Familie um sich, die er beschützen musste. In diesem Moment war er wieder der junge Mann von früher – humorvoll, skrupellos, geistesgegenwärtig und voller Zuversicht, alles schaffen zu können, was er sich vornahm. Es war ein berauschendes Gefühl – als hätte er auf leeren Magen unverdünnten Wein getrunken. So oder so konnte er die Worte nun nicht mehr zurücknehmen. Er war schnurstracks über den Rand der Klippe gegangen.

Kimon saß auf der Steinmole und ließ die Beine über die Kante baumeln. Erschöpft und leise fluchend wischte er sich einen Ölfleck aus dem Gesicht. Das Schiff, das über ihm aufragte, hatte noch keinen Namen, aber er hatte es restauriert – hatte *sie* restauriert. Es bestand kein Zweifel, dass es weiblich war.

Eine gute, hart am Wind segelnde Galeere konnte die Stimmung eines Mannes heben, doch wenn er es zu wild trieb und sie ärgerte, konnte sie sich gegen ihn wenden und ihm jede Freude vergällen. Er hatte bis zum Sonnenuntergang sämtliche Balken, Verbindungen und Spalten an Bord mit dickem Olivenöl eingerieben, um das Holz gegen das Meerwasser zu imprägnieren. Der Glanz des Öls verblasste, während das Holz es aufsaugte, doch es sorgte dafür, dass das Schiff viele Jahre Wind und Wetter standhalten würde, solange es jede Saison neu imprägniert wurde. Ein paar der Zimmermänner hatten einen ägyptischen Lack vorgeschlagen, der merkwürdige Substanzen wie härtendes Pinienharz enthielt. Doch tief eingezogenes Öl wirkte am besten. Schließlich hatten die Bewohner Athens aus gutem Grund nicht Poseidon, den Gott des Meeres, sondern Athena mit ihrem Olivenbaum zu ihrer Patronin erhoben.

Kimon sah auf, als Perikles sich neben ihn auf die Mole plumpsen ließ. Xanthippos' Sohn war achtzehn, doch er hatte genauso schwer dafür geschuftet, diese Schiffe fertig zu bekommen, wie alle anderen auch. Eines von ihnen hatte bis hin zum Kiel runderneuert werden müssen. Sie hatten Monate gebraucht, um die schweren Rippen mit Seilen und Flaschenzügen an die vorgesehenen Stellen zu bugsieren. Doch alles war so geworden, wie Kimon es sich erhofft hatte. Seine drei Kapitäne wussten, wie man rudert und segelt. Schließlich waren sie allesamt kampferprobte Salamis-Veteranen. Nun kannten sie auch noch jede Nut und jeden Nagel ihrer Galeeren. Wenn sie Athen verließen, würden sie unbesorgt ein oder zwei Jahre auf See verbringen können. Sie hatten vor, Karten über Regionen anzufertigen, von denen es bisher keine gab, und die alten zu erneuern, die mittlerweile unter jeder Berührung zu zerbröseln drohten.

»Wir müssen noch ein Dutzend Ruder drechseln«, sagte Perikles und deutete zu den Drehbänken, die von erschöpften Männern mit Pedalen in Schwung gehalten wurden, während andere das rotierende Holz mit Stemmeisen bearbeiteten. Auf dem Wasser hinter ihnen schwamm eine dicke Schicht Sägespäne und Öl. »Anschließend müssen wir nur noch die Werkzeuge mitsamt der Drehbänke, frisches Essen und … Wasser an Bord bringen. Dann sollten wir eigentlich fertig sein.« Er sah Kimon, der darauf bestanden hatte, das Zimmermannshandwerk zu erlernen, voller Respekt an.

Die altgedienten Handwerker hatten sich anfangs über den wohlhabenden jungen Mann und seine Freunde lustig gemacht, doch damit war es schnell vorbei gewesen, als die rund vierzigköpfige Truppe, darunter auch Perikles, Tag für Tag im Morgengrauen zur Arbeit erschien und all ihre Aufgaben mit ruhiger Konzentration erledigte. Perikles hatte begriffen, dass es eine Art Test gewesen war. Kimon hatte herausfinden wollen, wie gut sie zusammenarbeiteten und wie schnell sie lernten. Es gab schlechtere Methoden, eine Besatzung zusammenzustellen. Letztlich waren lediglich zwei Männer nicht aufgenommen worden, und das auch nur, weil sie schwer verletzt gewesen waren. Kimon hatte für die Ärzte und die Sklaven gezahlt, die für ihre Genesung sorgen würden. Trotzdem hatten sie geweint, als klar war, dass sie nicht dabei sein würden.

»Wir sind wirklich fertig, nicht wahr?«, fragte Kimon.

»Wir müssen den drei Schiffen aber noch Namen geben und die drei Besatzungen zusammenstellen.«

Perikles nickte. Er war ziemlich sicher, dass er mitkommen durfte. Kimon hatte verlangt, dass er seinen Vater um Erlaubnis fragte, doch das war eine reine Formalität gewesen. Xanthippos war es egal, was Perikles machte. Ihn schien überhaupt nichts mehr zu interessieren. Er saß nur stundenlang da, trank unverdünnten Wein, las oder starrte ins Leere. Wenn man ihn dabei störte, wurde er jähzornig.

Perikles lebte seit Monaten an Bord eines der Schiffe und überließ es seiner Mutter und seiner Schwester, sich um seinen Vater zu kümmern. In Perikles' Welt drehte sich alles nur noch um den Hafen und die anderen Besatzungsmitglieder. Wenn er überhaupt noch über Xanthippos nachdachte, versuchte er, ihn sich so vorzustellen, wie er vor dem Exil und dem Krieg gewesen war.

Kimon sah ihn von der Seite an. »Wenn du dir eine der drei Galeeren aussuchen könntest, welche wäre deine liebste?«

Perikles kniff die Augen gegen die Sonne zusammen. Jemand, der nicht auf jedem Zoll der Schiffe herumgekrochen war, hätte vielleicht erwidert, dass sie alle gleich wären, oder zumindest einander so ähnlich, dass es keine Rolle spielte. Doch er musste nicht lange über seine Antwort nachdenken. Der Bug hinter ihm ragte über einem prächtigen Rammsporn auf. Auf See würde er ihre wichtigste Waffe sein. Darunter waren zwei Augen auf die Bordwände gemalt, knapp oberhalb des Meeres, das vom geölten Holz herabfließen und bei Rammgeschwindigkeit zu weißer Gischt aufgeschäumt werden würde. Die Bugpartien der anderen beiden Schiffe waren ebenfalls makellos gearbeitet, die aufrechten Balken stark genug, dass ein Steuermann sich daran festhalten konnte, wenn er sich über das Meer beugte. In den Bug über Perikles war darüber hinaus jedoch ein Netz aus feinen Linien geschnitzt, das Bildnis einer von Ranken umgebenen Frau. Perikles hatte zugesehen, wie ein Zimmermann es nach seinen langen Schichten mit einem Holzhammer und einem Stemmeisen angefertigt hatte. Der Mann war keiner von ihnen, sondern ein freischaffender Handwerker aus der Stadt gewesen. Er hatte jedes Stück Holz, das er berührte, mit kleinen Schnörkeln und Verzierungen versehen. Die Frau, die auf das dunkle Meer hinausblickte, war möglicherweise eine Sirene, der die

Männer immer folgen würden. Perikles hatte sie bereits in ihren Bann geschlagen.

»Diese hier«, sagte er. »Sie ist mir die liebste.«

Kimon sah ihn an und lächelte über die ehrliche Freude, die sich auf dem Gesicht des jüngeren Mannes abzeichnete. Schließlich nickte er. »Mir auch.«

»Und … sind wir stark genug, um uns auf die Suche nach persischen Lagern zu machen?«

Kimon blickte ihn erneut forschend an. Was er sah, schien ihn zufriedenzustellen. »Sie sind wie die Fliegen bereits an die ionische Küste zurückgekehrt. Wusstest du das? Persische Händler machen dort wieder Geschäfte, mit ihren … Stempeln und Steuern.« Kimon zog finster die Augenbrauen zusammen. »Doch die See und die Inseln gehören Athen. Das habe ich vor Salamis gelernt, Perikles. Angeblich treiben noch auf einem Dutzend Inseln entlang der ionischen Küste persische Garnisonen ihr Unwesen. Sie benutzen sie als Brückenköpfe, um die umgebenden Gewässer zu kontrollieren. Doch als freier Athener werde ich das nicht dulden. Unsere drei Schiffe – unsere drei Besatzungen – werden sie ausräuchern. Das Meer gehört Athen.« Kimon sah Perikles erneut an, diesmal misstrauisch. Doch wieder schien ihn der Gesichtsausdruck des jüngeren Mannes zu beruhigen. »Da ist noch etwas anderes, wovon ich bisher noch niemandem erzählt habe …«

Perikles neigte den Kopf.

»Mein Vater …«, begann Kimon erneut. »Er hat geglaubt, dass Theseus' Gebeine noch immer existieren. Ich hoffe, sie zu finden.«

Perikles setzte sich mit offenem Mund aufrecht hin. »Weißt du, wo sie sind?«

Kimon schüttelte den Kopf. »Nein, aber ich weiß, wo wir mit der Suche beginnen können. Mein Vater sagte, Theseus sei auf der Insel Skyros getötet worden. Der Legende nach soll der Leichnam von dort fortgeschafft worden sein, doch mein Vater hat gehört, es gebe auf Skyros ein altes Grabmal in den Hügeln. Er wollte immer danach suchen, aber … er hatte nicht die Zeit dafür. Und jetzt sind wir hier, Perikles, mit drei Schiffen voller Hopliten. Wenn es auf Skyros eine persische Garnison gibt, werde ich die Insel für Athen zurückerobern und jede Klippe, jede Höhle und jedes Feld erkunden.« Einen Moment lang blickte er schweigend aufs Meer hinaus. Als er wieder das Wort ergriff, war seine Stimme kaum mehr als ein Flüstern: »Theseus war schon immer einer meiner Helden. Er hatte einen Palast auf der Akropolis und herrschte als großer König über Athen. Doch er trat seine Macht an das Volk ab. Alles, was danach kam – Solon, Kleisthenes, die Versammlung –, begann mit diesem ersten Schritt. Ein mächtiger Mann, der die Welt sah, wie sie war, und den Weg frei machte.«

Perikles rieb lächelnd die Hände aneinander. An seinen Fingern klebte Öl, Schweiß und Dreck. Er wusste, dass Kimon ein Held wie Achill, Theseus oder Herakles sein wollte. Für ihn selbst war das in Ordnung … Wer immer Theseus' Gebeine fand, würde in die Geschichte eingehen. »Er hat sich einen Namen gemacht«, sagte er schließlich.

Kimon sah ihn an und nickte. »Das stimmt. Und das werden wir auch tun.«

KAPITEL 37

Themistokles betrachtete die vorüberziehende Landschaft. Er war als Jugendlicher schon einmal an der ionischen Küste gewesen. Damals hatte er nicht gewusst, wie weit sich das Land dahinter erstreckte. Er wurde noch immer rot, wenn er an die amüsierte Reaktion seiner Gastgeber dachte, als er vierzehn Tage nach ihrem Aufbruch ins Landesinnere gefragt hatte, ob es sich bei der Stadt Ankyra um Persepolis handele, wo der Großkönig von Persien residierte. Dort hatten sie ihn eine Ewigkeit warten lassen, während sie eine Karawane aus zwei Dutzend von Mauleseln und Ochsen gezogenen Karren vorbereiteten. Achtzig Wächter hatten sie angeheuert, damit sie neben ihnen ritten und alle Wüstenstämme abschreckten, die es sich einfallen lassen könnten, sie zu bestehlen oder zu ermorden. Sie hatten fast so viel Proviant und Wasser wie ein Expeditionsheer oder eine ausfahrende Flotte im Gepäck, als würden sie keine Gelegenheit mehr bekommen, ihre Vorräte aufzustocken. Sie bezeichneten Themistokles mit ihrem schweren persischen Akzent als »Ehrengast« und »Archon«, doch sie ignorierten seine Fragen. In Sardis übergab Jaavan ihn an seinen Schwager, als Geschenk, das dem Hafenmeister, soweit Themistokles es mitbekam, Küsse auf beide Wangen und großen Respekt einbrachte. Anscheinend war er ein kostbares Gut, mit dem man Schulden begleichen oder zu Reichtum und höherem Status gelangen konnte. Er glaubte nicht, dass er ein Gefangener im engeren Sinne war, doch er würde es sich gewiss nicht anders überlegen und unverrichteter Dinge auf den Rückweg machen dürfen.

Während die Karawane wochenlang am Rande einer Wüste entlangrumpelte, wurden sein Bart und seine Haare immer länger. Nach vierzig Tagen hielt er es nicht mehr aus, wie ein Wilder auszusehen, und bat den Barbier, ihm den Bart einzuölen und zu Locken zu drehen und seine Haare nach persischer Art zu flechten. Danach lagen sie ihm schwerer im Genick, juckten aber nicht mehr so sehr.

Einige Tage lang hatte er Fieber und drei weitere Durchfall, sodass er immer wieder stöhnend neben der Straße anhalten musste. Ein Großteil der Zeit verging zum Glück wie in einem Nebel, doch er verlor erschreckend viel Gewicht und Kraft. Sein Fahrer hielt ihm mit seinen dreckigen Fingern immer wieder Obst hin. Offenbar machte er sich um seinen kostbaren Schützling Sorgen.

Am sechzigsten Tag wusste Themistokles, dass er nie wieder zum Ausgangspunkt ihrer Reise zurückfinden würde. Die Wälder und Gebirgslandschaften, die sie durchquert hatten, waren so riesig, dass man sein ganzes Leben lang darin umherirren könnte. Sie waren durch eine menschenleere Welt gezogen, in der nur wenige Hirten ihr einsames Dasein fristeten.

An einer flachen Flussfurt schlugen die Wächter mit ihren Schwertern auf die Schilde, um einen auf der anderen Seite lauernden Löwen zu vertreiben. Als das Tier davonrannte, wollten ein paar von ihnen es jagen und ihm das Fell abziehen, doch der Karawanenmeister deutete nur wortlos auf Themistokles. In den Tagen danach bedachten sie ihn immer wieder mit finsteren Blicken.

Themistokles hatte den ganzen Tag nichts zu tun, außer alle paar Stunden mit den anderen zu essen und anschließend seine Schüssel auszuwischen. Er merkte, dass sein Verstand abstumpfte. Gelegentlich fielen ihm bestimmte Worte nicht ein, und er hatte Mühe, sich an die Gesichter seiner Kinder zu erinnern.

Immer wieder machte er sich klar, dass es keinen Weg zurück gab. Falls er sich getäuscht hatte, würde er die Konsequenzen tragen müssen. Er ertappte sich dabei, wie er ganze Gespräche vor sich hin murmelte, die er gern geführt hätte, oder mit seiner Frau sprach, als stünde sie neben ihm.

Der Fahrer verstand kein Griechisch und war auch nicht gut darin, Themistokles seine eigene Sprache beizubringen. Wann immer Themistokles auf einen Gegenstand deutete und sich nach dessen Namen erkundigte, starrte der Mann ihn wortlos an. Themistokles wusste nicht, ob er sich von dem Griechen auf seinem Karren eingeschüchtert fühlte oder ob ihm eines seiner Zugtiere an den Kopf getreten hatte.

Themistokles vermutete, dass seit seiner Ankunft an der ionischen Küste vier Monate vergangen waren. Die Hoffnung, irgendwann noch mal dem Großkönig zu begegnen, hatte er schon fast aufgegeben. Es schien, als wären er und die anderen dazu verdammt, bis zu ihrem Tod die Hügel und Wüsten zu durchwandern. Auf dem Höhepunkt seines Fiebers hatte er geglaubt, möglicherweise bereits in Jenseits übergewechselt zu sein. Wogegen allerdings die Gegenwart der Perser sprach.

Als er gerade lächelnd in irgendeiner Erinnerung schwelgte, wurde ihm mit einem Mal bewusst, dass der Wagen nicht mehr wie ein Schiff über unebenes Terrain schaukelte. Sie hatten eine richtige Straße erreicht, und die führte nach … Mit zusammengekniffenen Augen machte er in der Ferne Häuser, Tempel und eine Brücke über einen Fluss aus. Eine Brücke! Er spürte, wie ihm bei diesem schlichten Anzeichen von Zivilisation Tränen in die Augen stiegen. Er war über und über mit Staub und Dreck bedeckt. Seine Haare waren stumpf und seine vormals weiße Robe schwarz. Er war dünn wie ein Gerber und stank auch so. Auf der Straße waren Leute unterwegs, die verschiedene Gegenstände trugen und die Karawane mit Blicken streiften. Es kam ihm merkwürdig vor, zum ersten Mal seit ewiger Zeit andere Menschen als seine Eskorte zu sehen. Verzweifelt versuchte er, sich all die Dinge wieder ins Gedächtnis zu rufen, die er sich hatte merken wollen, all die Unterhaltungen, die er so viele Male einstudiert hatte.

Die Karawane hielt auf der Straße an, und persische Wächter kamen herbei, um ihre merkwürdige Fracht zu begutachten. Es wurde viel geredet, wovon er jedoch nur einzelne Wörter mitbekam. Immer wieder fiel sein Name. Einer der Wächter bestieg ein Pferd, rammte ihm die Fersen in die Flanken und galoppierte eilig davon. Themistokles sah ihm hinterher und fühlte sich wie ein in die Welt zurückgekehrter Geist.

»Was ist das für eine Stadt?«, rief er. »Wo sind wir hier?«

Ein paar der Wächter griffen nach ihren Schwertern, als sie seine unverständlichen Worte hörten. Der Karawanenmeister machte beschwichtigende Gesten und sprach mit ernst klingender Stimme. Er würde nicht zulassen, dass sie seinen kostbaren Schatz töteten. So viel bekam Themistokles immerhin mit. Dafür hatte der Schwager zu viel Zeit und Geld in ihn investiert.

Auf der Straße war immer mehr los. Themistokles wurde bewusst, dass die Stadt keine Mauer hatte und dass die Karawane auf einer Ausfallstraße stehen geblieben war, in der Nähe eines offiziell aussehenden Gebäudes, das ein Zollhaus zu sein schien. Eine Stadt, die zu einem Reich gehörte, benötigte vermutlich keine Befestigungsanlagen. So weit, wie dieser Ort von der restlichen Welt entfernt war, würde vermutlich keine feindliche Armee dorthin gelangen können, ohne unterwegs in einem der riesigen Bergwälder zu verhungern.

Themistokles stieg vom Wagen. Damit erregte er sofort die Aufmerksamkeit eines Wächters. Der Mann deutete auf ihn und bellte etwas, sicher befahl er ihm, an seinem Platz zu bleiben. Themistokles blinzelte ihn an und blieb gähnend stehen. Er hatte einen weiten Weg zurückgelegt und fühlte sich in diesem Moment einsamer denn je. Vielleicht würde er ja gestärkt aus dieser Erfahrung hervorgehen. Er wusste es nicht. Er fühlte sich an diesem Ort nicht wie der Mann, als den seine Frau ihn gern gesehen hätte, ja, nicht einmal als ein athenischer Archon. Vielleicht war er noch immer der Sohn seiner Mutter. Seinen Einfluss und seinen Reichtum hatte er verloren, doch er besaß nach wie vor seinen scharfen Verstand und sein Durchhaltevermögen. Themistokles konnte bloß hoffen, dass er nicht durch die halbe Welt zu diesem Ort geschleift worden war, nur um als Geschenk für den König hingerichtet zu werden. Bei dieser Vorstellung musste er plötzlich lachen, ein trockenes Geräusch, das wie ein Husten kein Ende nehmen wollte.

In der Ferne ragte ein Gebirgszug auf. Mittlerweile hatte er jedoch schon so viel schneebedeckte Bergrücken gesehen, dass er ihm kaum noch zu Bewusstsein kam. Viel erstaunlicher fand er, dass er an einen Ort gebracht worden war, wo die Leute gute Kleider und Sandalen trugen und ein Stück vor ihm ein Bäcker Passanten einen Brotlaib anbot. Überrascht stellte Themistokles fest, dass er sich nach anderen Menschen sehnte. Für gewöhnlich betrachtete er sich selbst als einen Löwen, der außer seiner Gefährtin niemanden brauchte. Doch während seiner langen Reise hatte sich etwas in ihm verändert. Themistokles wollte unbedingt auf Griechisch mit jemandem sprechen, ohne Angst haben zu müssen, er könnte verrückt geworden sein. Er musste Wein trinken, der besser war als alter Essig, und frisches Essen zu sich nehmen anstelle der Käserinden der letzten Wochen, mit denen man auch Sandalen hätte flicken können. Er brauchte die Gesellschaft von Freunden. Das war die schlichte Wahrheit.

Der Mann, der zu ihm geritten kam, war ungefähr in seinem Alter, stieg aber recht geschmeidig von seinem Pferd. Misstrauisch betrachtete Themistokles den Fremden, der sich vor ihn hinstellte und ihn ansah, als hätte er einen Edelstein auf der Straße entdeckt.

»Bist du Themistokles?«, fragte der Mann. »Der Archon aus Athen?«

Themistokles nickte erleichtert, als er ihn Griechisch sprechen hörte.

Der Mann schüttelte verwundert den Kopf. »Ich sehe, dass dir die Reise einiges abverlangt hat. Verzeih bitte mein schlechtes Griechisch. Es ist viele Jahre her, dass ich im Westen gewohnt habe.«

Themistokles hielt still, als der Mann sich vorbeugte, um ihn auf beide Wangen zu küssen. Er wusste nicht, warum er seinen Mund ausließ. Lag es daran, dass sie Fremde waren, oder schreckte er vor seinem Gestank zurück?

»Ich heiße Omid Saeed Karroubi. Ich bin … wie würdest du dazu sagen? Der Satrap? Nein, der Gouverneur dieser Stadt. Von nun an bist du mein Gast. Wenn du gebadet, gegessen und geruht hast, werde ich dich zu unserem geliebten Großkönig bringen.« Seine Augen wurden immer größer, während er sprach, als könnte er nicht glauben, wer da vor ihm stand.

Themistokles verneigte den Kopf. Zu spät fiel ihm ein, dass er sich wahrscheinlich demütig in den Staub hätte werfen müssen. Vor Xerxes würde er es tun. Das hatte er sich fest vorgenommen, auch wenn es ihn als freien Griechen große Überwindung kosten würde. Der Gouverneur musterte ihn, als wäre er etwas ganz Merkwürdiges. Wahrscheinlich war er das auch.

Am frühen Abend wurde Themistokles gebadet und neu eingekleidet. Die Sklaven des Gouverneurs bearbeiteten ihn wie Bildhauer. Sie machten selbst die winzigsten Verschmutzungen ausfindig und beseitigten sie mit Bürsten oder Öl und im Falle seiner Ohrmuschel sogar mit winzigen Elfenbeinstäbchen. Er war erstaunt über den Dreck, der an ihm geklebt und die erste Wanne rasch schwarz gefärbt hatte, sodass sie ausgelassen und noch mal neu befüllt werden musste. Drei junge Frauen entflechteten seine Zöpfe und versuchten, mit den Fingern alle Knoten in seinen Haaren zu lösen. Die schlimmsten Stellen traktierten sie mit Kämmen, bis er erst vor Schmerz weinen und dann wegen der merkwürdigen Lage, in der er sich befand, lachen musste. Sie lächelten mit ihm, brachten ihr Werk aber nichtsdestotrotz mit allem gebotenen Ernst und großer Zielstrebigkeit zu Ende.

Anschließend kam ein Barbier, um ihm die Haare zu schneiden. Themistokles sah, dass die dichten silbernen und goldenen Locken, die dabei auf den Marmorboden fielen, aufgesammelt und in Tuch eingerollt wurden. Sicher hatten Haare wie seine in dieser Region Seltenheitswert. Er weigerte sich, sie sich erneut im persischen Stil flechten zu lassen, auch wenn der Barbier rot anlief und immer wieder auf etwas außerhalb des Raumes deutete. Erst als Themistokles die Hände des Mannes wegschlug, zog er sich sichtlich gekränkt zurück.

Als Themistokles endlich allein war und sich gerade schlafen legen wollte, kehrte der Gouverneur zurück. Er wirkte nervös. Themistokles sah, dass er zitterte, und wurde vor Angst sofort wieder hellwach. Würde er nun aus diesen Gemächern geschleift und hingerichtet werden? Er ballte unwillkürlich die Fäuste.

»Du bist gebadet! Viel, viel besser. Du musst sofort mit mir kommen. Hier entlang, bitte. Der König will dich sehen. Ich dachte, das hätte noch bis morgen Zeit, doch Seine Majestät kennt deinen Namen! Er hat seinen Seneschall geschickt, der dich noch zur Stunde zu ihm bringen wird. Rasch!«

Themistokles ließ sich aus dem Raum führen. Er hatte ein flaues Gefühl im Magen, aber wenigstens war er wieder sauber. Wenn er unterwegs einen Schlauch voll gutem Wein fände, wäre er vielleicht sogar in der Lage, die kommenden Ereignisse zu genießen. Er wusste, dass die Perser Trauben anbauten. Ein paar von ihren besten Rotweinen fanden jedes Jahr den Weg bis nach Athen. Zumindest war es vor dem Krieg so gewesen. Er schmatzte mit den Lippen und stellte sich vor, wie schön es wäre, mit einem Schluck seine Furcht zu betäuben.

Als er aus dem Gebäude trat, brach gerade die Nacht an. Ein Trupp Soldaten wartete auf ihn im Hof des Gouverneurs, oder wo auch immer sie ihn hingebracht hatten. Das Anwesen befand sich in der Stadt, doch er hatte keine Ahnung, wie groß Persepolis war. Als sie aufbrachen, nahmen die Soldaten ihn in ihre Mitte. Die Beschläge ihrer Sandalen knallten laut auf die Pflastersteine.

Auf dem Weg durch die Stadt kamen sie an langen Straßen vorbei. Die Händler und Passanten blieben beim Anblick der bewaffneten Männer stehen. Themistokles hielt mit dem Gouverneur Schritt. Der Mann schwitzte bereits, obwohl sich die Luft mittlerweile abgekühlt hatte – wofür Themistokles dankbar war. Vom Schwager aus Sardis, seinem mürrischen Gefährten der letzten drei Monate, war nichts zu sehen. Themistokles hoffte, dass er ohne Belohnung wieder nach Hause geschickt worden war.

Als die Wächter Fackeln anzündeten, merkte Themistokles, dass er ebenfalls schwitzte. Mittlerweile war es dunkel geworden. Themistokles schluckte nervös. Er wusste noch immer nicht, ob Xerxes ihn tot sehen wollte oder nicht. Er hatte den jungen König nie persönlich kennengelernt und konnte ihn nur aufgrund einiger weniger Aktionen während des Krieges grob einschätzen. Themistokles murmelte ein Gebet an Athena und fragte sich sofort, ob sie ihn so weit weg von zu Hause überhaupt noch hören konnte.

Sie durchquerten ein Tor. Die weißen Wangen, die zu beiden Seiten in der Dunkelheit aufragten, sahen wie eigenständige Gebäude aus. Themistokles hörte jemanden etwas fragen und seine Begleiter antworten. Sie liefen, ohne langsamer zu werden, eine breite Treppe hinauf, an mehreren Gardisten vorbei und durch Kreuzgänge aus grünem Marmor. Immer wieder sonderten sich Teile des Trupps ab und wurden durch andere Männer ersetzt, die keine Uniformen zu tragen schienen. Waren sie Diener? Mitglieder des königlichen Haushalts? Themistokles nahm das alles nur verschwommen wahr. Wenigstens war Omid … Themistokles hatte vergessen, wie er mit ganzem Namen hieß … wenigstens war der Gouverneur bei ihm, auch wenn seine Nervosität nicht gerade beruhigend wirkte.

Vor ihnen schwangen riesige Türflügel auf, sodass ihr Trupp nicht anhalten oder auch nur langsamer werden musste. Im auf Hochglanz polierten Steinboden dahinter spiegelte sich das Licht ihrer Fackeln. Sie sahen wie tanzende Funken aus. Der Saal, den sie durchquerten, war von reglosen Männern und Frauen gesäumt. Durch die Gardisten um ihn herum erhaschte Themistokles kurze Blicke auf ihre Gesichter und ihre fremdartige Kleidung. Schließlich wurde der Gouverneur langsamer. Themistokles merkte, dass er keuchte. Wo war nur seine Ausdauer geblieben?

Am hinteren Ende des Saals erhob sich ein Mann von einem Goldthron und stieg eine Treppe herab. Als der Gouverneur ein Gebet flüsterte, begriff Themistokles, wen er vor sich hatte. Einen Moment später warfen sich alle auf den Marmorboden. Vor Xerxes, dem Großkönig von Persien.

Nach kurzem Zögern legte Themistokles sich ebenfalls auf den Bauch. Schließlich hatte er es sich geschworen. Er war nur froh, dass Aristides ihn nicht dabei beobachtete.

Der König näherte sich. Er sprach Persisch. An seiner Seite befand sich ein Übersetzer, der seine Worte auf Griechisch wiederholte.

»Erhebe dich, bitte. Du darfst stehen. Ich habe heute Abend erfahren, dass du weit gereist bist, um mich zu sehen.«

Der junge König lächelte, doch als Themistokles aufstand, wusste er nicht, ob sich in Xerxes' Miene unschuldige Freude oder ein dunkleres Vergnügen ausdrückte.

»Ich konnte nicht bis morgen warten!«, fuhr Xerxes fort. »Du bist der Mann, der mich vor der Vernichtung gerettet hat! Der mir vor Salamis die Kapitulation der griechischen Flotte angeboten hat. Du bist der Größte aller Athener! Ich ehre dich, Themistokles!«

Themistokles merkte, wie seine Augen immer größer wurden, als der Übersetzer die Worte sprach, die er unbedingt hören wollte. Auf dem Herweg hatte er sich genau die gleichen Argumente in tausend verschiedenen Formulierungen zurechtgelegt. Xerxes kannte ihn nur aus den beiden Briefen, die er ihm gesandt hatte. Wenn man so wollte, hatte er dem König das Leben gerettet. Erleichterung durchströmte ihn wie ein Gebirgsbach. Er geriet ins Wanken, und Xerxes persönlich hielt ihn am Arm fest. Was im ganzen Saal für Unruhe sorgte. Der König hatte einen Griechen berührt, und das in seinem eigenen Palast. Themistokles hoffte, dass er kein schweres Verbrechen begangen hatte. Solange er die persische Sprache und die hiesigen Gebräuche nicht besser verstand, war er an diesem Ort unwissend wie ein Kind.

»Majestät«, sagte er. »Du ehrst mich mit deiner Gnade. Ich bin von meinem eigenen Volk verstoßen worden. Ich habe geglaubt … ich habe gehofft, an diesem Hof willkommen zu sein.«

Während der Übersetzer die Worte auf Persisch wiederholte, nickte Xerxes unentwegt.

»Von allen Männern schulde ich dir … mehr, als ich sagen kann. Ich werde dich zum Herrscher über drei Städte machen, Themistokles von Athen. Du wirst Gold, Edelsteine und Zehntausende Sklaven bekommen. Ich werde dich zu einem Satrapen meines Throns machen, Athener, um dich für alles zu ehren, was du getan hast. Hätte ich nur ein paar mehr Männer wie dich, hätte ich nicht den armen Mardonius verloren.«

Themistokles spürte, wie ihm die Tränen kamen. Genau diese Reaktion hatte er sich erhofft und war vollkommen überwältigt, als sich dieser Traum nun erfüllte. Nach allem, was Xerxes in Griechenland verloren hatte, wäre es genauso denkbar gewesen, dass er ihn töten und seinen Kopf nach Athen zurückschicken lassen würde. Mit dieser Anspannung hatte Themistokles während der gesamten endlos wirkenden Reise ins Landesinnere leben müssen. Als diese Last nun von ihm abfiel, wurde ihm schwindlig vor Freude.

»Geht es dir gut, Themistokles?«, fragte Xerxes besorgt. »Hätte ich dich ausruhen lassen sollen?«

»Es ging mir nie besser, Majestät. Ich danke dir für deine Großzügigkeit und deine Herzensgüte. Ich frage mich nur … gibt es hier Wein?«

KAPITEL 38

Themistokles blickte auf die Stadt, dic nun seine war. Sie war so groß wie Sparta, mit einem grünen Berg auf einer Seite und zehntausend Familien auf den Straßen und Märkten. Er hatte einen leeren Palast auf einem Hügel am Stadtrand bezogen, wegen des Panoramas, das sich ihm dort bot. Das Gebäude war verlassen, aber komplett eingerichtet gewesen, als wäre sein vorheriger Eigentümer gerade erst durch die Tür hinausspaziert. Themistokles hatte sich nicht nach dem Schicksal dieses Mannes erkundigen wollen. Das musste er aber auch nicht. Was der König gab, konnte der König auch wieder nehmen.

Drei Haussklaven brachten Platten voller Trauben und Käse sowie Wein, der genauso gut war wie alle Sorten, die er aus Athen kannte. Themistokles wusste, dass er zu viel trank. Insbesondere während der ersten Wochen hatte er zusammen mit seinem Gefühl der Reue fast auch sich selbst ertränkt.

Ansonsten hatte er nichts zu tun, und die Abende zogen sich endlos in die Länge. Obwohl seines Wissens Herbst war, herrschte tagsüber angenehme Wärme. Man hatte ihm versichert, dass es im Winter kalt werden würde. Er konnte sich über nichts beschweren, doch sein Traum war nach nur wenigen Tagen wie eine Seifenblase geplatzt. Nichts war so, wie er es sich erhofft hatte.

Xerxes hatte ihn zu einem Gouverneur oder Satrapen ernannt, oder wie auch immer er Themistokles' neue Stellung zu bezeichnen beliebte. Doch die Realität sah anders aus. Themistokles hatte Gardisten, aber die waren ihm gegenüber nicht loyal. Sie verstanden kein Griechisch, und wenn er herausfand, mit welchen persischen Worten er sie ansprechen musste, bedachten sie ihn mit verächtlichen Blicken und reagierten gar nicht oder zumindest nur sehr zögerlich. Manchmal ignorierten sie ihn sogar komplett. Themistokles hatte noch nicht versucht, sie ihrer Posten entheben und durch andere Männer ersetzen zu lassen. Er war fast sicher, dass sie nicht verschwinden würden – und so das ganze Ausmaß dieser Farce ans Licht käme.

Selbst die Sklaven gehörten ihm nicht ganz. Sie schnitten im Garten die Hecken, wie sie es schon vor seiner Ankunft getan hatten und sicher auch noch tun würden, wenn er wieder weg war! Sie servierten ihm, ohne zu murren, Speisen und Wein, sahen ihm dabei jedoch nicht in die Augen. Er fühlte sich wie ein Gefangener.

Er dachte an die Schatzkammer, die er an seinem ersten Tag zu sehen bekommen hatte. Das war eine schöne Erinnerung, die ihn zum Lächeln brachte. Der Hauptmann seiner Garde hatte die große Eisentür aufgesperrt, und Themistokles war in einen Raum voll achtlos aufgehäuftem Gold und Silber getreten. Er hatte noch nie ein derart riesiges Vermögen gesehen und sich sofort gefragt, wie er das alles nach Athen schaffen sollte.

Sein Lächeln fiel in sich zusammen, und er leerte den Becher, ohne zu bemerken, dass er gleich wieder nachgefüllt wurde. Er würde nie wieder nach Hause zurückkehren. Daran gab es nichts zu rütteln. Alle paar Tage rief Xerxes ihn in den königlichen Palast, um ihn wie einen seltenen Vogel in einem goldenen Käfig seinen Freunden und Fürsten zu präsentieren. Themistokles glaubte, dass der junge Großkönig tatsächlich viel Freude an ihm hatte. Ihn bedrückte nur, dass dies die letzte Etappe in seinem Leben sein würde. Für ihn würde es keine Herausforderungen mehr geben, keine Siege und keine Katastrophen. Nie wieder. In all den Jahren, die noch vor ihm lagen, würde er nur die Aussicht und den Wein genießen können, dachte er und schnitt eine Grimasse.

»Schmeckt dir der Wein nicht, Herr?«, fragte die Sklavin.

Der Übersetzer wiederholte ihre Worte in seinem eintönigen Singsang, den Themistokles mittlerweile zutiefst verabscheute. Er hatte angefangen, Persisch zu lernen, um auf lange Sicht weniger hilflos zu sein. Fast alle adligen Freunde des Königs schienen zu glauben, es gäbe auf der ganzen Welt nur eine einzige Sprache. Sie stellten ihm Fragen auf Persisch und wirkten gekränkt, wenn er die Achseln zuckte oder nach einem Schreiber Ausschau hielt, der des Griechischen mächtig war.

Themistokles seufzte und sah sie an. Er versuchte, sich die Namen all seiner Sklaven zu merken, doch diese kannte er nicht. »Doch, er ist sehr gut. Ich habe nur über die Vergangenheit nachgedacht.«

Sie wartete ab, während die Worte auf Persisch wiederholt wurden. Dann nickte sie höflich und zog sich zurück. Er fluchte leise. Unter diesen Bedingungen war kein Gespräch möglich. Er fühlte sich fast wieder genauso einsam wie während seiner wochenlangen Reise, nur ohne die verzweifelte Hoffnung, die ihn damals aufrechterhalten hatte. Niemand sonst wäre auf die Idee gekommen, sich nach Persien zu begeben, noch dazu ins Zentrum der Königsstadt! Doch er hatte es getan. Er gab *niemals* auf, egal wie sehr er unter Druck geriet. Das war seine Gabe, die ihm immer wieder zum Sieg verholfen hatte.

Er hatte Xerxes daran erinnern wollen, was er ihm schuldete – und gehofft, bei ihm damit auf offene Ohren zu stoßen. Es war ein riskanter Plan gewesen, aber Themistokles hatte nur wenige Freunde und keine andere Zuflucht gehabt. Außerdem hatte er im Erfolgsfall seine Familie nachholen wollen. Er sah sich um. Der letzte Gouverneur der Stadt hatte in genau diesem Palast gewohnt. Er hatte bestimmt die Namen all seiner Sklaven gelernt, und vielleicht waren seine Kinder lachend durch die Höfe und Kreuzgänge gelaufen. Dennoch war dieser Mann aus einer Laune des Königs heraus aus diesem Gebäude entfernt worden und in der Versenkung verschwunden. Themistokles fragte sich schaudernd, wie lange es wohl dauern würde, bis er seine Faszination verlor und jemand anders die Aufmerksamkeit des Königs auf sich zog.

Er hörte, wie sich hinter ihm jemand räusperte, und blickte über die Schulter. Es war sein Seneschall – noch so ein Erbstück. Für gewöhnlich benahm er sich, als würde das Haus ihm gehören und Themistokles wäre nur ein lästiger Gast, doch an diesem Abend stand er in Habachtstellung.

»Satrap Themistokles, der König …«

»Jaja, der König wünscht, mich im Palast zu sehen«, fiel Themistokles ihm ins Wort und erhob sich. Er musste sich kurz an seinem Stuhl festhalten und merkte, dass er ein bisschen betrunken war. Es war bereits ein paar Tage her, dass Xerxes ihn das letzte Mal vorgeführt hatte – diesen wundersamen Mann aus Athen, der an die Demokratie und andere merkwürdige Dinge glaubte. Sicher war eine weitere Gruppe von königlichen Verwandten und Hofschranzen gekommen, um ihn zu sehen und seine eigenartige Sprache zu hören. Er seufzte erneut. Die Letzten hatten ihm einen Dory gereicht und sich unbedingt zeigen lassen wollen, wie ein Hoplit mit diesem Speer kämpfte. Es war … Er wollte gar nicht darüber nachdenken.

»Der König …«, wiederholte der Seneschall und verzog angewidert den Mund. Er schien Wein nicht gutzuheißen.

Themistokles schloss ein Auge, um sicherzugehen, dass er den Richtigen der beiden Seneschalle ansprach, die er inzwischen vor sich sah, und brüllte: *»Ich komme!«* Kaum waren die Worte heraus, kam er sich dumm vor. Es brachte nichts, Diener anzuschreien, aber daran konnte er jetzt nichts mehr ändern. Und außerdem spielte es keine Rolle.

Im Stall fand er sein Pferd bereits gesattelt vor. Der Königspalast war nur eine Tagesreise von der ersten seiner neuen Städte entfernt. Xerxes hatte ihn in seiner Nähe behalten – was, wie man ihm erklärt hatte, eine große Ehre war. Doch es brachte ihm keine Freiheit. Er wunderte sich über die sechs Wächter, die mit unbewegten Mienen geduldig auf ihn warteten. Schließlich gab es auf persischen Straßen keine Diebe. Die Männer des Königs hatten sie alle zur Strecke gebracht und gehängt.

In Athen war Themistokles ein fröhlicher Trinker gewesen. Nach ein paar Bechern Wein hatte er gern Blödsinn gemacht und gesungen, sodass er eher Gefahr gelaufen war, von einem Tisch zu fallen und sich selbst zu verletzen, als anderen etwas anzutun. Die persischen Rotweine dagegen erfüllten ihn aus irgendeinem Grund mit Melancholie, die ihn auch nun während des Reitens wieder überfiel.

Als Themistokles den Königssaal betrat, war er zunächst erleichtert, keine neue Gruppe Perser darin vorzufinden, die er unterhalten sollte. Der lang gestreckte Raum war dunkler als üblich und menschenleer. Nicht einmal die Diener, die dem König stets wie Geister aufwarteten, waren zu sehen. Einzig der Übersetzer stand wie eine Statue aus geöltem Holz neben dem jungen Herrscher.

Xerxes saß auf seinem Thron und hatte ein Bein über die Armlehne gelegt. Als er sich erhob, wankte er. Themistokles biss sich von innen auf die Unterlippe, um nicht zu lächeln. Der König war mindestens so betrunken, wie er selbst bei seinem Aufbruch gewesen war. Der lange Ritt hatte Themistokles ausgenüchtert. Er ließ sich zu Boden sinken und drückte die Stirn auf den kühlen Marmor. Einen Herzschlag später stand er wieder auf und sah Xerxes an.

Der junge König trug einen goldgestreiften Rock und eine Art goldene Halsberge, die mit Draht oder Schnüren zusammengehalten wurde. Er blickte Themistokles mit glasigem Blick an. »Ich wusste, dass du kommen würdest, wenn ich dich darum bitte, Themistokles«, sagte er. »Du bist ein loyaler Mann.« Er schien ein wenig zu lallen.

Themistokles verneigte sich. In so einem Zustand hatte er Xerxes noch nie gesehen und vermutete, dass der junge König betrunken noch gefährlicher war als nüchtern. Zudem ging er davon aus, dass sie nicht wirklich allein waren. Irgendwo in der undurchdringlichen Dunkelheit des großen Saals standen gewiss bewaffnete Männer bereit. Themistokles atmete tief durch und versuchte, sich zu beruhigen.

»Ich bin vor Jahren hierhergekommen, um meinen Vater zu sehen«, sagte Xerxes. Wein spritzte aus seinem Becher, während er sprach. Er betrachtete die wie Blut aussehenden Tropfen auf dem polierten Boden, zuckte die Achseln und gestikulierte mit der anderen Hand weiter. »Ich kam her, als er im Sterben lag. Er bat mich, sein Werk zu Ende zu bringen.« Er verzog traurig das Gesicht und sah auf einmal wie ein Kind aus. »Ich konnte es nicht. Ich habe ihn hängen lassen. Ich habe Mardonius und dessen Söhne verloren. Außerdem Hydarnes und die Unsterblichen … Masistius. Hunderte von Schiffen. Alles weg.«

Themistokles spürte, wie sich kalter Schweiß zwischen seinen Schulterblättern sammelte, und sah unwillkürlich zu dem Weinbecher, mit dem der König wedelte. Nirgends war ein Sklave, um ihm nachzuschenken. Konnte er trotzdem um einen Becher für sich selbst bitten?

»Ohne … *dich* hätte ich auch mein Leben verloren. Du, ein Athener« – Xerxes gestikulierte noch heftiger –, »hast mich davor gewarnt, die Schiffsbrücke unbeaufsichtigt zu lassen. Ein Grieche war nötig, um mich zu retten.« Er fing an zu lachen, aber vielleicht war es auch ein Schluchzen. »Kannst du das glauben?«

Themistokles glaubte nicht, dass eine Antwort von ihm erwartet wurde. Er hielt den Kopf gesenkt und hob nur von Zeit zu Zeit den Blick. Ihm wurde klar, dass der König *sehr* betrunken war. Junge Männer konnten völlig außer sich geraten und sich in einen Zustand der Ekstase hineinsteigern, in dem die Welt auf einmal ganz einfach schien. Offenbar hatte Xerxes diesen Punkt bereits vor einiger Zeit erreicht.

»Mein Vater hat Jahre gebraucht, um eine Armee und eine Flotte für den Überfall auf Griechenland aufzustellen. Ich habe versucht, sein Werk zu vollenden, und … habe es nicht geschafft.

Ich habe versagt. Aber weißt du, was ich nicht hatte? Was mein Vater nicht hatte?«

Themistokles sah gequält auf.

Xerxes nickte ihm zu. »Er hatte nicht dich, Themistokles. In der Nacht, als du zu mir kamst, habe ich gerufen: ›Ich habe Themistokles!‹ Weil du der Schlüssel zu meiner Rückkehr bist. Du bist derjenige, den ich zu meinem obersten General ernennen werde. Der« – er krümmte die Hand zur Klaue – »sie alle unter meinem Thron und meiner Herrschaft vereinen wird. Als mein Satrap von ganz Griechenland.« Er sah triumphierend auf Themistokles herab. »Wirst du meine Hand nehmen? Wirst du bei deinen Göttern schwören, meine Armeen zu führen, Themistokles? Dein Wort … hat mich gerettet. Ich weiß, dass du loyal bist – und du kennst die Griechen besser als sonst irgendjemand. Du hast die … Gerissenheit, die ich brauche. Den scharfen Verstand. Wirst du es tun?«

Themistokles legte sich ein weiteres Mal flach auf den Boden und fühlte den kalten Stein an seinem ganzen Körper. Als er sich wieder erhob, sah er nach unten und rechnete halb damit, einen schimmernden Schweißfilm auf dem Marmor zu sehen. Mit breitem Lächeln und funkelndem Blick erwiderte er: »Es wäre die größte Ehre meines Lebens, Majestät. Ich werde es tun.«

»Schwöre es bei deinen Göttern, Themistokles. Ich weiß, dass du ein frommer Mann bist. Schwöre es, und ich werde dich wie einen Bruder umarmen.«

Themistokles lachte. »Das wäre zu viel der Ehre, Majestät, aber ich schwöre, dir und dem Thron treu zu dienen. Ich schwöre es beim Poeten, Apoll, bei Ares, dem Gott des Krieges … und bei Athena höchstselbst. Ich werde die persische Armee nach Griechenland führen.«

Xerxes kam die Treppe so schnell herunter, dass Themistokles Angst hatte, er könnte stürzen. Zu seiner Überraschung schloss der junge König ihn tatsächlich in die Arme und beschmierte seinen Hals mit Tränen und Wein. »Ich will deine Pläne hören, Themistokles«, sagte Xerxes, während er von dem Athener zurücktrat und ihn langsam auf beide Wangen und den Mund küsste.

»Ich werde sofort mit ihrer Ausarbeitung beginnen, Majestät, das schwöre ich. Ich werde nicht ruhen, bis ich mit einem Feldzug für dich hierher zurückkehren kann. Du ehrst mich, Majestät, mehr, als ich verdiene.«

Während der Übersetzer Themistokles' Worte auf Persisch wiederholte, nickte Xerxes benommen und stieg, eine Hand auf den Bauch gepresst, auf seinen Thron zurück. Er sah aus, als suchte er etwas, in das er sich übergeben könnte. »Kehre in ... drei Tagen wieder zurück, Themistokles. Ich werde mir zusammen mit den ranghöchsten Männern der Armee anhören, was du zu sagen hast. Geh mit Gott, Athener. Und mit meinem Segen.«

Themistokles legte sich ein drittes Mal flach auf den Boden und verließ anschließend mit hallenden Schritten den langen Saal.

Am folgenden Tag traf er gegen Abend in seinem Palast auf dem Hügel ein. Als die Sonne das nächste Mal aufging, war er die ganze Nacht wach gewesen und hatte unermüdlich geschrieben. Die Briefe, die dabei herausgekommen waren, lagen in einem Stapel auf seinem Schreibtisch. Jeder einzelne trug den Namen einer Person, die er liebte. Unter anderem befanden sich Schreiben an Aristides, Xanthippos und auch Kimon in diesem Stapel. Außerdem hatte Themistokles Briefe an seine Frau und an jedes seiner Kinder geschrieben. Neben dem Tisch brannte eine kleine Feuerschale, um die Kälte der Nacht zurückzudrängen. Über der Flamme hatte er eine Kerze erhitzt und das Wachs auf die Briefe tropfen lassen. In das Wachs hatte er genug Silbermünzen gedrückt, damit sie alle den Weg nach Hause finden würden.

Die Nacht war dankenswert kühl gewesen. Irgendwann hatte er sich Wein eingeschenkt, dann aber rasch bemerkt, dass er wieder melancholisch zu werden drohte. Und so stand der Becher noch immer fast voll vor ihm. Als der Morgen graute, blickte er auf das Tal hinaus, in dem seine Stadt lag. Hier und da stieg bereits Rauch von Kochfeuern auf, ein Zeichen, dass immer mehr Familien erwachten und den Tag begannen. Dieser Ort war wirklich schön. Er wünschte sich, seine Frau hätte ihn auch einmal sehen können.

Themistokles nahm die Briefe an sich, küsste sie und ließ sie mitsamt der Münzen in das Feuerbecken fallen. Während sie sich wellten und braun wurden, nahm er das Messer, das er neben sich gelegt hatte. Er leerte den Weinbecher und platzierte die Schneide auf einem Handgelenk. Die Sonne ging auf. Es würde ein guter Tag werden. Themistokles schloss die Finger fest um den Messergriff und machte einen tiefen Schnitt.

Als die Haussklaven ihn fanden, brachen sie in lautes Geschrei aus, das die Gardisten alarmierte. Der Seneschall betrachtete den Leichnam und schüttelte den Kopf, blass und voller Angst, dass man ihn für diesen Vorfall verantwortlich machen könnte.

Der Athener war tot. Die Sonne war aufgegangen, und es wurde warm.

HISTORISCHE ANMERKUNGEN

Der Philosoph John Stuart Mill schrieb einmal, Platäa sei für die Geschichte wichtiger gewesen als die Schlacht von Hastings. Obwohl weit weniger bekannt als die Ereignisse an den Thermopylen oder die unvergleichliche Seeschlacht von Salamis, war die Schlacht von Platäa das Ereignis, das Griechenland letztlich rettete – und damit auch die Idee der Demokratie. Möglicherweise wäre sie auch andernorts entstanden, vielleicht aber auch nicht. Eines steht zumindest fest: Wäre das Bündnis der griechischen Stadtstaaten in dieser Schlacht unterlegen gewesen, hätten die Perser ihr Reich nach Westen hin ausgedehnt. Demzufolge wäre es nicht zum Aufstieg der Stadt Rom gekommen, in der zur Zeit der persischen Invasion nicht einmal vierzigtausend Menschen lebten.

Die Geschichte hat viele Väter und Mütter und viele Momente, die für die weiteren Entwicklungen maßgeblich zu sein scheinen. Aus heutiger Sicht wirken sie unvermeidlich, doch damals hätte niemand wissen können, ob Griechenland überleben würde. Athen war gebrandschatzt worden, und eine riesige Invasionsarmee zog durch die Lande – begleitet von Tausenden Griechen, die ihr Schicksal mit Persien verknüpft hatten. Die thebanischen Hopliten waren die berühmtesten unter ihnen, doch auch Reiter aus Larissa und Pherai kämpften für die Perser. Die auf dem Peloponnes gelegene Stadt Argos dagegen blieb neutral und unterstützte keine Seite. Der Einfluss Persiens war gewaltig, sein Reichtum unermesslich. Schließlich war das legendäre Vermögen des Krösus nur ein kleiner Teil des persischen Staatsschatzes.

Es ist wahr, dass Xanthippos' Hund auf der Insel Salamis versuchte, seinem Herrchen zu folgen, und dabei ertrank. Den Namen des Tieres kennen wir nicht. Sein Grabstein stand mehrere Jahrhunderte lang, gilt inzwischen jedoch als verschollen.

Themistokles, Xanthippos und Kimon kooperierten auf See mit den verschiedenen Fraktionen der Bündnisflotte, um die Meerenge gegen einen haushoch überlegenen Gegner zu verteidigen. Man kann davon ausgehen, dass sie ohne Themistokles' Nachrichten an König Xerxes nicht gewonnen hätten. Da der persische König bereits griechische Verbündete auf dem Meer und an Land hatte, wäre ihm die Vorstellung, ein weiterer könnte sich ihm anschließen wollen, sicher nicht absurd erschienen. Die erste Botschaft war eine List gewesen, um die Flotte aufzuteilen und so trotz der ausweglos scheinenden Situation eine Chance auf den Sieg herauszuschlagen.

Während die Hälfte der persischen Flotte um Salamis herumruderte, um die Griechen in die Zange zu nehmen, schickte Themistokles eine zweite, noch genialere Nachricht. Indem er eine Bedrohung für die Schiffsbrücke »enthüllte«, versetzte er Xerxes so sehr in Panik, dass dieser seinen Pavillon am Ufer zusammenpackte und Athen verließ – wobei er einen beträchtlichen Teil seiner Flotte und der Armee mitnahm, um seinen Rückzug zu decken. Das war zweifellos die entscheidende Wendung, die den Sieg brachte – und Themistokles war dafür verantwortlich. Wenn man zudem bedenkt, dass er derjenige gewesen war, der die Volksversammlung von Athen dazu überredet hatte, eine Flotte aufzustellen, kann man seinen Anteil am griechischen Triumph kaum genug preisen. Er ist der Mann, der beinahe im Alleingang den Westen gerettet hat. Ich habe schon immer die Momente geliebt, in denen der gesamte Lauf der Geschichte von einer einzigen Person abzuhängen scheint – zum Beispiel der Herzinfarkt des Khans, der dazu führte, dass die mongolische Armee von Subutai von ihrem großen Marsch heimgeholt wurde. Die Ereignisse von Salamis waren ähnlich bedeutsam, vielleicht sogar noch monumentaler.

Ich habe Xerxes an Bord seines Flaggschiffes weggeschickt, doch der Historiker Herodot berichtet, er sei an Land abgezogen und hätte einen Großteil seiner Armee mitgenommen. Was wahrscheinlich erklärt, warum zahlreiche havarierte Schiffe seiner Flotte schließlich auf Samos repariert wurden. Die tatsächlichen historischen Ereignisse liefen oft langsamer ab, als mir lieb ist, und kleinteiliger, als ich sie in einem Roman schildern kann. Xerxes rückte ab, ja, aber die Athener hatten noch genügend Zeit, einen Boten zu ihm zu schicken, der sich erkundigte, wie er für all die Schäden infolge seiner Invasion aufzukommen gedenke! Man kann Xerxes nicht nachsagen, dass er die Griechen je verstanden hätte. Verwirrt verwies er auf Mardonius und sagte, dass er sich um die Begleichung aller Schulden kümmern würde. Vielleicht hatte er es als Drohung gemeint, doch Mardonius zahlte später in Platäa tatsächlich mit seinem Leben.

Es stimmt außerdem, dass Mardonius nicht wild auf einen Krieg war und zunächst versuchte, Athen mithilfe Alexanders von Mazedonien zur Kapitulation zu bewegen. (Dieser mazedonische König war der Vorfahr von Alexander dem Großen.) Zu jener Zeit war Mazedonien ein loyaler Verbündeter Persiens.

Nebenbei: Im vorliegenden Roman schüttelt ein Spartaner auf der Landenge des Peloponnes Kimon die Hand. Immer wieder kann man lesen, die alten Griechen und Römer hätten sich nicht die Hände gereicht. Das Händeschütteln mag in der Tat nicht so weit verbreitet gewesen sein wie heutzutage, doch es gibt bereits im neunten Jahrhundert v. Chr. Hinweise auf diese Geste. Bei Homer wird sie gebraucht, um Vereinbarungen zu schließen und gegenseitiges Vertrauen zu demonstrieren. Die Bedeutung dieser Geste scheint sich also nicht sehr verändert zu haben. Sie findet sich außerdem auch auf athenischen Grabsteinen aus dieser Periode graviert, oftmals als letztes Händeschütteln zwischen dem Verstorbenen und einer geliebten Person.

Als die Spartaner mitbekamen, dass Mardonius und Alexander von Mazedonien zu einer Einigung mit Athen gelangen wollten, schickten sie Gesandte, die ein Ende der Verhandlungen forderten – und anboten, die Athener Frauen finanziell zu unterstützen. Diese Szene wird von Herodot geschildert. Die Mitglieder des athenischen Rats ärgerten sich über die Unterstellung, sie würden mit dem Feind gemeinsame Sache machen wollen, und lehnten sowohl die spartanische als auch die persische Offerte offiziell ab. Im Gegenzug marschierte Mardonius südwärts und überfiel Athen erneut. Er war ein Mann, der zu seinem Wort stand, und seine Drohung war unmissverständlich gewesen. Ein weiteres Mal brachte die Athener Flotte das Volk in Sicherheit. Ein weiteres Mal plünderten und vernichteten die Perser alles, was Athen gerade wiederaufgebaut hatte. Ich glaube, es ist nicht allgemein bekannt, aber nichtsdestoweniger unfassbar: Persien hat Athen nicht einmal, sondern zweimal innerhalb weniger Monate (480 und 479 v. Chr.) komplett geschleift.

Der zweite Überfall war für die Athener, wie man sich unschwer vorstellen kann, sehr traumatisch: Unter den Geflüchteten brachen gewaltsame Streitigkeiten aus, ob man das persische Angebot annehmen solle oder nicht. Dabei wurden ein paar von ihnen von ihren eigenen Mitbürgern zu Tode gesteinigt. Die athenischen Strategoi teilten Sparta mit, dass sie keinen weiteren Angriff überstehen könnten und ihnen nichts anderes übrig bleiben würde, als sich mit Persien zu verbünden, falls die Spartaner im folgenden Frühjahr nicht in den Krieg ziehen sollten. Ausschlaggebend war vor allem die Drohung der Athener, ihre Flotte den Persern zu überlassen, die damit überall auf dem Peloponnes hätten anlanden können. Wäre es dazu gekommen, wäre es mit der Blütezeit der Athenischen Politik, Demokratie, Kunst und Philosophie vorbei gewesen. Unter einer diktatorischen persischen Herrschaft hätte sich wohl keiner der großen Dramatiker entfalten können. Im Laufe eines Jahrzehnts hatten die Athener Hopliten in Marathon, die Besatzungen vor Salamis und die Spartaner in Platäa ganz Griechenland gerettet.

Die persischen Befehlshaber in Platäa waren Mardonius, sein Stellvertreter, Artabazus, und Masistius, der Pferdemeister. Ob Hydarnes, der Kommandeur der Unsterblichen, dabei war, ist nicht sicher. Laut Herodot habe er sich geweigert, Xerxes von der Seite zu weichen, demzufolge ist er also vielleicht mit ihm heimgekehrt. Andererseits scheint Xerxes ihm befohlen zu haben, die Armee nach Hause zu bringen – und die blieb in Griechenland.

Es heißt, die Schlachten von Mykale und Platäa hätten am gleichen Tag stattgefunden. Allerdings lässt sich unmöglich feststellen, ob das stimmt, da die beiden Orte Hunderte von Kilometern voneinander entfernt sind. Xanthippos hat an ihr teilgenommen, und König Leotychides von Sparta hatte den nominellen Oberbefehl über die Flotte. Ob auch Perikles und sein Bruder Ariphron dabei waren, ist nirgends verzeichnet. Da niemand weiß, wo sie waren, habe ich sie an einen Ort verfrachtet, an dem sie hätten sein können. Es ist erstaunlich, dass nirgends geschrieben steht, was aus Ariphron wurde oder wie Perikles' Schwester hieß. Sie sind einfach aus den Aufzeichnungen verschwunden. Ich musste jedoch die unfassbaren Grausamkeiten erklären, die Xanthippos anschließend beging. Kreuzigungen waren damals zwar keine unübliche Form der Bestrafung, zu Xanthippos passten sie aber nicht. Den geschichtlichen Aufzeichnungen zufolge hatte er nie zuvor etwas Vergleichbares getan. Daher erschien es mir sinnvoll, ihm einen Grund für seinen Hass zu geben.

Das Bild der Schwalbe, die aus der Dunkelheit hereinfliegt, einen Moment lang durch einen hellen Raum flattert und dann wieder in die Dunkelheit entschwindet, stammt aus dem *Rubaiyat* des

Omar Khayyam – was zugegebenermaßen ein Anachronismus ist, da dieser Autor rund tausendfünfhundert Jahre nach Xanthippos lebte. Doch das Bild gefällt mir, und ich hoffe, dass jenseits dieses Raumes etwas Gutes liegt.

Themistokles unterlief während des Krieges eine Reihe von Fehlern, doch die waren im Vergleich zu seinen Errungenschaften trivial. Es ist wahr, dass er während der Evakuierung die Beutel von Athenern durchsuchen ließ, die für eine Überfahrt nach Salamis anstanden. Auf einen Schlag konfiszierte er das gesamte mobile Vermögen aller reichen Familien von Athen. Er tat es, um die Ruderer der Flotte zu bezahlen, deren Löhne sich zu Unsummen addierten, während die Stadt praktisch bankrott war. Damit machte er sich jedoch jede Menge Feinde. Es stimmt auch, dass er die zerbrochenen Grabmale vom Friedhof der Stadt als Baumaterial für ein massives neues Tor und den Wiederaufbau der Stadtmauer verwenden ließ. Das schien eine klassische politische Fehleinschätzung gewesen zu sein. Ihm war wohl einfach nicht klar, wie schlecht das ankommen würde. Und zu guter Letzt plagte den Mann, der Athen gerettet hatte, anscheinend das überwältigende Bedürfnis, seinen Mitbürgern bei jeder sich bietenden Gelegenheit zu erklären, dass sie ihre Freiheit vor allem ihm persönlich zu verdanken hatten. In einer Gesellschaft, die »Aristides den Gerechten« ins Exil geschickt hatte, einen Mann, der für seine Integrität und Würde berühmt war, kann es nicht überraschen, dass schließlich auch Themistokles verbannt wurde. Erstaunlich ist nur, dass es erst um 472 v. Chr., also mehrere Jahre nach Platäa, geschah. Er lebte eine Weile in Argos, auf dem Peloponnes, bis er der Korruption bezichtigt wurde und vor weiteren Prozessen nach Persien floh. Diese Jahre habe ich komprimiert.

Der letzte Teil von Themistokles' Geschichte – wie er starb – ist kompliziert. Aus dieser Zeit hält sich eine hartnäckige Legende, die ich übernommen habe. Xerxes soll ihn begeistert empfangen und gerufen haben: »Ich habe Themistokles! Ich habe Themistokles!« Für den persischen Großkönig war Themistokles der Athener, der sich ihm während der Schlacht von Salamis hatte ergeben wollen – und dem er außerdem den potenziell lebensrettenden Hinweis hinsichtlich der Schiffsbrücke verdankte. Dass Xanthippos die ionische Küste später mit einer Flotte verwüstete, kann Xerxes nur im Glauben bestärkt haben, Themistokles wäre auf seiner Seite gewesen.

Der persische König überließ Themistokles eine Reihe von Städten. Als der Mann, der während seiner Kindheit in Athen ums Überleben gekämpft hatte, plötzlich so reich wie ein kleiner König geworden war, soll Xerxes ihn aufgeregt gefragt haben, wie er sich seine Rückkehr nach Athen an der Spitze einer Armee vorstelle.

Was danach geschah, lässt sich nicht mit Sicherheit sagen. Die einzigen Beschreibungen der weiteren Geschehnisse wären von den Persern angefertigt worden und hätten, wie in solchen Fällen üblich, vermutlich nicht sämtliche Einzelheiten enthalten, insbesondere nicht jene, die ein schlechtes Licht auf den Großkönig geworfen hätten. Die Legende besagt, dass Themistokles sich lieber das Leben genommen habe, als sein Volk zu verraten. Tatsächlich wissen wir nur, dass er nie mehr heimkehrte. Er hat ein erstaunliches Leben geführt. Ich bezweifle, dass ich ihm gerecht geworden bin. Allen, die mehr über diese Epoche erfahren möchten, empfehle ich: *Historien* von Herodot, *La vie quotidienne en Grèce au siècle de Périclès* von Robert Flacelière, *Perikles* von Plutarch und *The Spartan Army* von J. F. Lazenby. Meine liebste Quelle von allen werde ich erst im nächsten Buch enthüllen.

Xerxes regierte nicht sehr lange. Um 465 v. Chr. wurde er von seinem Leibwächter und einem Eunuchen ermordet. Die beiden Kulturen, die persische und die griechische, kamen erst wieder miteinander in Berührung, als ein persischer Prinz namens Kyros nach einer Armee suchte, die seinen Bruder, Artaxerxes, besiegen konnte. Diese Geschichte von den zehntausend griechischen Söldnern, die wieder heimzukehren versuchten, habe ich in meinem Roman *Sparta* erzählt.

Als Themistokles von der Bühne abtrat, gab es in Griechenland zwei große Städte: Sparta und Athen. Was nun folgte, war ein Konkurrenzkampf zwischen Demokratie und Königtum, der seine Wurzeln in dem angespannten, aber letztlich erfolgreichen Bündnis gegen Persien hatte. Athen und Sparta kämpften in Artemision, vor Salamis, in Platäa und in Mykale gegen einen gemeinsamen Feind. Als der endgültig bezwungen war, brauchten sie sich nicht mehr und standen einander wieder genauso feindselig gegenüber wie zuvor. Die Spartaner besannen sich auf sich selbst und kehrten heim. Anders die Athener: Sie hatten gesehen, wie stark die Flotte durch den Zusammenhalt der Bündnispartner gewesen war. Aus diesen Schiffen erwuchs letztlich eine ganze Nation.

In Athen rückte eine neue Generation nach: Kimon, Sohn des Miltiades. Aischylos, der Vater der Tragödie, und Perikles, Sohn des Xanthippos. Er würde sein Volk durch den größten Konflikt überhaupt führen müssen, bei dem die Stadt der Athena einmal mehr im Brennpunkt stand. Diese Geschichte ist größer als alle vorangegangenen.

Conn Iggulden, London 2020

Manchmal kann die Freiheit nur mit Blut erkauft werden …

CONN IGGULDEN

ATTIKA

DIE SCHLACHT VON MARATHON

HISTORISCHER ROMAN

Nie war Athen einer Niederlage näher: 490 vor Christus dringt der mächtige Perserkönig Dareios der Große mit seinen kampferprobten »Unsterblichen« tief ins Land der Griechen vor. Die Athener sind hoffnungslos in der Unterzahl, und die Götter schweigen zu ihren Bitten. Xanthippus, der oberste Feldherr der Griechen, weiß, dass eine Niederlage Sklaverei bedeuten würde. Also lässt er seine Männer bei Marathon einen Schildwall errichten, der die Perser um jeden Preis aufhalten muss. Denn wenn sie hier nicht standhalten können, wird ganz Griechenland fallen …

»Iggulden ist eine Klasse für sich, wenn es um epische, historische Romane geht.« *Daily Mirror*

KNAUR